Reuter, Friedrich

# Die Erlanger Burschenschaft

*(1816-1833)*

*Reuter, Friedrich*

**Die Erlanger Burschenschaft**

*(1816-1833)*

*Inktank publishing, 2018*

*www.inktank-publishing.com*

*ISBN/EAN: 9783750116658*

# Die Erlanger Burschenschaft 1816—1833.

Ein Beitrag

zur

innern Geschichte der Restaurationszeit

von

Friedrich Reuter.

Erlangen 1896.
Max Mencke.

# Vorwort.

Um eine Geschichte der Erlanger Burschenschaft herzustellen, durchwanderte vor 20 Jahren der Bubenreuther **Wiegand** aus Bremen unser Franken, hörte Zeugen der alten Zeit ab und schaffte zu den vorhandenen alten Dokumenten neue herbei. Noch als Student, in Straßburg, ordnete er das gewonnene Material und gab dann die Arbeit in Druck.[1]) Wurde das Geschenk von den Freunden mit dankbarer Freude begrüßt, so machten es sich Fernstehende so zu nutz, daß sie es, ohne die Quelle zu nennen, ausschrieben, in der litterarischen Räuberrepublik ein Zeichen besonderer Anerkennung. Als die nicht große Auflage vergriffen war und Dr. Wiegand sich den Kommerzien zugewandt hatte, erbot ich mich, den Zeitraum von 1816—33 auf neuer Grundlage zu bearbeiten.

Ich hatte seit dem Schillerfest von 1859 das geistige Leben in Franken und Bayern beobachtet, stand zu mehreren der vorzüglich in Betracht kommenden Männer in persönlichen Beziehungen und hatte seit meinen Studentenjahren manches Erinnerungsblatt auf die Seite gelegt. Wie es nun galt aus dem Einzelnen ein Ganzes zu gestalten, erhoben sich ungeahnte Schwierigkeiten. Nur Engelhardts Jubiläumsgabe von 1843 war zugänglich, eine vortreffliche Monographie, die in den knappsten Umrissen eine Fülle zuverlässigen Materials und eine unparteiische Beurteilung der Personen und

[1]) Geschichte der Erlanger Burschenschaft. 1. Teil. Als Manuskript gedruckt bei Jacob, Erlangen 1877.

Sachen bietet. Aber der Personalstand[1]) der Studierenden war erst nach jahrelangem Suchen aufzutreiben, und betreffs der Universitätsakten erhielt ich noch 1888 die oft gehörte Auskunft: „Nichts auszumitteln, die Papiere sind verpackt.“ In öffentlichen Urkunden und Privatpapieren waren infolge der Demagogenriecherei gerade bei den hervorragenden Mitgliedern der Burschenschaft die Spuren der Zugehörigkeit sorgfältig verwischt. So blieb ich denn lang auf gelegentliche Funde, auf den Neuen Nekrolog und die erfreulich fortschreitende Allgemeine Deutsche Biographie beschränkt.

Endlich wurden die Kisten der Friderico-Alexandrina ausgepackt und ein Freund konnte daran gehen, das unentbehrliche Verzeichnis der Burschenschaftsmitglieder auf annähernd zuverlässiger Grundlage aufzustellen.[2]) Herr Universitätssyndikus Rentsch war in der liebenswürdigsten Weise behülflich, die Schätze seines Archivs darzureichen. Ich raffte in der Eile zusammen, was in unübersehbarer Fülle sich aufthat, die Nachwelt aber wurde so berücksichtigt, daß für sie die besten Mineralien übrig gelassen sind, nicht nur zum Nachschürfen, sondern zu neuem Bergbau. Nun ging es frisch an die Verwendung. Eben war das Monument im Rohguß fertig und das Material für einzelne Seitenfiguren zurecht gelegt, das Meißeln und Glätten, Feilen und Bürsten hatte begonnen, da beschränkte mich der Augenarzt im wesentlichen auf Hören und Diktieren. Spuren dieses mir ungewohnten Arbeitsbetriebes sind leider über das ganze Buch zerstreut, so treue, mit herzlichstem Dank von mir empfundene, Hülfe ich fand. Ich mußte auf nicht Weniges verzichten, was mir am Herzen lag. Einiges ist S. 398 genannt; noch mehr bedaure ich, daß, weil hierfür ein eigener Ab-

[1]) Daß das Erlanger Jubeljahr 1893 weder eine Fortsetzung der Engelhardtschen Chronik, noch eine verbesserte und um 50 Jahre weitergeführte Ausgabe des Personalstands gebracht hat, war eine arge Enttäuschung.

[2]) Ein Irrtum im Einzelnen kann hier zu falscher Generalisation verleiten, wie mir S. 238 begegnet ist. Der dort aufgeführte Bach hat gar nicht in Erlangen studiert, was ich auf Grund des von der Familie Ueberlieferten annahm.

schnitt vorbehalten war, nunmehr die Schilderung der Professoren unseres Zeitraums an vielen Stellen fehlt, wo sich im einzelnen Gelegenheit bot.

Freunde, die das Manuskript einsahen, haben an einer und der andern Stelle das Irenische und Conciliante vermißt. Diesem Opportunismus erwidere ich, daß der seinen Posten nicht verteidigt, der die Intoleranz gewähren läßt:

Die müssen Feinde sein, die die Knechtschaft wollen,
Die müssen Feinde sein, die die Wahrheit fürchten,
Die müssen Feinde sein, die das Recht verdrehen,
Die müssen Feinde sein, die von der Ehre weichen.

Mit Lust und Neigung habe ich nur das Erfreuliche geschildert und das, was ein edleres Streben zu fördern geeignet schien. Dem Gegenteil bin ich aus dem Weg gegangen, wo es mich nicht bedrängte. Daß ich auch mir Fremdartiges oder Widerwärtiges zu verstehen bestrebt war und ihm sein Recht gönnte, davon soll, wie ich hoffe, mein Buch überall Zeugnis geben.

Und wie der Mensch nur sagen kann:
Hier bin ich! Daß Freunde seiner schonend sich erfreun,
So kann auch ich nur sagen: Nehmt es hin!

# Inhaltsübersicht.

## Erstes Buch.



## Zweites Buch.

## Drittes Buch.



## Viertes Buch.

## Zur Litteratur.

Chiffern und ohne Zusatz gebrauchte Namen bezeichnen folgende Schriften:

A. D. B. = Allgemeine Deutsche Biographie. B. 1—40. Leipzig 1875—1895.
B. Bl. = Burschenschaftliche Blätter. B. 1—10. Berlin 1887—1895.
A. Ebrard, Lebensführungen. Gütersloh, Bertelsmann 1888.
Engelhardt, Die Universität Erlangen 1743—1843. Erlangen, Barfus 1843.
G. Freytag, K. Mathy. 2. A. Leipzig 1872.
Goethe, Hempelsche Ausgabe.
Harleß, Bruchstücke aus dem Leben eines süddeutschen Theologen. Bielefeld und Leipzig 1872.
K. Hase, Ideale und Irrtümer. Leipzig. Brockhaus 1872.
F. Herbst, „ „ des akademischen Lebens. Stuttgart, Metzler 1823.
Hertel = M. Reimlein, Unser Erlangen. Erlangen, Palm. 1843.
v. Hohnhorst. Vollständige Uebersicht der gegen C. L. Sand geführten Untersuchung. In 2 Abt. Stuttgart, Cotta 1820.
Leo, Meine Jugendzeit. Gotha, Perthes 1880.
E. W. Martius, Erinnerungen aus meinem 90j. Leben. Leipzig, Voß 1847.
N. Nekr. = Neuer Nekrolog der Deutschen. 30 Jahrgänge 1823—1852. Weimar, Voigt.
K. R. Pabst, Theodor Müllers Jugendleben. Aarau, Sauerländer 1861—1863.
Platen, Gesammelte Werke. B. 1—5. Cotta 1856, B. 6 und 7, Leipzig, Dyk 1853 f.
Raumer = Geschichte der Pädagogik. 4. Band. Stuttgart, Liesching 1854.
Stromeyer, Erinnerungen eines deutschen Arztes. Band 2. Hannover, Rümpler 1875.
Schubert, Erwerb und Erwartung. Selbstbiographie. Band 3. Erlangen. Palm und Enke 1856.
F. Thiersch's Leben. 2 B. Heidelberg, Winter 1866.
C. J. Weber, Deutschland, oder Briefe eines in Deutschland reisenden Deutschen. 2. A. 4 B. Stuttgart, Hallberger 1834.
G. Weber, Jugendeindrücke und Erlebnisse. Leipzig, Engelmann 1887.
Zoepfl = Corpus Juris confoederationis Germanicae. Herausgegeben von G. v. Meyer und H. Zoepfl. 2 T. 3. A. Frankfurt 1858 f.

Erstes Buch.

# Erlangen vor 1816

und

# die Gründung der Jenaer Burschenschaft.

Penser peu, parler de tout, ne douter de rien, n'habiter que les dehors de son âme, et ne cultiver que la superficie de son esprit, s'exprimer heureusement, avoir un tour d'imagination agréable, une conversation légère et délicate, et savoir plaire sans se faire estimer; être né avec le talent équivoque d' une conception prompte et se croire par là au-dessus de la réflexion; voler d'objets en objets sans en approfondir aucun; cueillir rapidement toutes les fleurs et ne donner jamais aux fruits le temps de parvenir à maturité, c'est une faible peinture de ce qu'il a plu à notre siècle d'honorer du nom d'esprit.

Stammbuchblatt, Erlangen 1755.

Ich wünsche der Burschenschaft ein fröhliches Gedeihen; sie hat eine Vorahnung gehabt, doch zu früh. Schliesslich haben Sie doch Recht bekommen.

Fürst Bismarck vor dem Burgkeller.
Jena, 31. Juli 1892.

## Ziel und Richtung.

Diese Blätter stellen dar, was die Erlanger Burschenschaft in den ersten zwei Jahrzehnten ihres Bestehens erlebt und gewollt hat. Die Bewegung in der Studentenwelt, die man als burschenschaftlich bezeichnet, folgt überall dem Aufschwung des deutschen Volksgeistes, der in Wechselwirkung steht mit dem durch den großen Kurfürsten und Friedrich den Großen erzeugten preußischen Staatsgeist. Das Selbstgefühl der Deutschen, im dreißigjährigen Krieg fast erstickt, war durch Schuld des kirchlichen Haders und des egoistischen Höflingswesens und Junkertums so indolent und stumpf geworden, wie Lessings Emilia Galotti und Schillers Jugenddramen vergegenwärtigen. Erst nachdem schöpferische Geister, wie Klopstock, Lessing, Kant, in den Herzen der mittleren Stände den Sinn für Edleres und Höheres erregt hatten, entzündete sich an der wiedergewonnenen menschlichen Selbstachtung auch das germanische Freiheitsgefühl, vorläufig als Sehnsucht und Verlangen nach einem Vaterland, nach Pflicht und Recht in diesem.

Dann, als nicht nur jenes Joch des Franzosentums abgeschüttelt war, unter das sich die höheren Stände in schnöder Freiwilligkeit geschmiegt hatten, sondern auch Napoleons Fesseln von der Gesamtkraft des Volkes gebrochen waren, vereinigten sich um 1813 alle Richtungen des Gemeingeistes, die sociale, politische und religiöse, sittliche und wissenschaftliche, in dem einen Strom vaterländischen Empfindens.

Freilich nur für kurze Dauer. Denn indem das Metternichsche Restaurationssystem die vaterländische Begeisterung mißachtete und verfälschte, ihre Träger verdächtigte und proskribierte, bewirkte sie eine Abkehr von den Idealen der großen Zeit, und

1*

alsbald ging der Glaube an die Wiedergewinnung eines starken deutschen Reiches in Rauch auf — bei allen, die den Mächten des Tages huldigten oder sich beugten, wo die Gewalt sich regte.

Fünfzehn Jahre nach der Schlacht bei Leipzig schien die eben begonnene Bildung nationalen Gesamtbewußtseins in Frage gestellt, der Enthusiasmus war verflogen, verdrängt von trostlosem Indifferentismus. Als nach der Julirevolution von den Gegenströmen aus Ost und West die elementaren Kräfte auch in Deutschland aufgeregt wurden, erschienen in Kirche und Staat, Kunst und Wissenschaft Gegensätze an der Oberfläche, die alle organische Einheit aufzulösen und zu zersetzen drohten: die Willenlosigkeit der Vielstaaterei, Reaktion und Revolution, Frömmelei und Hierarchentum, Materialismus und Libertinismus, Sophistik und pedantisches Chinesentum.

Allein auch in diesen trüben und zerfahrenen Zeiten der Hoffnungslosigkeit und Verzweiflung waren — wenn wir hier absehen von dem stillen Schaffen, durch das sich der preußische Staat seinem deutschen Beruf treu zeigte — außerhalb der Regierungskreise in der Tiefe volkserhaltende und staatbildende Kräfte thätig, denen an der Neubegründung des deutschen Reiches ein wesentlicher Anteil zukommt. Einesteils war jetzt den Süddeutschen, die in der Rheinbundszeit viel versäumt hatten, vergönnt, dem Gesamtvaterland einen Teil der Schuld abzutragen, indem sie die gewährten verfassungsmäßigen Rechte ausbauten und verteidigten. Andernteils bewährten die Universitäten, vornehmlich in den burschenschaftlichen Kreisen, den Mut, dem Metternichschen System zum Trotz das Streben deutscher Männer und Jünglinge für Einheit und Freiheit des Vaterlandes nicht zu verleugnen und einem excentrischen Freiheitsgeist gegenüber die gesetzlichen und sittlichen Schranken zu verteidigen, ohne deren Halt Staaten und Individuen auseinanderfallen.

Letzteres gilt nur von der burschenschaftlichen Richtung, welche die Arminia vertrat. Der anderen Seite, den Germanen, soll nicht nur Gerechtigkeit widerfahren, sondern jene Billigkeit, die der Humanität entspricht und der Verwandtschaft. Mögen Andere auch andere Wege gegangen sein, uns ist es eine Aufgabe der Pietät, schlecht und recht das Wollen und Streben, Thun und Leiden, auch die Träume und Spiele der Alten aus den Jahren 1816—1833 vor Augen zu führen.

Wir lernen zunächst Erlangen und seine Studentenverbindungen vor den Freiheitskriegen kennen und beobachten dann in Jena das Entstehen der Burschenschaft und ihre Glanzzeit bis zur Auflösung durch die Karlsbader Beschlüsse. Darauf kehren wir nach Erlangen zurück, wo uns die Stiftung der Burschenschaft und ihre durch politischen und anderen Meltau erst spät gestörte Blüte erfreuen wird, um schließlich die Jahre der Spaltung und den Untergang der Germania zu schildern.

Es wird versucht, Kleines und Großes in seinem Unterschied nicht zu verwischen. Wir wollen im Besonderen und Individuellen die geistigen Strömungen begreifen, ohne daß wir vergessen anzumerken, wie sie abhängig sind von dem Wind, der in Franken, Bayern, Deutschland, ja in noch ferneren Gebieten weht. Bei diesem Unternehmen ist uns von hohem Wert, in allem Wesentlichen mit der Auffassung übereinzustimmen, die H. v. Sybel[1]) im folgenden niedergelegt hat: Niemals ist einem großen, mit frischem Siegeslorbeer gekrönten Volke eine kümmerlichere Unverfassung auferlegt worden, als es dem deutschen durch die Bundesakte geschah. Es war kein Wunder, daß in weiten Kreisen ein erbitterter Widerspruch erscholl. — „Wie die Burschenschaften den einen Grundgedanken der Befreiungszeit, die deutsche Einheit, so haben die süddeutschen Kammern den andern, Teilnahme des Volkes an dem öffentlichen Wesen, trotz alles Druckes und aller Niederlagen im Bewußtsein der Nation ein volles Menschenalter hindurch lebendig erhalten, und wir müssen ihnen ein ehrendes Andenken bewahren, wenn wir heute uns dieser hohen Güter in vollem Umfange erfreuen“.

[1]) Die Begründung des deutschen Reiches durch Wilhelm I. I, 52, 54.

I.

# Aus Erlangens Vergangenheit und über Studentenverbindungen.

---

## 1. Geschichtliche und topographische Orientierung.

Der engere Zweck dieser Arbeit ist, den nach Erlangen kommenden Studenten mit dem Leben unserer Großväter bekannt zu machen. Er wird einer solchen geschichtlichen Betrachtung um so zugänglicher sein, wenn man ihm behülflich ist, sich die Fragen zu beantworten, zu denen die Gegend und das Innere der Stadt den Ankömmling anregen.

Das alte Erlangen (796—1685). Das Rednitzthal, in welchem Erlangen etwa 1000 Fuß über dem Meere gelegen ist, bildet die vornehmste Verbindungsstraße zwischen Main und Donau und einen der wichtigsten Zugänge aus dem nördlichen nach dem südlichen Deutschland. Die slavische Bevölkerung der sandigen, mit Föhrenwald bedeckten Gegend wurde durch das Bistum Würzburg und später Bamberg der christlichen Kirche und dem Deutschtum gewonnen. Die Pfalz Forchheim[1]) in Ostfranken, von Bayern und Schwaben, Böhmen und Sachsen verhältnismäßig leicht zu erreichen, wurde deshalb öfters zur Versammlung von Reichstagen gewählt. Von dem Martinsstift dieses Forchheim ist Erlangen Jahrhunderte lang eine Filialgemeinde gewesen. Erst bambergisch, dann von Karl IV. als Erbgut der Krone Böhmen erworben, erhielt der Ort 1398 Stadtrecht. Die Stadt kam 1402 an den

---

[1]) Noch am 1. Juli 1832, als der Romantiker Ludwig I. zum erstenmal Erlangen als König besuchte, nahm er das Nachtlager in Forchheim.

Burggrafen von Nürnberg, gehörte zum Unterland des Fürstentums Bayreuth und stand bis zum Tilsiter Frieden unter hohenzollerschen Fürsten. Eine von Forchheim unabhängige Pfarrkirche (die Altstädter) wurde erst 1435 ausgestattet. 1526 trat das hohenzollersche Gebiet dem evangelischen Bekenntnis bei, während Erlangens nächste Umgegend, weil sie bambergisch war, katholisch blieb. Der dreißigjährige Krieg vernichtete allen Wohlstand und fast alle Wohnungen, aber ein Menschenalter nach dem Frieden war die alte Stadt wiederhergestellt.

Das neuere Erlangen (1686—1743). Gleich dem großen Kurfürsten setzte auch sein Vetter Markgraf Christian Ernst von Brandenburg-Bayreuth dem Edikt von Nantes eine Deklaration (23. November 1685) entgegen, durch welche er den reformierten Flüchtlingen gastliche Aufnahme in seinem Land anbot, freie Religionsübung und materielle Hilfe. Seit Mai 1686 trifft in Erlangen eine Schar Hugenotten nach der andern ein, die meisten aus Languedoc und Dauphinée. Für sie läßt der Markgraf den Wald reuten, der einen großen Teil der jetzigen Neustadt bedeckte, und vom Baumeister Richter[1]) die Neustadt anlegen. Die Kolonie ist bis gegen Ende des Jahrhunderts 4—5000 Seelen stark und bringt aus Frankreich neue Fabrikzweige mit, Handschuh-, Strumpf- und Hutfabrikation, Gerberei und Wollenweberei. Den Refugiés folgen neue Ansiedler aus der verwüsteten Rheinpfalz.

Das Anwachsen der Stadt veranschaulichen folgende Daten. Es wurden vollendet:

1693 die französisch-reformierte Kirche, in der bis 1821 französisch gepredigt wurde (es entstehen die Friedrichs- und Karlstraße);

1704 das Residenzschloß (1814 abgebrannt, seit 1822 Bibliothek), Schloßgarten und Orangerie mit der unvollendeten Reiterstatue des großen Kurfürsten (nach Schlüter);

1705 der Wasserturm (einst Carcer, abgetragen 1876);

---

[1]) Historia acad. Frider. Erl. 1743, fol. 7.

1718 Theater und Redoutensaal;
1721 der Neubau der (1706 abgebrannten) Altstädter Kirche;
1729 das Altstädter Schießhaus;
1734 die deutsch-reformierte Kirche.

Universitätsstadt ist Erlangen seit 1743. Eine Gründung des Bayreuther Hofes (die intellektuellen Urheber waren Friedrich des Großen Schwester Wilhelmine (Voltaire?) und Daniel von Superville)[1]), war die Universität zeitweilig höfischen Einflüssen ausgesetzt, und man legte Wert darauf, adelige Studierende zu haben; doch sind nicht wenige Professoren von Anfang an mit plebejischem Ernst für die Wissenschaft, für ihr Volk und seine Sitte, für das durch die Uebermacht gekränkte Recht Mindermächtiger eingetreten.[2])

In politischer Beziehung stand Erlangen
1743—1769 unter den Bayreuther Markgrafen Friedrich († 1763) und Friedrich Christian;
1769—1791 unter dem Ansbacher Markgrafen Alexander;
1792—1806 war es preußisch unter Hardenbergs Verwaltung;
1806—1810 war es von Frankreich occupiert; seit
4. Juli 1810 bayrisch unter den Königen Max I († 1825) und Ludwig I.

An Einwohnern zählte die Stadt 1805 10000, 1808 8800, 1818 8600, 1826 9500.

Die Frequenz betreffend, teilt Engelhardt mit, wie viele Studenten unter jedem Prorektorat immatrikuliert worden sind;

---

[1]) Sehling, Festschrift der Universität 1893.

[2]) Ich erwähne ein Beispiel, das sich aus jener Zeit feiger Unterwürfigkeit herrlich abhebt. 1743 unterhielt Markgraf Friedrich zu einer seiner Hofdamen Beziehungen, die der Markgräfin von Bayreuth um so schmerzlicher waren, weil sie Fräulein v. Marwitz als treue Freundin gehalten hatte. Da erhob der durch Festigkeit und Reinheit des Charakters ausgezeichnete Theologe G. A. Elrod für die Fürstin seine Stimme — im Schlußgebet bei Einweihung der Universität: „Der Herr erhöre sie (die Markgräfin) in der Not, er sende ihr Hilfe vom Heiligtum und stärke sie in der Not.“ Hist. Ac. Frid. Addit. 63.

am tiefsten gesunken ist die Zahl während der französischen Occupation, seit 1810 steigt sie. Es waren dann immatrikuliert: 1830/1 424, 1831/2 334, 1832/3 299, 1833/4 264; darunter waren im letzten Zeitraum durchschnittlich 140 Theologen.

Ueber das Zifferverhältnis der innerhalb und außerhalb einer Verbindung Lebenden findet sich zweimal eine Angabe:

1829 sind von schätzungsweise 430 Studenten 284 in Verbindungen,

1843, im Jubiläumsjahr, von 304 immatrikulierten 254.

## 2. Die Studenten und ihre Verbindungen.

War die Ackerstadt Erlangen durch die Aufnahme der Glaubensflüchtlinge zugleich Industriestadt geworden, so wird die Universitätsstadt ein Krystallisationspunkt deutschen Geisteslebens. Die Hochschule wird bald außer von den Bayreuther und Ansbacher Landesangehörigen von akademischen Bürgern aus den reichsstädtischen und ritterschaftlichen Territorien Frankens und Schwabens, der Oberpfalz und Schlesiens, sowie der sächsischen Herzogtümer aufgesucht; auch Schweizer, zeitweise Tiroler, finden sich hier ein und zwischen 1760 und 1793 Siebenbürgen und Ungarn in nicht geringer Zahl, in der preußischen Zeit studieren hier nicht wenige Norddeutsche, insbesondere Westfalen und Berliner.[1])

Von der Freiheit des deutschen Studenten. Ueberall bewahrte die Organisation der Universitäten ehrwürdige Spuren des die Schranken des Territorialwesens durchbrechenden Einheitsgedankens. Das Zusammentreffen von Kommilitonen aus so

[1]) z. B. die nachmaligen Minister v. Altenstein und v. Wangenheim, der Oberpräsident v. Vincke, L. Tieck und Wackenroder.

vielen Gegenden deutscher Zunge mußte manches Vorurteil der Ignoranz und gegenseitiger Verkennung schwinden machen; unter günstigen Umständen konnte der Austausch des den einzelnen Stämmen und Gauen Eigentümlichen einen höhern vaterländischen Geist entfalten, indem sich aus dem Besondern das Gemeinsame lebendig erhob.

Aber auch der Genius der deutschen Freiheit fand hier eine Pflegestätte. Von ernster Bedeutung für den Charakter des Studenten, der für das Elternhaus und die Schulgemeinschaft Ersatz bedarf, erscheint seit alten Tagen das Leben mit akademischen Genossen. Engelhardt,[1]) der auch diese Seite für Erlangen vortrefflich behandelt, nennt wissenschaftliche Vereinigungen die edelste Frucht der Freiheit der Studien, erwachsen auf dem Grunde der Freundschaft. Wie sich in ihnen die freie Liebe zur Wissenschaft und die Teilnahme an ihrem Fortschritt entwickle, so habe Deutschland ihnen besonders die allgemeine Verbreitung wissenschaftlichen Interesses und die Anhänglichkeit an seine Universitäten zu danken.

Die größeren Studentengesellschaften haben in der Regel nicht das Lernen in den Mittelpunkt des Interesses gestellt, sondern das Leben. Dieses Alter geht darauf aus, Erfahrungen zu machen, und dazu bedarf es Freunde und Feinde. Nur einzelne werden das, wozu eine seltene Natur sie bestimmt hat, in der Zurückgezogenheit, die meisten verkommen ohne ein bewegteres Leben. Für die vielen gilt Goethe's Wort:[2])

Ein edler Mensch kann einem engen Kreise
Nicht seine Bildung danken; Vaterland
Und Welt muß auf ihn wirken. Ruhm und Tadel
Muß er ertragen lernen;

nur durch Uebung seiner Kräfte im Streit lerne er sich und andere recht kennen, sich fühlen, so bilde sich der Mann.

„An kleinen Hochschulen insbesondere", urteilt ein ehemaliger Erlanger Student,[3]) „bildet sich eine Strömung jugendlichen

[1]) S. 177—194. [2]) Tasso I, 2. [3]) Harleß I, 93.

Lebens, das nach dem Naturgesetz der Jugend, unbeirrt von der Anziehungskraft fremder Elemente, sich bewegt, abgrenzt und ausgärt. Man gerät nicht in Versuchung, fremde Gravitäten zu kopieren, Lebensformen reiferer Jahre vorweg zu nehmen, naturwüchsige Schößlinge, und wären es selbst Wildlinge, vor der Zeit künstlich zu verschneiden, sondern ist darauf angewiesen, im eigenen Kreise die Kräfte der Selbstregierung und Selbsterhaltung, der Anfeuerung wie der Zügelung zu suchen und zu pflegen. Daß Gefahren der Verirrung hier nahe liegen, wer wollte das verkennen? Aber wie ist ohne solche Gefahr Heranbildung zur Selbständigkeit des Charakters möglich? Wer in der Jugend zu nichts, als zum sich Schmiegen und Ducken, zum Nachformen und Nachmachen gereizt, angeleitet oder gar dressiert wird, der wird nie als ein innerlich freier Mann die Kämpfe des Lebens bestehen."

Darum erscheinen die Studentenverbindungen als ein Zweig deutschen Volkslebens, dessen Früchte gerade die Frischesten und Tüchtigsten voll Jubel gepflückt haben. Wo immer ehemalige Studenten zusammenkommen, belebt die akademischen Erinnerungen das Frohgefühl der Alten,[1]) und die Hoffnungen der Jungen richten sich dahin, gleich dem Vater und Großvater ihren Teil zu haben an solchem poetischen Jugendspiel. Den Inbegriff dieses Jugendlebens, die akademische Freiheit, nennt Arndt die lieb-

[1]) Hier sei daran erinnert, daß der Dichter Hebel in Erlangen studiert hat (1778—80; er war Mitglied der Mosellaner). Noch 1811, wie er einmal mit Studenten zusammentrifft und ihm das Herz aufgeht, trägt er diesen Hymnus auf die Süßigkeit des Studentenlebens vor: „In der Brust des Studenten wohnt das Kind und der Knabe und der Mann in einer Brust beisammen. Das Kind ist im Entschlummern, schlägt aber noch immer die Augen auf und lächelt, als ob es in einen Traum von Rosen niedertauchen wollte und sich darauf freute; der Knabe aber ist wacker und atmet Lebenslust und Freiheit, und der Mann wacht auch schon bisweilen auf und sieht die Sache ernsthaft an, schläft aber wieder ein, bis seine Stunde da ist. — Darum, junges Blut, genießen Sie die schönen Tage und begehen Sie nicht lauter kluge Streiche, sondern auch thörichte, wie ich zu meiner Zeit und noch." J. P. Hebel, Werke, Karlsruhe 1853. I, 15.

lichste und köstlichste Blume des germanischen Geistes und des germanischen Christentums.[1]) „Diese Herrlichkeit," sagt er, „die wir nie genug preisen können, ist jetzt (1815) an die 600 Jahre alt, und wir wünschen, daß die Deutschen nimmer ihres Alters Grenzen erblicken. Nichts beurkundet mehr den frischen und hohen Sinn unseres Volkes, das Geistige und Dichterische seiner Uranlagen, die tiefe Ehrfurcht vor der Freiheit und der Ungebundenheit der himmlischen und überirdischen Kräfte, als daß diese freieste Schöpfung mitten im Getümmel und Wechsel der Zeiten hat bestehen können. Wer wirklich ein Student gewesen ist, wie sollte er ein Volk nicht preisen, das ihm so lange ein Leben erlaubt hat poetischer Freiheit und Gleichheit ohne Zwang und ohne Sünde, wo die unermeßliche Weite der Geisterwelt geöffnet ist und wo die Bürgerwelt nicht vor jede übermütige Lust und jede jugendliche Kühnheit einen Schlagbaum mit Wächtern stellt, die mit Stöcken und mit Spießen zur gemeinen Ordnung und gemeinen Tugend treiben. Wer diese höchste Zeit des Daseins, diese deutsche Studentenzeit, durchlebt und durchgespielt und durchgefühlt hat, wer in ihr gleichsam alle Schatten eines dämmernden Vorlebens und alle Masken einer beschränkteren und mühevolleren Zukunft in verkleideten Scherzen und mutwilligen Parodien durchgemacht hat, der nimmt in das ärmere Bürgerleben, dem er nachher heimfällt, und dem er seinen gebührlichen Zins abtragen muß, einen solchen Reichtum von Anschauungen und Phantasien hinüber, die ihn nie ganz zu einer chinesischen Puppe und zu einem hohlen und zierlichen Lückenbüßer und Rückenbücker der Vorzimmer werden lassen. Ist es nicht diese akademische Herrlichkeit, deren Duft und Hauch nachher nimmer ganz verfliegt? die in dem Gemeinen und Bedürftigen des Lebens tröstet und über das Gemeine und Bedürftige, dessen es hier unten so viel hat, erhebt? die uns mitten unter Mühen und Sorgen in dem vierzigsten und fünfzigsten Jahre noch

[1]) Als Arndt dies schrieb, war er 46 Jahre alt. Wächter I, 335—339. Wieder abgedruckt in Scheiblers Jenaischen Blättern 1. H. F. Mauke 1849.

so oft den seligen Traum vorgaukelt: Das Leben sei ja nur ein Ding, das sich gestalten müsse, wie wir es anschauen, das dienen müsse, wie wir herrschen wollen? Von uns hange es ja ab, von uns und von nichts anderem, die unsterbliche Jugend zu bewahren und in unverwelklicher Unschuld die Freude immer wie eine blühende Braut zu bewahren und den fröhlichen Mut wie den rechten Bahnmacher und Herold des Lebens voransteigen zu lassen!"

Eine solche Haltung der Studenten-Genossenschaften spiegelt den deutschen Geist wieder. Wo dieser in seiner eigentümlichen Kraft hervortritt, da ist sein Streben dahin gerichtet, frei zu sein, aus eigener Seele sich Zwecke zu setzen und neidlos dem als Führer zu folgen, der die rechte Bahn zu einem großen Ziel findet.

Sinken des Gemeingeistes. Als aber dieser Stolz der Freiheit im öffentlichen Leben schwand, verdunkelte er sich auch im akademischen. Nach dem dreißigjährigen Krieg herrschte auf den Universitäten zügellose Roheit. Den Niederschlag, den das Jahrhundert des Pennalismus zurückließ, überliefern die Figuren des Renommisten, Obskuranten und Renoncen.

Die Renommisten waren rohe, unbändige Menschen, die es für eine Ehre hielten, sich um Wissenschaft, Gesetz und Recht nicht zu kümmern; die Kneipe und der Fechtboden ging ihnen über alles; um das Leben recht zu genießen, lebten sie sich schon in frischer Jugendblüte zu Tode oder verließen die Hochschule, um geduldige Lastträger an der Staatsmaschine zu werden, ohne etwas Gründliches gelernt zu haben.

Unter den Obskuranten waren stille, gutmütige Menschen, die sich selbst und den Wissenschaften lebten. Aus diesen gingen wohl gelehrte Männer hervor, aber die meisten trugen die Unbeholfenheit und Weltscheu mit ins Leben hinaus und wußten im praktischen Leben nie festen Fuß zu fassen. Andere wurden durch das stete Insichhineinleben Egoisten, denen der Sinn für Großes und Gemeinnütziges schwer aufging. Wieder andere verfielen der Gefühlsduselei oder wiegten sich in mystische Träume ein.

Die Renoncen[1]) (im engeren Sinne gebraucht als die Affiliierten der Landsmannschaften) standen zwischen den Renommisten und den für sich Lebenden mitten inne, eine Menschenart mit halbem Wesen. Sie wollten wohl gern, wie man sagt, etwas mitmachen, trauten sich aber doch nicht recht heraus, weil es ihnen an Thatkraft fehlte. Sie dienten in der Regel weder den Wissenschaften mit Ernst und Strenge, noch gaben sie sich mit eigener Kraft dem Verbindungswesen hin, an das sie sich anhängten.[2])

Den Zeiten der Roheit folgten die des exklusiven ständischen Raffinements; Hoffähigkeit bestimmt den Wert der Sterblichen. Das feudalistische Prinzip beruht auf der Herrschaft einer Minderheit und beutet die Untergebenen rücksichtslos aus. Es kennt Rechte nur für die Herren, ohne bindende Pflichten; fremde Individualität mißachtet es wie der Absolutismus. Hart und selbstsüchtig in jedem Fall, hat dies Herrentum doch seine Abstufungen: Der wirkliche Aristokrat kennt doch auch einen Stolz nach oben und verfügt im persönlichen Verkehr über leutselige und verbindliche Formen. Schwerer zu ertragen sind die Prätentionen eines armseligen und lumpigen Adels. Am unleidlichsten ist die Erscheinung des Parvenus, der feudale Färbung annimmt; er vereinigt das Abstoßende der Großen und der Kleinen, Hochmut und Plumpheit. Zum Cavalier verhält er sich wie der Bediente zum Herrn: täuscht er auch vorübergehend den Unkundigen, wenn er Tracht und Ton, Allüren und Posen des Junkers kopiert, immer wieder verrät ihn der steife Zopf:

Sanft hündisch wedelnd gegen Vorgesetzte
Und zornig nackenpeitschend gegen Niedre.

Das Studentenwesen der Zeit spiegelt in den oberen Kreisen, die überall sein müssen und vorne stehen, den Geist des Hoflebens

[1]) Herbst 131. 156.

[2]) Um 1817 bezeichnen die Erlanger Aktenstücke als Renoncen alle, die nicht zu den Corps und deren Anhang halten. Später wird der Name Obskuranten für alle gebraucht, die nicht Farben tragen, ohne gehässige Nebenbedeutung.

wieder und das Treiben der Leute von Stand, die, ohne rechten Lebenszweck, groß in allem Kleinen, in eitler Repräsentation einen genügenden Daseinsinhalt fanden und, wenn sie müde waren von der Jagd nach allen käuflichen Genüssen, mit pikantem Klatsch und allerlei Ränken die ermatteten Lebensgeister auffrischten. Seltsam, wie sie dabei überzeugt waren, das Prinzip der Ehre zu vertreten, und daß nur sie und ihre Formen befähigt seien, Gottes Welt zu regieren. Ich überlasse die Kritik einem Manne, der das 18. Jahrhundert aufs genaueste kannte und ein Recht hat, über moralische Fragen gehört zu werden. „Man betrachte doch", sagt Carlyle[1]), „den Menschen, der sich elend fühlt, weil er nicht vor andern ausgezeichnet wird; dem es, voll kitzelhafter Reizbarkeit und Sorge um seine Anlagen und Ansprüche, immerfort darum zu thun ist, sich zu zeigen. Bestrebt jedermann zu zwingen, gleichsam jedermann anflehend, ihn um Himmelswillen für einen großen Menschen zu halten und über Menschen zu setzen! So ein Geschöpf gehört unter die erbärmlichsten Erscheinungen unter der Sonne. Ein großer Mensch? Ein armseliger, krankhafter, leerer Mensch, tauglicher für ein Hospital, als für einen Thron unter Menschen. Ich rate, ihm aus dem Wege zu gehn."

In Nachahmung des höfischen Wesens wurde also aus den fröhlichen Bräuchen gleicher Genossen in freiwilliger Unterordnung ein enges und steifes Commentwesen, das eine Clique auf allen Universitäten Verbündeter, kraft geheimer Organisation und des Schlägers aufrecht hielt. Dem politischen System entsprach, daß sich das Ganze in kleine Herrschaftsgebiete auflöste. Wie die territorialen Gebilde des versinkenden deutschen Reiches nur dadurch bestanden, daß sie das Ganze zerrissen und zersplitterten, so entstand der tyrannische Gebrauch, daß der Ankömmling auf der Universität von den Landsleuten im engsten Sinn als Adnex der ihnen zugehörigen Erdscholle in Anspruch genommen und dem Im-

---

[1]) Ueber Helden, Heldenverehrung und das Heldentümliche in der Geschichte. Berlin 1853. S. 395.

perium der Bayreuther, Ansbacher und wie immer die Partikelchen hießen einverleibt wurde. Solche Abschließung steigerte die bornierte Gehässigkeit der getrennten Elemente, und es wurden nicht nur auf der Universität die Einseitigkeiten nicht ausgeglichen, sondern die verschärften Gegensätze wirkten entfremdend auch in das spätere Leben der Staatsbürger hinüber. „Der wechselseitige Haß zwischen Ansbach und Bayreuth äußerte sich nirgendswo lächerlicher als zu Erlangen zwischen Ansbacher und Bayreuther Landsmannschaften.“[1])

Die zuerst in Erlangen eingeführten Formen des akademischen Lebens waren die in Jena und Halle gültigen. Dort hatten die meisten Franken vor der Gründung Erlangens studiert, von dort war die Mehrzahl der Professoren übernommen. An Studentenvereinen bestanden in Jena damals Landsmannschaften und Orden neben einander. Die landsmannschaftlichen Gegensätze fanden in den derberen, aus Oberfranken sich rekrutierenden Bayreuthern, den aristokratischeren, hofmäßigeren Ansbachern und den aus den Reichsstädten, namentlich aus Nürnberg sich versammelnden Franken ihren Ausdruck. Die Orden,[2]) formell nach dem Beispiel der Freimaurer, Rosenkreuzer und Illuminaten eingerichtet, unterschieden sich von den Landsmannschaften hauptsächlich dadurch, daß die Mitgliedschaft nicht an ein bestimmtes Heimatland gebunden war. Anderes war beiden Richtungen gemeinsam: die Wahrung der alten akademischen Freiheit und des Ansehens ihrer Mitglieder gegenüber Behörden und andern Studenten und zur Erreichung dieses Zweckes Gesetze über ihr Verhalten im akademischen Leben, besonders über die Schlichtung von Ehrenstreitigkeiten durch das Duell. Wo die Studentenschaft als Ganzes auftritt, fordern beide die Rollen der Leiter und Ordner der Festlichkeiten, bei Bällen den Vortanz, bei Commersen beanspruchen sie die Geltung ihrer

---

[1]) C. J. Weber II, 24.

[2]) Ueber das Spezielle des Ordenswesens in Erlangen unterrichtet Engelhardt 180—182. — In poetischer Färbung sind die Ordensleute dargestellt in A. v. Arnims Studentenspiel „Halle und Jerusalem“. II, 16 und III, 2.

Trinkgesetze, bei Ehrenhändeln, daß ihr Ehrenkodex bestimme, was dem ehrenhaften Burschen erlaubt ist und verboten, bei Waffenentscheidungen fordern sie das Recht zu sekundieren und den Unparteiischen zu stellen. Auch üben sie ein Bannrecht gegen Professoren, Kommilitonen und Philister wie gegen ganze Universitäten. In früheren Erlanger Zeiten fordern sie Steuern ein, z. B. pro usu armorum, eine Art Grafenzins für Senioren, Beiträge zu ihren Festlichkeiten. Daß die Orden den in den Landsmannschaften genährten Ortsgeist durch vaterländische oder weltbürgerliche Ideen hätten überwinden wollen, wird mit Recht bezweifelt. Die einzige in ihnen wirklich lebende geistige Macht war ein inniges Gefühl für Freundschaft, „die das Naturgesetz lehrt und die christliche Moral bestätigt," hier aber oft in Fanatismus ausartete. Das mysteriöse Dunkel, in welches sie, um sich wichtig zu machen ,ihre Statuten und Symbole und ihr ganzes esoterisches Treiben hüllten, beförderte den engherzigsten Sondergeist. Die Eifersucht der verschiedenen so schroff abgeschlossenen Vereine führte zu unaufhörlichen Reibungen und Händeln. Dabei übten sämtliche Orden nach außen gegen die Profanen oder Wilden, nach innen gegen die eigenen Mitglieder eine Zwangherrschaft, die einer freien Entwicklung der Einzelnen sowie des gesamten Studentenlebens hemmend entgegentrat, namentlich befanden sich die Renoncen in einem wahren Helotenstand. Ihr Ehrenwort hatte keine Geltung, wenn es gegen das von eigentlichen Ordensmitgliedern stand.

Regierungsmaßregeln gegen die Orden. Im letzten Jahrzehnt des Jahrhunderts schritten die obersten Autoritäten des Reiches gemeinsam gegen die Orden ein: 1792 beantragte Karl August ihre Unterdrückung beim Corpus Evangelicorum; im gleichen Sinne abgefaßt ist ein Reichstagsgutachten (14. Juni 1793), aus dem dann das preußische Edikt hervorging, das Sept. 1795 den Erlanger Senat anwies, jedes Ordensglied zu relegieren; ein solches soll auf keiner deutschen Universität aufgenommen, die Relegation der Obrigkeit des Relegierten und allen Universitäten bekannt gemacht werden. Die Verwarnung bei der Imma-

2

trikulation und der Hinweis auf die Folgen für Beförderung und Anstellung finden sich schon hier; auch daß die Hauswirte bei willkürlicher Strafe zur Anzeige verpflichtet werden.

Im Jahre 1797 führte eine neue Entdeckung, die des über neun Universitäten ausgebreiteten Constantistenordens, zu verschärften Strafbestimmungen.[1]) In Berlin sah man die Sache sehr ernst an; im Ministerialreskript vom 19. April 1798 an den Erlanger Senat wird behauptet, der Orden verbreite sich auch in Berlin unter dem Militär und den andern Ständen, seine Gesetze enthielten nicht bloß Aeußerungen jugendlicher Leichtsinnigkeit und Thorheit, sondern auch gefährliche und frevelhafte Sätze und ganz die echten Prinzipien eines Jakobinerklubs, welche ganz auf die Auflösung der heiligsten Bande der Religion durch Autorisierung des Meineids bei Collisionen zwischen dem Orden und der Obrigkeit, auf ganz eigentliche Anfeindung des Staats, auf Eludierung seiner obrigkeitlichen Gewalt, auf den Umsturz seiner Verfassung durch die Bildung eines Staates im Staate und auf Geltendmachung der unveräußerlichen Menschenrechte und der angebornen Freiheit abzielten.

Erlanger Studententreiben zur Zeit der Hardenbergschen Verwaltung. So steht es in den Akten — wie stand es in der Welt? Da war in Erlangen im November 1797 J. B. Bertram aus Köln immatrikuliert worden, der später mit den Brüdern Boisserée den Grundstock zu den altdeutschen Gemälden der Münchener Pinakothek gesammelt hat. Von ihm wird erzählt:[2]) „Einen liebenswürdigeren Schalk kann man sich nicht denken, als damals Bertram war. Tausend lustige Einfälle kreuzten sich in seinem schäumenden Gehirne, und voll Laune und Munterkeit war er bereit, sie auszuführen. Einstmals setzte er dem steinernen Herrn Churfürsten im Schloßgarten die rote Jakobinermütze auf und sah mit heimlichem Entzücken zu, wie das Publikum über den

[1]) Das Edikt v. 20. Okt. 1798 wird im Anhang abgedruckt.

[2]) Martius, 219 ff.

revolutionären Schmuck der ehrwürdigen Allongeperücke staunte und endlich die Polizei eine Leiter anlegte, um jene Kopfbedeckung, zu der Churfürst Friedrich Wilhelm, der Türkenbesieger, ein gar ernsthaftes Gesicht machte, abzuziehen. Ein andermal verrückte er, als erster Petit-Maitre der Musenstadt, allen Nebenbuhlern das Concept durch die sonderbaren und barocken Moden eigener Invention: Schuhe mit langen silbernen Schnäbeln, wunderliche Manschetten und Halskrausen, Kleider von absonderlichem Schnitt, worin er plötzlich erschien. Ein so lustiger Kamerad, der lachend thut, was Gott und die Welt verdrießt, und dabei mit vollen Händen giebt, der überall vorne daran ist, wo es Händel, aber auch da, wo es etwas Gutes zu thun giebt, mußte wohl ein Liebling der ganzen Stadt sein. Selbst die Scharwächter, die er manche Nacht mit seinem „Schnurren raus!" incommodierte und mit ihren auf dem Pflaster klappernden Springstöcken hinter sich her in Bewegung setzte, ließen zu einer andern Zeit den lieben „lustigen Kauz", der die Trinkgelder nicht sparte, aus der kupfernen Bierkanne in der „Schnurren-Bastei" hochleben. Bei einem großen Maskenzug (1798), welcher den Untergang des römischen Reiches darstellte, hatte er auch eine bedeutende Rolle übernommen. Damals aber wäre ihm der Spaß fast übel bekommen; denn als die siegenden teutonischen Barbaren bei diesem Aufzug den römischen Adler verbrannten, fiel es einigen Mißgünstigen ein, es sei damit der preußische gemeint gewesen, und es gab eine Untersuchung, in die auch Freund Bertram verflochten wurde."

Ueberhaupt scheint das Burschenleben in Erlangen am Ende des Jahrhunderts nicht so schlimm gewesen zu sein, als Rebmann[1]) es geschildert hat. Michaelis[2]) nennt 1776 neben dem Aufenthalt in Leipzig den in Erlangen den allerangenehmsten. Lupin[3]) ein Zeitgenosse der neunziger Jahre, ist als Greis voll Jubel über

[1]) Briefe über Erlangen, Frankfurt und Leipzig 1792. Vgl. Darstellungen aus der Welt der Erlanger Musensöhne, Frankfurt und Leipzig 1798.

[2]) Räsonnement über die protest. Universitäten in Deutschland. 4, 188.

[3]) Selbstbiographie. Weimar 1847. I, 202—214.

2*

das viele Liebe und Gute, das er hier erfahren. E. W. Martius[1]) der, nachdem er vieler Menschen Städte mit Sinn gesehen, seit 1791 die Hofapotheke in Erlangen leitete, berichtet aus diesem Jahrzehnt: „Man darf wohl sagen, daß der Geist an der hiesigen Hochschule das Mittel gehalten hat zwischen einer stillen und abgeschlossenen, fast klösterlichen Haltung, wie man sie damals in den österreichischen Universitäten fand, und zwischen jener lebhaften, sich oft mit jugendlichem Uebermute äußernden Bewegung, wie sie auf einigen anderen deutschen Universitäten sich kundgab."

Die Professoren suchten nicht nur das wirkliche Aufhören der verpönten Orden zu erreichen, sondern auch den Vereinigungen der Studenten eine erlaubte Form zu schaffen. Besonders nahm sich Seiler (Professor der Theologie in Erlangen 1770—1807) der Sache an, und der Senat berichtete nach Berlin: da der natürliche Vereinigungstrieb und die Nachahmungssucht, Landsmannschaft und das Bedürfnis des Schutzes doch immer neue Vereine bildeten, solle man die unschädlichen Gesellschaften gewähren lassen. Der Vorschlag wurde vom Ministerium gebilligt und vier Gesellschaften gestattet, die ihre Mitglieder dem Prorektor anzeigten. Unter diesen Umständen konstituierte sich 1798 die Landsmannschaft der Ansbacher, 1803 die der Bayreuther. Aus dieser Zeit lautet das Urteil von Fichte,[2]) der im Sommersemester 1805 in Erlangen vor Studenten und Professoren „Ueber das Wesen des Gelehrten" las: „Auch hier waren Mißbräuche mancher Art abzustellen, die indes bei der geringen Anzahl der Studierenden, überhaupt bei den kleineren Verhältnissen der Universität nicht so tiefe Wurzeln geschlagen hatten. Es war mehr die Aufgabe, dem Geiste der Jünglinge, die sich im einzelnen freilich vielfach zerstreuten und verwilderten, ein gemeinsames wissenschaftliches Interesse allmählich einzuflößen, als daß irgend ein negatives Bestreben, entschieden böser Wille hätte bekämpft werden müssen."

---

[1]) Martius 179.

[2]) Nachgelassene Werke 277—294.

Drängen des Zeitgeistes nach Umbildung des Studentenlebens. Während der französischen Okkupation hatte die Polizei allenthalben ein scharfes Auge auf die geheimeren Orden, gegen die partikularistischen Landsmannschaften war nichts einzuwenden. — Die bayrische Gesetzgebung griff dem Wortlaut nach hart in das Verbindungsleben ein. Die (1814 erlassenen, bis 1827 gültigen) Universitätsgesetze verboten den Studierenden alle Arten besonderer Verbindungen unter einander, sie seien geheime oder öffentliche, mit oder ohne äußere Auszeichnung, sowie alle regelmäßigen Zusammenkünfte unter sich in größerer Anzahl in Privathäusern oder öffentlichen Häusern, in der Stadt oder auf dem Lande. Ein anderes Element der Verwirrung brachte das Reskript vom 16. April 1814, das die akademische Gerichtsbarkeit verschob und die Aufsicht über das Betragen der Studierenden an öffentlichen Orten der Universitätsbehörde entzog und der Polizei unterstellte.

In jener Zeit, sagen wir um 1813, hatte in Deutschland die Auffassung der gesamten sozialen und politischen Verhältnisse eine Umwandlung von Grund aus erfahren: der Privilegiengeist, der den Zusammenbruch von 1806 verschuldet hatte, war einem höheren gewichen, der allen Beziehungen der Volksgenossen einen höheren Gehalt gab. Zwei Schilderungen, aus den Jahren 1811 und 1813, beleuchten den Unterschied zwischen dem Vaterlandsbegriff der Rheinbundszeit und dem der Freiheitskriege. „Dem gewöhnlichen Menschen", sagt Seume[1]) „ist das Vaterland, wo ihn sein Vater gezeugt, seine Mutter gesäugt und sein Pastor gefirmelt hat, dem Kaufmann, wo er die höchsten Prozente ergaunern kann, ohne vom Staat gepflückt zu werden, dem Soldaten, wo der Imperator den besten Sold zahlt und die größte Insolenz erlaubt, dem Gelehrten, wo er für seine Schmeicheleien am meisten Weihrauch oder Gold erntet; dem ehrlichen vernünftigen Manne, wo am meisten Freiheit, Gerechtigkeit und Humanität ist."

[1]) Apokryphen, von Schnorr v. Carolsfeld herausg. 1811. o. O. 146.

Die Umbildung zu einem Patriotismus höherer Art hat Luden[1]) geschildert, der von Jena aus auf Erlangen herüberwirkte: Das äußere Leben war fortwährend lästig, streng, hart und arm. Man gewöhnte sich an Entsagung, aber man erkannte die Wahrheit, daß derjenige reich ist, der seine Bedürfnisse zu befriedigen vermag, und daß die Bedürfnisse des Menschen in der That nicht groß sind. Was den sinnlichen Genuß entbehren ließ und den geistigen und sittlichen reicher und tiefer gestaltete, war der eine Gedanke, der alle Menschen ergriffen hatte: das Vaterland; er schließt alle Ideen ein, die für des Menschen Bestimmung von Bedeutung sind; er erweckt die edelsten Gefühle und erzeugt die erhabensten Tugenden in jedem Menschen nach dem Maße seines Geistes, seiner Bildung, seiner Stellung. — Diesem Geiste sich anzuschließen, erschwerte in Bayern nicht nur eine Jahrhunderte alte Vergangenheit, sondern auch das letzte Jahrzehnt. Es war die französische Bundesgenossenschaft, welcher das bayrische Militär freilich, neben manchem andern, seine Lorbeeren, der bayrische Staat sehr beträchtliche Gebietserweiterungen verdankte. Dem Beamtentum machten konfessionelle und Stammesempfindungen den Norden unsympathisch, in Franken war, wie anderswo, der zahlreiche arme Adel bedacht, möglichst viel von seinen Privilegien zu retten. In Erlangen gerieten nach 1815 beide Parteien hart an einander: die in den Anschauungen des 18. Jahrhunderts stecken gebliebenen höfisch und absolutistisch Gesinnten und eine deutsche Partei, welche auf die Einigung und sittliche Erneuerung des Vaterlandes dachte, Professoren,[2]) die ihre Geburt oder eine freiere Bildung mit dem Norden verband, und eine Anzahl Studenten, die dieser geistigen Richtung folgten. Den Gegensatz brachten häßliche Zwistigkeiten innerhalb der Studentenschaft ans Licht. Jene Studenten, die zur bayrisch-bureaukratischen Partei halten, lehnen das Empfinden für ein großes wiedererstehendes

[1]) Rückblicke in mein Leben. Jena. 1847. 199 ff.

[2]) Hier werden zu nennen sein: Berthold, Breyer, Glück, Gründler, Harleß, Henke, Loschge, Mehmel, Roth, Schreger, Vogel.

Deutschland roh und kalt ab (als „Deutschdumm"); einer Milderung studentischer Unsitten widersetzen sie sich mit den widrigsten Mitteln. Manche Anmaßungen der Kommentverbindungen mochten in der Zeit der Junker- und Fremdherrschaft minder geschmerzt haben als jetzt, wo die wiedergewonnene Volksehre auch dem Einzelnen das Ehrgefühl schärfte; die Studenten aber, die in den Jahren 1813—15 kein Moment der Erhebung für ihr Inneres gefunden hatten, mußten notwendig roher und gemeiner werden als die, welche in den Jahren des Druckes im alten Schlendrian fortgelebt hatten. Uebrigens war auf anderen Universitäten schon längst der Kampf entbrannt, die Reste des alten Pennalismus zu beseitigen.

In Jena hatte Fichte schon 1794 seine ganze Kraft eingesetzt, um die Studenten selbst zur Abwehr dieser Tyrannei zu bewegen. „Das Verderben und die Roheit", sagte er ihnen, „die Sie jetzt in unsere Sitten bringen, werden Sie einst, nur verhältnismäßig, in die Welt übertragen; die Mutlosigkeit und Feigheit, mit der Sie jetzt sich Dingen hingeben, die Sie innerlich verabscheuen, werden Sie einst mit in die Welt nehmen, so wie Sie auch den Mut in die Welt nehmen würden, mit welchem Sie zu sagen wagen würden: das will ich nicht thun, denn es ist meiner Ueberzeugung nach Unrecht." Einen Teil der Studenten riß er mit sich fort, im ganzen aber konnte er nicht durchdringen. 1811 wiederholte er in der berühmten Rektoratsrede an der neugegründeten Universität Berlin die Verdammung des alten Verbindungswesens. — In demselben Jahr war es in Leipzig ein adeliger Fechtklub, der sich den Anmaßungen der Landsmannschaften widersetzte; er wurde mit dem Schimpfnamen Sulphuria oder Schwefelbande belegt.

Alle waren darüber einig, daß in den akademischen Sitten schreiende Mißbräuche vorhanden seien und eine Reform dringendes Bedürfnis. Zuerst hatte sich die philosophische und humanitäre Betrachtung gegen das Unvernünftige und Rohe gewandt, namentlich den Duell- und Trinkzwang; jetzt traten die Stimmführer der nationalen

Begeisterung gegen jene Zustände auf, durch die Deutschland der französischen Volkskraft unterlegen schien, gegen den sozialen und politischen Sondergeist, gegen die Ausländerei und gegen undeutsches Wesen, Liederlichkeit, Geckentum und Renommisterei.

Nach Erlangen sehen wir diese Bewegung 1814 durch den damaligen Doktorandus L. Döberlein[1]) getragen. Er dankt seinem Heidelberger Lehrer Fries für eine Brochüre Μετανοεῖτε, bekehrt euch. Diese enthielt Klagen über den Mangel an Gerechtigkeit in den großen Verhältnissen des öffentlichen Lebens und gegen die feige Lehre, der Kampf gegen die Leidenschaften werde immer ohne Erfolg bleiben; sie forderte Wiederbelebung der guten alten Sitte des deutschen Volkes, seiner Ehrlichkeit und Keuschheit, seiner unverfälschten Sprache, allgemeine Wehrhaftigkeit. Döberlein dankt nun, daß Fries die Kanzel bestiegen habe in einer Kirche, wo zehn Millionen andächtige Zuhörer schlafen und andere zehn Millionen mit offenen Ohren und Augen nichts von Buße hören wollen und höchstens vier Millionen auf Bekehrung sehnlich harren. „Ich habe das herrliche Büchlein unter Professoren und Studenten nach Kräften verbreitet und mich am Wohlgefallen erfreut. Freund R. hat sich auch daran erfreut, besonders an dem Ruf nach Reinheit der Sitten im Familienleben und mißbilligt nur eine gewisse renommistische Derbheit der Sprache".

Mißhandlungen der Erlanger Renoncen im Jahre 1816. Nur ungern teilen wir mit, was hier folgt; aber der abstrakte Ausdruck von Despotismus und Roheit der damaligen Landsmannschaften gibt keine Anschauung davon, was die zu leiden hatten, welche sich zuerst gegen die Tyrannen erhoben. Das Unerträgliche der Zustände, das Unmenschliche der Dränger, die mit dem kochenden Grimm wilder Tiere ihren Raub bewachten, das Gefährliche der Sophistik, die solches Abrutissement beschönigte, wird nur durch Vorlegen der Akten deutlich. Darum soll das schwarze Blatt nicht unterdrückt werden.

---

[1]) E. L. Th. Henke, Jakob Friedr. Fries. Leipzig. Brockhaus 1867. 147—149.

Am 21. Februar 1816 tritt der Ansbacher M. im „Halbmond“ zum Studenten S.: „Sie sind diese Woche durch diese Gasse gegangen, nicht wahr?“ S.: „Ich gehe öfters durch diese Gasse.“ M.: „Sie haben da einen unglücklichen Ausdruck gebraucht.“ S.: „Der geht Sie nichts an.“ Darauf schlägt M. dem S. die Pfeife aus dem Munde, den Krug mit Bier vom Tisch und sagt: „Ich habe Dich schon dreimal geschlagen, das ist jetzt zum viertenmal.“

Am 11. März desselben Jahres sitzen sechs Renoncen mit zwei Primanern im „Gasthaus zum weißen Ochsen“, da erscheinen sechs Landsmannschafter. Der Bayreuther Sch. fordert den einen Primaner auf, einen „Seehund“ zu trinken, ein Quantum von fünf Gläsern, die spornstreichs hinter einander getrunken werden mußten. Auf seine Vorstellung, er sei noch nicht Student, erhält er einen „Katzennebel“, d. h. das Bier wird ihm ins Gesicht geschüttet. Nun wird den Obskuranten einzeln vorgetrunken, bis sie ablehnen; wenn einer versagt, heißt es: „Sie sind ein Esel“, oder: „Du bist ein D. J.“ Als S. erklärt, freundschaftlich werde er trinken, sich aber nicht niedersaufen lassen, hört er: „Nichts ex speciali gratia, Du mußt saufen“; wolle er keine „Doktoren“ annehmen, so werde man ihm einen „Beelzebub“ diktieren, ein Quantum von 50 Gläsern, oder einen „Herrgott“, 100 Gläser. Von ähnlichen Saufcommissionen wurden an demselben Tag die Renoncen im „Silberhorn“ und „Eichhörnchen“ bedrängt.

Am 15. März kommt eine Kolonne von Landsmannschaftern ins „Silberhorn“. Die Anwesenden werden gefragt, ob sie Studenten seien. Wenn ja, müßten sie trinken. Sie werden mit solcher Heftigkeit attakiert, daß der Wirt kaum das Bier herbeischaffen kann. Wenn einer nicht mehr trinken kann oder will, wird ihm die Thüre gewiesen. Der Obskurant S.: „Sind wir auf der Universität, um einander niederzusaufen?“ Der Ansbacher Consenior R.: „Sie sind hier in E., um zu saufen.“ S.: „Man behandelt uns wie die Hunde.“ R.: „Ja, Sie müssen unter den Tisch.“ Der Wirtsfrau, die sich über das viehische Zutrinken aufhält, sagt R.: „Was thuts denn, wenn einer hin wird? wenn er stirbt, begräbt man ihn morgen.“ Als S. klagt, daß man ehrliche Menschen so behandle, schlägt ihn der Bayreuther Sch. mit der Faust ins Auge und der Ansbacher M. wirft ihm den Kutterkrug an den Kopf.

Nach solchen Scenen, aus denen übrigens die unflätigsten Ausdrücke unterdrückt sind, wandten sich die Mißhandelten, etwa 25, an die zuständige Behörde und baten um Schutz und um Aufhebung der Landsmannschaften als Grund alles Uebels. Das Stadtkommissariat verdirbt jetzt, nach dem Urteil des Pandektisten Glück, die ganze Untersuchung im Zuschnitt. Der Polizeideputierte Göbel empfängt die Beschwerdeführer höhnend mit der Anrede „Hochedle Renoncen“, wünscht sich Glück, daß er selbst nicht zu ihren Zeiten studiert habe, und macht eine verfängliche Andeutung über Eidesbruch in Verbindungssachen.

Der Senat, Glück an der Spitze, nimmt sich der Kläger lebhaft an, er bezeugt, daß sich unter ihnen „mehrere der gesittetsten und fleißigsten Studenten“ befänden, „gerade die edelsten und ausgezeichnetsten[1]) Studierenden, die wegen ihrer Zurückziehung von den so streng verbotenen geheimen Gesellschaften verfolgt, mißhandelt und der Roheit einiger ungesitteten und ausgearteten Individuen preisgegeben seien“.

Entschlossen, die aristokratische Stellung der Landsmannschaften um jeden Preis zu halten und die seditiösen Gelüste der Plebejer gründlich abzuthun, hatte der Polizeikommissär v. A. mittlerweile eine Gelegenheit hierzu dem Ministerium in München gegenüber gefunden. Die gehetzten Renoncen hatten, ohne die Welt und die Akten zu kennen, im Gefühl des himmelschreienden Unrechtes, das sie erlitten, sich am 14. Juni 1816 nach München mit der Bitte um Recht gewendet, das Ministerium aber von Erlangen Bericht erfordert. Diesen, die Denunziation bestehender

[1]) Zwei unter ihnen, der Botaniker J. G. Zuccarini und der Nationalökonom Ben. Hermann, sind später Zierden der Universität München geworden.

Landsmannschaften betreffend, erstattete v. A. am 4. August 1816. Er stellte die Quälereien, die wir oben kennen lernten, die Schutzflehenden und ihre Dränger in folgendes Licht.

Die Beschwerdeführer haben, verleitet durch Leidenschaftlichkeit, unerweisliche Denunziationen einzubringen gewagt. Auffallend durch studentische Kleidung erschienen ihm nicht die Corps, die in ihren Uniformen paradierten; aber ein Niethammer aus München — es war Döberleins Stiefbruder —, der einen deutschen Rock trug. Die vorzüglichen Gasthöfe, Hôtel de Bavière, Zur blauen Glocke, Zum goldenen Schwan (die Kommerslokale der Corps), wo Studierende für einen sehr mäßigen Preis eine gute Kost und ein reines gutes Bier erhalten, stehen unter strengster polizeilicher Aufsicht. Der Vorstand des Polizei-Kommissariats hat dort schon persönlich unvermutet Visitationen gehalten, durchaus aber nichts entdeckt, was auf das Dasein geheimer Verbindungen deuten könnte. Es kann dort durchaus keine verbotswidrige Handlung unentdeckt stattfinden, wie dies wohl noch vor 9—10 Jahren in den sogenannten Kommerslokalen geschah. Aeußerst selten kommt der Fall vor, daß Studierende über die Polizeistunde in ihren Kosthäusern bleiben zu dürfen die polizeiliche Erlaubnis nachsuchen, welche nur mit Zustimmung des Prorektorats erteilt wird. Dabei betragen sich die Studierenden ruhig beim fröhlichen Rundgesange, nicht selten in Gesellschaft hierherkommender königlich bayrischer Offiziere, die die patriotischen Gesinnungen der Akademiker teilen. Loses Schreien wird ebensowenig dort als auf der Straße vernommen.

Als Obere der verbotenen Verbindungen qualifizieren die Exhibenten der Denunziation vom 14. Juni 1816 Personen, die am Hofe der hier residierenden Frau Markgräfin,[1]) in die Harmoniegesellschaft und sonstige Zirkel gebildeter Honoratioren aufgenommen sind. Die vagen Angaben in der fraglichen Darstellung, welche

[1]) Sophie, die Witwe des Markgrafen Friedrich, residierte in Erlangen von 1763—1817.

mehrere durchaus unbegründete Anschuldigungen enthalten, bieten keineswegs die für eine Haussuchung dringend notwendigen Indizien.

Das Verderblichste für die Studierenden sei der Besuch von Winkelschenken (Kneipen), wo dem übermäßigen Trunke und dem Spiele sonst manche Opfer fielen. Jetzt existierten in Erlangen solche Schlupfwinkel der Liederlichkeit nicht mehr. Doch sei das Oppelische Pachtwirtshaus unter Polizei-Aufsicht gestellt. Unter jenen Studierenden, die dieses besuchten, befänden sich solche, die überhaupt an anderen Gesellschaften gebildeter Stände keinen Geschmack fänden. Dasselbe sei bei denjenigen Studierenden der Fall, die das entlegene Silberhornsche Bräuhaus und das Wirtshaus „Zum weißen Ochsen" wählten, die gewöhnliche Niederlage der Beschwerdeführer. Studierende, die wirklich bloß den Studien leben und gebildete Gesellschaften lieben, erschienen nie in solchen Wirtshäusern, die in der Regel blos von einigen geringen Bürgern und Handwerksgesellen besucht würden.

Daß der größte Teil der Beschwerdeführer den Trunk mehr liebt, als zur Löschung des Durstes nötig ist, ergiebt schon der Umstand, daß sie in den Wirtshäusern „Zum weißen Ochsen" und bei Silberhorn freiwillig mehrere Gläser Biers mit den Denunziaten leerten und dann doch noch aus den für sich bestellten Krügen tranken. Die Toasts der Studierenden bezeichneten keine geheime Verbindung, auch in früheren Zeiten habe es nicht an verächtlichen Subjekten gefehlt, die, ohne sich zu einer der damals geduldeten Landsmannschaften zu halten, Bierorgien feierten. —

Man wird zugeben, daß diese Darstellung mehr sophistisch als gerecht ist: der Minister wird nicht in die Lage gesetzt, die Sache selbst zu erkennen, sondern auf einen Standpunkt gestellt, von dem aus die empfohlene Partei Recht zu haben scheint. So wenig die Kläger Grund zu einer Verdächtigung bieten, sie erscheinen unmittelbar als nichtswürdige Denunzianten. Näher betrachtet freilich kann ihnen nichts vorgeworfen werden, als daß sie zu arm sind, um in den vornehmen Gasthäusern zu leben oder andere Gründe haben für sich zu sein; es wird die harte Voraussetzung geltend gemacht, daß der überhaupt auf jede Geselligkeit verzichten muß, der nicht die Mittel hat, sie im Rahmen der Vornehmen und Reichen auszuüben, oder andere Unterhaltung vorzieht, als bei jenen bräuchlich ist. Von dem Zeugnis der bestberechtigten Autorität, dem der Professoren, wird gar keine Notiz genommen, weder von dem zu Gunsten der Kläger abgegebenen, noch von dem die Beklagten belastenden; letztere werden angesichts der äußersten Roheiten so geschildert, daß man sich wundert, wie sich eine Verläumdung an die edeln und reinen Jünglinge wagen kann; sie verkehren am Hof der Markgräfin, sind Mitglieder der Harmonie, essen und kommersieren in den teuersten Lokalen, werden von bayrischpatriotischen Offizieren und dem Herrn Polizeikommissär selbst besucht und haben keinerlei Geheimnis.

Diese Rabulistik dient dem Egoismus der herrschenden Kaste. Wie die Kommenthelden, weil sie sich für privilegiert halten, jedem den Fuß auf den Nacken setzen, der sich nicht nach ihrem brutalen Herkommen mißhandeln läßt, so sieht der Polizeiherr zwei Klassen der Studenten: privilegierte und nichtprivilegierte; die ersten allein haben Rechte und darum immer Recht, die Thatsachen mögen sein wie sie wollen; die andern haben das Recht zu gehorchen, wollen sie aber nicht unterwürfig bleiben, so haben sie Unrecht.

Plato hat bei Klassifizierung des menschlichen Wertes zwei Kategorien aufgestellt, bei denen Lebhaftigkeit, Klarheit und Feinheit des Geistes vorhanden ist, das Gewissen aber nicht fungiert; die Tyrannen und Sophisten ständen nicht nur der Tierheit am nächsten, sondern seien gefährlicher als jedes Tier, ihr Verstand die giftigste Waffe.

Das Urteil über die Märzexzesse hatten Senat und Polizeikommissariat in Gemeinschaft zu fällen. Aber die Sitzung findet erst am 22. Oktober 1816 statt, und in dem forum mixtum erreichen die Professoren kaum, daß die pennalistischen Agitatoren zu fünf- bis vierzehntägigem Karzer verurteilt werden, wobei Glück noch bezweifelt, ob die Strafe vollzogen werden wird. Darnach verwundert man sich nicht allzusehr, wenn die Corpsburschen ihre Gegner, die nunmehr in Verruf waren, das ganze Jahr hindurch aufs schnödeste traktierten: man spuckte ihnen im Kolleg in die Mütze; man regalierte sie auf der Straße mit pöbelhaften Schimpfereien; wo sie sich an Vergnügungsorten der Umgegend oder in den Ferien einzeln sehen ließen, waren sie von körperlicher Mißhandlung bedroht. Klagen wurden vielleicht zu Protokoll genommen, sonst aber ignoriert, und noch im Februar 1817 steht der Senat dem fortdauernden Unwesen ratlos gegenüber.

Trotz der geschilderten Insolenz von landsmannschaftlicher Seite hielt dieses Ganze doch noch zusammen. Es wäre undenkbar, wenn nicht die achtungswerteren Elemente diesen Offensivkrieg und diese Racheorgien gegen die „Sulphuristen" mißbilligt hätten.

Eine weitere Erklärung findet sich bei Wirth[1]), dessen Name zur Zeit des Hambacher Festes in aller Munde war. Er erzählt aus seiner Erlanger Studentenzeit (1816—17). „Wir hatten allerdings Sinn für Wissenschaftlichkeit, doch ebensoviel für Frohsinn und Lebensgenuß. Vorherrschender Charakterzug unsrer Unterhaltungen blieb der Witz, welcher sich unter uns selbst oder bei den Bürgern irgend ein Original zu seinem Opfer wählte. Das Oel für die Flamme des Geistes war das berühmte Erlanger Bier, und es wurde der Flasche freilich manchmal mehr zugesprochen, als billig sein mochte. In den größeren Studentenfesten wurde dagegen nicht ohne Geschmack ein gewisser Glanz, ja selbst Würde entwickelt. Bei den allgemeinen Kommersen im Welsgarten boten die unübersehbaren Tafeln unter der Beleuchtung der Laubengänge einen magischen Eindruck dar; begleitet von Musik verschwamm das Solo am entgegengesetzten Ende der langen Reihe und rückte im Fortgehen dem Ohre nur stufenweise näher. Hierdurch wurde fast eine künstlerische Wirkung hervorgebracht. Ich war ein großer Verehrer der Landsmannschaften, da deren Wetteifer in Humor, Waffenübung und glanzvoller Repräsentation sich gegenseitig zu überbieten, mir Freude machte. Mit unendlicher Lust stürzte ich

---

[1]) J. G. A. Wirth, Denkwürdigkeiten a. m. Leben. Emmishofen. 1844. S. 32.

mich in dieses vielseitige Leben, jedoch in einer Weise, die mir entschieden gefährlich wurde. Fast einem Wunder ist es zuzuschreiben, daß ich in Erlangen mein Grab nicht fand."

Der Kampf gegen die Landsmannschaften auf anderen Universitäten. Ehe wir nun diese Erlanger Händel weiter verfolgen, beachten wir den verwandten Kampf gegen das Corpswesen auf anderen Universitäten. Die Haltung der Jenaer, die für die Sache der Burschenschaft den Ausschlag giebt, wird im nächsten Abschnitt dargestellt; hier aber schieben wir einen Bericht über Göttingen ein, der, an sich interessant, für Erlangen eine besondere Bedeutung hat. Nachdem Ullrich neben Heinrich v. Gagern dort gegen die Corps aufgetreten ist, verpflanzt er diese Bewegung nach E. durch Begründung der Teutonia. Böhmer[1]) berichtet am 10. März 1817 seinem Vater aus Göttingen: „In Heidelberg sind 1) Teutonen oder Republikaner, welche wollen, daß die Verfassung des Studentenstaates auf Brüderlichkeit und Gleichheit gebaut sei, daß daher alle an der sogenannten allgemeinen Burschenschaft (wie der Titel des Vereins sein soll) Anteil nehmen sollen, daß die oberste Handhabung des Burschenbrauchs oder Comments (d. h. des Gesetzbuches und der Gesetze) und die Besorgung aller gemeinsamen Angelegenheiten durch einen Ausschuß geschehe, zu dessen Bildung ein jeder auf gleiche Weise mitstimmt. Diese haben jetzt den Sieg davongetragen. 2) Anhänger der landsmannschaftlichen Einrichtung und frühere Teilnehmer an den nun zerstörten Landsmannschaften oder Aristokraten, welche die Studenten in fünf bis acht einzelne Corps einteilen wollen nach dem Vaterland eines jeden (also Westfalen, Kurländer, Nassauer, Rheinländer, Schwaben u. s. w.); von diesen Corps (welche in sich bald eine republikanische, bald eine aristokratische, in der Wirklichkeit eigentlich meist eine monarchische Verfassung haben) soll jedes zwei Deputierte zu dem allgemeinen obersten

---

[1]) Es ist der hochverdiente deutsche Geschichtsforscher, der 1813 in Heidelberg, seit 1814 in Göttingen Jus studierte. Janssen, J. F. Böhmers Leben, Briefe. Freiburg. Herder 1868. II, 9.

Ausschuß (Convent) abschicken. Diese letzteren hatten bisher die Ueberhand und alles war nach ihren Grundsätzen eingerichtet, denn die Teutonen bestehen überall erst etwa auf den deutschen Universitäten seit drei Jahren. Die Landsmannschaften bestehen wirklich jetzt nur noch hier, in Gießen (wo aber die Gegenpartei so stark ist, daß die Landsmannschaften manchmal schon unterlegen sind) und in Marburg. In Jena, Halle, Tübingen, Heidelberg ist die allgemeine Burschenschaft eingeführt. — Die Landsmannschaftler sind gegenwärtig überall fast der allerschlechteste Teil der Studierenden und in das größte moralische Verderben und in die äußerste Roheit und Gemeinheit versunken. Also deshalb schon eine Ursache sie abzuschaffen. Ferner will gerade dieser schlechtere Teil den besseren höchst anmaßlich beherrschen. Dagegen sind bei den Teutonen ganz andere Grundsätze. Alle sollen als Brüder mit einander leben. Der Zweck des Studierens soll nie aus den Augen gelassen werden, aber man soll auch bedenken, daß Gelehrsamkeit bei weitem nicht der alleinige Zweck ist, sondern auch noch etwas anderes, nämlich Ausbildung des Charakters, Entwickelung des Menschlichen im Menschen, daß dahin gewirkt werden muß, daß das Vaterland Männer, mit Festigkeit und Kraft begabt, erhalte und keine bloßen Stubengelehrten, die in unserer Zeit nicht mehr brauchbar sind. Damit wird wohl ein Blick auf das arme Vaterland verbunden, und jeder gelobt sich, nach allen seinen Kräften und männlich für das Gute einst wirksam sein zu wollen. Die Einheit, in der das Vaterland dastehen sollte, wird symbolisch dargestellt durch die Eine Verbrüderung; die politische Freiheit, welche heutzutage auch jeder haben will, ist angedeutet durch das Prinzip der Gleichheit. Zuletzt soll denn auch noch die alte akademische Freiheit aufrecht gehalten werden nach außen und innen. Zu dem letzteren Zweck ist das Duell (welches ganz zu verbieten doch gewiß ebenso unverständig ist, als wie wenn man das Gehen in die Kirche gebieten wollte) beibehalten, es soll selbst ernsthafter und gefährlicher werden, aber den, welcher es mißbraucht, den treffe strenge Strafe. Notwendig wird das Duell auch ganz ausnehmend verringert, wie es in Jena wirklich geschehen ist; denn außerdem, daß die Leute vernünftiger werden, fallen auch die Schlägereien zwischen den einzelnen Landsmannschaften hinweg (das sogenannte pro patria Schlagen). Noch gestern sind auf diese Art zwei Landsmannschaften gegen einander losgegangen, und es hat sechs Verwundungen gegeben, unsinnig genug zwischen Menschen, die sich zum Teil gar nicht kennen.

Ich brauche nun nicht mehr zu sagen, zu welcher Partei ich mich bekenne. Ich glaube sogar, daß ich viele Verdienste um die Partei der allgemeinen Burschenschaft habe; ihre Idee ist in mir unabhängig von anderen, bei denen sie gleichzeitig entstand, entstanden und ich habe sie nach Kräften verbreitet, verteidigt und zu veredeln gesucht. — Das darf indes nicht verschwiegen werden, daß diese Partei zwei große Fehler hat, nämlich: 1) führt sie gar zu leicht zu so idealischen und schwärmerischen Ideen und Grundsätzen, daß davon in dieser Welt wenig Anwendung zu machen sein dürfte; 2) wäre es denkbar, daß auf diese Art politischen Faktionen Eingang verschafft würde. Ja, es läßt sich wohl selbst nicht leugnen, daß diese bereits Einfluß geübt haben. Ehe noch diejenigen, welche jetzt in Heidelberg an der Spitze stehen, da waren, spielten noch andere dort in diesem Gewand ihre Rollen, die mancherlei anderer Verbindungen im höchsten Grad verdächtig waren. Ich glaube, daß es jetzt anders ist. Daß ich dergleichen durchaus verwerfe, daß ich mich sogleich zurückziehe, wo ich etwas von dergleichen spüre, brauche ich Dir nicht erst zu sagen. Dem großen Haufen ist es indessen wohl meist unbekannt, welche Gefahren daher drohen, doch fanden sich besonders sonst in Heidelberg viele und auch wohl noch jetzt, die die Sache nach ihrer Art getrieben haben, indem sie sich das Haar wachsen ließen, nicht mehr französisch sprachen und was dergleichen elende Kindereien mehr sind. Alles dieses ist dann, von einer gewissen Seite betrachtet, auch wieder ein Kampf der Illuminaten gegen die Obskuranten, der Anarchie mit der Despotie. So viel ich begreifen kann, wird dieser noch erstaunlich viel Unheil über Deutschland bringen.

denn die Großen wollen nun einmal nicht einsehen, welche Zeit es ist, und der Faktionsgeist nimmt immer mehr überhand.“ —

Ist der eigentliche Ausgangspunkt der Burschenschaft **Berlin**? Zur Beantwortung wären weitgreifende Gegensätze zu erörtern: deutsch und preußisch, Volk und Staat, Einheit und Freiheit. Vielleicht finde ich anderswo einen geeigneten Platz.

Die Burschenschaft ist außer Fichte und Schleiermacher den Berlinern Jahn[1]) und Friesen vorzügliche Verehrung schuldig. Der Magdeburger **Friesen**[2]) war Bauakademiker in Berlin; ein ausgezeichneter Turner und Fechter, begeisterte er in der Freischar Lützows, dessen Adjutant er war, die Jenaer Studenten für sein Ideal, der volle Menschenbegriff solle in jedem Einzelnen so zur Wahrheit werden, daß endlich im ganzen Vaterland eine einzige Mannesseele schlüge, den Feinden zu ewigem Trotz und Verderben.

In Plamanns Institut, das 1805—27 in Berlin bestand, lebten burschenschaftliche Ideen. Noch einer der letzten Zöglinge, Fürst Bismarck, hat dort geistige Einflüsse erfahren, die der einseitigen corpsmäßigen Auffassung entgegenwirkten.

---

[1]) W. Harnisch, Mein Lebensmorgen. Berlin 1865. S. 212—223.
F. L. Jahns Leben, von Pröhle, neu bearb. von Euler. Stuttg. 1881.

[2]) Euler, Friedrich Friesen. Berlin 1885.

# II.

# Die Jenaer Burschenschaft 1815—1819.

## 1. Die Verfassung von 1815 und das Wartburgfest.

Wir wenden jetzt unsre Aufmerksamkeit Jena zu; denn ohne das, was von 1815 bis 1819 dort vorgeht, sind die Erlanger Verhältnisse kaum verständlich. An der Anziehungskraft, welche die Saale-Universität so lange übt, hat die romantische Umgebung, haben die altüberlieferten Formen freien Burschenlebens ihren Anteil. In den letzten Jahrzehnten hatte sie als Herd der Philosophie Kants, Fichtes und Schellings ein Feuer gehegt, durch das alle Fachwissenschaften geläutert erscheinen. Die Nähe Weimars gab damals diesem Musensitz einen deutschen Charakter im eminenten Sinn. Auch Napoleon gegenüber hatten Karl August und die Herzogin Luise eine würdige und ehrenvolle Haltung bewahrt.

Um eine Neuordnung der Formen des studentischen Zusammenlebens war hier seit den neunziger Jahren mit wechselndem Erfolg gekämpft worden. Die letzten Reste der Orden verschwanden in der Zeit der napoleonischen Herrschaft, und an ihre Stelle traten Landsmannschaften neuerer Form mit gemildertem Territorialsystem: Franken, Sachsen, Thüringer und Vandalen. Daß in Jena 1815 diese Vereine sich selbst auflösten und in die allgemeine Burschenschaft übergingen, verschaffte hier der Reform den durchschlagenden Erfolg. Die jüngste dieser Gesellschaften,

3*

die Vandalia[1]), auf dem Burgkeller heimisch, bestand aus Mecklenburger Landsleuten, die sich nach dem Muster einer Berliner Vandalia 1811 in Jena konstituierten. Der nächste Zweck war engeres, fröhliches Burschenleben und Ansehen unter der Studentenschaft förderndes Zusammenhalten der Landsleute; aber in diesem Kreise waren auch vaterländische Empfindungen lebendig und fanden ihren Ausdruck besonders in ritterlicher Verehrung der Königin Luise. In den ersten Semestern gerieten sie in den Strudel des gewöhnlichen Studententreibens, namentlich in ein wildes Paukwesen. 1812 aber ging der landsmannschaftliche Geist in den burschenschaftlichen über. Die Feier auf der Kunitzburg (5. auf 6. September 1812) klang aus in einen Wehruf über die trübe Gegenwart und den Treuschwur für das Vaterland. 1813 machten fast alle Vandalen den Krieg gegen Napoleon mit, die meisten unter Lützow. 1815 trat die Vandalia in ihrer Gesamtheit für die burschenschaftliche Idee mit Wort und Schwert in die Schranken und gab durch ihre freiwillige Auflösung die Losung zur Verschmelzung aller bisherigen Sonderbünde. Bis zum Sommer folgten dann auch die übrigen Landsmannschaften Jenas. Der Gründungstag der Jenaer Burschenschaft ist der 12. Juni 1815. Das Wesentliche der neuen Verfassung hat der Zeitgenosse Leo[2]) in diese Form gefaßt: „Statt der sehr oligarchischen Verfassung der Landsmannschaften, in denen die älteren Studenten die größten Vorzüge, die Chargierten eine Art despotischer Vollmacht genossen hatten, erhielt die neue Verbindung eine ganz demokratische. Aus Urwahlen gingen zwölf Vorsteher, welche sich unter sich einen Ordner (als Präsidenten und Geschäftsführer), ferner einen Rechnungsführer, einen Schreiber und deren Stellvertreter wählten, und Ausschußmänner, deren Kollegium eine Art konstitutionelle Kontrolle der Vorsteherthätigkeit hatte, hervor. Der eigentliche Depositar der Gesellschaftsgewalt blieb aber die ganze

[1]) Robert Pabst, Theod. Müllers Jugendleben. Aarau. Sauerländer 1861.
[2]) S. 147.

Gemeinde der Burschenschaft und, gewisse laufende Geschäfte abgerechnet, lag die ganze gesetzgebende und überhaupt beschlußfassende Gewalt in den allgemeinen Burschenversammlungen."

Diese Verfassung zeigte sich stark genug, die im Innern vorhandenen Gegensätze zusammenzuhalten. Schon 1816 machen sich die Parteien der Lichtenhainer und Altdeutschen bemerklich. Jene hielten auf Form und lehnten den sittlichen Rigorismus ab. Die Altdeutschen führten den Namen, weil sie sich auf ältere bessere Zeiten Deutschlands beriefen, wenn sie auf Nüchternheit und Keuschheit drangen und das Du als Ausdruck brüderlichen Zusammenhaltens verteidigten. Im Jahre 1817 brachte der 18. Oktober das Wartburgfest. Jena hatte zu diesem Tag auf alle deutsche Universitäten Einladungen ergehen lassen, mit Ausnahme der katholischen, Freiburg und Landshut. Von diesen hatte man abgesehen, da bei der Versammlung der deutschen Burschen nicht nur die Erinnerung an die Leipziger Schlacht, sondern auch der dreihundertjährige Gedenktag der Reformation gefeiert werden sollte.

Das Wartburgfest. Mehr als 500 Studenten hatten sich bis zum Abend des 17. Oktober in Eisenach eingefunden, fast zur Hälfte Jenenser, die den Burgfrieden zu wahren hatten. Jeder ankommende Bursch beschwor diesen im „Rautenkranz". Aus Erlangen erschienen zehn Teutonen: Ebermayer, Elsperger, Fabri, Fleischmann, Kandler, Pausch, Sand, Schneider, Tucher und Weiß, von ihren ehemaligen Universitätsgenossen Zwanziger aus Heidelberg, Clöter aus Berlin, Gründler aus Jena. Als Deputierte Erlangens waren gewählt Ebermayer, Schneider und Sand, der in einer Festschrift seine Anschauungen über das Wesen der Burschenschaft niedergelegt hatte. Zu den Festliedern hatte der Erlanger Zuccarini einen Beitrag geliefert[1]).

---

[1]) Goedekes Grundriß II, 1008: In Erlangen 1818 gedichtet; zuerst im Liederbuch für Hochschulen. Stuttg. 1823. 287. Nach einem Brief G. v. Tuchers vom 3. Nov. 1817 schon beim Wartburgfest gedruckt. Zu lesen im Liederbuch der Burschenschaft Bubenruthia. 3. Auflage 1893, 156.

Am Morgen des 18. Oktober begann das Fest mit einem feierlichen Zug zur Wartburg. Voran schritt der Jenenser Scheidler als Burgvogt mit dem jenaischen Burschenschwert. Ihm folgten vier Burgmannen und zwei Fahnenschützen, dann die Fahne, rot und schwarz mit goldgesticktem Eichenkranz, ein Werk und Geschenk der jenaischen Jungfrauen, von dem Grafen Keller getragen und wiederum von zwei Fahnenschützen begleitet. Drauf folgten die Burschen paarweise, meist im schwarzen deutschen Rock, die Mützen mit Eichenlaub geschmückt. Am Thor der Wartburg empfingen Spielleute den Zug und geleiteten ihn in den Hof und dort im Rundgang. Im Rittersaal harrten der Studenten Geistliche und öffentliche Behörden der Stadt, ehrsame Bürger und edle Frauen, dazu vier der Jenenser Professoren: Schweizer, Fries, Oken und Kieser. Zuerst stimmte die Versammlung Luthers Lied: „Ein feste Burg" an. Dann hielt der Student Riemann aus Mecklenburg, ein hervorragendes und als Ritter des eisernen Kreuzes angesehenes Mitglied der Jenenser Burschenschaft, die Festrede. Als Zweck der Zusammenkunft stellt er hin:

„Sich gemeinschaftlich das Bild der Vergangenheit vor die Seele zu rufen, um aus ihr Kraft zu schöpfen für die lebendige That in der Gegenwart, sich gemeinschaftlich zu beraten, über ihr (der Burschen) Thun und Treiben die Ansichten auszutauschen, das Burschenleben in seiner Reinheit sich anschaulicher zu machen suchen und endlich dem Volke zu zeigen, was es von seiner Jugend zu hoffen habe, welcher Geist sie beseele, wie Eintracht und Brudersinn von ihr geehrt werden, wie sie ringe und strebe, den Geist der Zeit zu verstehen, der mit Flammenzügen in den Thaten der jüngsten Vergangenheit sich ihr kund thue." Er sprach von dem Werke und der welthistorischen Bedeutung Luthers, schilderte den Zustand Deutschlands vor den Befreiungskriegen, seine Unterjochung und glänzende Wiedergeburt, beklagte, daß jetzt so manche schöne Hoffnung des deutschen Volkes vereitelt sei und mit manchem heiligen und edlen Gefühl Spott und Hohn getrieben werde; von allen Fürsten Deutschlands habe nur Einer, Karl August, in dessen Lande man dieses Fest feiere, das Versprechen gelöst und dem Lande eine Verfassung gegeben. „In den Zeiten der Not haben wir Gottes Willen erkannt und sind ihm gefolgt. An dem, was wir erkannt haben, wollen wir aber auch nun halten, so lange ein Tropfen Blut in unsern Adern rinnt; der Geist, der uns hier zusammenführt, der Geist der Wahrheit und Gerechtigkeit, soll uns leiten durch unser ganzes Leben, daß wir, alle Brüder, als Söhne Eines und desselben Vaterlandes, eine eherne Mauer bilden gegen jegliche äußere und innere Feinde dieses Vaterlandes, daß uns in offener Schlacht der brüllende Tod nicht schrecken soll, den heißesten Kampf zu bestehen, wenn der Eroberer droht; daß uns nicht blenden soll der Glanz des Herrscherthrons, zu reden das starke, freie Wort, wenn es Wahrheit und Recht gilt; daß nimmer in uns erlösche das Streben nach Erkenntnis der Wahrheit, das Streben nach jeglicher menschlichen und vaterländischen Tugend. — Mit solchen Grundsätzen wollen wir einst zurücktreten in das Leben, fest und unverrückt vor den Augen als Ziel das Gemeinwohl, fest und unvertilgbar im Herzen die Liebe zum einigen deutschen Vaterlande."

H. Leo, als Festteilnehmer voll glühender Begeisterung, nachmals ein strenger Kritiker burschenschaftlicher Dinge, urteilt 43 Jahre später:[1]) „Die jungen Herzen waren voll Enthusiasmus. Man liebte den ehrlichen Riemann, und er hätte sagen können, was er wollte, es hätte gefallen; überdies schwamm die Rede im ganzen in der Strömung der Gedanken, die alle erfüllten, und der Preis unserer Helden und die Aufforderung, nach dem von der Jugend im Kriege Geleisteten nun auch im Frieden für seine Ueberzeugung einzustehen, ergriff alle."

Darauf nahm der unter den Studenten allgemein geliebte und geachtete Fries das Wort:

---

[1]) S. 155.

„Ihr deutschen Burschen! Aufgefordert von euch zu sprechen, gebe ich euch keine Rede, keine Lehre, nur Ein Wort des Gefühls, Ein Wort, ein treues Wort, im Namen eurer freien Lehrer ausgesprochen!

Sei uns gegrüßt, du helles Morgenrot eines schönen Tages, der über unser schönes Vaterland herauf kommt; sei uns gegrüßt, du geisteswarmer, jünglingsfrischer Lebensatem, von dem ich durchhaucht fühle mein Volk.

Ihr deutschen Burschen! Laßt euch den Freundschaftsbund eurer Jugend, den Jugendbundesstaat, ein Bild werden des vaterländischen Staates, dessen Dienst ihr bald euer ganzes Leben weihen wollt. Haltet fromm bei Tapferkeit, Ehre und Gerechtigkeit, wie euch so schön gesagt wurde in schöner Rede, die ihr eben vernommen habt.

Ihr deutschen Burschen! Lasset uns aus dem Freundschaftsbund eurer Jugend den Geist kommen in das Leben unseres Volkes, denn jünglingsfrisch soll uns erwachsen deutscher Gemeingeist für Vaterland, Freiheit und Gerechtigkeit! So bleibe euch und uns der Wahlspruch: Ein Gott, Ein deutsches Schwert, Ein deutscher Geist für Ehre und Gerechtigkeit!"

Oken hob den Gegensatz gegen die Landsmannschaften hervor und forderte auf, den großen Augenblick zur Begründung einer allgemeinen deutschen Burschenschaft nicht zu versäumen. „Bei der bloßen Rührung müßt ihr es nicht bewenden lassen, von der Burg etwas Wirkliches mit nach Hause nehmen, nur wenige Gesetze, aber mit Worten ausgesprochen, daß alle Studenten eins sind, daß sie alle zu einer einzigen Landsmannschaft gehören, der Deutschen, daß sie alle einerlei Vorschriften und Gebräuche befolgen. Vielleicht sind selbst hier, die sich unversöhnlich befeinden, und keiner wird zu den Gesetzen des anderen übergehen. Insbesondere gilt dies von euch aus Gießen, Erlangen und Göttingen! Ueberlegt, was ein Student ist, daß ihm im Augenblick, wo er sich zum Studieren entschließt, ganz Deutschland sich öffnet. Es ist eine Schande durch Studieren es nicht weiter gebracht zu haben, als ein Thüringer, ein Hesse, ein Franke, ein Schwabe, ein Rheinländer geblieben zu sein.

Ist der Studierende seinem Wesen nach also kein Provinzialist, so ist es unnatürlich, es durch eine künstliche Einrichtung erzwingen zu wollen. Es handelt sich nicht von dem Uebertritt einer Landsmannschaft in die andere, nicht die Weißen sollen Schwarze, nicht die Bayern Franken, die Thüringer Schwaben werden; ihr könnt und wollt (und das deutsche Volk will samt seinen Fürsten) nichts anderes werden als gebildete Deutsche, die sich alle gleich sind und deren Geschäft überall frei ist. Darum nennt euch nicht Weiße, Schwarze, Rote, Blaue, auch nicht Teutonen, denn das sind auch die anderen, sondern was ihr allein und ausschließlich seid, Studentenschaft oder Burschenschaft. Tragt keine Parteizeichen, zersplittert nicht den Stand der Gebildeten.

Auch bewahrt euch vor dem Wahn, als wäret ihr es, auf denen Deutschlands Sein und Dauer und Ehre beruhte. Deutschland ruht nur auf sich selbst, auf dem Ganzen. Eure Bestimmung ist zwar, einst als Teile des Kopfes zu wirken, aber der Kopf ist ohnmächtig, wenn die Glieder und Eingeweide den Dienst versagen. Ihr aber seid jetzt Jugend, der kein anderes Geschäft zukommt, als sich so einzurichten, daß ihr einst wirksame Teile des Staates werden könnt. Reibt euch nicht auf durch eitle Gebräuche, wie bisher eine Landsmannschaft durch das Rivalisieren gegen die andere. Im Ganzen liegt das Heil — Vereinzeltes geht zu Grunde. Schließt euch zu einem Ganzen, beschränkt euch aber auf Zwecke und Beschäftigungen, die dem Studierenden ziemen. Was im Staat geschehen soll, davon laßt die Hand, auf daß euer Beginnen nicht lächerlich werde."

Zuletzt sprach Dürre aus Jena den Segen; mit dem Lied „Nun danket alle Gott" schloß die Feier. Man stieg in den Burghof herab, und hier bildeten sich um Oken, Kieser, Fries u. a. Gruppen, die sich lebhaft über die Reform des Burschenlebens besprachen.

Darauf fand Mittagstafel im großen Saal statt. Arndts Bundeslied erscholl, die deutsche Freiheit und Luther, der Großherzog von Weimar, die Sieger und die ums Vaterland Gefallenen, Schill, Scharnhorst, Friesen und Körner voran, Arndt, Fries und Jahn, die Lehrer der deutschen Jugend durch Wort und That, die löbliche Turnkunst und ihre Meister, Burschenfreiheit und die Vorbilder des deutschen Burschen wurden in Tischreden und mit Lebehoch gefeiert. Nach dem Mahl kehrte man in die Stadt zurück zum Besuch des Gottesdienstes. Später trat auf dem Marktplatz eine Turnerschar aus den Burschen zusammen und zeigte ihre Künste. Um 6 Uhr endlich zog man mit Fackeln zum Wartenberg: dort hatte der Eisenacher Landsturm ein mächtiges Oktoberfeuer angezündet, den Schlachttag von Leipzig zu feiern. Der Wind blies schneidend und kalt. Man sang „Des Volkes Sehnsucht flammt von allen deutschen Höhen" und hörte noch eine zündende Rede Rödigers, der dieses Lied verfaßt hatte.

Maßmann, ein Schüler Jahns, in Jena zu den „Altdeutschen" gehörend, hatte eine Reihe von Schriften notiert, in welchen die nationalen Bestrebungen und die burschenschaftliche Sache angegriffen waren. Jetzt schleppte er einen Korb mit Makulaturballen herbei, die mit den Titeln jener mißliebigen Werke versehen waren; es waren darunter der Gensdarmeriekodex von Kamptz, das Pamphlet des Hofrats Schmalz, Kotzebues deutsche Geschichte, die Polizeiwissenschaft des Erlanger Professors Harl u. a. Unter dem zustimmenden Geschrei der Genossen Maßmanns wanderten diese Ballen ins Feuer, ihnen nach ein preußischer Ulanenschnürleib, ein hessischer Patentzopf und ein österreichischer Korporalstock, Wahrzeichen „der Schmach des ernsten heiligen Wehrstandes".

Am folgenden Tage schloß sich an das eigentliche Fest eine schon am 17. in einer kleinern Versammlung vereinbarte allgemeine Burschenversammlung auf der Wartburg zur Besprechung der alle bewegenden Fragen und der Vereinigung der widerstrebenden Parteien. Carové aus Heidelberg legte zuerst seine Grundideen einer allgemeinen Burschenschaft dar. Unerwartet erhob sich ein

Schwabe, Namens Sander, und ergriff, obwohl er in Jena studierte und Mitglied der Burschenschaft war, das Wort für die Landsmannschaften. Er suchte deren Berechtigung mit dem Unterschied in der Eigenart der deutschen Stämme zu beweisen; es sei ein Beleg des Reichtums in unserem Volksleben, daß die Eigenart der deutschen Stämme sich auch im Universitätsleben geltend mache. Röbiger erwiderte: Freilich seien jene Unterschiede natürlich und organisch, aber für sie brauche der Mensch nicht erst zu sorgen, ihm komme es zu zu sorgen, daß das Allgemeine neben dem Besonderen, die deutsche Art neben der schwäbischen, fränkischen oder märkischen aufrecht erhalten werde, denn die halte sich nicht von selbst aufrecht. Der Streit löste sich durch eine wenigstens formelle Versöhnung der Gegner. Wohl die meisten aber waren für die Gedanken einer allgemeinen deutschen Burschenschaft gewonnen und begeistert. Durch eine gemeinsame Feier des Abendmahls wurde die Eintracht besiegelt. Man schied in herzlicher Bewegung. Das Fest im Ganzen war bezaubernd in seiner Art, hinreißend. „Wer es mitfeierte, erinnerte sich jener Tage als eines Maientages seiner Jugend.“

## 2. Die Statuten der allgemeinen deutschen Burschenschaft.

Im Laufe des Jahres 1818 war man in Jena thätig, eine Verfassungsurkunde der allgemeinen deutschen Burschenschaft herzustellen. An der Vorbereitung (29. März bis 3. April) nahmen neun Universitäten teil, an der Feststellung (10. bis 19. Oktober) deren vierzehn[1]). Wir heben einige Paragraphen aus:

[1]) Das Verzeichnis der Universitäten und ihrer Vertreter bringt der Anhang. Freiburg, Göttingen, Greifswald und Landshut haben sich nicht beteiligt; die Vorlesungen in Bonn wurden erst im W.-S. 1818 eröffnet.

In den allgemeinen Grundsätzen bestimmt § 2: Die allgemeine deutsche Burschenschaft als freies Gemeinwesen stellt als den Mittelpunkt ihres Wirkens folgende, allgemein anerkannte Sätze auf:

a) Einheit, Gleichheit und Freiheit aller Burschen unter einander. Gleichheit aller Rechte und Pflichten.

b) Christlich deutsche Ausbildung jeder geistigen und leiblichen Kraft zum Dienste des Vaterlandes.

§ 4. Die allgemeine deutsche Burschenschaft tritt ins Leben ein dadurch, daß sie sich je länger je mehr darstellt als ein Bild ihres in Freiheit und Einheit erblühenden Volkes, daß sie ein volkstümliches Burschenleben in der Ausbildung einer jeden geistigen und leiblichen Kraft erhält und in freiem gleichen und geordneten Gemeinwesen ihre Glieder vorbereitet zum Volksleben, so daß jedes derselben zu einer solchen Stufe des Selbstbewußtseins erhoben werde, daß es in seiner reinen Eigentümlichkeit den Glanz der Herrlichkeit deutschen Volkslebens darstelle.

Unter dem Titel Verfassung § 7. Die Verfassungen der besonderen Burschenschaften müssen in den oben aufgestellten Grundsätzen übereinstimmen, unbeschadet der sonstigen Eigentümlichkeit einer jeden einzelnen.

§ 8 nimmt eine jährliche Oktoberversammlung in Aussicht, zu der jede Burschenschaft wo möglich drei Bevollmächtigte senden wird. Auf dieser wird von Jahr zu Jahr eine geschäftsführende Burschenschaft gewählt.

§ 11. Der Versammlung der Abgeordneten steht die oberste richterliche Gewalt zu:

a) in Streitigkeiten der einzelnen Burschenschaften unter einander;

b) in Streitigkeiten einzelner Burschenschaften mit einzelnen Mitgliedern.

§ 20. Die Streitigkeiten der einzelnen Burschenschaften unter einander können nie durch Zweikampf ausgemacht werden, sondern werden vom Burschentage vernunftgemäß entschieden, wenn sie sich nicht selbst oder durch Vermittlung einer dritten Burschenschaft vergleichen können.

§ 30. Gegen den außerhalb der Burschenschaft Befindlichen, der sich weigert, Ehrensachen nach Burschenweise auszumachen, wird nach Burschenweise verfahren.

§ 31. Die allgemeine deutsche Burschenschaft schützt auf jede Weise auch jeden nicht in ihrer Gemeinschaft sich befindenden Burschen gegen jede üble, eines Burschen unwürdige Behandlung von seiten eines Nichtburschen.

§ 32. An Beratungen, die das Wohl der ganzen Hochschule betreffen, müssen natürlich alle ehrenhaften Burschen Teil haben, sie seien in der Burschenschaft oder nicht.

Allgemeine Feste. § 33. Der 18. des Siegsmondes ist für die allgemeine deutsche Burschenschaft ein ewiges Fest. Alle drei Jahre wird dieses, womöglich in allgemeiner Zusammenkunft aller deutschen Burschen, zugleich als Gedächtnisfest jener ersten Brüdervereinigung auf der Wartburg gefeiert.

§ 34. Als Fest der Erinnerung an alle deutsche Brüder auf den andern deutschen Hochschulen ist der 18. Juni bestimmt.

Von diesen Statuten hat H. v. Gagern die Vermutung ausgesprochen, daß sie vielleicht zunächst Veranlassung zu den Karlsbader Beschlüssen gaben[1]). Er konnte dies von seinem Vater wissen, der bis 1817 Frankfurt und Luxemburg am Bundestag vertrat. Wir werden weiterhin ein Aktenstück aus dem Münchener Ministerium (18. Dezember 1817) kennen lernen, das diese Vermutung stützt.

---

[1]) In einer im Jahre 1833 auf dem Landtage in Darmstadt gehaltenen Rede, welche beginnt: „Ich bekenne, daß ich selbst unter den Stiftern der burschenschaftlichen Verbindung in Heidelberg war, daß ein ähnliches Bestreben in Göttingen mißlungen ist, und daß ich in Jena unter den Deputierten war, die damals die sogenannte allgemeine Burschenschaft gründen wollten."

### 3. Die Burschenschaft und die Politiker der Burschenschaft 1818.

Lange bevor Sands unselige That den Anlaß zu ihrer Aufhebung bot, galt die Burschenschaft in den Augen derer, die Deutschlands Einigung ebenso haßten, als die Teilnahme des Volkes an seinen politischen Angelegenheiten, für eine unstatthafte, ja verbrecherische Verbindung. Die Burschen hatten beim Anblick des heillosen Zustandes, in den das Vaterland durch seine Zerrissenheit geraten war, diese wenigstens an den Universitäten zu verbannen sich bemüht; aber schon das Bild der verhaßten Einheit verletzte. Sie hatten sich freie und öffentliche Formen ihres Gemeinwesens geschaffen; aber die Selbständigkeit, die sittliche Würde und Ruhe, die sich in der Burschenschaft entwickelte, schien unbequemer als das Gegenteil, das bisher in den Landsmannschaften bestanden hatte. Nachdem Napoleon besiegt war, wollte die reaktionäre Partei den alten Zustand passiven Gehorsams herstellen, wo das mechanische Uhrwerk geht und schlägt, wann und wie es soll; die jungen Enthusiasten aber hielten an der Ueberzeugung fest, wie der Sieg gewonnen sei durch den Eifer und die Thatkraft lebendiger Seelen, so sei auch von der Zukunft kein Heil zu erwarten ohne den mitthätigen Willen der Nation. In diesem Prinzipienstreit entschieden sich die maßgebenden Regierungen des Kontinents für die alte Form. In der Urkunde der heiligen Allianz (Sept. 1815) proklamierten die Herrscher von Oesterreich, Preußen und Rußland das patriarchalische System; den liberalen Ideen gaben sie allmählich den Abschied. Ueber Czar Alexander trugen es die autokratischen Gewohnheiten davon. Kaiser Franz, der im allgemeinen den Ruf besonderer Leutseligkeit und Gutmütigkeit hatte, zeigte sich durch und durch von Selbstsucht, Gefühllosigkeit, Härte und Mißtrauen beherrscht. Friedrich Wilhelm III. war nur mit Widerstreben dem Schwung gefolgt, der sein Volk ergriffen hatte, und später erinnerte er sich auch hieran nicht gern. Von den Bedenken gegenüber dem Verfassungsversprechen befreiten ihn theologische Einflüsterungen, die dem König sagten, er habe vor Gott allerdings Rechenschaft abzulegen, vor seinem Volke aber nicht; und wenn er einsähe, daß ein versprochenes Geschenk demselben schaden würde, so hätte er dasselbe Recht ihm dieses vorzuenthalten, wie der Vater, der erkennt, daß der versprochene Apfel der Gesundheit seines Kindes nachteilig sein werde. So blieb das Verfassungswerk in Stagnation, und es bemächtigte sich der Zeit ein solcher Mangel an Selbstbewußtsein und Selbstthätigkeit, daß sie Metternichs System der absoluten Stabilität als Meisterstück der geheimen Weisheit anstaunte.

Ein Zeichen dieser Erschlaffung ist der Widerwille gegen jede selbständige Regung des Volksgeistes. Ihm gab Schmalz[1]) Ausdruck, indem er den „Aufruf an mein Volk" so kommentierte: „Keine Begeisterung, überall ruhiges und desto kräftigeres Pflichtgefühl. Alles eilte zu den Waffen und zu jeder Thätigkeit, wie man aus ganz gewöhnlicher Bürgerpflicht zum Löschen einer Feuersbrunst beim Feuerlärm eilt". In dem tollen Lärm, der sich gegen das Wartburgfest erhob, that sich die Stimme des rachsüchtigen Kamptz hervor, und mit besonderer Derbheit und beißender Ironie behandelte die Feier Kotzebue in seinem giftigen Wochenblatt. Einen eigenen Abscheu erregen die neuen Formen des Studentenlebens dem delikaten Gentz. Am 9. Dezember 1818 schreibt er an Freund Pilat über Heidelberg: „Die einzigen Flecken im Gemälde sind die grotesken und widerlichen Figuren, die in schmutzigen altdeutschen Trachten, Gott und den Menschen ein gerechter Greuel, mit Büchern unter den Armen, die falsche Weisheit ihrer ruchlosen Professoren einholen gehen. Durch vier- oder fünfhundert solcher Studenten könnte einem freilich das Paradies verleidet werden."

Anders freilich lauten die Urteile aus Kreisen, in denen man die heilige Allianz nicht bewunderte. Ich berichte hier einiges, was Jena im Sommer 1818 betrifft. Der Buchhändler Frommann erzählt am 8. Juli von dem Fackelzug der 500 Jenaer Burschen zur

---

[1]) Ueber polit. Vereine 1815. S. 14.

Taufe des Erbprinzen. Bei der Bewirtung hat der Großherzog gleich 1000 Flaschen Wein bestimmt; wenn die alle wären, sollte man's ihm melden. Es sind aber nur etwa 300 getrunken. Immer wieder mußten neue Lieder gesungen werden. Der Erbgroßherzog ist heruntergekommen und hat sich mit mehreren sehr freundlich unterhalten; Karl August äußerte, er hoffe, daß nie ein weimarischer Fürst seine Pflicht vergessen werde. Als Taufzeugen ließ er drei Mitglieder der Burschenschaft einladen, da von jeder Corporation im Lande Repräsentanten erscheinen würden. Nun ist die Burschenschaft doch ganz öffentlich anerkannt!"[1])

Weniger bekannt wird der Bericht eines damals etwa fünfzigjährigen holsteinischen Schulmannes sein, der um die gleiche Zeit als Durchreisender in Jena vorsprach und auch die Hörsäle besuchte: „Es war ein ideales Leben in der Jugend, die alles Schlechte und Gemeine verachtete. Berauschte sah ich nie, brüllenden Gesang und Wetzen der Steine hörte ich nirgends, wohl ein fröhliches süddeutsches Jodeln von zwei oder drei musikalischen Stimmen; wohl sah ich im Kolleg Mangel an anständigem Kostüm, aber dabei anständige Stille und Ernst für die Sache; wohl manche Lächerlichkeit, nirgends eine sittliche Anstößigkeit; wohl ein Nichtbeachten meiner Gegenwart, als wäre ich gar nicht da, aber nie eine Verletzung meiner Persönlichkeit auch nur durch eine mutwillige Miene."[2])

Vielleicht mag man auch noch einen schottischen Berichterstatter hören, der eine Jenaer Burschenversammlung dieser Zeit nicht ohne Humor schildert: „Every man with his bonnet on his head, a pot of beer in his hand, a pipe or segar in his mouth and a song upon his lips, never doubting but that he and his companions are training themselves to be the regenerators of Europe, that they are the true representatives of the manliness and independence of the German character and the only models of a free, generous and highminded youth. They lay their hands

[1]) Das Frommannsche Haus und seine Freunde. 1889. S. 154.

[2]) Schumacher, Genrebilder. Schleswig 1843. S. 474.

upon their jugs, and vow the liberation of Germany; they stop a second pipe or light a second segar, and swear that the Holy Alliance is an unclean thing."[1])

Eine tiefer gehende Erregung politischer Art, die sich gegen bestimmte Personen richtete, verursachten in diesem Jahr zwei litterarische Machwerke, die wahrscheinlich machten, daß unheimliche, die deutschen Universitäten bedrohende Maßregeln durch russische Intriguen vorbereitet wurden. Das eine war ein dem russischen Kaiser von Kotzebue erstatteter Monatsbericht, der den Verfasser in den Augen der akademischen Jugend als russischen Spion erscheinen ließ. Das andere war ein Memoire des russischen Diplomaten Stourdza über den gegenwärtigen Zustand Deutschlands, das dem Aachener Kongreß überreicht wurde. Es denunzierte die Universitäten als Herde der destruktiven Tendenzen des Zeitgeistes in Politik und Religion und forderte Aufhebung ihrer Privilegien, Kollegienzwang der Studenten, Beaufsichtigung der Professoren. Die Burschenschaft, die als aufrüherische Rotte bezeichnet war, schickte durch zwei ihrer Mitglieder an Stourdza eine Ausforderung, die aber nicht angenommen wurde.

„Sie lugten, sie suchten nach Trug und Verrat." Der gesunde und lautere Sinn, der in ihr lebte, hielt die Jugend im ganzen immun selbst gegen dieses Gift. Aber unter so viel raschen jungen Leuten, deren ganzes Herz und alles Sinnen und Trachten dem öffentlichen Leben sich zugewendet, mußte, wie Görres[2]) sagt, beinahe unausbleiblich ein Funken dieser so unvorsichtig angeschürten Feuersbrunst zündend in das Reich dunkler Gewalten, die des Menschen Brust umschließt, herniederfahren. Hatte sich die Jenaer Burschenschaft bis dahin rein und unbefleckt erhalten, so blieb doch jetzt auf einzelne nicht ohne Wirkung, daß man ihre Verbindung und ihre Personen so wichtig und gefährlich nahm. Der Abenteurer Witt von Döring ließ sich in Paris in das System der geheimen

[1]) John Russell, A Tour in Germany. 2. ed. Edinburgh 1825. S. 109.
[2]) Teutschland und die Revolution. 1819. S. 108.

4

Gesellschaften und der liberalen Agitation einweihen. Indes machte die Weisheit, die er von dort zurückbrachte, in Jena gar keinen Eindruck; den Windbeutel ließ man schwatzen. Folgenreich aber war das Auftreten des Dr. Karl Follen,[1]) der im Herbst 1812 in Jena auftrat und durch ein dem dortigen Burschenwesen bis dahin fremdes Element, ein radikales System abstrakter politischer Ideen, die Richtung auf Vaterland und Volkstreue zu verdrängen suchte. Im Jahre 1795 geboren, hatte er mit zwei Brüdern als freiwilliger hessischer Jäger am Kampf gegen Frankreich teilgenommen und sich nach der Rückkehr aus dem Feldzug in Gießen in die studentische Reformbewegung gestürzt. Sie hatte dort ein anderes Schicksal als in Jena, weil sie am Widerstand der Landsmannschaften und Behörden eine nachhaltigere Gegenwirkung fand. Allgemein angefeindet und von lauerndem Argwohn verfolgt, zogen sich die Gießener „Schwarzen" ins Geheimnis zurück. Karl Follen, der sich unter den zum Teil sehr begabten jungen Männern als Debatter und Fechter, durch eiserne Willenskraft und harte Verstandeskonsequenz hervorthat, bildete im Stillen eine Theorie aus, die das Ich als selbständigen produzierenden Gott hinstellte und unter Nichtbeachtung des geschichtlichen Lebens und des Einzelgewissens einen seltsamen Kultus der Freiheit konstruierte. Wenn er seine Gedanken in poetischer Form vortrug, mischte er Religiöses und Politisches. So eröffnet er den „Ehrenspiegel":

Der Gottheit Blitzstrahl, der aus finstrer Wolke
Aus dieser Sturmzeit herrlich sich entzündet,
Die Liebe, die uns all' in Gott verbindet,
Als Gottes Stimm' im Menschen wie im Volke
Lebendig neu der Menschheit Urbild gründet,
Die durch den Heiland,
Die jetzt und weiland
Uns durch so viel Blutzeugen ist verkündet,
Sie gibt das Feuer uns zum kühnen Handeln,
Das Licht, um frei der Wahrheit Bahn zu wandeln.

[1]) Vgl. F. Münch, Erinn. aus Deutschlands trübster Zeit. Neustadt a. H. 1873.

Sein Ziel war die Gründung einer Republik, zu der sich alle nach freier Selbstbestimmung vereinbaren sollten.

Aus Gießen vertrieben, wandte er sich nach Jena und las dort Pandekten. W. Menzel[1]) schildert den Eindruck, den Follen hier machte. Die gedrungene Gestalt, das etwas breite Gesicht, die feine vorstrebende Nase und ein gewitterhafter Zug in der Stirn erinnerten an Robespierre. Wie dieser, hielt er sorgfältig auf äußere Erscheinung und trug etwas Patriotisches und Salbungsvolles, gewissermaßen Priesterliches vor sich her. An sich selbst übte er die strengste Sittenzucht, denn ein schwacher und von sinnlichen Bedürfnissen abhängiger Charakter tauge nicht für den Dienst der Freiheit. Bei den Burschen wußte er sich in Achtung zu setzen, aber er erwärmte sie nicht; für seine republikanischen Hintergedanken und die herzlosen Deduktionen, die diesem Ziel entgegenführen sollten, fand sich bei der Masse, der das Vaterland Gefühls- und Herzenssache war, kein Boden; ein Geheimnisvolles aber, womit er sich umgab, widersprach dem in Jena herrschenden Geist der Oeffentlichkeit so sehr, daß dieses Wesen, abgesehen von den Gegenständen, die er vortrug, von allen natürlich und unbefangen Empfindenden mißbilligt wurde. Doch gelang es ihm, einen kleinen Kreis um sich zu sammeln und einzuweihen. Aus diesem bekannten sich die „Unbedingten“ dazu, sich der Idee und ihren Trägern unbedingt hinzugeben und sie strikt durchzuführen, ohne jemals eine Concession zu machen. Ueber das Ziel orientiert „Das große Lied“.[2]) Es beginnt mit der „Götzendämmerung“, in gigantischen, der Edda entnommenen Bildern:

Horcht auf, ihr Fürsten! Du Volk, horch auf!
Freiheit und Rach' in vollem Lauf,
Gottes Wetter ziehen blutig herauf!
Auf, daß in Weltbrands Stunden
Ihr nicht schlafend werdet gefunden!

---

[1]) W. Menzel, Denkwürdigkeiten. Bielefeld 1877. S. 128.

[2]) Works of Ch. Follen. Boston 1842. 1, 585–593.

4*

Den Schluß macht ein entsetzliches Gebet:

Der du am Brandaltar
Elias Ruf erhörtest,
Baals Thron und Frohn zerstörtest,
Zu dir fleht unsre Schar
Am Vaterlandsaltar mit Herz und Munde,
Dein Opfer harrt, fach an zum Flammenbunde
Die deutschen Hochgebirge,
Dann, Volk, die Molochspriester würge, würge!

Es gehört zu den psychologischen Rätseln, soll aber hier nicht verschwiegen werden, daß derselbe Follen, der 1824 als Flüchtling in Amerika landete und 1840 dort umkam, drüben im Andenken eines edeln Mannes von segensreicher, friedvoller Wirksamkeit fortlebt. Er kämpfte und litt für die Befreiung der Sklaven und hat sich als erster Professor des Deutschen am Harvardcollege, der ältesten und angesehensten Universität des Landes, bleibende Verdienste um die Begründung eines wissenschaftlichen Unterrichts in unserer Muttersprache und Litteratur erworben.[1])

Ich wende mich jetzt der schmerzlichen Aufgabe zu, Sand's Leben zu skizzieren.

---

## 4. Sand und seine That.

Carl Ludwig Sand ist am 5. Oktober 1795 in Wunsiedel geboren, als Sohn eines preußischen Justizamtmannes. Infolge einer Kinderkrankheit wurde der erste Unterricht lange verzögert, der Knabe lernte mit Mühe. Auffassung und Gedächtnis sind wohl immer schwerfällig geblieben; doch angestrengter Fleiß und energisches Bemühen hielten nicht nur die Hoffnungen seiner Familie,

---

[1]) Allgem. D. Biogr. 36, 789.

namentlich die der zärtlichen Mutter aufrecht, sondern gewannen ihm auch die Teilnahme und Achtung seiner Lehrer. Er besuchte das Gymnasium in Hof und nach dessen Auflösung das Regensburger, das ihn Sept. 1814 mit einem ehrenvollen Zeugnis (als den 6. unter vierunddreißig Mitschülern) zur Universität entließ.

Im folgenden Wintersemester studierte er in Tübingen Theologie; nach Schluß desselben stellte er sich als Freiwilliger in Mannheim und zog als Jäger des Rezatkreises mit nach Frankreich. Nach Beendigung des Krieges ließ er sich am 14. Dez. 1815 in Erlangen immatrikulieren. Hier bleibt er bis in den Sept. 1817, ohne methodisch zu studieren; er hört theologische Vorlesungen, hält gelegentlich eine Predigt, sucht an mittelhochdeutscher Lektüre, an Luther,Goethe, Herder, Seume sich zu begeistern. Aus dieser Zeit schildert sein Hausgenosse Florian Clöter[1]) sein geistiges Wesen so: „Die wissenschaftliche Arbeit wurde ihm sehr schwer, seine Auffassungsgabe war beschränkt, das Gedächtnis nahm nur mit Mühe an, schwer oder garnicht war mit Gründen dem beizukommen, was er erfaßt zu haben meinte, und er konnte dabei sehr erregt und bitter werden; aber seine Gesinnung war höchst edel, allem Gemeinen und Unreinen war er entschieden abgeneigt, opferbereit für alles Echte und Gute, treu und hingebend dem Freunde."

Die Bethätigung idealen Strebens, die er in seinen Studien nicht gewann, suchte er in der Reform des Studentenlebens zu finden, für die damals in Erlangen gekämpft wurde. Im Juni 1816 hofft er durch den Eintritt bei den Franken die gute Sache zu fördern; als dieser Plan scheitert und seinen und seiner Genossen Verruf zur Folge hat, gerät er in immer krankhaftere Erregung; von dem damals in Erlangen und Nürnberg grassierenden Mysticismus nimmt er den gefährlichen Keim in sich auf, seine Idee, seine Ueberzeugung mit der Sache Gottes zu verquicken.

Als sich im Wintersemester 1816—17 die Zahl der Reformer auf 40 vermehrt hat und die Konstitution der Burschenschaft

[1]) Erinnerungen eines alten Mannes. Hof 1878. S. 9.

auszuarbeiten ist, übernimmt Sand den Abschnitt über das Verhalten der Studenten gegen andere. Zweimal ist er Vorsteher der Burschenschaft.[1]). Im Sommer 1817 durch den Weggang von Elsperger und Zwanziger, Ullrich und Clöter vereinsamt, faßt er eine schwärmerische Neigung für Dittmar; aber dieser Freund ertrinkt vor seinen Augen. In den Schmerz über den Verlust mischt sich der Vorwurf, daß er ihm nicht hat helfen können. Von der Zeit an erscheint er geschlossener, strebt vom träumerischen Brüten zum Handeln. Für das Wartburgfest entwirft er ein Programm, das in elf Nummern die Ziele der deutschen Burschenschaft dem „Papismus und der Landsmannschaftssucht" gegenüber aufstellt: In Nummer 2[2]) wird der Wahlspruch: „Tugend, Wissenschaft, Vaterland" ausgedeutet: „Mit der Tugend haben wir es zu thun und streben also nach einem edlen, freien Sinn. Wir ringen nach innerer Ehre, die demütig, fromm und unantastbar besteht vor Gott, und wir streben nach Freiheit, dem höchsten Ziele aller menschlichen Geschichte und dem köstlichen Preise eines vollkommenen Geschlechts. — Die Wissenschaft haben wir uns zur Braut erkoren; sie soll die eine Hälfte unseres Lebens werden: in frommer Einfalt und Kraft, mit rechter Demut laßt uns nachspüren den heiligen Offenbarungen Gottes, und schlechte Tändeleien seien uns verhaßt. — Das deutsche Land, unser Vaterland, wollen wir lieben, ihm sei aller Dienst geweiht! In ihm wollen wir leben und weben, mit ihm oder frei in ihm wollen wir sterben, wenn's Gottes großer Ruf gebeut!" In der 7. Nummer[3]) erscheint in exaltierter Begeisterung die Burschenschaft als Grundlage des gesamten deutschen Lebens: Es kann für das liebe deutsche Land kein Heil kommen, es sei denn durch eine solche allgemeine, freie Burschenschaft, in der Deutschlands edelste Jugend innig verbrüdert lebt; in der das Hohe und Herrliche, was uns in dieser Zeit aufgegangen, wirklich schon eingelebt wird; in der der alte ehrliche deutsche Sinn wieder einmal eine sichere

[1]) Hohnhorst 2, 39. [2]) Tagebuch S. 127. [3]) Tagebuch S. 130.

Veste erlangt; in der ein jeder seine Würde fühlen lernt und zur Freiheit ermutigt wird; und die auch für immer an dem Turnplatze einen Rüst- und Lernplatz hat.“

Beim Wartburgfest wurde Sand in den Festausschuß gewählt, als Redner ist er nicht aufgetreten.

Er brachte hierauf drei Semester in Jena zu, vom Herbst 1817 bis Ostern 1819. Hier hörte er die noch nötigen theologischen Kollegien und außerdem bei Luden, Fries und Oken. Tieferen Anteil aber als an seinem Studium nahm er an den Schicksalen der Burschenschaft. Diese war seit der Wartburgfeier Gegenstand der lebhaftesten öffentlichen Aufmerksamkeit geworden, die Verbrennung der Bücher hatte manchen gefährlichen Feind gereizt. Sand verfolgte, soweit sein Horizont reichte, diese Anfeindungen mit einer Leidenschaft, die entschlossen war, für das vermeinte höchste Gut alles einzusetzen. Es ist für uns Nachgeborene schwer, die moralische Spannung jener Zeit nachzufühlen. Der Gegensatz gegen das französische Wesen hatte alle sittlichen Elemente, die in Deutschland vorhanden waren, auf die Spitze getrieben, ein begeistertes Streben nach Besserwerden und ein enthusiastisches Wollen entzündet, das Leben nach sittlichen Ideen zu gestalten. Nach dem Kriege galt es, den Rückweg von jener Höhe zu der realen Möglichkeit zu finden und die ethischen Anforderungen an sich und die Umgebung mit den vorhandenen Kräften in Einklang zu setzen; unter denen, die den Rückweg zu lösbaren Aufgaben nicht fanden, machte getäuschte Erwartung die einen halb wütend, die anderen fast vergehen. Sands Wartburgthesen nennen die im Petrusbrief (1. Petr. 2, 9) enthaltene Aufforderung an das auserwählte Geschlecht die Hauptidee des Festes. Dieser Ausgangspunkt konnte zu verschiedenen Wegen führen. In einem Brief jener Zeit aus dem Kreis der Stillen im Lande[1]) heißt es: „Laßt uns unaufhörlich Gott unsern Heiland bitten, daß er uns von innen heraus so macht, daß wir unter das auserwählte Geschlecht,

[1]) A. Jahn, Frauenbriefe. Halle 1863. S. 189.

das heilige Volk, das königliche Priestertum, welches Petrus meint, zu zählen sind. Gehören wir dazu, so wird unser Licht die Nächsten um uns herum auch erleuchten und diese wieder ihre Nächsten, und so wirds fortgehen, bis sich mitten unter dem ungeschlachten Geschlechte ein Volk Gottes bildet, welches frei in Banden, reich in Armut, erhaben in Niedrigkeit, selig in Leiden und treu bis zum Tode bleibt."

Sands Leben hat Züge, die mit diesem religiösen Ideal Verwandtschaft zeigen, und diese sind es, welche die Teilnahme so vieler Zeitgenossen an seiner Person und seinem Schicksal erklären. Aber er verließ den Weg des inneren Bildens, stellte Herz und Gewissen unter die Leitung eines leeren, engen Verstandes und wurde von seiner Selbstigkeit in einen Wahn gedrängt, in dem er sich zum Vollstrecker eines Volkswillens, zur Reinigung der Wirklichkeit berufen hielt. Wie sich ihm das Gute und Große der Zeit nur in den Bestrebungen seiner Freunde darstellt, so concentriert sich ihm der Haß gegen das Böse, das er bekämpfen will, mehr und mehr auf eine einzelne Person.

Unter den Schriften, die auf dem Wartenberg verbrannt wurden, war die deutsche Geschichte, welche Kotzebue 1814 und 1815 hatte erscheinen lassen; „als der Nationalehre zuwider" verbrannte sie Maßmann, und Goethe war, wie nach seinem Tode bekannt wurde, ähnlicher Ansicht. Unter den Xenien liest man:

„Eisenach, 18. Oktober 1817."[1])

Du hast es lange genug getrieben,
Niederträchtig vom Hohen geschrieben,
Hättest gern die tiefste Niedertracht
Dem Allerhöchsten gleich gebracht.
Das hat denn Deine Zeitgenossen,
Die Tüchtigen mein' ich, baß verdrossen;
Hast immer doch Ehr' und Glück genossen.
Sankt Peter hat es Dir aber gedacht,

---

[1]) 3, 299.

Daß Du ihn hättest gern klein gemacht,
Hat Dir einen bösen Geist geschickt,
Der Dir den heim'schen Sinn verrückt,
Daß Du Dein eigen Volk gescholten.
Die Jugend hat es Dir vergolten:
Aller End' her kamen sie zusammen,
Dich haufenweise zu verdammen;
Sankt Peter freut sich Deiner Flammen.

Kotzebue rächte den Schimpf, indem er das Wartburgfest und die burschenschaftlichen Bestrebungen, die Romantiker und Mystiker, die Frommen und Nibelungensüchtigen bitter verhöhnte. Weiteren Grund, Kotzebue zu hassen, gaben dem moralischen Rigoristen und religiösen Schwärmer Sand die schlüpfrigen Schriften des Lustspieldichters; durch diese, gab er im Verhör an, habe Kotzebue als Verderber unserer Jugend gewirkt. Man mag damit zusammenhalten, daß Sand nach Verkündigung des Todesurteils äußert: „Seinen Eltern werde lieber sein, wenn er dieses gewaltsamen Todes sterbe, als wenn er an einer gewissen gehässigen Krankheit stürbe."

Die Erbitterung gegen Kotzebue stieg, als zu Anfang des Jahres 1818 Auszüge aus den Bulletins veröffentlicht wurden, die er für den Petersburger Hof über die merkwürdigsten Erscheinungen der deutschen Litteratur zusammenstellte. Luden ließ sich zu dem Wort hinreißen: „Untergang der Lügenbrut", Follen aber apostrophierte:

Wohlauf, ihr Burschen, frei und schnell,
Ihr Brüder, du und du,
Noch bellt der Kamptz- und Schmalzgesell,
Beel- und Kot-zebue.
Auf, mäht das reife Korn!

Und immer wieder kam neuer Anlaß gegen Kotzebue. Stourdza's[1])

---

[1]) Stein an Gagern. 18./12. 1818 (Cotta 1833, S. 68): „Warum soll es Stourdza nicht erlaubt sein, ein Wort zu sprechen? Heißt es doch schon

„Memoire" verleumdete Deutschland als Herd einer gefährlichen Revolution und empfahl als Rettungsmittel Unterdrückung der Preßfreiheit und Einschränkung der Universitäten. Als Kotzebue auch dieses Pamphlet leidenschaftlich verteidigte, wurde in Jena der Haß gegen ihn so grimmig, daß er selbst für geraten hielt, Weimar mit Mannheim zu vertauschen.

Wie er sich im „Freimütigen" ein Hauptgeschäft gemacht hatte, Goethes und Schillers Bestrebungen zu verhöhnen, so zog er im Wochenblatt auch das Turnen in den Kot. Als Franz Passow, einst von Goethe persönlich nach Weimar gerufen, jetzt Professor zu Breslau, in der edel gehaltenen Schrift „Das Turnziel" (März 1818) für die körperliche Ausbildung der Jugend in die Schranken getreten war, brachte Kotzebue sofort jenen Schmähartikel „Die edle Turnkunst", der das Signal gab zu der berüchtigten Breslauer Turnfehde.

Den Ton der Polemik mag man aus der Kritik entnehmen, welche die aktenmäßige Darstellung erfuhr, die über die Göttinger Studentenhändel von 1818 amtlich veröffentlicht wurde. Die hannöversche Regierung hatte erklären lassen, es wäre „ein unersetzlicher Verlust, wenn wir unser edles liberales Universitätswesen, in welchem Geist und Kraft des Jünglings so reichlich Gelegenheit zu freier Entwickelung finden, verlieren und gegen einen Schulzwang, vielleicht gegen noch illiberalere Einrichtungen vertauschen sollten." Dagegen eifert nun das Kotzebuesche Wochenblatt: „Wir bekennen, daß wir uns nicht überzeugen können, daß die sogenannte akademische Freiheit edel und liberal zu nennen sei. . . Jeder Vater muß jetzt zittern, einen Sohn auf die Universität zu schicken. Denn die Korallenklippen der Landsmannschaften, der Burschenschaften, der Turnkunst und sogar der Hörsäle, wo unverständige Professoren ihm sagen, daß er berufen ist, sein Vater-

---

1243 nach Matthäus Paris von den Mongolen, die einen Einfall in Ungarn, Oesterreich u. s. w. machten, dies Volk sage, es sei ausgezogen „propter furorem Teutonicum sua modestia (der Mongolen) temperandum."

land zu reformieren, lauern überall auf ihn, und niemand bürgt dem sorgenden Vater für die rechte Anwendung der kostbaren Zeit seines Sohnes."

Immer mehr setzte sich in Sand der Gedanke fest, mit den Angriffen auf die Universitäten sei alles Herrliche bedroht, was die große Zeit der Freiheitskriege geboren; in der Not des Vaterlandes aber sei,[1]) wenn der Staat nicht helfe, jeder Bürger berechtigt, ja verpflichtet, Hand anzulegen. Es kam in Frage, ob ein politischer Mord die Feinde der freiheitlichen Entwicklung schrecken und das Volk zur Erhaltung seiner höchsten Güter anspornen werde. An dieses Experiment wollte er seine Person wenden.[2]) Kotzebue sei als Schriftsteller, als Dichter und als Verräter des deutschen Vaterlandes höchst gefährlich; an diesem sei die Volksrache zu vollziehen. Am 31. Dez. 1818 hat er in seinem Tagebuch[3]) den Entschluß hierzu fixiert: „Soll es etwas werden mit unserem Streben, soll die Sache der Menschheit aufkommen in unserem Vaterlande, soll in dieser wichtigen Zeit nicht alles vergessen werden und die Begeisterung wieder auflohen im Lande, so muß der Schlechte, der Verräter und Verführer der Jugend, A. v. K., nieder — dies habe ich erkannt."

Er hält noch das Semester in Jena aus, kündigt vor der Abreise den Eltern an, was er thun werde: „In Angst und bittern Thränen zum Höchsten gewandt," warte er schon lange, ob ihm niemand zuvorkomme, ihn nicht zum Morde geschaffenen von der schrecklichen Pflicht erlöse. Da aber sich niemand gefunden, müsse er es thun, „denn wer soll uns von der Schande befreien, wenn Kotzebue ungestraft den deutschen Boden verlassen und in Rußland seine gewonnenen Schätze verzehren wird?"

Am 9. März 1819 verläßt er Jena, trifft nach manchem Zögern am 23. in Mannheim ein und stößt an demselben Tage den „Seelenmörder" nieder. Nachdem der Versuch, sich selbst zu töten, mißlungen, bleibt er über ein Jahr lang gefangen, zeigt

---

[1]) Hohnhorst 2, 172. [2]) Leo 187. [3]) Tagebuch S. 174.

während desselben eine vielbewunderte Geduld und Standhaftigkeit und erleidet am 20. Mai 1820 den Tod von Henkershand.

An diese Sühne des Verbrechens schloß sich eine lange Kette politischer Folgen, von denen in erster Linie die Universitäten betroffen wurden. Dem Schicksal des verblendeten Thäters schenkten die Zeitgenossen in weitesten Kreisen inniges Mitgefühl. Nicht wenige hatten in sich selbst die ungeheueren Erschütterungen einer Zeit erlebt, in der die höchsten moralischen Ziele nur über Abgründe hin erreichbar schienen.

## 5. Beurteilung und Folgen der That.

Welchen Eindruck machte Sands That im Kreis der Freunde? Einer der ihm vertrautesten war Elsperger, der ihm in Regensburg und Erlangen nahe gestanden hatte. Von Heidelberg aus, wo er in jenem Wintersemester studierte, war er nach Mannheim gefahren und hatte dort einen vergeblichen Versuch gemacht, Sand sehen und sprechen zu dürfen. Er erzählt uns aus Heidelberg am 25. März 1819: „Hier urteilt man sehr verschieden. Einige halten ihn für verrückt, andere bedauern ihn recht sehr, vorzüglich weil er sich für einen so unwürdigen und unschädlichen Buben aufgeopfert hat. Für überspannt und schwärmerisch halten ihn alle. Ich mißbillige die That sehr; aber die Standhaftigkeit und sein Heldenmut, womit er sie so lange mit sich trug und sie endlich vollführte, bewundere ich, sowie ich mich herzlich darüber freue, daß er die Kraft hatte für Freiheit und Vaterland (denn diesen glaubte er damit einen Dienst zu thun) Leben und Ehre und guten Namen aufzuopfern. Gott helfe ihm, daß er glücklich überwinde und bald sterbe. Denn wenn er von Henkers Hand fallen sollte, das wäre doch schrecklich. Ich selbst bin vollkommen ruhig und bin stolz darauf, ihn zum Freund gehabt zu haben."

Für die öffentlichen Folgen, welche die That haben sollte, war damals niemandes Auffassung wichtiger, als die des Fürsten **Metternich**. Dieser erkannte das Motiv der einzelnen That mit richtigem Blick, beging aber den Irrtum, das, was Sand verführt hatte, als Inhalt und Konsequenz der freiheitlichen Bestrebungen vorzustellen und darum die Sehnsucht auch der Universitäten nach einem wirklichen Vaterland zu verdammen. Hierüber giebt interessanten Aufschluß, was er im Mai 1819 an den Orientalisten Jos. v. Hammer schreibt.[1]) Es sei zu beweisen, „daß das reine, jugendliche, zur Schwärmerei geneigte Gemüt keines anderen Impulses bedarf, um aus eigenem Antriebe die größten und selbst die niedersten Verbrechen zu begehen, als Irrlehren irgend einer Art. . . Das lebendigste Uebel liegt heute in Europa in der Verwechslung aller Praxis mit leidigen und lediglichen Theorien; das Positive jeder Art erliegt unter dem Phantastischen; jeder spricht von dem Gesetze und denkt sich hierbei seine eigene Abstraktion. So behauptete Sand, das Heiligste in der Gesellschaft, das Richteramt gehandhabt zu haben, und seine frevelhaften Verteidiger folgten seinem Wege. Es geht übrigens mit den moralischen Uebeln wie mit den physischen Krankheiten, sie entstehen, steigen und sinken unaufhaltbar. Dort, wo das Uebel eingetreten ist, kann es nicht zurückgenommen werden. Alles, was der Arzt thun kann, ist, Sorge zu tragen, daß das Subjekt stärker bleibe, als die Krankheit. Meine aufrichtige Sorge ist und bleibt auf dieses Ziel gerichtet, und ich werde mir wenigstens keinen Vorwurf zu machen haben, irgend etwas zum endlichen Guten versäumt zu haben."

Hat Metternich Sand und die Burschenschaft für gefährlich gehalten? Schon das Geschrei über das Wartburgfest, das der österreichische Beobachter und Herr v. Kamptz intonierten, diente

---

[1]) Der Brief ist durch v. Mor-Sunnegg publiciert. Ueber Land und Meer 1890, No. 35, S. 714.

in Wahrheit nur dazu, Karl August dafür zu ängstigen, daß er 1816 die erste deutsche Verfassung gewährt hatte und die unbequeme Preßfreiheit. Die weimarischen Blätter boten einen Anhaltepunkt, von dem aus die in der Zeit der Erhebung erweckten Hoffnungen und Bestrebungen auf eine ehrenhafte Existenz Deutschlands noch erhalten wurden. Mittlerweile waren nicht nur in Nassau und Hildburghausen, sondern auch in Bayern (in diesen drei Ländern 1818) und Württemberg (1819) Verfassungen zu stande gekommen und damit alles, was den Absolutisten und Buralisten, Feudalen und Hierarchen ein Greuel dünkte: Gleichheit der Bürger vor Gericht und im Punkt der Besteuerung, Mitwirkung bei der Gesetzgebung, Oeffentlichkeit der Verhandlungen, Beschwerdeführung, Freiheit des Bekenntnisses und der Presse. Jetzt wurde Kotzebues Ermordung hingestellt als das Resultat dieser Forderungen und gegen die Anarchie durchgreifende Maßnahmen für notwendig erklärt. Der Wiener Diplomatie gelang es, die Angst auszunutzen, die in Berlin teils vorhanden, teils gemacht war. Beide Kabinette vereinigten sich, mit aller Kraft die konstitutionellen Bestrebungen niederzuhalten oder zurückzudrängen. Metternichs Hintermänner aber, denen die geistige Knechtung und die Unterwerfung unter die Kirche noch wichtiger war als der rein politische Nutzen, faßten mit scharfem Griff zu, um die protestantischen Universitäten einzuschnüren. Wie sie den Fürsten führten, wird aus dem Brief an J. v. Hammer ersichtlich, von dem ein Teil eben mitgeteilt ist.

Der Fürst fährt fort: „Gegen die Verdammung der Lehre muß das wahre Augenmerk weit mehr als gegen die Verirrten gerichtet werden" — und schließt nach einer vom Herausgeber angedeuteten Lücke: „Hier kann nicht die Rede von irgend einer Religionsformel sein, denn das Falsche im Grundsatz ist und bleibt falsch auf der ganzen Erde." Den Sinn dieser abwehrenden Wendung erschließt eine andere Briefstelle, in der sich Gentz, der Vertraute des Fürsten, gegen Adam Müller (Wien, 19. April 1819)[1])

[1]) Briefwechsel. Stuttgart 1857, S. 274.

deutlicher ausspricht: „Der Protestantismus ist die erste, wahre und einzige Quelle aller ungeheuren Uebel, unter welchen wir heute erliegen. Wäre er bloß raisonnierend geblieben, so hätte man ihn, da das Element desselben einmal tief in der menschlichen Natur steckt, dulden müssen und können. Indem sich aber die Regierungen bequemten, den Protestantismus als eine erlaubte religiöse Form, als eine Gestalt des Christentums, als ein Menschenrecht anzuerkennen, mit ihm zu kapitulieren, ihm seine Stelle im Staat neben der eigentlichen wahren Kirche, wohl gar auf den Trümmern derselben anzuweisen, war sofort die religiöse, moralische und politische Weltordnung aufgelöst. . . Wenn Luther reformieren, d. h. seine Kirche gegen die allgemeine aufstellen durfte, warum sollten Behr und Hornthal nicht gleiches Recht gegen den König von Bayern und seine Minister haben? Wer A gesagt hat, muß B sagen."

Der Feind, zu dessen Bekämpfung Metternich und Gentz im August 1819 in Karlsbad eintrafen, war der freie protestantische Zug der deutschen Universitäten; den Wiener Diplomaten und ihren Hintermännern erschien der Geist des Wartburgfestes gefährlicher, als Sands Fanatismus. Aber die deutschen Regierungen ließen sich fangen oder einschüchtern und nahmen was der Karlsbader Kongreß vereinbart hatte, am 20. September 1819 in Frankfurt einstimmig als provisorisches Gesetz an.

In Ansehung der Universitäten verordnet § 1 die Anstellung von Regierungsbevollmächtigten zur Beaufsichtigung der Professoren und Studenten.

§ 2 bedroht die öffentlichen Lehrer, welche verderbliche Lehren verbreiten, mit Amtsentsetzung und verbietet ihre Wiederanstellung in einem anderen Bundesstaat.

§ 3 lautet: „Die seit langer Zeit bestehenden Gesetze gegen geheime oder nicht autorisierte Verbindungen auf den Universitäten sollen in ihrer ganzen Kraft und Strenge aufrecht erhalten und insbesondere auf den seit einigen Jahren gestifteten, unter dem Namen der allgemeinen Burschenschaft bekannten Verein um so bestimmter ausgedehnt werden, als diesem Verein die schlechterdings unzulässige Voraussetzung einer fortdauernden Gemeinschaft und Korrespondenz zwischen den verschiedenen Universitäten zu Grunde liegt. Den Regierungsbevollmächtigten soll in Ansehung dieses Punktes eine vorzügliche Wachsamkeit zur Pflicht gemacht werden.

Die Regierungen vereinigen sich darüber, daß Individuen, die nach Bekanntmachung des gegenwärtigen Beschlusses erweislich in geheimen oder nicht autorisierten Verbindungen geblieben oder in solche getreten sind, bei keinem öffentlichen Amte zugelassen werden sollen."

Für Preußen wurde dieser Bundesbeschluß publiciert am 18. Oktober 1819, dem Jahrestag der Schlacht von Leipzig. Er zerstörte auch die Jenaer Burschenschaft. Binzer's Lied: „Wir hatten gebauet", das damals entstand, ist zum deutschen Volkslied geworden. Verwandte Gedanken sprachen die 160 „Mitglieder der ehemaligen Burschenschaft" in dem Schriftstücke[1]) aus, in welchem sie ihrem Beschützer, Karl August, den Metternich den Altburschen nannte, die Auflösung anzeigten: „Wir haben niedergerissen, was wir nach bester Einsicht, nach reiflicher Prüfung mit arglosem, unschuldigem Glauben und mit dem frohen Bewußtsein etwas Gutes zu thun, aufgebaut hatten. Zuversichtliche Oeffentlichkeit war an die Stelle schleichender Heimlichkeit getreten; wir konnten ohne Scheu und mit gutem Gewissen den Augen der Welt darbieten, was wir aus unseren innersten Herzen hervorgesucht und in die Wirklichkeit versetzt hatten. . . Der Geist sittlicher Freiheit und Gleichheit in unserem Burschenleben, der Geist der Gerechtigkeit und der Liebe zum gegenseitigen Vaterland, das Höchste, dessen Menschen sich bewußt werden mögen, dieser Geist wird dem Einzelnen inwohnen und nach dem Maß seiner Kräfte ihn fortwährend zum Guten leiten. . . Bloßgestellt jedem Urteil, überlassen wir es der Zeit, uns zu rechtfertigen."

---

[1]) Raumer 176.

Zweites Buch.

# Die Erlanger Burschenschaft 1816—1825.

5

**Allen, die noch etwas haben,**
**Was die andern nicht verstehn,**
**Allen diesen alten Knaben**
**Soll's aus diesen Blättern wehn.**

**Pocci.**

## I.

# Die Teutonen 1816—1817.

### 1. Die Stellung in der Studentenschaft.

Es ist jetzt nachzuholen, was mittlerweile in der Erlanger Studentenwelt vorging. Die Hoffnung der mißhandelten Obskuranten, durch Beschwerden beim Erlanger Polizeikommissariat und beim Ministerium in München die Auflösung der Landsmannschaften zu erreichen, sahen wir trotz der Unterstützung des Senats gescheitert. So sehr nun die Menschenverachtung, mit der die Exklusiven ihre Kommilitonen unter die Füße traten, und die Rechtsverweigerung der zum Schutz verpflichteten Behörden das natürliche Gefühl empören, nach studentischen Begriffen war doch auch das unerhört, daß von Studenten gegen ihresgleichen die Hülfe der bürgerlichen und akademischen Obrigkeit angerufen worden war.

So versuchte denn im Lauf des Jahres 1816 eine andere Gruppe Erlanger Studenten aus eigner Kraft den Despotismus der Landsmannschaften zu brechen und die Renoncenschaft anzutreiben, das von der Minderheit unterschlagene Recht auf selbständige Gestaltung ihres geselligen Lebens zurückzugewinnen. Dazu ermutigte der in Jena errungene Erfolg, dahin drängte die im Augenblick an Ort und Stelle herrschende Verwirrung. Die Träger dieser Bewegung gehörten sämtlich Familien an, in denen die Not der Zeit nicht nur Abscheu vor dem Despotismus und Druck der Fremdherrschaft geweckt hatte, sondern auch Belebung des deutschen Charakters in Einfachheit der Sitte und Wahrhaftigkeit des ganzen Lebens,

5*

Achtung vor dem Volksganzen und Hingabe an die Sache des Vaterlandes: Assum aus dem Spessart und Sand aus Wunsiedel hatten als Freiwillige gegen Frankreich mitgekämpft; Bensen, Fabri und Gründler stammten aus dem national gesinnten Professorenkreis. Zu ihnen hielt sich Florian Clöter aus Schwarzenbach a. S., ein Zögling von Jean Paul, und Julius Niethammer, der Sohn des in Jena mit Fichte befreundeten Philosophen. Mehrere hatten das Gymnasium der alten Reichsstadt Regensburg besucht, in der ein anderer Geist herrschte, als im umliegenden Bayern; nicht weniger lebendig war das deutsche Bewußtsein in Nürnberg. Die nachfolgenden biographischen Skizzen geben Belege im einzelnen.

Am gewandtesten und thatkräftigsten war wohl Franz Ullrich aus Unterfranken, der in Göttingen mit H. v. Gagern die Corps hatte verdrängen wollen; auch wissenschaftlich hatte er einen weiteren Horizont als die andern und suchte, von Beneke angeregt, die Freunde für die neuerwachten germanistischen Studien zu begeistern.

Diese Gruppe rechnete eine Zeit lang darauf, die Erlanger Landsmannschafter für die Sache der Burschenschaft zu gewinnen; Sand und Ullrich wählten sogar das zweideutige Mittel, in dieser Absicht der Frankonia beizutreten. Allein der Versuch gelang nicht wie in Jena, vielmehr wurden am 18. August 1816 die verbündeten Freunde, für die um jene Zeit der Name der Teutonen in Gebrauch kommt, von den Landsmannschaften in Verruf erklärt „wegen ihrer dem bestehenden altherkömmlichen Burschenleben gefährlichen Absichten". Sie schlossen jetzt in der Nacht vom 27. auf den 28. August auf dem „Rütli" oberhalb der Windmühle ihren engeren Bund, um die schlimmsten Auswüchse der bisherigen studentischen Gesellschaftsordnung zu beschneiden. Darauf ermäßigten die Landsmannschafter zum Schein den Trinkkomment, verfolgten aber hartnäckig alle, die es irgendwie mit den Gebannten hielten. Sie hätten nichts dagegen gehabt, wenn sich die Teutonen als Verbindung neben ihnen hätten etablieren wollen. Indes deren Richtung ging immer entschiedener geradezu auf Abschaffung der bestehenden Kommentverbindungen, und der Gegensatz verschärfte sich noch dadurch, daß von den Renoncen, die bei der Behörde geklagt hatten Fabri, Köberlin, Zuccarini den Teutonen beitraten.[1])

Am 15. Januar 1817 wurde die Verfassungsurkunde der Gesellschaft genehmigt, ein Werk von 436 Paragraphen, aus dem weiterhin einiges mitgeteilt wird.

Ostern 1817 verließen mehrere der thatkräftigsten Mitglieder Erlangen. Flor. Clöter und Ullrich wandten sich nach Berlin; Zwanziger und Niethammer gingen nach Heidelberg; mit der hier gegründeten allgemeinen Burschenschaft findet freundlicher Schriftenaustausch[2]) statt, man sichert sich gegenseitige Unterstützung gegen die Feinde zu, deren Wesen als „Unterdrückung des einzelnen" charakterisiert wird. Gründler und Treiber, die nach Jena übergesiedelt sind, vermitteln die freundschaftlichen Beziehungen zu dieser Burschenschaft. Verhandlungen mit jenen scheinen veranlaßt zu haben, daß der Erlanger Burschenbrauch dahin geändert wurde: wer das Duell grundsätzlich ablehne, könne zwar Burschenrechte genießen, aber nicht Mitglied der Burschenschaft sein.

Die in Erlangen Zurückbleibenden schlossen sich inniger an einander an; sie feierten den Jahrestag der Waterlooschlacht durch ein Turnfest bei Schallershof. Hier zeichnete sich Dittmar aus, der auch sonst allgemein beliebt war — und dieser ertrank am 21. Juni beim Baden. Die Landsmannschafter zeigten die äußerste Gefühllosigkeit und drohten das Grabgeleite verhindern zu wollen. Als sich die Teutonen bewaffneten, wovon sie der Polizei Anzeige machten, ließ man sie in Frieden. Den weiteren Beitritt von Renoncen hatten die Gegner dadurch zu hindern gewußt, daß sie

---

[1]) Am 17. Nov. 1816 belegen beim Fechtmeister wöchentlich 9 Stunden zum Fechten und Turnen: Clöter, Niethammer, Haas, Assum, Thon-Dittmer, Elsperger, Reinhold, Gründler, Tucher, Künsberg, Zwanziger, Sand, Ebermaier, Gutermann, Treiber, Ullrich, Schäfer, Dittmar, Pieverling, Fabri, Bezzel, Toussaint, Wagner, Fleischmann, Besenbeck, Kandler, Döderlein, Vollhahn, Eschenloher.

[2]) 17. Juni 1817 erscheint Niethammer unter den Vorstandsmitgliedern der Heidelberger allgemeinen Burschenschaft.

den Unerfahrenen das Ehrenwort abnahmen bei der landsmannschaftlichen Sache zu verharren. Das Ende des Jahres ging dann mit Verhandlungen und Vorbereitungen für das große Studentenfest hin, das auf der Wartburg gefeiert werden sollte.

Von diesen Vorläufern der Burschenschaft existiert ein Brauch, dessen einleitende Kapitel im nächsten Abschnitt mitgeteilt werden. Als man sich in Mannheim[1]) dafür interessierte, auf welche Quelle wohl die originellen Betrachtungen zurückgehen möchten, nannte Sand ein Schriftchen, das 1816 anonym erschienen war, und bezeichnete als Verfasser desselben Professor Stark in Jena.[2]) Es kam darauf an, keinen Lebenden zu kompromittieren, und Starck war 1818 beim Baden in der Saale ertrunken. Form und Inhalt der romantisch gefärbten Artikel aber weisen vielmehr auf E. M. Arndt. Dieser gab 1815 in Köln eine Zeitschrift in zwanglosen Heften heraus, den „Wächter", und hier[3]) findet sich ein Aufsatz: Ueber den Studentenstaat. Zu seiner Abfassung war Arndt veranlaßt durch den Brief eines Studenten aus H.[4]) Dieser hatte ihn „als Organ derer, die Besseres wollen", um Rat gebeten, wie das Landsmannschaftswesen gebrochen werden könne, das allem freien eigenen Geiste Hohn spreche, und wie eine Form zu finden sei, in der die Liebe zu Freiheit und Vaterland und das Streben nach höherer geistiger Ausbildung unter den Studenten Gestalt gewinnen möge. Aus Arndts Antwort ist der oben (S. 12) mitgeteilte Hymnus auf die akademische Freiheit, auf den jetzt folgenden Seiten wird angemerkt, wo entschiedene Spuren der Abhängigkeit von Arndts „Wächter" in der Erlanger Ausarbeitung sichtbar werden.

---

[1]) Hohnhorst 2, 38.

[2]) „Ueber den Geist des deutschen Studentenlebens." Scheidler, Jenaische Blätter, 1859, hat es abgedruckt 2, 61—73.

[3]) 1, 317—383.

[4]) 24. Mai 1815. Ich vermute Heinrich v. Gagern und Heidelberg.

## 2. Aus dem Erlanger Burschenbrauch vom 15. Januar 1817.

Der Wahlspruch: „Tugend, Wissenschaft, Vaterland."

### A. Von den deutschen Hochschulen.

Wenn überhaupt das eigentümliche Wesen und Leben aller Völker und Zeiten stets durch ihre öffentlichen Anstalten für Volksbildung gestaltet und gebildet wird, so gilt dies besonders von der christlich germanischen Zeit und deren Völkern. Denn in dieser erscheinen die Universitäten als die sicheren und ehrwürdigen Träger und Förderer der gesamten geistigen Bildung, als die ehrwürdigen Sitze der Wissenschaften, von denen alles Heil, was unter dem Volke ist, ausging und noch ausgeht. Diese treffliche Einrichtung aber ist schon alt und durch unsere Ahnen auf uns vererbt; denn sie kommt aus dem Mittelalter, das, mit Recht so zubenannt, durch seine große Kraft den langen Kampf zwischen der alten und der neuen Zeit vermittelte und die Keime zu allem Herrlichen des christlichen Lebens erzeugte und pflegte. In dem Laufe des 12. Jahrhunderts traten ganz im Geist jener Zeit, wo alles sich einigte und zünftete,[1]) die Gelehrten zusammen und bildeten eine hochverehrte Genossenschaft, eine majestätische Innung, zu welcher zu gehören Fürsten und Herrscher für eine große Ehre erachteten. Sehr bald gaben Kaiser und Könige diesen gelehrten Vereinen Vorrechte, wie nicht leicht anderen Genossenschaften. Sie wurden auf sich selbst gestellt und als Vereine von aller Abhängigkeit vom Staat befreit, so daß eine Universität einen Staat im Staate[2]) bildete. Die gesetzliche Gestaltung dieses Staates wird von den Meistern und Lehrern der Innungen ausgeübt und das Recht im Sinne und Geiste des höchsten Zweckes der Universitäten[3]). Denn aus allen gesetzlichen Einrichtungen wurde eine steife Strenge verbannt, und Verordnungen waren hier immer freier und loser als irgendwo anders. Aber so mußte es auch hier sein. Ist ja doch die Universität eine Verbindung, welche nicht zum Zweck

[1]) Arndt, Wächter 1, 326. [2]) 336 u. 382.

[3]) Zu diesem und den folgenden Sätzen vgl. 330—332.

hat dieses oder jenes, sondern jedwedes und alles, den Himmel und die Erde und ihrer Verbindung Harmonie. Deshalb muß sie auch außer und über den Nöten und Aengsten des gewöhnlichen Lebens sein. Weiß sie doch nichts vom Nutzen, sondern ist eine idealische Genossenschaft, die nur lebt durch und für den Geist. Deswegen ist ihr Element die Freiheit, außer welcher nichts Geistiges gedeiht. — Die Meister dieser gelehrten Verbindung haben wenig mit dem Leben zu thun, wenig mit dem Leiblichen zu schaffen; aber ihr Gebiet ist das des Geistes, und hier bilden und schaffen sie ohne Beschränkung allenthalben hin, wie sie treibt der innere Sinn, und lehren frei und wahr was sich ihnen in glücklicher Forschungsstunde entgegendrängt, ohne Scheu und Rücksicht, und dies nun ist die staatsgesetzliche Freiheit und Selbständigkeit der akademischen Bürger, welche sich hoch erhebt über das Leben und zu Herrschern desselben macht, sowie durch ihre Schüler, welche in das Volk zurückkehren, als auch durch ihre höchsten Aussprüche in Glaubens- und Rechtssachen. Dies nun ist die akademische Freiheit der Lehrer und Meister der Universitäten, aber auch die Schüler und Lehrlinge leben in ihr, und alsdann heißt sie Burschenfreiheit.

## B. Vom deutschen Burschenleben.

Ich lobe mir das Burschenleben!
Ein Jeder lobt sich seinen Stand.

Bursche nennen wir Deutsche von Alters her mit hergebrachtem, ehrwürdigem Namen alle diejenigen, so sich auf deutschen hohen Schulen wissenschaftlichen Bestrebungen widmen und als Lehrlinge Genossen einer Universität sind. Auch diese teilen mit ihren Meistern die Vorrechte des akademischen Bürgers und leben als solche in jener herrlichen Freiheit des Geistes und Unabhängigkeit vom Staate, so daß ihre Lehrer zugleich auch ihre Richter sind. Durch diese Einrichtung gedieh nun die Herrlichkeit des deutschen Burschenlebens, welche als Sonne so vielen durchs Leben hindurchleuchtete. Der süße Klang davon erfüllt schon den Knaben mit heißer Sehnsucht darnach, und der Mann im ernsten Joche der Pflicht labt sich an ihrem Widerschein.[1]) Aber was Wunders auch, daß es so was Herrliches um dieses Burschenleben ist, da es auf so herrlichen Grundpfeilern ruht, welche Freiheit und Gleichheit heißen. Wer aus den engen Banden der Schule tritt, der wird auf der Universität ein freier, ritterlicher Mann; jeder Stand wird zurückgelassen und hat in der Burschenwelt keine Vorrechte.[2]) Das gleiche edle Streben in der Wissenschaft macht sie alle zu gleichen Brüdern, die sich Du nennen, und zu ritterlichen Burschen, die gegeneinander als Gleiche den Gebrauch der Waffen haben. Wie nun jeder freie Mann nur von seines Gleichen gerichtet werden kann, so verschmähen auch die Genossen dieses freien akademischen Rittertums einen Richterstuhl über sich anzuerkennen, und Burschen machen also ihre Händel unter einander selbst aus. Das Zusammensein vieler Jünglinge, ihr Anrecht auf Freiheit und Gleichheit, ihr Streben eigentümlicher Selbstbildung, der dadurch erweckte ritterliche Sinn und daraus erzeugte männlichere Umgang, die frische und freudige Lebenskraft gestalten jenes eigene deutsche, volkstümliche Jugendleben, was uns Burschenleben heißt. Von außen her angesehen, kann dieses Leben mit seiner Fülle, mit seinen Festen und Freuden und Kämpfen wohl nicht recht verstanden werden und ist deshalb auch von vielen schon getadelt worden,[3]) und die es nicht selbst durchlebt haben, nahmen wohl gar ein Aergernis daran und gaben nach ihrer Art treffliche Ratschläge, um diesem größten Unfug deutscher Universitäten, dem Burschentum, zu steuern, oder zeigten wohl gar lobend auf die Abrichtinstitute unserer westlichen Nachbarn. Wie gut sie es auch meinen mögen, dennoch irren sie gewaltig. Der deutsche Jüngling soll auf der Universität zum Manne reifen, und dieses wird und kann er nur in einem erregten Leben. Nur aus der Freiheit wird die Jugend geboren, und wenn auch mancher schwach genug in dieser leichten, losen, beweglichen Welt umkommt,[4]) so würde er, an einem Zwingjoche zur Pflicht getrieben, wohl nicht viel mehr

[1]) Arndt, Wächter 1, 338. [2]) 343. [3]) 367. [4]) 369.

wert geworden sein als ein Tier, das man mit der Rute zu seiner Arbeit peitscht. Dem Burschen ist das Leben ein Fest und die Wissenschaft seine Braut und nicht ein schwerer Karren, den er nur deswegen zieht, damit man ihn alsdann an eine volle Krippe binde. Wer dieses Leben kräftig und freudig durchgemacht hat, bringt zu den einförmigen Geschäften des bürgerlichen Treibens außer dem, was er erlernt, noch etwas weit Köstlicheres mit, einen frohen, frischen, freien, kräftigen Mut und Sinn, der ihn nie verläßt.[1])

### C. Was deutschen Hochschulen und Burschenleben Verderben gebracht hat und noch bringt.

Pereat diabolus
Quivis antiburschius!

Wie aber schon viel Vortreffliches unter den Menschen unterging, weil sie es nicht zu würdigen wußten und nicht Kraft genug hatten, es zu behaupten, so verloren auch die Universitäten nach und nach ihre ursprüngliche Herrlichkeit. Sowohl die durch Staatsgesetze freie Einrichtung derselben, als auch das Burschenleben unter ihnen war längst von den andern Volksstämmen germanischen Ursprungs gewichen und erhielt sich bloß noch in unserm lieben, deutschen Vaterlande.[2]) Aber auch hier machte es erst die Reformation zur so recht freudigen und frischen Blüte gedeihen. Denn es ist gewiß — doch niemand zu Leide und Gram sei's gesprochen — unsere gesammte geistige Bildung ging von den freien protestantischen Universitäten aus. Doch selbst auf diesen verlor in neuerer Zeit diese Sonne alles Lebens, welche allein Licht und Wärme gab, viel von ihrem ursprünglichen Glanze. Viele Regierungen haben die Freiheit der Universitäten vernichtet, die Bürger derselben des Vorrechts eines eigenen Gerichts beraubt und sie den allgemeinen Staatsgesetzen unterworfen. Den Vorteil, welchen der Verkehr vieler Jünglinge aus den verschiedensten Gegenden Deutschlands für sie haben muß, nicht einsehend, haben andere ihre Landeskinder auf ihres Ländchens Universität gebannt, oder wohl gar

[1]) Arndt, Wächter 1, 337. [2]) 321/322.

vorgeschrieben, was und wie gelehrt werden soll, und wieder, was und wie man lernen soll; und wenn gar der Held von Helena[1]) obgesiegt hätte, so würde wohl selbst der Schein alter akademischer Freiheit vernichtet worden sein. Denn er fürchtete diese gelehrten Innungen, welche freie, kräftige Männer erziehen und keine hölzernen Puppen, wie seine französischen Lyceen. Aber auch aus dem Burschenleben war die rechte Tüchtigkeit verschwunden, die Kraft verwandelte sich in Zierlichkeit, aus einem lustigen, freudigen, ward ein ängstlich fleißiges Leben; aus dem kräftigen Umtrieb mit waidlichen Jünglingen und ernsten Männern[2]) ein verweichlichendes Umherschwänzeln bei Weibern. Die größten Uebel entstanden aber aus den engen Verbindungen der Orden[3]) und Landsmannschaften, welche beide gleich verderblich sind. Die Orden sind, da sie es mit der allgemeinen Menschenliebe zu thun haben und Weltbürgerlichkeit bezwecken, ganz unvolkstümlich, und, da sie der Freimaurerei gleichen, sich für eine spätere bürgerliche Welt zusammenthun, ganz unburschikos, indem sie Dinge betreiben wollen, welche Andern als Burschen zukommen. Die Landsmannschaften widersprechen dem Begriff von einem einzigen deutschen Volke und sind dem Sinn der deutschen Volkstümlichkeit offenbar verderblich und feindlich, weil sie das Volk in Erdschollen zersplittern und diese Zersplitterung verewigen, und gesetzlich verordnen, was wir doch alle auszurotten bemüht sein müssen. Sie zerstören die Grundfesten des Burschentums, Freiheit und Gleichheit. Denn die Selbständigkeit eines jeden wird eingeschränkt, und noch bevor er auf irgend einer Universität ankommt, ist schon über ihn bestimmt, zu welcher Landsmannschaft er gehören kann und zu welcher nicht. Sie hemmen und zerstören den freien Umgang, die allgemeine Geselligkeit, indem sie ihn bloß auf die nächsten Landsleute einschränken, und dadurch geht der größte Gewinn des akademischen Lebens verloren. Denn kein Landsmannschaftler tritt als Person selbständig auf, sondern als ein Glied der Verbindung, zu welcher er gehört. Und ists

---

[1]) **Arndt, Wächter 1, 382, 383.** [2]) 349. [3]) 353—356, 371—372.

nicht Schwäche, nur erst mit Vielen etwas sein zu wollen und nichts als Einzelner? Und nun gar im Innern der Landsmannschaften, da mag man alles Andere leichter finden als Freundschaft. Gewöhnlich herrscht unter ihnen fortwährende Tücke und Kabale, um sich wechselsweise die sogenannten Chargen abzugewinnen. Sie verbinden sich zu wechselseitiger Unterstützung gegen außen, und was nicht zu einer Landsmannschaft gehört, ist ihr entgegen. Und dies nun führt zu den unnützen Händeln mit anderen Landsmannschaften, zu den Paukereien pro patria, zu dem kostspieligen und zeitraubenden Wetteifer der Landsmannschaften, sichs an äußerm Pomp und Glanz wechselseitig zuvorzuthun. Zu ihren Obern (Senioren u. dergl.) können sie natürlich nur immer die besten Pauker wählen, und diese bestimmen gewöhnlich den Geist und die Richtung der Uebrigen, und so muß es kommen, daß bei einer Landsmannschaft die ausländische Zierlichkeit, bei der andern grobe Roheit u. s. w. herrscht. Die Tyrannei der Obern über ihre Untergebenen ist gewöhnlich schrecklich, aber noch mehr gegen solche, die sich nicht in die Fesseln einer Landsmannschaft schlagen lassen. Und noch ein Hauptgebrechen ist endlich, daß durch die Landsmannschaften das traurige Verhältnis der Obskuranten herbeigeführt wird. Wer nicht Lust hat, sich beknechten zu lassen, oder nicht Geld genug, die Kosten einer landsmannschaftlichen Verbindung auf sich zu nehmen, der muß auf die Vorteile des öffentlichen Burschenlebens ganz Verzicht leisten oder spielt als Renonce eine sehr traurige Rolle. Dies, mit vielleicht noch andern, sind die Mängel und Gebrechen, die wohl alle, hie oder da, in der Einrichtung der jetzigen hohen Schulen oder in dem Burschenleben zu finden sind. Aber selbst mit diesen Fehlern ist es etwas Preiswürdiges, und es kommt nur jedem, der das Schlechte erkannt hat, zu, es zu bessern nach dem, was ihn die Zeit lehrt.

### D. Wie der deutsche Bursche sein muß.

Der Mensch soll nicht sein von heute und gestern, sondern als von Ewigkeit, und soll leben zunächst im Himmlischen und für dasselbe und, wenn er dieses thut, so wird er wohl merken und recht einsehen, wie es mit den Dingen auf Erden steht, und daß jeder trachten soll seine Zeit zu verstehen, was sie zu ihm spricht, und für das Volk zu leben, aus dem er entsprossen ist. Und so freilich ist er wieder aus der Zeit und lebt in ihr und sie in ihm; darum soll auch der deutsche Bursche unserer Zeit wohl darauf merken, was diese von ihm fordert. Es ist aber gefahren über Deutschland der gewaltige Odem des Herrn und hat alles mächtig bewegt und mit Brausen erschüttert,[1]) und siehe, die große Schmach ward von uns genommen, und wir wurden frei von fremder Herrschaft und sind es. Aber meinst du, daß nun hinfort wieder gelebt werden könne in alter Trägheit und Kleinheit, in alter Dumpfheit und Selbstsucht, in welcher jeder sich liebt und weiter nichts und nicht kennt den süßen Namen des Vaterlandes? Mit nichten dies! Wenn wir so die neue Freiheit brauchten, so wäre fast zu meinen, daß uns besser wäre, sie garnicht zu haben; sondern ein neues Leben soll sich gestalten im Vaterlande und ein anderes; daß wir nicht so leicht wieder verdienen in Knechtschaft zu geraten, und wie alle hier vereint wirken sollen, so muß besonders der Bursche in diesem neuen Leben wandeln.[2]) Seine höchste und heiligste Pflicht ist ein deutscher Mann zu werden und, geworden, zu bleiben, und für Volk und Vaterland kräftig zu wirken. Eine Stimme ruft uns deutsche Jünglinge und junge Männer auf, die edelsten Sprößlinge eines zu allen Zeiten achtungswerten Volkes, daß wir um uns schauen mögen, was wohl in jugendlichen Jahren uns zu thun gezieme, um künftighin als gediegene Männer einzugreifen in die Gewaltschöpfung der Zeit und, ein jeder nach seinem Vermögen, den Wunderbau Gottes weiter zu führen. Denn wer soll dies thun, wenn nicht vor allem gerade die Richter, Lehrer, Rater und Helfer des Volks? Tugendsam und tüchtig, rein und ringfertig, keusch und kühn, wahrhaft und wehrhaft sei des Burschen Wandel; frisch, frei, fröhlich und fromm sein des Burschen Reichtum! Er ist ein Christ und sonach ist sein Wandel fromm, keusch sein Sinn und Gott sein Anfang und sein Ende; das allgemeine

[1]) Arndt, Wächter 1, 380. [2]) 378.

Sittengesetz ist auch seine Richtschnur und Regel, was andere entehrt, schändet auch ihn. Er ist ein Deutscher und ehrt die deutsche Volkstümlichkeit und strebt ihr nach in Wort und That, in Sitte und Gebrauch. Das rege Leben unsrer großen Zeit hat ihn wiedergeboren, und er liebt sein Land und Volk und deren Freiheit über alles. Wie er sich selbst nicht verknechten läßt und selbst Ehre und ebendeshalb auch Volksehre und Volksgefühl hat, also will er auch selbst keinen drücken und verknechten, weil er wohl weiß, wie dadurch dem Menschen das Schönste und Beste geraubt wird. Ihm, dem christlich deutschen, ritterlichen Burschen, geht die Wahrheit und Treue seines Wortes über alles. Er ist Student und trachtet mit reiner Liebe und Begeisterung für höhere Ausbildung und mit ernstem Blick auf das, was er seinem Vaterlande einst sein soll, seine Wissenschaft zu erfassen und lebendig in sich zu machen. Er ist ein Turner[1]) und somit ein wackrer, waidlicher Jüngling, der frisch und kein Weichling ist, der seinen Leib und darum auch seine Seele stählt, damit er einst allen Gefahren gewachsen und ein Mann unter deutschen Männern genannt werde, damit er dem Vaterland treu und redlich die unerläßliche Schuld bezahle und dessen Ehre und Glück erhalten und fortpflanzen könne. Er ist ein Ritter,[2]) aber recht edler Art, mit den Edelsten und Vornehmsten tritt er in die Bahn, wer hier an Geist, Lust und Mut der kühnste und rüstigste ist, der ist der adeligste. In einer stolzen Gleichheit lebt er, und nur der natürliche Unterschied des Erfahrenen zum Unerfahrenen bleibt. Er duldet keine Unbill, leidet keine ungerechte Anmaßung und wird keine schmähliche Zumutung ungeahndet ertragen. So soll er in einer großen freien Geselligkeit, wo jeder gleiche Rechte hat, ein öffentliches Leben führen, soll sich froh und tüchtig in der gesamten Burschenschaft umhertreiben. Diese gewährt ihm gleichsam die Vorteile eines Staatslebens und ist deshalb notwendig, weil der Einzelne alle Burschentugenden nicht erlangen kann, ohne durch die Unterstützung eines solchen Gesamtlebens.

[1]) Arndt, Wächter 1, 378. [2]) 343.

# II.

# Die Burschenschaft Arminia 1817—1819.

## 1. Die Auflösung der Corps.

Zu Anfang des Wintersemesters 1817 herrschte in Erlangen rege Thätigkeit, die studentischen Verhältnisse nach dem in Jena gegebenen Vorbild neu zu gestalten. Der Seniorenconvent war bestrebt von seinen Privilegien möglichst wenig einzubüßen, erkannte aber, daß es ohne Zugeständnisse an die bisher im Helotenstand Gehaltenen nicht mehr gehe; am 25. November berief er Vertreter der Renoncenschaft und gestattete diesen sich darüber zu äußern, was sie am Komment geändert wünschten. Sie forderten am 28. November sehr nachdrücklich eine Repräsentation mit gleicher Zahl der Stimmen und gleichen Rechten wie die Vertretung der Korporationen. Jene wollten statt der drei Stimmen nur eine zugestehen und nur für Angelegenheiten, welche die Renoncen ausschließlich berührten; jede weitere Konzession wurde barsch abgelehnt.

Darauf, am 1. Dezember 1817, vollzogen die Renoncen in einer Versammlung auf dem Wels die Gründung der Burschenschaft. Welche Persönlichkeit das Ganze lenkte, ist leider nicht ermittelt: die Namen, die als Vorstände unter den ersten Protokollen stehen, sind d'Alleux, Gebhardt, Mehmel; Hermann, v. Holzschuher; bald treten Lochner, Puchta und Turckowitz hervor.

Am 2. Dezember wurde der Name „Arminia" angenommen und als Farben blau-weiß-grün; Gesellschaftshaus wurde die bisherige Frankenkneipe am Bohlenplatz, der „Bayrische Hof".

Am 3. Dezember meldeten die Teutonen (Ackermann, Elsperger, Ebermayer bilden den Vorstand) ihren Eintritt an; sie seien bereits Mitglieder der allgemeinen deutschen Burschenschaft.

Das Verhältnis zu den Landsmannschaftern. Am 7. Dezember schlossen sich auch die drei Landsmannschaften der Burschenschaft an, die meisten Mitglieder derselben aber traten nach wenigen Wochen wieder aus. Hierüber sind genauere Angaben zu machen. Einige Mitglieder der Corps, zwei Ansbacher, von den Bayreuthern Leupoldt, mehrere Franken (Merklein, Hekkel, Lochner) gaben, ähnlich den Jenaer Vandalen, aus freiem Entschluß die landsmannschaftliche Sache auf und wandten sich, ihrer Ueberzeugung folgend, der Burschenschaft zu. Die Mehrzahl sah sich wider Erwarten von der ihnen feindlichen Bewegung überholt; wie in diesem Semester niemand bei ihnen eintrat, fürchteten sie infolge der herrschenden Stimmung auf den Aussterbeetat zu kommen. Sie schlugen also am 5. Dezember 1817 Chamade und schrieben den Renoncen: „Lieben Freunde! Mit blutenden Herzen lösten wir die festgeschlungene Kette unserer Bruderbündnisse. Daß uns die Herzen bluteten, daß manchem braven, starken Burschen dabei eine Thräne aus dem Auge quoll, könnt Ihr nicht so leicht begreifen. . . . Versichern müssen wir Euch, daß es uns ein Leichtes gewesen wäre fest und treu bei einander zu stehen, und jede neue Unbill würde uns nur desto inniger vereinigt haben. Wohl hätten wir also müh- und harmlos Jahre lang die Segnungen treuer Bruderliebe noch genießen können, und der letzte hätte gewiß ebenso erhaben geschlossen, als wir nun freiwillig entsagen. Und dies konnten wir nur thun, weil wir durch den ungestüm ausgesprochenen Willen der größeren Zahl unsere Ahndungen bestätigt finden, weil es uns Pflicht scheint, das neue Werk von Grund an bauen zu helfen . . ." Das gefühlvolle Aktenstück schließt: „Wenn es nötig wäre, einer schlimmen Auslegung, etwa auf Selbstsucht u. dgl. vorzubeugen, so spricht schon dies dagegen, daß einige von uns freiwillig auf alle Burschenangelegenheiten Verzicht leisten. – Dies ist unsere letzte Unterhandlung; die bestätigende Antwort wünschen wir möglichst bald. Wir grüßen

Euch alle." Der Ausschuß der Burschenschaft erwidert am 6. Dezember, daß sie an Ausarbeitung der Constitution keinen Anteil erhalten würden. „Absolute Bedingung des Uebertritts ist, daß jeder Uebertretende sein Ehrenwort gebe, nicht mehr in irgend einer heimlichen, der Idee der Burschenschaft zuwiderlaufenden Verbindung zu sein noch irgend jemals in eine treten zu wollen. Binnen der kürzesten Frist, bis morgen Mittag 12 Uhr, erwarten wir eine bestimmte kürzlichst verfaßte Antwort als die unwiderruflich letzte."

Tags darauf erwidert „im Namen aller Interessenten" der Onolde Stadelmann: „Lieben Freunde! Auf Euer Schreiben können wir als Gesamtheit nicht mehr antworten, da wir ja nach unserer Erklärung nicht mehr als Korporationen dastehen, sondern jeder einzeln als Bursch. Wir werden daher heute nach 1 Uhr auf Euer Versammlungshaus kommen, um die völlige Ausgleichung in allgemeiner Versammlung vollends zu treffen."

Diese neuen Burschenschafter blieben natürlich nach ihrem Eintritt so, wie sie sich in den letzten Jahren gezeigt hatten, voll Verachtung gegen die Parias, und nur darauf bedacht, sich zur Geltung zu bringen. Da bei ihnen die größere Routine in der Waffenführung wie in der Geschäftsbehandlung und den dialektischen Künsten der Oligarchie zu präsumieren ist, wäre interessant zu wissen, wer die Majorität der Burschenschaft gegen die ins eigene Haus aufgenommenen Feinde sicherte und zusammenhielt; der Haß, der Leupoldt und Lochner über den Tod hinaus verfolgte, könnte für diese sprechen, eine frühe Tradition bezeichnet Puchta als den eigentlichen Gründer der Erlanger Burschenschaft. Das Miniergeschäft, das die Corps in den vier Wochen ihres burschenschaftlichen Daseins betrieben, hatte übrigens keinen Erfolg; als sie schieden, schloß sich ihnen niemand an. Anlaß zum gemeinsamen Auftreten fanden sie, als bei dem Ausschuß Einwendungen gegen die Constitution eingebracht werden konnten; da machten sie ebensowohl ihrem Haß gegen die „vormaligen Teutonisten" Luft als ihrer Liebe für das „engere, brüderlichere Band der Landsmannschaften." Wenn es ihnen gelang, die Annahme der neuen Verfassung zu hintertreiben und Vorstand

6

und Ausschuß zu stürzen, so waren sie die Herren der Situation. Allein die Gefahr machte einig; man ließ ihnen nur die Wahl zwischen unbedingter Annahme des Brauches oder Ausschluß. Am 8. Januar 1818 war die entscheidende Versammlung. „Für die Landsleute," erzählt Elsperger, „nahm ihr Stadelmann das Wort. Er sei ganz für die Burschenschaft und habe über ihre Einrichtung oft und vielmals nachgedacht, das Resultat dann seinen Landsleuten mitgeteilt, und demgemäß machten sie nun folgenden Vorschlag zu einer Burschenschaft: In Erlangen sollte eine Burschenschaft bestehen unter dem Namen „Erlanger Burschenschaft". Da jedoch Erlangen seinen Zuwachs von den drei Gymnasien[1]) erhalte und dadurch die hiesigen Studenten gleichsam noch vor ihrer Ankunft in drei Corps verteilt wären, so sei eine Burschenschaft gar nicht möglich ohne drei Corps. Wohl könne sie auf anderen Universitäten ohne diese bestehen, weil dort die Füchse von gar verschiedener Seite kämen. Um jedoch der bisherigen Spaltung abzuhelfen, sollte die engste Verbindung zwischen den drei Corps stattfinden; jährlich sollte ein gemeinschaftlicher Bundestag gehalten und auf diesem alle nicht losgemachten Skandäle aufgehoben werden. Die drei Corps sollten einen gemeinschaftlichen öffentlichen Brauch haben. In sie könne jeder honorige Bursch und Fuchs aufgenommen und die Aufnahme müsse erleichtert werden. Die Renoncen jeder Landsmannschaft sollten einen Repräsentanten aus den Landsmannschaftsmitgliedern wählen, der auf Ehrenwort ihre Sache vertreten müsse. Streitigkeiten unter den Renoncen sollten durch ihn geschlichtet werden. Jeden Skandal, den einer für unrechtmäßig oder kleinlich halte, könne er vor den Seniorenkonvent bringen. Uns wollten sie erlauben, entweder zu ihnen zu treten oder uns als vierte Corporation an sie anzuschließen; sie würden uns in beiden Fällen mit Freuden an ihre Brust drücken. Sollten wir aber auf dem Bisherigen verharren, so erklärten sie uns im voraus mit blutendem Herzen in Verruf."

---

[1]) Ansbach, Bayreuth und Nürnberg.

Die Verhandlung schloß mit dem Austritt der Corps, von denen die Ansbacher und Bayreuther Gesellschaft sofort, die Frankonia nach kurzer Zeit sich wieder etablierten. Auf ihrer Seite sollen 50—60 gewesen sein, meist alte und bemooste Burschen; für die Burschenschaft unterzeichneten 138, meist Füchse und Jungburschen.

Zwischen Corps und Burschenschaft bestand nunmehr Verrufsverhältnis. Als am 29. Januar 1818 die Burschenschaft eine Fahrt nach Nürnberg unternimmt, stellen sich die Corps vor dem Gasthaus zum Schwan auf, erheben, als die Chaisen vorbeifahren, höhnendes Gelächter und Rufen und werfen mit Brotbrocken und Gassenkot. Am 20. Februar brechen Bayreuther aus der „Glocke" hervor und prügeln von Henninger heimkehrende Renoncen; sie deponieren nachträglich, sie wüßten sich nichts zu erinnern, da sie beim Ramsch zuviel getrunken hätten. — Im Juni überfallen D., H. und W. von derselben Gesellschaft einen vormaligen Bayreuther Renoncen in seinem Hausflur, dringen in sein Zimmer ein, mißhandeln ihn mit den gemeinsten Verbal- und Realinjurien. Als die Sache zur Verhandlung kommt, schützen sie Trunkenheit vor. — Die Disziplinarakten enthalten noch mehr dergleichen Fälle, denen gemeinsam ist, daß die Landsmannschafter, ohne eine Gegenbeschuldigung vorbringen zu können, ihre Brutalitäten einräumen, in demselben Atem aber hinzufügen, die Sache sei ihnen zu geringfügig erschienen, um zu klagen; indes an ihnen sei die Reihe Genugthuung zu fordern.

Stand man unter so bewandten Umständen auf demselben Fleck wie 1816? Es könnte scheinen, als hätten die Corps nichts gelernt und nichts vergessen. Allein sie gingen, während sich jetzt die Burschenschaft konsolidierte, von Semester zu Semester auch numerisch zurück und mußten darauf verzichten, die von Ansbach, Bayreuth u. s. w. Kommenden als die für sie geborenen Leibeigenen zu betrachten; diese Prätention zerfiel in sich, sobald sie nicht mehr von der öffentlichen Meinung getragen wurde. — Hertel berichtet, im Januar 1819 habe ein gemeinsamer kurzer Kampf mit dem alten feindseligen Lindwurm der Gnotenschaft die Gemüter aller Farben auf geraume Zeit einander näher gebracht.

6*

Ueber die äußere Haltung der Burschenschaft in den ersten Semestern ihres Bestehens liegt ein Zeugnis des Erlanger Polizei-Kommissariats vor, das im Frühjahr 1819 für den Mannheimer Untersuchungsrichter ausgefertigt ist:[1]) „Insonderheit infolge der bekannten Zusammenkünfte vieler Studierenden deutscher Universitäten auf der Wartburg bildete sich hier eigentlich die sogenannte Burschenschaft, welche sich besonders durch eine von der gewöhnlichen unterscheidende sogenannte altdeutsche Kleidung,[2]) mit schlicht herabhängendem Hauptháare auszeichnete, übrigens aber durch ihr Benehmen in dem gemeinschaftlichen Kosthause, auf der Straße und bei öffentlichen Gelegenheiten, ein günstiges Vorurteil für diese Verbindung, welche der Universitäts-Senat genau kannte und die meisten Professoren sehr begünstigten, erzeugte. Gegen ein gewähltes Abzeichen von einem grünblau und weiß gesteiften Bande im Knopfloche machte das Polizeikommissariat wirksame Einschritte.

Die Anzahl der sogenannten Burschen wuchs unter den für sie so günstigen Umständen von Semester zu Semester in dem Verhältnisse, in welchem sich die sogenannten landsmannschaftlichen Vereine, der Anzahl ihrer Mitglieder nach, verringerten. Es war aber auch bald zu bemerken, daß ein gewisser Freiheitsschwindel sich über die Grenzen der Sittlichkeit und Ordnung, besonders durch lärmendes Singen auf den Straßen, hinaussetzte, weshalb die Universität und die Stadtpolizei zu Strafvorkehrungen schreiten mußte.

Es ist außer Zweifel, auch dem akademischen Senate ebenwohl bekannt, daß die Burschenschaft ihre eigenen Vorsteher, sogenannte Riegenmeister, ihre Gesetze, besonders auch in Bezug auf sogenannte

---

[1]) Hohnhorst 2, 40—42.

[2]) Hertel 38:

Im schwarzen Rock mit Gustav-Adolfskragen
Und in der Pluderhose von Manchester
Der löwenmähnge bärtge deutsche Bursche;
Dagegen im Kollet und hellem Flausrock,
Ja selbst im Frack, dazu noch steifgestiefelt,
Der wohlstaffierte, buntbemützte Landsmann.

Ehrengerichte, welche Duelle unter gewissen Umständen unter der Burschenschaft selbst zuließen, habe. Sie feiern öffentlich, mit Bewilligung des Prorektorats, ihren sogenannten Stiftungstag durch großes Mahl, Aufzug mit Musik unter Fackelschein.

Eine Folge der Zusammenkunft auf der Wartburg war auch ein verändertes Bandabzeichen, schwarz und roth, und ein metallenes oder gesticktes Eichenblatt auf dem Barette."

Das innere Leben der Burschenschaft. Die Verfassung, welche man genauer ausarbeitete, trat am 1. Mai 1818 in Kraft. Der Wahlspruch ist: „Ehre, Freiheit, Vaterland!" Das ganze Symbol der Erlanger Burschenschaft ist folgendes:

Die Treue, die uns Brüder band.

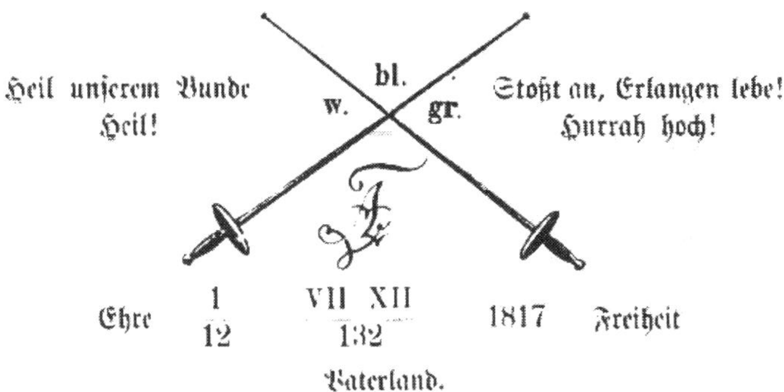


Vaterland.

bl.—w.—gr. bezeichnet die Farbe des Bandes,

VII und XII die Zahl der Vorstandsmitglieder und der Riegenmeister,

$\frac{1}{12}$ 1817 den Gründungstag,

132 wahrscheinlich die Zahl derjenigen, die am 1. Mai 1818 den neuen Brauch unterzeichneten.

Die Arminia ist eine Vereinigung der Studierenden auf demokratischer Grundlage; ihre Verfassung unterscheidet sich von der der Teutonia in wesentlichen Punkten. Während in dieser der Vorstand und der Ausschuß die ganze Gewalt in Händen hatten und die Allgemeinheit nur dann eintrat, wenn Vorstand und Ausschuß sich nicht einigen konnten, wurde in der Arminia der Allgemeinheit die gesetzgebende Gewalt vollständig eingeräumt, die ausübende und richterliche wird verantwortlichen Organen übertragen. Der Ausschuß ist ganz beseitigt, eine Art Vermittlung zwischen Vorstand und Allgemeinheit bilden die Riegenmeister, die aber in kein Collegium vereinigt sind. Die nach Semestern eingeteilten Rotten sind verschwunden, dafür ist die ganze Burschenschaft in Riegen geteilt.

Der Zweck der Arminia ist, durch geregeltes Zusammenleben der Studierenden für die Idealisierung des Burschenlebens zu wirken. Als deutsche Burschenschaft schließt sie alle Ausländer, Juden und Nichtstudenten von der Mitgliedschaft aus, duldet aber auch andererseits keine Studenten außerhalb der Burschenschaft, sofern diese nur fähig sind in dieselbe einzutreten, sie kennt also auch kein Renoncentum. Fast alle anderen Burschenschaften nahmen um diese Zeit Studenten, die sich ihr zwar nicht anschlossen, aber doch sich anständig aufführten, in ihren Schutz. Der Unterschied zwischen Füchsen und Burschen wird noch aufrecht erhalten. Die Fuchsenzeit[1]) ist ein Jahr. Neueintretende Füchse sind erst nach zwei Monaten stimmfähig. In der passiven Wahlfähigkeit sind die Füchse beschränkt.

Der Vorstand besteht aus sieben Gliedern (Sprecher, Schreiber, Aufseher der Fechtübungen, Aufseher des Turnwesens, Waffenmeister, Rentmeister und Herold, der jetzige Kneipwart) und wird halbjährlich gewählt. Die Wahlfähigkeit erfordert, daß der zu Wählende Bursch und ein geistvoller, moralischer und kräftiger Jüngling sei. Das Sprecheramt wechselt monatlich unter den Vorstandsmitgliedern, die übrigen verteilen sich durchs Los oder durch Wahl. Der ganze Vorstand bildet bei Zwistigkeiten und Skandälen das Ehrengericht, und zwar mit entscheidender Stimme.

---

[1]) Die Fuchsenzeit berechnet sich von der Immatrikulation, nicht vom Tage des Eintritts in die Burschenschaft an.

Jeder Skandal muß vor das Ehrengericht gebracht werden, welches entscheidet, ob gepaukt werden soll oder nicht, nachdem es zuvor Versöhnung versucht hat.

Die schon oben erwähnten Riegen sind in der Erlanger Burschenschaft eigentümlich ausgebildet. Sie fechten und turnen miteinander, discutieren wissenschaftliche Fragen, dienen zur Vorberatung von Gesetzen. Zwölf Riegenmeister leiten die zwei Riegen, haben sie von allen Anordnungen des Vorstandes in Kenntnis zu setzen, sie überall zu vertreten und eine Spezialaufsicht über sie zu üben. Selbständige Gerichtsbarkeit haben sie nicht. In den Burschen-Versammlungen sitzt jede Riege abgesondert, mit ihrem Riegenmeister an der Spitze.

Alle Burschenschaftsglieder stehen nach einem Beschluß der Burschenversammlung vom 19. October 1817 mit den Burschenschaftsgliedern auf allen deutschen Universitäten in Schmollis. Am Schlusse jeden Monats findet eine ordentliche Burschenversammlung statt, an die sich ein feierlicher Commers anschließt. Im übrigen soll, wenn die Mehrzahl es wünscht, alle Sonnabend commersiert werden, weil an diesem Tage ein Blatt des „Burschenspiegels" vorgelesen wurde, den ein Mitglied des Vorstandes redigierte. Als Stiftungstag gilt der 1. Dezember, aber auch der 27. August wurde, namentlich wohl von früheren Teutonen, in der Folgezeit noch manchmal gefeiert.[1])

Turnen und Fechtboden sind obligatorisch. Waffe ist der Erlanger Stoßschläger, in wichtigen Fällen kann der Vorstand Pariser zulassen. Andere Waffe ist nur Philistern gegenüber erlaubt.

Mit den Burschenschaften auf vollgültigen Universitäten steht die Arminia in Kartell, mit den Landsmannschaften in schlagfertigem Verhältnis, sofern diese nicht von einer am selben Orte befindlichen Burschenschaft im Verruf sind. Erlanger Studenten, die nicht der Burschenschaft beitreten können, müssen doch den Brauch derselben anerkennen, ihre Skandäle dem Vorstande anzeigen und mit den

[1]) So 1820 von einer Anzahl Erlanger Burschenschafter auf Burg Neideck.

Waffen der Burschenschaft losmachen. Studenten, die in Verruf sind, sind vollkommen rechtlos.

Die Tracht der Arminia war außer dem schwarzen Rock ein schwarzes Barret mit silbernem Kreuz oder schwarzer Feder.[1]) Die Feste, die die Erlanger Landsmannschaften ausgebildet hatten, insbesondere das Fuchsenbrennen, behielt auch die Burschenschaft bei.

Das gesellige Leben fand seinen Mittelpunkt im Bayrischen Hof. Im ersten Stock war der Saal für die allgemeinen Burschenversammlungen, die mit dem ersten Verse des Liedes: „Sind wir vereint zur guten Stunde" eröffnet, mit dem letzten geschlossen wurden. Andere Wirtschaften am Abend zu besuchen war nicht gestattet. Der wüste Trinkkomment war abgeschafft, der rohe Ton und unsaubere Reden verschwanden; so wurde Raum für heitere und ernste Unterhaltung. Auch in den Gesang kam ein edlerer Gehalt durch die Lieder, die wir aus jener Epoche geerbt haben. — Der geräumige Hof des Burschenhauses und der benachbarte Teil des Bohlenplatzes dienten zum Fechten; der Turnplatz war ein unbebautes Feld hinter dem damals noch nicht ausgebauten Universitätskrankenhaus. —

Unter Tags fanden sich gesellige Naturen im Halbmond, wo bis 1823 Herr Oppel waltete und kreditierte, nach seinem Tode die originelle Frau. Von Ausflügen in die Umgegend soll uns später Platen erzählen, unter den häufiger besuchten näheren Orten tritt Bubenreuth hervor.

Ueber Kundgebungen nach außen ist folgendes erhalten: Unmittelbar nach Begründung der Burschenschaft meldete man den

---

[1]) Carové, „Entwurf einer Burschenschaftsordnung 1818" bestimmt in § 250: „Das Feierkleid der Burschenschaftsmitglieder besteht in einem schwarzen deutschen Rock, schwarzen langen Beinkleidern, Stiefeln und schwarzem Barett mit einer gleichen Feder. Die Vorsteher tragen überdies eine Binde über der rechten Schulter, welche, wie alles sonstige Schmuckgeräte der Burschenschaft scharlachrot und schwarz gestreift ist, zum Zeichen, daß der deutsche Bursche zum Frohsinn und der feurigen Jugendglut den Ernst und die Würde des Mannes gesellen möge." Dies Abzeichen der Vorsteher wurde später auch in Erlangen üblich.

Jenensern, in sieben Tagen sei das große Werk gelungen, voll Eifer für Recht und Wahrheit hätten am 1. Dezember 130 Erlanger Studenten den Burschenverein gestiftet; man bat um den Jenaer Brauch, um ihn dem Erlanger zu Grund zu legen. In mehr geschäftsmäßigem Ton zeigte man den Würzburgern an, es habe sich in Erlangen nach Aufhebung der Landsmannschaften eine allgemeine Burschenschaft gebildet, wie in Jena, Heidelberg und Gießen; die Teutonisten seien als honorige Burschen erklärt worden.

Zum Jenaer Burschentag im Oktober 1818 gingen Puchta, Turckowitz und Fleischmann (für Lochner). Man erteilte ihnen Vollmacht insbesondere zum Abschluß einer engeren Verbindung unter den deutschen Burschenschaften, beschränkte sie aber in Bezug auf politische Dinge und das Verhältnis zu den Erlanger Landsmannschaften. Der Verruf der letzteren wurde in Jena einstimmig anerkannt.

Auf die in Jena gegebene Anregung hin vertauschte man das blau-weiß-grüne Band mit dem schwarz-rot-goldenen (zweiteilig schwarz und rot mit goldenem Rand). Daß der Arminenzirkel von dieser Zeit an verschwunden sei, ist eine voreilige Behauptung; er findet sich noch bis zur Auflösung der Arminia.

Infolge des Mannheimer Mordes wurde auch die Erlanger Burschenschaft in Untersuchung gezogen und, gerade nach zweijährigem Bestehen, aufgehoben (26. November 1819). Die betreffenden Verhandlungen werden im folgenden Abschnitt nach den Akten berichtet.

---

## 2. Das Verhältnis zu den Behörden bis 1819.

Wie standen die Behörden in Bayern zur Sache der Burschenschaft? Die Antwort ist nicht ganz einfach; denn das Ministerium in München, die Polizeibehörde von Mittelfranken und der akademische Senat beurteilten die Studentenreform aus wesentlich verschiedenen Gesichtspunkten. Und wieder sind in München selbst die politischen Erwägungen mehrfach bedingt.

Der ehemalige Illuminat Montgelas hatte mit den klerikalen und feudalen Ueberlieferungen durch rücksichtsloses Durchgreifen aufgeräumt und in der Rheinbundszeit durch die strammsten bureaukratischen Mittel die Rheinpfalz samt den neuerworbenen fränkischen und schwäbischen Territorien mit dem altbayrisch-oberpfälzischen Kern des Staates zusammengeschweißt. Aber an der deutschen Einheit zu schmieden kam ihm nicht in den Sinn. Er rief zwar norddeutsche Gelehrte nach München, aber nur im Interesse der Aufklärung; das Deutschtum der Jacobi und Thiersch, Jacobs und Schlichtegroll zu reprimieren überließ er seinen Arcos. Er selbst und seine „Mannheimer“ waren ein fremdes Element an der Isar und galten nur solange und so weit als ihre Macht reichte und sie gefürchtet wurden.

Die einheimischen Altbayern[1]) waren, durch romanische Dressur unterjocht, ihrem ursprünglichem Wesen entfremdet worden, so daß sie Jahrhunderte in stumpfer Selbstgenügsamkeit verbracht hatten und erst in den letzten Jahrzehnten wieder Beziehungen zum nichtbayrischen Deutschland gewannen. Man hatte ihnen seit der Unterdrückung der Reformation stupiden Argwohn und fanatischen Haß gegen die protestantischen Landsleute und deren Kultur eingeimpft, und die sittliche, conscienciöse und intellektuale Bearbeitung der Jesuiten hatte hier tiefe Spuren zurückgelassen.

Als Montgelas durch österreichische Kabalen gestürzt war (Februar 1817), kamen die Absichten der klerikalen Partei zu immer nachdrücklicherer Geltung. Ihr Organ, die Allemannia, hatte schon 1815 und 1816 die Thaten und Helden der Freiheitskriege beschimpft und insbesondere Stein und Arndt geschmäht. Unter den Gegenständen die denunciert werden, sind Rückerts Ge-

---

[1]) Sehr lehrreich ist ein Vortrag von Riezler: „Bayern und Norddeutsche. Ihr historisches Verhältnis.“ Augsb. Allg. Ztg. 1884. Beilage No. 30—33.

harnischte Sonette; sie werden als Aufforderung zum Landesverrat besprochen und die Polizei belobt, daß sie gegen Docen wegen einer beifälligen Anzeige dieser Gedichte eingeschritten sei. Leidenschaftlich wird die Feier des 18. Oktober angegriffen und den Einrichtungen der protestantischen Universitäten der Krieg gemacht. Das neue Ministerium folgte den Antrieben der Politik Metternichs, der den deutschen Einheitsgedanken den verruchtesten nannte, wie Gentz den protestantischen Geist. In diesem Sinne erging 15. Dezember 1817 an den Erlanger Senat ein königl. Befehl: „S. K. Maj. haben sich bewogen gefunden die bestehenden Verordnungen gegen geheime Verbindungen mit ausdrücklicher Ausdehnung auf die sogenannte deutsche Burschenschaft nachdrücklich zu erneuern und wollen, daß dieses Verbot durch öffentlichen Anschlag bekannt gemacht werde.“

Anders, als damals der bayrische Stamm, standen die Franken zur deutschen Sache. Sie waren erst in der jüngsten Zeit bayrisch geworden; die Fürstentümer Ansbach und Bayreuth (in letzterem Erlangen) waren protestantisch und hatten unter Hohenzollerischen Fürsten gestanden, 1792—1806 unter dem König von Preußen. Mochte auch hier das süddeutsche Stammesgefühl lebendig sein, die Antipathieen überwogen doch nicht so, daß sie gehindert hätten das Recht Deutschlands auf ein ehrenvolles Dasein lebhaft zu empfinden. Auch entsprach hier die Richtung der Burschenschaft auf reinere Sitte dem Geist, der das fränkische Familienleben beseelte. Dennoch stieß sie auch hier auf Haß und Feindseligkeit. Einzelnen war die Prätention strengerer Sittlichkeit und das ganze neue bürgerliche Wesen widerwärtig, nicht wenige Regierungsbeamte, die Franken von Geburt waren, hingen an den Traditionen ihrer eignen, in Orden oder einer Landsmannschaft verbrachten Studentenzeit, von deren Stärke Gutzkows Roman „Fritz Ellrod“ ein lebendiges Bild entwirft. Zugegeben, daß Mißbräuche abzustellen waren, die Farben und Formen der Onoldia und Baruthia bargen ihnen unantastbare, köstliche und stolze Erinnerungen. Und sie hatte die Burschenschaft zerstören wollen! Jetzt, nach Sands That, war die

Zeit der Rache für dieses Unterfangen gekommen, oder wenigstens die Rücksicht und Connivenz, deren sich sonst Commilitonen der ehemaligen alma mater in Gerichtsnöten nach akademischen Sünden zu trösten hatten, durfte den Mitgliedern der Burschenschaft nicht zu teil werden.

Von höchster Bedeutung für das Gedeihen der Burschenschaft in Erlangen war die Gesinnung und das Verhalten der Professoren. Diese beförderten, um 1816 vielleicht ohne Ausnahme, die gegen die Landsmannschaften gerichtete Bewegung als ein verdienstliches Werk, durch das unwürdigen akademischen Zuständen ein Ende gemacht werde. Der Senat kämpfte auf Seiten der Reformer redlich gegen das Stadtkommissariat, das nicht ohne Parteilichkeit die Corpsinteressen vertrat; er scheute sich auch nach 1819 nicht als entschiedener Verteidiger der burschenschaftlichen Sache vor dem Könige selbst aufzutreten. Besonderen Dank aber schulden wir dem ehrwürdigen Glück, der 1784—1831 eine Zierde der Erlanger Juristenfakultät war. Von ihm ist die unten mitgeteilte, historisch bedeutsame Würdigung des Wartburgfestes (Senatsbericht vom 23. Dezember 1817) abgefaßt, und er hat in allen diesen Verhandlungen den lauteren Gerechtigkeitssinn und die unparteiische friedfertige Wahrheitsliebe bethätigt, die Stintzing seinem Pandekten-Kommentare nachrühmt. In einem noch erhaltenen Stammbuchblatt zeichnet er den eigenen Charakter: Aliis inserviendo consumimur.

Die Beurteilung der Burschenschaft durch die Behörden wird nun im einzelnen nach den Akten dargestellt.

Am 15. Dezember 1817 erging an den akademischen Senat ein Allerhöchstes Reskript, gezeichnet von dem Minister des Innern v. Thürheim: „Der gefährliche revolutionäre Geist, welcher bei Gelegenheit des Burschenfestes auf der Wartburg sich ausgesprochen hat, machte die Regierungen auf die in jener bedenklichen Tendenz geschlossene engere Verbindung in hohem Grade aufmerksam.“ Darum habe der König den oben (S. 91) mitgeteilten Befehl erlassen. Er „setze in sämtliche Professoren der Universität das Vertrauen, daß nicht nur keiner von ihnen an der Beförderung dieses gesetzwidrigen Vereins weder mittel- noch unmittelbar Anteil nehme, sondern dieselben vielmehr sich thätigst bestreben werden, die ihnen anvertraute Jugend davon abzuhalten und zu ihrem wahren Berufe auf der Universität zurückzuführen." Dem Rektor wurde unter persönlicher Verantwortung aufgetragen: unter Mitwirkung der Polizeibehörde über die genaue Befolgung der oben erwähnten königl. Verordnung zu wachen. „Zugleich wollen Se. Majestät unterrichtet sein, ob den in No. 258 des Allgemeinen Anzeigers der Deutschen bekannt gemachten Vereine unserer Universitäten, unter welchen Erlangen, Würzburg und Landshut namentlich aufgeführt sind, eine Folge gegeben worden sei, und in diesem Fall, in welcher Art derselbe bestehe.

Da in der gedruckten Beschreibung des großen Burschenfestes auf der Wartburg, pag. 12, ein „sicherer" Sand — Bursch aus Erlangen — vorkommt, welcher, wie es allda heißt, „einige kurze aber bündige Worte über das Streben aller deutschen Burschenschaft" hat abdrucken lassen, so soll von demselben nicht nur diese Rede sogleich abgefordert werden, sondern derselbe ist zugleich über die Vorgänge dieses Burschenfestes und insbesondere darüber zu vernehmen: ob nicht auch einige Stücke und welche? von der europäischen und deutschen Bundesakte allda dem Feuer überliefert worden seien; ferner zu welchen Verbindlichkeiten die dem Burschenbunde beigetretenen Mitglieder sich haben anheischig machen müssen, und ob dieses durch einen öffentlichen Akt oder in welcher Art geschehen sei. Darüber wird unter Beilegung des abgehaltenen Protokolls schleuniger Bericht erwartet." —

Diesen erstattete der Senat am 23. Dezember 1817. „Ew. Majestät allerhöchsten Befehl, 1. die bestehenden Verordnungen gegen geheime Verbindungen durch öffentlichen Anschlag zu erneuern, haben wir auf der Stelle vollzogen, wiewohl wir die amtliche und erfreuliche Versicherung geben können, daß die geheimen Gesellschaften, welche auch in Erlangen, wie auf allen deutschen Universitäten, ihr Unwesen bis auf die neueste Zeit fortgetrieben haben, durch die entschlossene Bestrafung gewagter Beleidigungen und durch den zum Besseren fortschreitenden Geist der größten Mehrzahl der Studierenden genötigt worden sind, sich förmlich aufzulösen.

„Was das sogenannte Burschenfest selbst betrifft, so werden Ew. Kgl. Majestät es der genauen Bekanntschaft des akademischen Senats mit dem Studentenleben, seinem Geiste, seinen Tugenden, Thorheiten und Formen zu gute halten, daß er den Lärm ununterrichteter Zeitungsschreiber, die in jedem Irrlichte einen brennenden Vulkan erblicken, nicht hat teilen, noch das Gewicht auf die vorgefallenen Unziemlichkeiten legen können, welches besonders der „Oesterreichische Beobachter“ darauf gelegt hat, der dem ungeregelten Burschenaffekt und einigen daraus entsprungenen sehr verwerflichen Kraftäußerungen des Augenblicks mit aller Gewalt eine politische Tendenz unterlegen möchte. Wäre die durch Wissen geleitete, sich selbst beherrschende Kunst, im Affekte Herr und Meister seiner Worte und Handlungen zu bleiben, etwas so Gemeines, daß man sie auch von einem begeisterten Studenten bei außerordentlichen und feierlichen Gelegenheiten, unterm freien Himmel im Angesicht tapferer Brüder, erwerben könnte, so würde man sie nicht länger zu den köstlichsten Früchten vollendeter Bildung rechnen dürfen.

„Uebrigens scheint die wahre Veranlassung jenes Burschenfestes, so offenkundig sie auch auf allen Universitäten ist, doch entweder durch die Entfernung dem Blick der mehrsten Berichterstatter sich entzogen zu haben oder durch den Geist des Mißtrauens, das alle Farben in Schwarz verwandelt, mißdeutet worden zu sein. Diese Veranlassung nämlich, soviel wir wissen, ist weder Luther, noch der 18. Oktober, sondern der Sieg der sogenannten Renoncen (d. h. der Studierenden, die keinem geheimen Bunde angehören) zu Jena über die greuliche Despotie der Landsmannschaften, die, so lange jeder äußeren Gewalt polizeilicher Maßregeln spottend, als ihre Anmaßung und schmähliche Willkür von den Unterdrückten selbst anerkannt und nicht allgemein gefühlt wurde, endlich an dem herrschenden Geiste des Besseren ihre Auflösung gefunden hat. Aufgefordert durch diesen Erfolg, haben es die gedrückten Renoncen auf anderen Universitäten ebenfalls gewagt, sich wider die Landsmannschaften zu vereinigen und das Joch, welches der Einzelne mit dem besten Willen nicht abschütteln konnte, gemeinschaftlich zu zerbrechen, ohne daß es ihnen, wie es scheint, überall gelungen ist. Die Jenenser aber, von ihren eigenen Lehrern unterstützt, haben sich berufen geglaubt, befreiend auf die anderen Universitäten zu wirken und die Sache der Renoncen auf den Universitäten zu einer allgemeinen Burschenschaftssache zu machen. Auf diese Weise ist, soweit wir zu sehen vermögen, das Burschenfest auf der Wartburg entstanden, wozu Luther und der Sieg bei Leipzig nur den Tag, die Motive der Begeisterung, die Teilname des Publikums nur die Floskeln geliefert haben. Wahrscheinlich haben die Anführer sich geschmeichelt, die Bewunderung ihrer Zeitgenossen zu verdienen, und man hätte dieser jugendlichen Eitelkeit nicht besser, als durch die ruhige Gleichmut begegnen können, welche, das Lobenswerte von dem Verwerflichen scheidend, einem solchen Schauspiel gerade dadurch das Gewicht entzieht, daß sie keines darauf legt. Dies würde auch größtenteils im Publikum der Fall gewesen sein, wenn nicht das ungeziemliche Autodafé über einige Bücher die schriftstellerische Eitelkeit in Feuer und Flamme gesetzt und dadurch den Verdacht einer bösen Tendenz möglich gemacht hätte. Das Schnürleib aber, der Pracht-Prahl-Patent-Zopf und der großmächtige Corporalstock (S. 28) und ihr Schicksal haben es den erzürnten Schriftstellern erleichtert, den Studentenstreich zu einer Angelegenheit der Regierungen zu machen. Das ist nach unserer, durch öffentliche und Privat-Nachrichten bestätigten, Ueberzeugung die Quelle der, wie wir glauben, grundlosen Sage, daß sogar einige Stücke der europäischen und deutschen Bundesakte dem Feuer überliefert worden seien.

„Was Erlangen betrifft, so können wir mit unserer Amtspflicht dafür bürgen, daß, nachdem die Landsmannschaften genötigt worden sind, sich aufzulösen und ihre Anmaßungen aufzugeben, keine Spur einer Verbindung unter den Studierenden zu finden ist, welche etwas anderes als die unverhohlene Reinigung ihrer eigenen Verhältnisse und die gemeinschaftliche Sicherheit gegen das Wiederaufleben geheimer Verbindungen in ihrer Mitte zum Zweck hätte. Wir wünschen daher nichts mehr, als daß der gute Geist, der gegenwärtig unter denselben herrscht und ohne eingreifenden Ernst nicht zu erringen gewesen, daher dem zeitigen Prorektor und Prokanzler wirklich die Fenster gekostet hat, gesunde dauerhafte Wurzeln fassen und in der geistigen Kraft einer bildenden Aufsicht immer seine Garantie finden möge. Es wäre möglich, daß es dem akademischen Senat, soweit die Leitung der akademischen Verhältnisse ungehindert von ihm abhängt, an der Einsicht des Besten fehlte, aber alle Mitglieder finden ein unentbehrliches köstliches Gut in der beruhigenden Zuversicht, daß Ew. K. M. keinen für fähig halte, das erkannte Beste nicht zu wollen, am unfähigsten aber, Unrechtes zu billigen oder gar durch irgend einen Akt thätiger Teilnahme zu befördern."

2. Sand betreffend, wird erinnert, der König selbst habe ihm ja die damals in Bayern erforderliche Erlaubnis zum Besuch der Universität Jena erteilt, am 29. Juli 1817, also könne er in Erlangen nicht vernommen werden. Darauf fährt der Senatsbericht fort: „Dem Carl Sand sind wir das rühmliche Zeugnis schuldig, daß er, während seines Aufenthaltes in Erlangen zu den sittlichsten und musterhaftesten Studierenden gehörend, den Mut hatte, sich durch die Verfolgungen der Landsmannschaften im Guten nicht irre machen zu lassen. Dies ist die einstimmige Ansicht und Ueberzeugung, wozu wir uns durch eigenhändige Namensunterschrift gemeinschaftlich bekennen und sie Ew. Kgl. Majestät nach Pflicht und Gewissen offen zu Füßen zu legen."

Unterzeichnet sind außer dem Prorektor Mehmel und Prokanzler Glück die Theologen Vogel und Bertholdt, die Mediciner Loschge, Schreger, Henke, der Historiker Breyer und der Mathematiker Rothe.

Uebrigens hatten thatsächlich die Professoren auch nach der andern Seite hin die Augen offen. Wenigstens erfährt man aus geheimer Concilsitzung vom 23. November 1818, daß die zwölf Exemplare des Aufrufs zum 18. Oktober 1818: „Teutsche Jugend an die teutsche Menge", die anonym an einen Erlanger Studenten geschickt waren, dem Prorektor übergeben wurden. Und, als man von Weimar aus nach Sand fragte, erwiderte der Senat (Prorektor Bertholdt) am 21. April 1819: „Sand scheint mit einer starken Anlage zum Freiheitsschwindel aus dem letzten französischen Freiheitskriege auf die Universität zurückgekommen und durch religiöse, zum Mysticismus sich hinneigende Schwärmerei zu der unerhörten Greuelthat verleitet worden zu sein. Eben darum läßt sich wohl auch nicht vermuten, daß diese That auf irgend einer Teilnahme durch Mitwisser beruhe.“

In München war man 1818 mit der Verfassung beschäftigt, die (die erste in Deutschland nach der weimarischen) am 26. Mai verliehen und in ganz Bayern mit Jubel empfangen wurde. Kotzebues Ermordung aber veranlaßte neue Erkundigungen nach Sand und der Burschenschaft. Das Erlanger Stadtkommissariat wird nach den Ausin'schen Akten (S. 26) und in dem Sinn berichtet haben, wie nach Mannheim.

Da erging aus München am 8. April 1819 ein Reskript an den Senat, das der König eigenhändig unterzeichnete: „In dem von euch unterm 23. Dezember 1817 über das sogen. Burschenfest auf der Wartburg erstatteten Berichte ist dem damals zu Erlangen studierenden C. L. Sand das Zeugnis erteilt worden, daß er zu den sittlichsten und musterhaftesten Studierenden gehöre und den Mut gehabt habe, sich durch die Verfolgungen der Landsmannschaften im Guten nicht irre machen zu lassen. Dieses Zeugnis eines in jedem Betracht musterhaften Betragens habt ihr in eurem Bericht vom 31. März d. J. wiederholt.

„Aus anderen von verschiedenen Seiten Uns zugekommenen Anzeigen aber entnehmen Wir, daß dieser C. L. Sand der eifrigste Mitstifter des vor etlichen Jahren unter einem Teil der Studenten in Erlangen gebildeten Vereins der sogen. Teutonier gewesen und mit anderen Studenten, die zu diesem Bunde nicht helfen wollten, in Händel geraten sei, welche am 7. Februar 1817 Nachts nur durch Dazwischentreten der Polizei hätten beseitigt werden können.

7

„Da diese Angaben mit den eurigen in geradem Widerspruche stehen und nicht vorauszusetzen ist, daß euch das Verhältnis der Sache und die Umtriebe des Sand gänzlich unbekannt geblieben seien, so muß Uns euer früheres Stillschweigen darüber in dem Eingangs allegierten Berichte und das dem gedachten Studiosen in jeder Beziehung beigelegte Lob allerdings auffallen, und Wir finden Uns veranlaßt, euch diesfalls zur näheren Erklärung hiermit aufzufordern." Gegengezeichnet hat v. Thürheim.

Die Antwort des Senats auf diesen Königl. Erlaß erfolgte am 13. April 1819. Abscheulich stilisiert, geht sie von der Klage aus, daß die früher dem Senat zustehende Polizeigewalt über die Studierenden dem Stadtkommissariat übertragen worden sei. Von einer Teutonia in Erlangen habe man wohl um 1816 gehört, aber nur als von einer Vereinigung der Renoncen gegen die steten Neckereien und Beleidigungen, den gefährlichen Sauf- und Bannzwang der im Geheimen fortdauernden Landsmannschaften. Politische Zwecke habe dieselbe nicht verfolgt. „Sand lebte als Renonce, daß er Teutonier, war uns unbekannt.

„Erst nach dem Wartburgfest wurde die sogen. Teutonia durch ihre Umwandlung in die allgemeine Burschenschaft nach öffentlichen Druckschriften näher bekannt, und erst bei dieser Veranlassung mag durch das daselbst abgehaltene Autodafé die Grundlage zu anderen als bloßen Studentenzwecken, die jedoch keineswegs von Erlangen ausgegangen waren und eine ganz andere Pflanzschule zu haben scheinen, mithin zu einer Zeit gelegt worden sein, zu welcher Sand längst von hier abgegangen war.

„Wenn wir daher demselben das Zeugnis erteilt haben, das er durch sein Betragen während seines hiesigen Aufenthaltes in jedem Betracht verdient hat, so haben wir bloß nach Pflicht und Gewissen die Wahrheit beurkundet, die wohl gleich uns alle diejenigen hiesigen Einwohner ebenso bezeugen werden, welche den Sand gekannt und beobachtet haben.

„Wäre er auch wirklich ein Mitstifter der Teutonia gewesen, wie er es doch unseres Wissens nicht war, so würde doch selbst in diesem Fall nach den bemerkten Grundzügen dieser ursprünglichen Verbindung unser Zeugnis mit der Wahrheit nicht im Widerspruch stehen, um so weniger, als die nachherige Ausartung derselben darauf sich nicht beziehen läßt.

„Was aber den in dem Allerhöchsten Reskript erwähnten Vorgang vom 7. Februar 1817 anlangt, so wird es nur darauf ankommen, die darüber erwachsenen Akten dem hiesigen Polizei-Kommissariat abzufordern, um daraus zu entnehmen, daß diese Veranlassung auf ganz individuellen, durch Jalousien erzeugten, Persönlichkeiten gegen den sich hier vorteilhaft ausgezeichneten Studenten Niethammer aus München und auf nächtlichem, unter Verkleidung gewagtem Aufpassen beruht hat und daß zwar Sand als Freund des Niethammer dabei nichts weiter that, als was jeder andere an seiner Stelle gethan haben würde, daß er nämlich denjenigen, der den N. angegriffen hatte, mit andern Studierenden verfolgte und bis zur Anlangung der Polizei festhalten half. Daß auch dieser Vorgang auf unser dem Sand erteiltes Zeugnis einen Einfluß nicht haben konnte, wird von selbst allergerechtest ermessen werden, wie denn nach Ausweis der Akten das ganze Ereignis ohnehin auf sich beruhend geblieben ist.

„Hierdurch glauben wir das dem Sand erteilte Zeugnis vollständig gerechtfertigt zu haben."

Man sieht, die Gegensätze sind jetzt bei einem Punkt angelangt, wo sich Senat und Ministerium nicht mehr verstehen. Was trennt sie? Der eine Teil vertraut der Idee der Freiheit und der guten Art unseres Volkes und seiner Jugend, trotz einzelner schwerer Verirrungen; dem Mißtrauen dagegen dient ein Verbrechen als willkommene Bestätigung vorgefaßten Argwohns.

Der akademische Senat als die untergeordnete Behörde mußte gehorchen, und bald sollte ein Regierungs-Bevollmächtigter über Studenten und Professoren zugleich Aufsicht führen. Am 2. Juli 1819 befiehlt ein Königl. Reskript, die Mitglieder der Allgemeinen Burschenschaft als Teilnehmer einer geheimen Verbindung zu behandeln. Am 26. November 1819 wurde das infolge des Karls-

7*

bader Kongresses erlassene Bundesgesetz in Erlangen publiciert und einige Tage darauf den Mitgliedern der ehemaligen Burschenschaft vom Prorektor Henke persönlich bekannt gegeben.

Welcher Druck sich unter solchen Umständen auf redliche Menschen legen mußte, das hat aus der Seele der Studenten und der Professoren Karl v. Raumer [1]) ergreifend dargestellt, wie er es von 1819—23 in Halle miterlitten hat. Ein Zeugnis, das er dem Senat vorlegte, zeigt dort dieselben Verhältnisse, die in Erlangen bestanden: „Wenn die Jünglinge bei völliger Anerkennung der fehlerhaften Richtung, welche ein Teil der Burschenschaft genommen, das wahrhaft Gute festhalten wollen, was mit und durch die Burschenschaft auf Universitäten aufgeblüht, wer dürfte es ihnen verargen? Wenn strenge Wahrheitsliebe, Keuschheit, Mäßigkeit, Vaterlandsliebe und so manche heilige christliche Tugend in dieser neuen Zeit auf Universitäten erwacht sind, wenn Jünglinge zusammenhalten, um sich in und zu diesen Tugenden zu stärken, wenn sie alles thun, um auch andere, die auf unrechtem Wege sind, zu bessern, so müssen sich die Universitäten glücklich preisen, auf welchen solch ein Geist herrscht. Sie müssen es doppelt, wenn sie diesen neuen Geist mit jenem alten vergleichen, jenem früher herrschenden Geist der Liederlichkeit und des Wetteifers in mancherlei Untugenden."

In diesem Sinn wandte sich Raumer auch persönlich an den Staatskanzler v. Hardenberg. Aber seine Vorstellungen waren in Berlin ebenso vergeblich, als die der Erlanger Professoren in München; die Rücksichten der hohen Politik ließen schon längst keinen Raum für freie Erwägungen. Während nun die von Acht und Bann getroffene Burschenschaft überall unter dem Zustand der Friedlosigkeit litt, war doch der Erlanger zu Anfang der zwanziger Jahre beschieden, ihr Leben etwas freier zu entfalten. Einzelne ihrer Mitglieder hatten freilich schon jetzt schwer zu leiden. Dies wird am Fall Bezzel genauer gezeigt.

---

[1]) Geschichte der Pädag. 4, 180—201.

## 3. Nachklänge der Sand'schen That in Bayreuth und Streitberg.

Wie Sands That im Jahre 1819 wirkte, ist uns Jetztlebenden kaum begreiflich. Uns ist die Sentimentalität ferner gerückt, die das sittliche Urteil der Zeitgenossen trübte, aber auch das religiöse Mitleid von damals. So heißt es in einem der Lieder auf Sands Tod im Bänkelsängerton, die Ditfurth mitteilt:[1])

Eine Thräne schenket nur mir Armen,
Der vielleicht vor Gottes Thron jetzt steht,
Gott im Himmel hat vielleicht Erbarmen,
Wenn ein Freund für mich um Gnade fleht.

Aber auch der Kriminalist Jarcke, der keineswegs schonen will oder beschönigen, hat diese Schlußbetrachtung: „Je mehr wir uns bemüheten, das rechtliche und zu dessen Begründung auch das sittliche Urteil über Sands Verbrechen scharf und bestimmt festzustellen . . ., desto aufrichtiger und herzlicher wünschen wir, daß er dennoch Barmherzigkeit gefunden haben möge bei dem ewigen Richter, dessen unwiderruflichem Gerichte wir nicht mit menschlicher Vermessenheit vorgreifen wollen".

Da werden wir uns nicht wundern, wenn Sands persönliche Freunde, während sie das Verwerfliche der That zugeben, die Motive des Thäters zu erklären und zu entschuldigen suchen.

Wie die Nachricht von Kotzebues Ermordung in Bayreuth eintraf, erregte sie um so mehr Teilnahme, da Sands Familie im Fichtelgebirge allgemein gekannt und wohl angesehen war. Von diesem menschlichen Empfinden aber dispensierte sich ein exklusiver Kreis, der in der Bayreuther Harmonie seinen Mittelpunkt fand. Von den in dieser ersten Gesellschaft Tonangebenden hatten mehrere der Erlanger Studenten-Korporation angehört, die wir oben (S. 25) mit ausnehmender Brutalität die Renoncen behandeln sahen. Diese Herren veranlaßten das Militär, das mit ihnen in Verachtung des „Deutschtums" und in der Gleichgültigkeit gegen sogenannte Ideen und Ideale harmonierte, zu einem energischen Bekennen der guten

[1]) Histor. Volkslieder 1857—1871. 2, 11.

Sache. Nun waren von Sands ehemaligen Commilitonen zwei Gymnasiallehrer Mitglieder der Harmoniegesellschaft, Wagner und Bezzel.[1]) Diese stellte man über Kotzebues Ermordung zur Rede und suchte aus ihrer Verteidigung Anlaß, sie aus der Harmonie auszuschließen. Die Verachtung gegen die Deutschtümler[2]) zu markieren, machte man sich den Spaß, den Harmoniekellner in altdeutscher Tracht aufwarten zu lassen.

Der entscheidende Angriff aber wurde in die Schule verlegt. Als Bezzel in seine Klasse tritt, rufen ihm mehrere Schüler in Schmähworten absprechende Urteile über Sand entgegen. Bezzel erwidert kein Wort zur Verteitigung der That; er macht den Jungen bemerklich, das Richteramt über das Innere des Menschen käme Gott zu, Knaben gewiß nicht und warnt vor dem Lesen Kotzebuescher Schriften. Allein seine Aeußerungen wurden in der Stadt, zum Teil durch Bosheit, verdreht. Darauf erscheint Schulrat Graser und untersucht den Fall, am folgenden Tag holt die oberfränkische Regierung eine schriftliche Erklärung Bezzels ein, nach noch nicht 14 Tagen verfügt ein Allerhöchstes Reskript aus München seine Amtsentsetzung. Rektor Held[3]) bezeugt am 22. Mai „nicht nur, daß Bezzel überhaupt ein durch die höchste Rechtlichkeit und Biederkeit ausgezeichneter Mann ist, sondern auch daß kein Lehrer je mit einer gleich edlen Liebe, mit einem rastloseren Eifer, mit uneigennützigerer Aufopferung seinem Berufe leben konnte, als er . . . daß er auch mit den Worten, die er über Kotzebues Ermordung sprach und die er nun so schrecklich büßen muß, keinen anderen Zweck hatte, als die sittliche Bildung und Veredelung der

---

[1]) Nach einem Brief des Schulrats Graser an Oberstudienrat Niethammer (17. April 1819, Eigentum von Fräulein Mathilde Döderlein).

[2]) In Schwaben klang das „Deutschtümler“ = Deutschstümmler und wurde von den bonapartistisch Gesinnten interpretiert = Verstümmler Deutschlands = Landesverräter. Die edlen Berliner Junker nannten die Verehrer der Stein, Scharnhorst, Arndt „Jakobiner“.

[3]) Fries, Held, ein Lebensbild. Bayreuth, Gymn.-Progr. 1874. S. 36—39. — Held war s. Z. Senior der Erlanger Franken.

seinem Unterricht Anvertrauten. Und nun sehen wir ihn mit Frau und Kind brotlos, ja in gewissem Sinne sogar ehrlos gemacht."

„Die traurige Katastrophe machte im ganzen Publikum ein unglaubliches Aufsehen; selbst diejenigen, welche vorher, von persönlicher Leidenschaft getrieben, gelärmt und geschmäht hatten, fühlten nun die Vorwürfe des Gewissens und sind seitdem bedenklich und still geworden und möchten gerne wieder gut machen; der allgemeine, laut ausgesprochene Unwille hat sich aber gegen diejenigen gekehrt, welche hier als die Veranlasser aller jener harten Maßregeln angesehen werden". Aber die Wirkung! „Sowie wir vor unsere Schüler treten, fühlen wir uns die Brust wie eingeschnürt und die Zunge wie gelähmt, aus Furcht, es möchte ein von einem Buben falsch verstandenes, von Uebelgesinnten falsch gedeutetes und von uns selbst nachher nicht künstlich genug verklausuliertes Wort uns Ungnade zuziehen und Amt und Ehre kosten".[1])

Es war der 18. Oktober dieses Jahres, als Uhland im Prolog zu Herzog Ernst dem patriotischen Zornmut über solche Regierungsmaßregeln Ausdruck gab:

Das ist der Fluch des unglückselgen Landes,
Wo Freiheit und Gesetz darnieder liegt,
Daß sich die Besten und die Edelsten
Verzehren müssen in fruchtlosem Harm . . . .
Und während so die beste Kraft verdirbt,
Erblühen, wuchernd in der Hölle Segen,
Gewaltthat, Hochmut, Feigheit, Schergendienst.

Schmerz und Klage über die Unbill der Mächtigen des Tages sind auch in den gleichzeitigen Stammbuchblättern der Studenten niedergelegt. So in dem zu S t r e i t b e r g, wo viele in den Tagen der großen Verfolgung Zuflucht suchten und ihren Gefühlen Luft machten.

---

[1]) Bezzel wurde Pfarrer in Herrnbergtheim, 1830 Lehrer am Gymnasium in Ansbach. Auf die definitive Anstellung wartete er bis in den Juni 1833, 6 Tage nach deren Eintreffen starb er mit Hinterlassung von neun Kindern. N. Nekr. XI. 1833, 438.

Gründler schreibt am 5. Oktober 1819:

Ja, bis die Höllenkett' zerborsten,
Reißen wir kühn mit vereinigter Macht,
Fest wie die Eichen in Teutoburgs Forsten,
Drinn die gedoppelten Adler horsten,
Drängt Euch zusammen, der Sturm erwacht.
Steig aus der Nacht,
O Hermannsschlacht!

Chr. Elsperger, am Weihnachtstage 1819:

Die Hölle braust auf in neuer Glut,
Umsonst ist geflossen viel edles Blut,
Noch triumphieren die Bösen!
Doch nicht an der Rettung des Himmels verzagt!
Es hat nicht vergebens blutig getagt,
Rot muß ja der Morgen sich lösen.

Glaser giebt sinnigeren Gefühlen Raum:

Und Frauenunschuld, Frauenlieb
Gilt noch als höchstes Gut,
Wo deutscher Ahnen Sitte blieb
Und deutscher Jünglingsmut.
Noch trifft den Frevler heil'ger Bann,
Der diesen Zauber stört,
Wer für sein Lieb nicht sterben kann,
Ist keines Kusses wert.

„Zitschkow" (Adolf v. Zerzog) schreibt:

Und es sprach der Herr zu den Philistern:

Kannst Du den Burschen ziehen mit dem Hamen und seine Zunge mit einem Strick fassen? Meinst Du, er werde Dir viel Flehens machen oder Dir heucheln? Wenn Du Deine Hand an ihn legest, so bedenke, daß ein Streit sei, den Du nicht ausführen wirst. Sein Herz ist so hart wie ein Stein und so fest wie ein Stück vom untersten Mühlstein. Wenn er sich erhebet, so entsetzen sich die Starken, und wenn er daherbricht, so ist keine Gnade da. Auf Erden ist ihm niemand zu gleichen, er ist gemacht ohne Furcht zu sein. Er verachtet alles, was hoch ist, und ist ein König über alle Stolzen.

Wenn aber im September 1819 Schmid aus Jena bekennt:

Das Höchste, was wir kennen, ist deutsches Vaterland,
Das Schönste, was wir nennen, ist Tod fürs Vaterland,
Ein Vaterland im Glanze von Freiheitsmorgenrot,
Der Freiheit Himmelsglanze entstammt aus Opfertod;

so antwortet ihm darauf ein anderer Jenaer Bursch, Ernst Förster, mit bitteren Worten:

Das Höchste, was wir kennen, ist deutsches Vaterland —
Und doch ist Lieb zu ihm als Hochverrat verbannt;
Das Schönste, was wir kennen, ist Tod fürs Vaterland —
Und doch wird es von Deutschen gar Schwärmerei genannt;
Das Vaterland im Glanze von Freiheitsmorgenrot
Scheun die lichtscheuen Buben noch ärger als den Tod,
Sie können das Feuer nicht leiden, das auf den Bergen flammt,
Sie fürchten der Freiheit Lieder, die sie zur Höll verdammt,
Von wannen die Knechte stammen und jeder Knechter stammt.

Und noch ein Dritter aus Jena (29. Herbstmond 19):

Wir wollen wieder schaffen die gute alte Art:
Den kühnen Mut der Waffen mit frommem Sinn gepaart,
Wir wollen wie die Ritter mit blankem Männerschwert
In Sturm und Schlachtgewitter verfechten Hof und Herd.

---

III.

# Die Burschenschaft nach der Aufhebung bis zur Entdeckung des Jünglingsbundes.

Michaelis 1819—1824.

---

## 1. Die ersten Semester nach dem Sturm.

Nachdem die Auflösung der Burschenschaft ausgesprochen war, gingen in Preußen Polizei und Justiz sehr energisch vor, die Regierungsbevollmächtigten und alle staatlichen Organe übten die schärfste Ueberwachung. Die fernere Teilnahme an der verbotenen Verbindung wurde als Hochverrat verfolgt. Die Untersuchung richtete sich dahin, ob der scheinbar gegen die Regierungsform gerichtete Bund nicht von einer unsichtbaren gewaltigeren Hand geleitet werde. Bedeutung und Beschaffenheit des Staates ließen hier jede Auflehnung bedenklich erscheinen.

Anders in Bayern. Zwar waren die Münchener Minister gar nicht für Deutschtum und liberale Ideen, aber König Max war arglos und ließ seinen Kindern von Maßmann Turnunterricht erteilen, Kronprinz Ludwig trug den teutschen Rock und machte kein Hehl aus seinen Antipathien gegen das Metternichsche System, die Erlanger Professoren vollends, welche die Burschenschaft für die den Zweck der Universität förderndste Verbindungsform und die Unterdrückung für eine Gewaltthat hielten, waren entschieden abgeneigt sich an der Verfolgung zu beteiligen und der Regierungskommissar Freudel hatte im wesentlichen dieselbe Auffassung. So wurde von allen Seiten das unvolkstümliche Gesetz wenig respektiert, und gerade die ersten zwanziger Jahre wurden in Erlangen durch die Blüte der Burschenschaft eine goldene Zeit, reich an Jugendlust und Jugendmut, ausgezeichnet durch wissenschaftliches Streben und eine Fülle kräftiger Talente.

Die Studenten kamen rasch über den ersten Schrecken hinweg. Konnten die bisherigen Freunde einander gleichgültig werden und allem Zusammenleben entsagen? Erst versuchte man es ohne Form, wie sich aber diese unentbehrlich zeigte, half die Vorstellung aus, keine Macht der Welt könne das Streben nach Freiheit, Ehre und Vaterland verbieten.

Kommershaus war die Otterndörferei. Als Hertel[1]) beim Universitäts-Jubiläum hier ankommt, ruft er aus: „Laßt uns in Liebe jener goldenen Tage gedenken, als der erste und ursprüngliche Geist der Burschenschaft waltete und alle die fröhlichen, lang- und kurzhärigen, gekämmten und struppigen, schnurrbärtigen und glattkinnigen Burschen mit ihren schwarzen Baretten und goldverbrämten Melonen- und Uhlanenmützen, mit den alt- und neudeutschen Röcken, schlichten und abenteuerlichen Schnittes und groben und feinen Fadens und mit den sackleinenen Turnerhosen und den schwarzen rotstreifigen Kosakeninexpressibeln, hier aus- und eingingen".

Ihr aber, heil'ge, längstentfloh'ne Schatten
Hier einst im Horentanz entschwund'ner Tage,
Entsteigt noch einmal euren dunkeln Gräbern
Und zieht, geschmückt mit Blumen der Erinn'rung,
Vorüber an der frohbewegten Seele!
Führ' (Mneme) uns zurück zu jenen stillen,
Zu jenen hehren Abenden und Nächten,
Wo das „Sind wir vereint zur guten Stunde"
In unser Herz wie Glockenklang gedrungen;
Wo edler deutscher Sinn mit deutschem Worte
Sich eint' zu jenem sittlich reinen Streben,
Das nie der Finsternis zu seinen Werken
Bedurft' und nie unheimlich dunkeln Treibens; —
Nein, das rein menschlich, aber jugendmutig,
Mit Ernst des Zeitgeists offne Spur verfolgte.
Und führ' zurück uns zu den Festgelagen,

[1]) M. Reimlein. Unser Erlangen. Palm 1843. S. 124 8.

Wo Hand in Hand die große Brüderkette
Ein Herz, Ein Sinn — der Freudengöttin opfert,
Und wo des Burschen Seele fröhlich mitsang
Beim rauschenden: „Stoßt an! hoch leb Erlangen!"
Weil hier ein schöner Band sie hielt umschlungen
Als das nur kleinen Geistern heil'ge — seid'ne.
Und sinnend laß uns an den Tischen weilen,
Die, Göttertafeln, Mittags mit Ambrosia
Aus Brodsupp', zähem Schöpsenfleisch und Braunkohl,
Und Abends mit beliebtem braunem Nektar,
Den vollen Krug für'n Sechser, uns erquickten.
Und wo die Brüder saßen, singend, brausend,
Zu Arndt'schem und Uhland'schem Liedersange
Klangvoll, als wie die Frau Susann' in Erfurt;
Wo Kapp- und Heglisch sie philosophierten
Und wo bauchrednerisch sie disputierten,
Doch ohne Zorn, glückselig und gemütreich.

Als Führer der Burschenschaft stehen, soweit meine Kenntnis reicht, in diesen stolzen Semestern zwei markante Persönlichkeiten im Vordergrund, erst Rotenhan aus Franken, dann Karl Hase aus dem Erzgebirg.

Ueber Hermann v. Rotenhan giebt die Familienchronik nähere Auskunft.[1]) Gebildet auf dem väterlichen Schloß Rentweinsdorf, auf dem Gothaischen Gymnasium unter Friedrich Jacobs und auf dem Grauen Kloster zu Berlin, wo ihn Jahn mit turnerischen und vaterländischen Ideen erfüllte, bezog er im Herbst 1818 die Universität Erlangen und studierte hier bis Ostern 1820. Er trat sofort der Burschenschaft bei und fand in ihr noch die jugendliche Begeisterung und den sittlich religiösen Ernst, die aus dem Befreiungskrieg herüberwehten. Edler Schwung des Gefühls, hohe humane und nationale Ziele lassen das Geschlecht jener Tage in einer feinen geistigen Luft erscheinen. Ansehen auch

[1]) Geschichte der Familie Rotenhan älterer Linie. B. II. Würzburg 1865.

in studentischen Dingen war damals ohne Fleiß und wissenschaftliche Lust undenkbar. Rotenhan aber verband mit einer vorzüglichen geistigen Ausstattung ein männlich schönes Aeußere und eine bei Freund und Feind gepriesene Liebenswürdigkeit. Da er sich als ausgezeichneter Fechter bewies, fand er bei den damals nicht seltenen Händeln mit den Corps bald Gelegenheit, sich auch als „Bellonas Liebling" zu bethätigen.

Zu der Achtung, die er in der ganzen Studentenschaft genoß, trug ein Ehrenhandel bei, in den er 1819 mit Offizieren der Bayreuther Garnison verwickelt wurde. Ein Lieutenant beleidigte ihn auf dem Ball und verweigerte Genugthuung: mit einem Studenten schlage er sich nicht; der Oberst ließ den Studenten auf die Wache führen. Aber Rotenhan, der Vater, erwirkte in München den Arrest der Schuldigen, und der Sohn setzte durch, daß sich der Beleidiger ihm wenigstens auf Pistolen stellte.

Der Dichter Platen, in der Hofmannei sein Hausgenosse, hing an Rotenhan mit schwärmerischer Freundschaft. Nach einem Heimweg von Bubenreuth schrieb er einst folgendes Sonett:[1])

Mehr als des Lenzes, voll von Huld und Gnade,
Gedenk' ich jener Winternacht, der kalten,
Als ich gesehn Dich eine Fackel halten,
Mir vorzuleuchten auf dem öden Pfade.
Und folgend immer Deinem Tritt gerade,
Sah ich unzähl'ge Funken sich entfalten,
Umsprühende die schönste der Gestalten,
Sobald Du, Freund, die Fackel schwangst im Rade.
Gestirne wurden neidisch aus der Ferne
Dein Licht gewahr, und liebend schien der Wagen
Auf Dich zu lenken seine sieben Sterne.
Still warst Du selbst, ich wagte nichts zu fragen,
In solchen Stunden schweigt man allzugerne;
Doch was Du dachtest, wer vermag's zu sagen?

[1]) Tagebuch 237.

Das Fortbestehen der Burschenschaft in Erlangen läßt ein Bericht an das Ministerium erkennen:[1]) Die Wachsamkeit auf alle Spuren sich erneuernder geheimer verbotener Verbindungen sei verdoppelt. Freilich trügen viele von den Studierenden, welche vordem der Burschenschaft einverleibt waren, häufig Bänder an den Uhren 2c., aber das thäten auch jene, die dem Vernehmen nach den gleichfalls verbotenen Landsmannschaften angehörten. Unter einander lebten beide Parteien mehr als im Anfang des Semesters getrennt und wären nach allseitigen Aeußerungen eben wieder gegen einander sehr gespannt. Die Pedelle, Wächter und Polizeisoldaten seien zur genauesten Wachsamkeit befehligt; dadurch hoffe man jedes unangenehme Ereignis abzuwenden. Zwar im gewöhnlichen Umgang heiße es, der oder jener gehöre zur Burschenschaft, zur Landsmannschaft, mithin müßten diese Gesellschaften bestehen; ob sie aber bloß gesellig verbunden seien oder geheime Bündnisse und Gesetze hätten, ein Teil so gut wie der andere, eine Verfassung, Senioren 2c., dies habe die Behörde mit den ihr zu Gebote stehenden Mitteln noch nicht erheben können. Aber ebensowenig seien Aeußerungen wahrzunehmen, die gegen Ordnung, Gesetz und Anständigkeit verstießen, noch weniger ungebührliche Handlungen, vielmehr herrsche öffentlich eine beispiellose Ruhe und Ordnung unter den Studierenden.

---

## 2. Der Dresdener Burschentag.
(27. September — 6. Oktober 1820).

Während die Stifter der heiligen Allianz und die französischen und englischen Staatsmänner auf dem Wege nach Troppau waren, um dort Maßregeln gegen die revolutionären Bewegungen zu beraten, tagten Abgeordnete der Burschenschaften zu Dresden in der Scheffelgasse, unter ihnen für Berlin Herm. v. Rotenhan, für

[1]) Am 30. Mai 1820 erstattet vom Direktorium der Universitäts- und Stadtpolizei (Glück, Sommer, Wöhrnitz).

Leipzig K. Hase (und Herbst), für Würzburg Stanislaus Fischer, „ein Jurist von so feiner Klugheit als einschmeichelnder Beredsamkeit“, Erlangen wurde vertreten durch Sauber und A. F. H. Glaßer. Der Breslauer Vertreter Haacke ist später zum Angeber dieses Bundestages geworden.

Man einigte sich, trotz der Karlsbader Beschlüsse an dem Streben für die Einheit Deutschlands fest zu halten.[1])

Das Protokoll der 8. Sitzung lautet: Aus den Berichten der Abgeordneten geht hervor, daß zwar einzelne Mitglieder der Burschenschaften aus Besorgnis, wieder von den Regierungen verkannt zu werden, das Band nicht so formell geschlossen haben wollen, aber fast die Gesamtheit aller Burschenschaften die frühere Einheit in einer jetzt passenden Form wieder erneut wünscht.

Die Verfassung vom 18. Oktober 1818 wird daher als die Form dieser Einheit einstimmig angenommen, so daß wir nun wieder als gesamte deutsche Burschenschaft dastehen.

Zur geschäftsführenden Burschenschaft für das laufende Jahr wird Erlangen gewählt.

In der 10. Sitzung wird Folgendes verhandelt:[2]) Die Erlanger Abgeordneten tragen auf eine Entscheidung über die Rechtmäßigkeit und Vernunftmäßigkeit des Abfalls mehrerer ihrer Mitglieder[3]) und das Verfahren der Burschenschaft gegen selbe an. Die Thatsachen erhellten aus der Erzählung der Abgeordneten und einem durch (den Würzburger?) Abgeordneten mitgebrachten Briefe der Apostaten, worin sie sich gegen die Burschenschaft klagend vor der Abgeordnetenversammlung zu rechtfertigen suchen. Nach sorg-

---

[1]) Herbst 112: Wir entzogen uns dem blinden Gehorsam, nicht aus Trotz und Frechheit, sondern aus dem, was uns Pflicht schien.

[2]) B. Bl. III (1889), 66 u. 145. Wo wir von dem Haacke'schen Protokoll abweichen, folgen wir dem Protokoll des Berliner Abgeordneten v. Rotenhan (aus dem Rentweinsdorfer Archiv). — Hase 76.

[3]) In Rotenhans Protokoll steht: E. nicht schlagfertig. Onoldia, Baruthia und — was bei Haacke fehlt — Germania. — „Germanisten“ nennen sich schon 1805 die Würzburger, aus denen die Landsmannschaft der Franken hervorging. Pabst 1, 57.

fältiger Prüfung wird erkannt wie folgt: daß von beiden Seiten gefehlt worden ist. Die Abwesenheit eines Vertreters der Apostaten verhinderte klares und vollständiges Urteil, welches überhaupt, als eine der beiden Parteien verdammend, jede Vereinigung, die doch das allgemeine Beste fordert, verhindern möchte . . . Wesselhöft wird beauftragt an beide Parteien zu schreiben, sie zur Wiedervereinigung zu ermahnen und den Abgefallenen das Mißfallen darüber anzudeuten, daß sie durch ihren Austritt die gute Sache verlassen haben.

---

### 3. Die Stimmung unter den Professoren.

Die Unterstützung, welche die ersten burschenschaftlichen Bestrebungen bei den Erlanger Professoren gefunden hatten, ging durch die polizeiliche Auflösung nicht verloren, während in Preußen das gesetzliche Verbot auch das Empfinden der Menschen bestimmt zu haben scheint.

K. Hase[1]) berichtet: „Zu einem allgemeinen Verfahren gegen die bestehenden Verbindungen war in der Universitätsstadt kein Mensch geneigt; die Burschenschaft zumal, als keusche Sitte, wissenschaftliches Interesse und edle Freundschaft fördernd, hatte in Erlangen einen guten Namen, auch waren die Professoren selbst durch die Karlsbader Beschlüsse zu hart getroffen, als daß sie Lust hatten, den Fluch derselben an uns zu vollstrecken". Schubert,[2]) der 1818 nach Erlangen kam und bald ein geistig gemütlicher Mittelpunkt für die ganze Universität wurde, erklärt sich so: Die Burschenschaft wurde geduldet, aber auch mit polizeilicher Aufmerksamkeit überwacht. „Doch traf diese scharfe Ueberwachung namentlich jene Mitglieder der allgemeinen Burschenschaft, welche von den nördlichen Gegenden her als besuchende Gäste zu uns kamen. — Wir Lehrer sowie jeder unparteiische Beobachter jener Studierenden, die

---

[1]) Ideale und Irrtümer 165.

[2]) Selbstbiographie III, 1. 318.

sich auch an unserer Universität zur Burschenschaft bekannten, fanden keine Ursache zu einem Mißtrauen gegen dieselben. Sie zeichneten sich im allgemeinen aus durch Vorzüge des Fleißes und des sittlichen Betragens; sie erschien als ein Most, aus dem ein guter, edler Wein werden konnte."

---

## 4. Das Verhältnis zu den Landsmannschaften.

Anfänglich prätendierte die Burschenschaft, als die einzig berechtigte Studentenverbindung zu gelten. Dieser Anspruch, schon nach dem Austritt der Corps thatsächlich nicht zu halten, wurde noch hinfälliger nach der förmlichen Auflösung. Wie sich nun in Jena nach Aufhebung der Burschenschaft solche Gruppen, denen die sittlichen und wissenschaftlichen Anforderungen der strengeren Partei übertrieben erschienen, zu landsmannschaftlichen Vereinen zusammenthaten, so schied jetzt auch in Erlangen ein Teil aus und bildete neben den drei älteren Corps der hohenzollernschen Zeiten eine Bavaria. Bald darauf that sich aus Rheinpfälzern ein 5. Corps auf, dessen Stifter sich also vernehmen läßt:[1] „Ich studierte zu Heidelberg und Erlangen die Rechtswissenschaft, ohne das zu versäumen, was mit Maß und Ziel den flotten Burschen ausmacht. Als ausgezeichneter Fechter auf Hieb und Stoß, ohne Renommist zu sein, gab ich die Initiative zur Stiftung der Rhenania, sowohl in Heidelberg (1820) als auch in Erlangen (Winterkurs 1821/22)."

Zwischen Corps und Burschenschaft kam nun zwar nur vorübergehend ein schlagfertiges Verhältnis zustande, wie es scheint, wenn unter den ersteren selbst Spaltungen eintraten; aber nachdem die schroffsten und unversöhnlichen Partisane die Universität verlassen hatten, wurden die ärgerlichen Auftritte der Vorjahre seltener, und gerade die tüchtigsten Persönlichkeiten beider Parteien strebten für ein erträgliches wenn nicht Zusammen- doch Nebeneinanderleben.

[1] A. Lufft, Streiflichter auf bayerische Zustände. Mannheim 1872, S. 2

8

Im wesentlichen, wenn auch temperiert durch die Zeit, bestanden die alten Gegensätze. Wer im Fahrwasser der österreichischen Politik und bayerischen Bureaukratie sich bewegte, wer das Leben genießen und Carrière machen wollte, stand auf Seite der Landmannsschaften; wer nicht darauf ausging, eine höhere Sphäre einzunehmen, als wozu ihn die Natur gemacht, und alle, bei denen vaterländische und humane Ideen den individuellen Egoismus überwogen, wandten sich der Burschenschaft zu.

---

## 5. Drei Kaisersemester.

Die Zeit von Ostern 1821 bis Herbst 1822 ist von Künstlerhand[1]) so klar und liebevoll gezeichnet, daß es schade wäre, das frische und jedem zugängliche Bild durch matte Nachzeichnung zu verwischen.

Nachdem K. Hase in Leipzig für die Burschenschaft gewirkt und gelitten hat, kommt er als älterer Student nach Erlangen. Um recht ungeniert zu studieren, nimmt er in der Verbindung kein ordentliches Amt an, arbeitet für sich und steht bald durchs Kolleg und durch persönlichen Umgang mit ausgezeichneten Geistern, wie Engelhardt, Schubert, Schelling in förderndem Verkehr. Aber auch dem Traulichen des Erlanger Studentenlebens und der Anziehungskraft tüchtiger Commilitonen kann er sich nicht ganz entziehen und befindet sich unversehens mitten im geselligen Treiben. Sein poetisches Talent läßt ihn ein Scherzreich errichten, in dem eine glückliche, unbefangene Jugend in den Tagen des Weltschmerzes und politischer Verfolgung ihr Recht zu leben durchsetzt.

Die Kaiserfahrt nach Bubenreuth, Fastnacht 1822, mag Leo's chronikalischer Bericht einleiten. „In jener Zeit waren die Schüler gar lustig und keck und vermeinten mehr zu sein denn Kaiser und Reich, so hatte man sie aufgeblasen; aber die gute Art ließ doch nit ganz von in, und war der Ueber-

[1]) K. Hase, Ideale und Irrtümer. 1872. 103—170.

mut wohl anzusehen und zu leiden. Waren auch viel da aus Sachsenland und von der See, das waren absonderlich lustige Leut und einer unter in hatt ein rothen Bart und hieß insgemein Rothbart der Kaiser[1]) und hatt seine Gesellen den einen zum Churerzkanzler[2]) gemacht, den anderen zum Reichsmarschall[3]) und lebten alle einmüthig und fröhliches Muthes und trieben der Kurzweil viel, absonderlich auf der Burschen Zechhaus, bei der Frau Oppelin, die damals das beste Bier hatt in der ganzen Stadt und in Bubenreuth. Nun begab sich's, daß die Fastnacht vor der Thür war, und hatten die Schüler viel Redens gehört, wie die Bursche in Jena allerlei Schönbartsspiel getrieben hätten, da sie noch obenauf waren, und wie der Baierfürst seine Freud auch an derlei hett und meinten, auch die Stadt soll in nit ohn Wohlgefallen zusehn; beschlossen derhalben eine wunderschöne Mummerei."

Hase's Festbeschreibung beginnt mit einem Vorwort des Reichsnachtwächters: „Einige, die nicht wissen, daß ich auf meinen nächtlichen Wanderungen zuweilen Astrologie treibe, werden sich wundern, wie ich zum Reichshistoriographen komme. Möchten diese doch bedenken, daß in uralten Zeiten, wie sie nicht bloß die Restauration des Staatsrechts, sondern auch wir anderen Restaurateurs wieder herbeizuführen suchen, die Sänger der Völker Thaten auf die Nachwelt brachten, ich aber als Nachtwächter bin fast noch der einzige Minnesänger, der mitten im Volke umherwandelt und die heiligen Töne singt. Da ich jedoch so wenig vom Reimen halte, wie mein Vorfahrer Homerus, der auch viel nach den Sternen gesehen haben soll, die aber nur in seinem Herzen leuchteten: so habe ich mich auf die Prosa gelegt, wie viele meiner Amtsbrüder im ganzen römischen Reiche, welche sogar am hellen Morgen mit der Laterne herumlaufen, mit vielem Schreien und Tuten das Land vor Dieben und Gespenstern zu hüten."

Am 17. Hornung 1822 erschien folgender Anschlag in der Burg zum weißen Ochsen: „Wir Karl der Rothbart, von Gottes Gnaden und des Volkes Willen erwählter römischer Kaiser, König

[1]) Hase. [2]) Obermüller. [3]) Funck.

von Teutschland, zu allen Zeiten Mehrer des Reichs, König von Jerusalem, gefürsteter Graf in Bubenreuth, der holzersparenden und anderer gelehrten Gesellschaften Mitglied rc. rc. haben erwägend gemeinen Reichs Wohlfahrt und des grausamlichen Türken, Demagogen und anderen Feindes Ingrimmigkeit nach Unserer Fürsten Rath und hoher obrigkeitlicher Bewilligung gnädigst auszuschreiben geruht einen Reichstag teutscher Nation in Unsrer Hofburg Bubenreuth auf Fastnachten dieses Jahres, dazu Wir durch solchen offenen Brief männiglich wollen eingeladen haben Unsre getreuen Lehnsmänner, Fürsten, Prälaten, Beiständе, Renommisten, Grafen, Ritter und Herren, wie auch jeglichen waffenfähigen Mann teutscher Nation. Wollet Ihr sonach geziemlich und pomphaft erscheinen und Unsrer Kaiserlichen Huld Euch gewärtigen, wie auch eines guten Reichsbieres.

So gegeben auf Unsrer Burg der teutschen Herren am Sonntag vor der Fastnacht MDCCCXXII im ersten Jahre Unsrer Regierung.

(L. S.) Handschrift Sr. Majestät des Kaisers † † †

Auf Allerhöchsten Befehl ausgefertigt und mit dem großen Reichsinsiegel versehen vom Vicekanzler

Rudolf der Harras."

Erster Gesang. Am Tage der Fastnacht konnte man meinen, es sei nur eine Fastnachtsposse, so wunderlich wogten Rosse und Carossen, Fürsten und Volk, eiserne Gestalten aus grauen Jahrhunderten und lumpige aus dem jetzigen untereinander. Endlich tönte das dritte Signal, die Trompeten schmetterten, ich blies in mein Horn wie einst der selige Roland, und in seiner Kaiserpracht trat Kaiser Rothbart[1]) heraus, seinen Mantel trugen zwei Pagen, das treue Volk brach auf allerhöchsten Befehl in ein begeistertes Hurrah aus, was Seine Majestät, obschon Sie beim Einsteigen einen Wadenkrampf bekamen, mit huldreichem Scepterneigen beantworteten. Das Volk wollte rasend vor Freude werden. Und nun, Muse der Nachtwächter, stehe mir bei, würdig zu singen alle die

[1]) K. Hase.

Fürsten und Herren, welche in feierlichem Zuge sich fortbewegten durch die Reihen des jubelnden Volkes und die langen Straßen der Kaiserstadt!

1) Auf einem zweiräderigen Einspänner führte den Zug an der Reichswegweiser Irrwisch,[1]) welcher einen großen hölzernen Arm hervorstreckte, auf dem geschrieben stand: Reichsweg nach Bubenreuth. Man glaubt, Se. Majestät haben zur Verbesserung des Postwesens im Sinne, statt der gewöhnlichen wand-, band- und nagelfesten Wegweiser, solche mobile besonders den armen Fußreisenden, die so mancher Verirrung ausgesetzt sind, zur Pflicht zu machen.

2) Der Reichsherold (Guntram von Schwarzburg[2]) mit dem Heroldstabe und Wappenrock, auf dem einzigen respectabeln Zelter, den unsre getreue Stadt aufzutreiben vermag.

3) Ein Reichstrompeter in kaiserlicher Hausuniform.

4) Zwischen zwei Trompetern reitend der Reichspauker, mit einiger Todesangst, weil weder er mit seinem Karrengaul, noch der Gaul mit den Pauken recht sympathisiren wollte, sodaß seine, des Paukers, Paukenschläge wahre Nothschüsse waren.

5) Der türkische Legationsrath Ali[3]) zu Pferde. Daß dieses gute Thier anfänglich zusammenstürzte, erschütterte die Freunde des halben Monds nicht wenig, doch hat es sich muthig wieder erhoben.

6) Ein Vierspänner mit dem türkischen Ambassadeur Saladin Pascha[4]) von zwei Eselsschweifen, hintendrauf der Mohr Tschintschin,[5]) zur Seite ritten in ehernen Rüstungen Ulrich von Hutten[6]) und Franz von Sickingen.[7]) Spätere Schriftsteller möchten sich den Kopf zerbrechen, wie diese ehrenwerthen Herren am kaiserlichen Hofe zusammengekommen seien, weshalb ich es für Pflicht halte, den Schleier der Cabinetspolitik zu lüften, da mein gnädiger Kaiser mir in einer menschlichen Stunde das Geheimniß vertraut hat. Es ist nur ein Spaß mit dem Pascha. Das Reichstheater zu Nürnberg, welches die Garderobelieferung gefälligst besorgte, hatte ein vorzüglich schönes Türkencostüm, weshalb Ihro Majestät

[1]) Oetinger. [2]) Klein. [3]) Bomhard. [4]) Gießen. [5]) Hauser. [6]) v. Pfetten. [7]) Küttlinger.

geruhte, es einem Ihrer Leute anziehen zu lassen. Wie mancher Sonnenflecken der Geschichte würde klar sein, wenn alle Nachtwächter so pragmatische Geschichten schrieben. Auch ist der Mohr wieder weiß gewaschen worden.

7) Zwischen dem Landgrafen von Thüringen, Friedrich mit den verbissenen Wangen, und dem Rauh- und Wildgrafen Hussajah ritt der amerikanische Botschafter Paul Friman, welcher im Namen der Republik Columbia mit der Rheinisch-Westindischen Compagnie einen Handelstractat abgeschlossen hat. Denen es auffällt, daß er in spanischer Tracht ging, dient zu wissen, daß der Herr Gesandte etwas abgerissen von der langen Reise in Cadix ankam, und dort, als nicht sogleich etwas anderes zur Hand war, vom Marquis von Posa einen Habit entlehnte.

8) Ein Vierspänner in rother Livree, darin der Pfalzgraf Murner bei Rheine[1]) mit dem gewaltigen Reichsschwerte. Der Erztruchseß von Berlichingen[2]) mit der eisernen Hand und der Erzkanzler Rausch[3]) trugen auf reichen Kanapeekissen die Insignien, Reichsapfel und Krone, welche letztere jedoch, da sie den friedliebenden Regenten minder drückt als der kriegerische Helm, bald mit selbigem vertauscht ward; daß sie aussehe wie eine Schlafhaube, ist ein einfältiger Gedanke des Hofnarren. Noch gehörte in diesen Wagen der Erzmarschall Graf Tartemar,[4]) welcher jedoch kurz vor der Abfahrt verloren gegangen war, auf dem Reichstage aber zur allgemeinen Freude wieder aufgefunden ward. Am Schlage ritt der Herzog Moritz Tölpele von Sachsen[5]) im Hermelinmantel, Harnisch und Baret, nebst seinem Knappen Hans Kynas, dessen Roß sich im Angesichte der kaiserlichen Burg vor Freuden in eine Pfütze legte. Ferner der Seneschall Karlmann von Weinschlauch in etwas verrosteter Rüstung.

Die Läufer Bachstelz[6]) und Windspiel[7]) auf Schustersrappen, welche mit ihrem munteren Wesen Seine Majestät sehr erlustigten.

---

[1]) Heinz. [2]) Müller. [3]) Obermüller. [4]) Funck. [5]) Clöter. [6]) Gassert. [7]) Schneider.

10) Der kaiserliche Staatswagen mit acht Postpferden. Darin Karl der Rothbart in goldener Rüstung, das schönste Edelfräulein hatte seinen Helm befiedert, seine Linke war majestätisch aufs Schwert gestützt, gefällig ruhte das Scepter in seiner Rechten, hie und da edle Frauen grüßend; der blaue Hermelinmantel schwebte um den Großmächtigen wie lichtes Gewölk um den aufgehenden Vollmond. Ihm gegenüber saß in prächtiger Hoftracht der Erzkämmerer Hans von Wurst,[1]) seinen vergoldeten Hausschlüssel mußte er im Gürtel tragen, da ihn auf dem gewöhnlichen Platze kein sterbliches Auge erspäht hätte. Neben ihm in romantischer Tracht mit dem goldenen Reichspokal der jugendliche Erzmundschenk Lampert[2]) von Aschaffenburg, welcher dem kaiserlichen Herzen am nächsten stehen soll, da Seine Majestät ohne ihn allen Muth zum Regieren verliert. Auf dem Bock saß der lustige Rath Eulenspiegel,[3]) eines Bauern Sohn, welcher mit Sr. Majestät so auf Du und Du steht, daß er ohne Censur und Eingangszoll reden und drucken lassen kann, was er will, wie die meisten seines Gelichters. War doch die Majestät so gnädig, beim Einsteigen zur Rückfahrt mit ihm zu capituliren, als er den kaiserlichen Platz eingenommen hatte und behauptete, einer müsse dem anderen Platz machen. Hintendrauf standen die Pagen Edelbert[4]) und Othello.[5]) Ernstschön ritten wie Kriegsgötter an beiden Schlägen Herzog Ohnebart von Schwaben[6]) und Herzog Bileam von Franken[7]) in blitzenden Harnischen, rothen fliegenden Mänteln und Kanonen. Ferner ritten in der kaiserlichen Suite der Reichspostmeister Turn von Taris,[8]) der Landjägermeister Kurt von Bärenclau,[9]) die Ceremonienmeister Folco von Montfaucon[10]) und Raymond von Toulouse, wie auch der Reichsstallmeister Hengst von Mährenschalk,[11]) wegen seiner besonderen Verdienste ums Reich späterhin mit dem Titel eines Confusionsrathes begnadigt.

11) Der Reichsseckelmeister Hepp von Habenichts,[12]) niedergedrückt von Geldsäcken, die ihm aus allen Taschen herausguckten.

---

[1]) Steinheil. [2]) Lampert; zweiter Erzmundschenk Mimili der Blonde, Bercht. [3]) Nagel. [4]) Rieß. [5]) Nörr. [6]) Thoma. [7]) Strebel. [8]) Hencke. [9]) Dietz. [10]) Neuper I. [11]) Wißmüller. [12]) Hopp.

Noch einmal ruft der Nachtwächter euch an, all ihr neun Musen, hat euch je mein Lied gefallen, malet mir jetzt den Seckelmeister, diesen Abgott des Volkes, mit der rothen Nase, die eine Hand krampfhaft den Sattelknopf umschlingend, die andere den goldenen Segen spendend, malt mir das Getümmel, wie jung und alt übereinanderstürzt nach den goldenen Zahlpfennigen und einer dem andern den glücklichen Fund wieder abjagt. Aber — sic transit gloria mundi — als die Seckel schlaff herunterhingen, selbst aus dem Reichsbauer nichts mehr herauszupressen war, wie gerad auch Herr Hepp auf seinem Rößlein saß, der Beifall der Menge war stumm, und jene rothe Nase, vorher der Jugend ein leuchtendes Meteor, ward jetzt zum Gespötte und zum Beweise, daß der liederliche Seckelmeister alles vertrunken habe.

12) In einem Einspänner der Reichsbeistand Mondschein,[1]) welcher bedeutende Lehen im Monde besitzt. Obwohl er für unsern Planeten etwas ruppig aussah, soll doch die meiste Last der Regierung auf ihm liegen.

13) Ein vierspänniger Ochsenwagen mit der Bauernschaft: der Reichsbauer Kunz, Gertrud sein Weib, Hänsel das Bauernkind und Gretchen das Reichsbauernmädel.

14) Der Stadtwagen mit den Herren Bürgermeistern Petsch von Augsburg, Hans Tollinger von Regensburg, Superklug von Krähwinkel und dem Herrn Syndicus Großhans von Hamburg. Hintenauf ein Jockey.

15) Der Herr Großinquisitor Torquemada mit dem Gewissensrathe Hokuspokus. Man hat sich gewundert, die Herren auf teutschem Boden zu sehen, wo ihnen das Klima nicht recht zuschlagen soll, allein es ist höchstens ein Prochronismus, und meine Sterne sagen viel von Dingen, die noch werden können, wenn sie nicht sind. Diejenigen, welche sie für versteckte Büchercensoren oder für Mirakelthäter halten, brechen die Gelegenheit dazu vom Zaune.

16) Die Armesünderkutsche. Der Scharfrichter Kopfab mit seinem Knechte Bergmichel, der arme Sünder unter einem Spitzhut

[1]) Nebenbacher.

mit Teufel und Flämmchen bemalt, ein Kapuziner soll ihm sehr kräftig Trost eingesprochen haben. Die Geschichte hat den Leuten viel Angst eingejagt, doch hofften viele, der arme Sünder werde entspringen, und die Geharnischten, welche ebenso wenig jemand etwas anhaben konnten, als sie selbst undurchdringlich waren, ihn nicht einholen können. Seine Majestät wußten nichts mit ihm zu thun, als den armen Teufel zu begnadigen — — — — — — — —! *) vom goldenen Kameele zu übersenden.

17) Zwei kaiserliche Knappen zu Pferd, Walther von Eschenbach und der Babenberger, welcher erst vor kurzem zahm gemacht worden ist.

18) Die Justizkutsche, ehrwürdig anzusehen, nur schade, daß das eine Pferd etwas hinkte. Darin der Vicekanzler Rudolf von Harras, der Reichssiegelbewahrer von Klebig, welcher nicht mehr Siegel an sich herumhängen konnte, wenn der Kaiser selbst ein Siegelfabrikant gewesen wäre. Der Reichshofrath Tintenfisch [1]) mit einer Wage, wegen der ihn einige für einen Krämer hielten, endlich Kilps, [2]) der Reichsaccessist, unter großen Actenstücken. Hintendrauf ein Reichscarcerknecht. Ich kann hier nicht umhin mit Ihrer Majestät zu bedauern, daß unser Kammerpräsident v. Turko [3]) nicht angekommen war, welcher specialiter und generaliter verfährt und Demagogen riecht auf 50 Schritte, wenn der Wind nicht conträr ist.

19) Auf einer vierspännigen Wurst Eisenfresser der Reichsrenommist [4]), ingrimmig anzusehen. Seine Stiefel nebst dem Pfeifenkopf samt den daran befindlichen Strohbändlein wogen netto 30 Pfund hamburgisch. Er hatte die Vermessenheit, Sr. Majestät den Rauch unter die Nase zu blasen, und einen so harten Kopf, daß, wenn er den Dreidecker abnahm, der Zopf mit heruntergieng.

20) Der Phaeton der freien Künste. Der Reichsprälat Schmerbauch [5]) saß eigentlich objectiv in selbigem als selbst ein

---

*) „Die kaiserliche Censur läßt nur darum so viele Gedankenstriche hindrucken, um vernünftigen Lesern doch auch etwas zu denken zu geben, wenn einem ehrlichen Nachtwächter grad einmal die Gedanken ausgegangen sind.“

[1]) Militzer. [2]) Riedel. [3]) Turckowitz. [4]) Reuper II. [5]) Moschenbach.

Kunststück der Natur, sein Antlitz gab in Glanz und Röthe seinem Gewande wenig nach und er machte seinem Namen Ehre. Desto schlanker und mit vielem Geschmack gekleidet war der Professor der unentdeckten Wissenschaften Rafael Schmierer,[1] der Reichsphilosoph Richtig ebenso einfach als der Hofpoet Leberer alle Künste der Verführung an seinem Aeußern verschwendet hatte, bis zum Lorber, der aus der Perücke grünte.

21) Ich, der Reichsnachtwächter wie auch Astrolog und Minnesänger Kuhhorn, dabei ich nicht unterlassen kann, meinen treuen Gefährten, den Reichspudel Figaro, dessen Educationsrath ich zugleich bin, mit in die Unsterblichkeit hinüberzuschreiben.

22) Im altteutschen Rock, mit nackter Brust, fliegenden Haaren, etwas schmutzigen Turnhosen, Dolch und Pistolen im Gürtel, der Reichsdemagog Zeitgeist.[2] Er war nicht der beste Reiter, auch soll ihm einer von seinen Fledermausflügeln heimwärts ausgefallen sein.

23) Die Reichsschlafmützen im tiefen Schlafe, sollen jedoch bisweilen Augen und Mäuler offen gehabt haben: Wanst von Wanstenhausen, Herr von Kuhwackel, Herr von Langsalm und Tobias Schneck.

Nota. Der Raubritter Eppelen von Geilingen,[3] welcher gegen Abgabe des Zehnten an den Fiscus ein kaiserliches Privilegium besitzt, schwärmte zügellos umher. Glücklicher Staat, cultivirteste aller Polizeien, wo kein Räuber ohne ein Privilegium raubt und selbst die Spitzbuben constitutionell sind!

Zweiter Gesang. Solcher prachtvolle nie gesehene Zug nahte jetzt dem kaiserlichen Lustschloß Bubenreuth, und ohne Zweifel würden ihm die Jungfrauen des Ortes Blumen gestreut haben und alle Glocken geläutet worden sein, wenn irgendetwas von selbigen vorhanden gewesen. Der Burgvogt hielt am kaiserlichen Schlage tiefgerührt eine Rede, die ich gern der Nachwelt überliefern wollte, wenn ich sie gehört hätte oder so gewissenlos wäre wie mein Amtsbruder Livius, den Leuten Dinge in den Mund zu

[1]) Hoffstett. [2]) Bezzel. [3]) Fritz Zuccarini.

legen, von denen sie nicht geträumt haben. Unter tausendstimmigem Jubel des Volks begaben sich die hohen und allerhöchsten Herrschaften in den reichgeschmückten Reichssaal. Als nun die Geharnischten neben wohlbeleibten Bürgermeistern, die Fürsten und Herren neben den Bauern in langen Reihen beisammensaßen, als die Herzöge mit gezückten Schwertern, die Erz- und Hofämter in aller Herrlichkeit der Erde sich um den Thron versammelt hatten, und über sie alle der erhabene Repräsentant seines Volkes hervorragte, war es ein wunderbarer, fast wehmüthiger Anblick, und nach mehrerer Aussagen zerdrückte Ihre Majestät eine Thräne in ihren durchlauchtigsten Augen. Die Trompeten schmetterten, ich stieß ins Horn, Figaro heulte, der Herold eröffnete den Reichstag. Soweit es die Schnellschreiber aufnotiren konnten, sprach der unüberwindliche Kaiser Folgendes in schöner Würde vom Throne, nachdem er sich durch einen tüchtigen Trunk erquickt hatte:

„Durchlauchtigste Fürsten, hochgelahrte Bürgermeister, wohlbeleibte Prälaten, tiefgeborne Bauern, hochgeborne Grafen, Ritter und Herren, Liebe und Getreue, Euch allen Unsern kaiserlichen Gruß zuvor.

„Von uralten Zeiten her lebt im teutschen Volke eine theure fromme Sage, daß einst, wenn der Väter schönes Land in Zwietracht und Knechtschaft zerfallen, wenn das heilige Reich untergegangen und der Geist jeglicher teutschen Herrlichkeit einsam über den Trümmern der Vergangenheit weint und jeder Jüngling, der eine bessere Zeit im Herzen trägt, mit ihm weint über den Gräbern seiner Ahnen, hinblickt in ihre große Vergangenheit und die Arme ausbreitet nach dem Morgenroth in der Ferne: dann wird zu dem armen verlaßnen Volke aus des Kyffhäusers altem Gebäu Kaiser Friedrich der Rothbart hervorgehen mit seinen Mannen, alle teutschen Helden werden auferstehen aus ihren Grüften, zum Reichspaniere die Männer sich sammeln und der Freiheit ein Reich erkämpfen, dem teutschen Volke ein Vaterland. Solche Sagen hat Gott in des Volkes Brust gelegt, unverrückbare Polarsterne in stürmischer Nacht, und in ihrer tiefen Bedeutung täuschen sie ein

Volk so wenig, als einst eine tausendjährige Hoffnung und Sehnsucht nach dem Retter des Volkes die heiligen Seher getäuscht hat, nur daß des Volkes Retter ein Heiland der Welt geworden ist. Darum haben auch wir an unserer Hoffnung gehalten, die wie der Gipfel der Jungfrau im hohen Sommer, wenn das Abendroth erblichen, schon wieder vom Morgenroth glüht, als alle Burgen unserer Väter, in denen wir Kinder gespielt hatten, vollends zusammenstürzten. Und als der alte Kaiser ins Heerhorn stieß, als hie und da schon ein Held aus seiner Gruft stieg und über das Schlachtfeld mit Geistermacht schritt, vor der kein Fremdling bestehen konnte: da haben unsere Väter und Brüder die Hände betend auf ihre purpurnen Wunden gelegt und noch mit den brechenden Augen nach jenen Sternen geschaut. Wir leben in den Tagen der Auferstehung, wir haben die Geister gesehen, wer zweifelt noch, daß nur Begeisterung uns retten, nur der Muth, die Kraft und die Liebe jener Tage das neue Vaterland gründen, die neuen Formen weihen kann!

„So ist auch dieses Fastnachtsspiel nicht ein kalter Spott auf etwas, das untergehen mußte, weil es sich selbst verlassen hatte, sondern eine Todtenfeier, eine milde Erinnerung zur Kraft im Glauben und Hoffen, ein harmloser Scherz, nach der Art teutschen Volkes, das nach seiner gemüthvollen Weise keinen Scherz kennt ohne einen Ernst, keine Thräne ohne ein Lächeln.

„Der Thron ist wieder auf des Volkes Liebe gebaut, die Getreuen haben sich versammelt um ihren kaiserlichen Herrn, alle Volksstämme und Stände vom Nordmeer bis zu den Karpaten, von der Weichsel bis zu den Vogesen sitzen beisammen Hand in Hand: so laßt uns beschließen, was teutschem Reiche ziemt! Fast ist ein Jahrtausend vorüber, seit das heilige Land von den Ungläubigen besetzt ward. Einst zog ein frommer Eremit auf seinem Esel durch das Abendland, zu Clermont auf einem Maifeld aller Ritterschaft verkündete er die Bedrückungen der Pilgrime, predigte einen Kreuzzug nach dem gelobten Lande, und alles Volk rief: Deos lo volt! In der That, Gott hat es gewollt, Hunderttausende und abermals

Hunderttausende schmückten sich mit dem Kreuze, ganz Europa hatte die eine Sehnsucht: nach Morgen, dahin nach Morgen! Millionen sind freudig in ihre Gräber versunken, und als die Männer fast ausgestorben waren, da haben sich Knaben gerüstet, sie sind verschmachtet zu Tausenden, ehe sie das Land ihrer Sehnsucht gesehen. Was ist errungen worden mit ihrem Blut? Ihr könnt's freilich nicht in die Tasche stecken: jedes Leben, jede Jugend trägt ihre eigene Schönheit und Herrlichkeit in sich selbst, ihre Rechnung schließt sie mit der Menschheit und mit dem Himmel, jene Tausende sind selig gestorben, Märtyrer ihres Glaubens.

„Teutsches Volk! Ein heiliges Land ist auch jetzt durch uns zu erobern, das heilige Land der Kunst und Wissenschaft, der heitern Schönheit und Lebensfreude, und es soll erobert werden der Freiheit, erobert jedem menschlich Schönen. Ein Volk, seit drei Jahrhunderten in der Knechtschaft, vorher ein Jahrtausend im Elend, hat die unsterblichen Gedanken der Freiheit noch nicht vergessen, seine Helden sind aus den Gräbern von Athen und Sparta gestiegen, das heilige Kreuzpanier weht uns voran. Erlauchte Herren, Ihr werdet beschließen, was Eurer, Eurer Väter und Teutschlands würdig ist!*)

„Bevor aber der Mann in die Welt hinauszieht, ordnet er das eigene Haus. Unser Kanzler wird Euch deshalb wegen innerer Angelegenheiten Unsern gnädigen Willen eröffnen."

Nachdem nun die Stiftung eines Kamelordens proklamiert ist, schließt der Kaiser den Reichstag, den Becher in der Rechten: „Aufs Wohlsein meines Volkes! Hoch lebe das Reich, so gewesen und sein wird, wo jedes Schöne und Herrliche seine Heimat hat, das Reich sie sollen lassen stehn, das der Herr aller Herren sich auf Erden gegründet."

Ueber den Altdorfer Auszug hören wir zuerst Schubert.[1]) Den Anlaß gab eine Schlägerei zwischen Studenten und Nicht-

*) „Denen, welche diese Beschlüsse in unserer Reichsgeschichte vermissen, dient zur Nachricht, daß nach einem alten Herkommen die getreuen Stände sämmtliche kaiserliche Propositionen zu genehmigen verbunden sind."

[1]) III., 1, 488.

studierenden. „In diesem Bürgerkrieg erschienen die Studenten als der mit Unrecht gekränkte schutzloseste Teil. Der Einfall, auf einige Tage die Gelegenheit zu blutigen Händeln durch Hinausgehen aus der Stadt ganz abzuschneiden, war aus einem klugen jugendlichen Kopf hervorgegangen. Das junge Volk zog durch Nürnberg nach der ehemaligen reichsstädtischen Universitätsstadt Altdorf, fand dortselbst gute, willkommene Aufnahme. Daß sowohl dort als auch bei der Rückkehr nach Erlangen alles so versöhnlich und ordnungsgemäß ablief, war vorzüglich der Klugheit und seltenen Gewandtheit des st. th. Hase zu verdanken." Das einzelne soll uns H. Leo[1]) erzählen:

„Sonntag nach Fastnacht, es war der 24ste des Hornungs, gab's in der Stadt ein neu Schauspiel. Die schönen Jungen und das Wohlgefallen an in in der Stadt hatt die Strumpfwirker und Handschuhmacher ganz aus dem Geleis gebracht und meinten, wenn sie sich in Karossen setzten, gefielen sie auch. Kam also gejagt durch die Stadt ein Hauf Kutschen vierspännig und zweispännig und zu Seiten ein Paar schäbiger Apostelritter. So. fuhren die Gnoten aus und besoffen sich. Die Burschen aber lachten daheim und in den Zechhäusern und meinten, ein aufgeblasener Frosch wär doch nur ein Frosch. Das mochten wohl etlich hören, und wie die von ihrer Fahrt heimkamen, erfuhren sie's, und Aerger und Neid fraßen sie schier. Nu begab sich's, daß gegen sieben Abend ein Schüler, Namens Roth, heimging und nit weit von der Bürger Zechhaus, beim Henninger, sein Wasser abschlug; da schubt in ein Gast an

[1]) Er schreibt am 2. März 1822 an seinen Freund G. v. Tucher in Berlin: Der Aufzug (die fröhliche Burschenfahrt nach Bubenreuth), der so ganz aus Mittelalter erinnerte, war sehr schön. Das Nürnberger Theater hatte seine Garderobe, ein Fürther Jude seine Waffensammlung und das hiesige Museum auch seine Rüstungen und Schwerter hergegeben. Die Beschreibung der späteren Auftritte habe ich auch treulichst geliefert, natürlich aber, da wegen des Auszugs der Studenten noch kein Protokoll abgefaßt ist, nur nach Sagen der Bürger und hiesiger Freunde. Der Chronikstil wurde mir allmählich zur Last, doch suchte ichs durchzuführen; was in unserer Zeit vorfällt, muß auch in unserer Sprache geschrieben sein.

die Wand, und wie der Schüler sich wehrt, sticht in der Gnot mit dem Kneif in den Arm. Alsbald entstund ein arg Geschöll, und schrie der Schüler zumal und wollt den Gnoten festhalten. Aber die Stadtschützen schliefen tiefer als das heilig Römisch Reich und kamen nit, und der Gnot entwischt. Da liefen die Schüler in den Gassen herum, und war die ganze Stadt in Unruh. Nu dauert's nit lang, da die Schüler wieder in den Zechhäusern waren, gab's ein neu Gelärm; 's hatt wieder ein Gnot (die) Schüler geneckt. Endlich ward's ruhig; die elenden Stadtschützen aber und ihr Meister paßten nit auf die Bürgerstund und ließen beim Henninger die Gnoten noch bankettiren und hoch leben. Nach eilf gingen ein Paar Schüler dem Bett nach, führt sie aber ir Weg am Henninger vorbei und hören drin: Knaster, den gelben u. s. w.; denken also, da gäb's lustige Gesellen von in, die die Gnoten vertrieben hetten, und gehen 'nein und bestellen in der Thür ein Krug Bier. Nu seh'n sie wohl, daß 's keine sind von in, wollen aber ir Bier trinken und setzen sich an ein Tischlein apart und lassen die Gnoten mit ihrem Bankett. Die aber singen Burschenlieder, und da ein Streit wird, ruft einer: Herzog ist unser Senius. Da lachen die beiden. Die Gnoten aber werden erbost, sperren die Thür, treten die Bein aus den Stühlen und schlagen die beiden jämmerlich. Was wollen zwei gegen sechzig als Jammergeschrei erheben? Des wird gehört und: Bursche heraus! schallt's durch alle Gassen. Henninger schließt das Thor. Die Fensterläden werden abgerissen, die Fenster ausgesprengt, aber die Gnoten sind durchs Hinterpförtle durchgebrannt, und finden die Bursche nur ihre beiden Gesellen mit blutigen Köpfen und fast ohne Athem. Nu gehts los: Fenster und Uhren, Tisch und Bänk und Krüg und der Ofen, alles wird in der Wuth zerhauen und mit den Haurappieren gewetzt. Da kommt des Königs Commissar und biet in seins Herrn Namen Ruh, die Burschen aber schreien: Ins Teufels Namen halt ers Maul. Indes ists ganze Haus durchsucht bis zum Boden und finden sie im Heu noch fünf Kerl. Da schau einer nit hin, was da Schläg geregnet hat, und dann die Kerl die Trepp hinunter. Die mußten fortgetragen werden. Dann zogen die Schüler auf den Markt und sangen Gaudeamus igitur, und die academische Freiheit lebte hoch, und alles ging heim.

Wer nun am andern Tag durch die Gassen ging, vermeint, es wär nix vorgangen, denn die Schüler gingen ruhig mit den Büchern unterm Arm in die Hörsäl, und schien Alles friedlich. Aber in den Häusern ward wohl über manchen geschimpft und die Fünf schon todt gesagt, die doch darnach wer weiß wie lang leben. So ward aus Morgen und Abend der ander Tag, und war große Ruh; das aber war ein bös Zeichen und deutet an, daß die Schüler in der Zechstuben beisammen saßen und die Köpf zusammen steckten. Da begab sichs, daß einer von in in ein Wirthshaus kam am Geismarkt und verlangt ein Seidle Bier. Darin war auch der Senius Herzog und warf statt der Antwort dem Schüler eins ins Gesicht; der aber nit faul schlug den Herrn Senius übern Grind, daß er stürzt; da falln die andern über in und werfen in aus der Stuben. Von Stund an gabs ein Halloh! und Burschen raus! und kamen von allen Seiten mit Haurappieren und Knüppeln und geschwärzten Gesichtern und gestopften Hauben und umgewendeten Röcken und drangen in die Wirthsstuben mit Gewalt und ließen die ordentlichen Bürgersleut nach Haus, wer aber das Maul vornweg hett und wer wie der Herr Senius ein grün und weiß Band trug, der ward gehaun Gotts jämmerlich. Und war unter den Gehauenen auch ein Schüler, das war des Herrn Senft von Pilsach liebenswürdiger Stiefsohn, der sah aus wie ein Gnot und gab sich erst zu erkennen daß er Schüler wär, wie er schon die Tracht hatt, da er denn nur noch um Verzeihung gebeten werden kunnt, aber den blauen Buckel behielt er. Weil aber der Wirth die Schüler nit hatt in die Stuben lassen wollen daß sie die Gnoten prügelten, ward im alles zerschlagen und die Betten zerschnitten und in die Luft gestreut, und heulten die alten Weiber und schrieen die Schüler: Heut wird das Kind nit geschont im Mutterleib. Da sie nun dort fertig waren, zogen sie von dannen und schlugen in der Wuth alles aufn Grund was in begegnet und nit zur Schulen gehörte. Darnach stürmten sie der Schnurren Wachthaus und warfen viel Fenster ein und zerschlugen viel und sangen, und die academische Freiheit lebte sehr hoch.

Aber des Königs Landpfleger ward höllenangst, da schickt er ein reitenden Boten gen Nürnberg, daß er des Königs Kriegsknecht holt, und kamen wohl zweihundert zu Roß, das waren leichte Reiter. Da aber die einritten, waren die Schüler schon im Bett, und hörende das Rasseln der Säbel und Trappeln der Gäul sprangen sie auf und sangen aus den Fenstern: Der Bursch von ächtem Schrot und Korn, und riefen einander Bravo und Hurrah zu und jodelten und legten sich halt wieder nieder und ließen die Kriegsknecht in Haufen die ganze Nacht die Gassen breit durch die Stadt reiten und fangen; die aber fingen niemand.

Nun sammelte sich des andern Tags, 's war Dienstag, ein großer Hauf Schüler aufm Markt ohn Waffen und Gewehr und wollten Ruh zusagen, wenn man die Reiter aus der Stadt schicket. Die aber sollten bleiben, und zogen derohalben die Schüler zusammen aus der Stadt aufs Neustädter Schießhaus und lebten lustig. Darüber war das Gesindel zusammengelaufen, ärger als bei der französischen Umkehr, und hatten wohl tausend Mann kein Hemd übern . . . ., aber große Knüppel in den Händen und hatten die Hüt krumm gesetzt zum Zeichen, daß 's heut gält. Wenn nun etwa ein Bürschlein lang gschlafen hatt und nit wußt, daß sein Gesellen aus der Stadt warn und wollt zum Meister oder Doctor in die Stund gehn, den schlug das Volk nieder und steinigten ihn; und wurden so von früh 8 Uhr, wo die ausgezogen waren, bis Mittag 12 Uhr wohl dreißig aufn Grund geschlagen; und sie wurden mit Müh gerett von den Reitern, die warn gerufen dem Bürger zum Schutz gegen sie. Und war ein Jammer zu sehn, wie die feinen Jungen blutrünstig geschlagen wurden von Lumpen, die sich alle drei Schritt Wegs die Läus juckten, und wie die Gassenbuben und Schandmenscher schrieen: Schlagt sie todt die Hunde! schlagt sie todt! Und war die Hauptstraß vom Markt bis zum Henninger so gestopft voll Gesindel, daß die Reiter fast nit durchkonnten und hieben einem, der nit Platz macht, ein Schnurrbart ins Gesicht. Um Mittag endlich fuhren etlich der Lehrer aufs Schießhaus, der Doctor Henke und Meister Kastner, werthe und wohlbeleibte Herrn, und die Schüler hatten viel Wohlgefallen an in, die wollten mit in dingen. Verlangten die Schüler: Vergeben und Vergessen, antworten der Commissar und der Landpfleger, das könnt nie und nimmer sein und der König selber nit zusagen, denn Gerechtigkeit müßt sein im Land und wär zu groß Ungebühr gewesen.

Da zogen die Schüler aus gen Altdorf. Und wie das ruchbar ward in der Stadt, kam das Gesindel in Aufruhr, ir viel waren muthig drum daß sie die früh Morgens geschlagen hatten und hatten sich am Tag mit Essen und Trinken übrigs gethan und wollten Abends groß Schlachten halten mit den Schülern und in die Häuser stürmen, rauben und stehlen, dahin ging ihr Begehr. Denn unter in allen war kein ordentlicher Bürger oder ordentlicher Handwerksbursch, und waren lauter Handschuhmacher und Strumpfer, Huren und Gassenbuben, Bräuknecht und Schuhflicker. Und alsbald sie hörten, daß die Schüler fort wären oder auf der Wach in Sicherheit, da stürmten sie ein sein Kammer, der lag krank; der aber sprang auf und hatt ein lang Messer, trat in die Thür und schrie: Wer zuerst reinkommt, kriegt's Messer in Leib. Da forchten sich die feigen Buben vor ein kranken Menschen und stürzten die Trepp hinab. Darnach stürmten sie ein andern sein Haus, der war noch nit auf der hohen Schul, hat aber die Schüler 'naus geleit't und war wieder heimkommen zu seim Vater, dem warfen sie die Fenster ein und wollten ins Haus und schrieen: Schlagt in todt den Hund, schlagt in todt! daß die Bürgerwacht mit blankem Schwert sie mußt wegtreiben. So tobte das Volk wüthig, und abermals mußt der Landpfleger ein reitenden Boten gen Nürnberg schicken, und kamen noch dreihundert Kriegsknecht. Da war Ruh in der Stadt, und alles war wie todt, und waren alle Schüler fort nach Altdorf bis auf den Kranken und auf einen, der hieß P . . . . und war eine elende Memme, der sein Brüder verließ und ging auch nit als sie im sagen ließen, so er blieb, wär er ein ehrloser Hund, und sollt man so ein Hund beim kleinen Feuer braten, denn er thats um eitel elendes Vortheils halber und war ein Schofel.

Die aber zogen in Altdorf ein mit Gaudeamus igitur und wurden von der Bürgerei herrlich empfangen und wohl einquartiert, über vierhundert; und streckt in ein Theil der Altdorfer 1500 fl. vor und schickten in ir Freund und Lehrer aus Erlang mehr als 1500 fl. und etlich Kaufherrn aus Nürnberg über 1500 fl. und hatten in allem an die 5000 fl. und lebten in Freuden und Eren, und der Fürst von Isenburg commersierte mit in, und die Altdorfer Bürger wollten die Schul wieder habn, schickten nach München und wollten die Bücherei rüber fahren und anderen Frohn thun; da schickten auch die Schüler an ihren Meister Mehmel, der war beim Landtag Bot der hohen Schul, und wollten nit wieder nach Erlang. Bedräuete sie der Commissar, so sie nit heim kämen, so strich er in das Halbjahr. Drauf ließen sie im zurücksagen, wenn er das Halbjahr strich, strichen sie die andern und woll keiner auf der Erlanger Schul das Recht und die Heilkunst lernen, und ir waren viel und reicher Leut Kind; und die geistlich werden sollten, wollten auch zusehn und meinten, man möcht ir nit entrathen; wenn so alle auch ein Jahr daheim blieben, so schadts in doch nit, und braucht sie der König und wolltens abwarten, bis man in bessere Wort gäb.

So stehts izt, da ich solchs schreib, Meister Henrig Leo, und Gott bitt, daß ers zum Besten wendt."

Leo's Gebet fand am 5. März Erhörung, als die Studenten, Hans v. Aufseß an der Spitze, gnädig wieder einzogen und in Gnaden aufgenommen wurden. In der Wagenburg auf dem Marktplatz, hat Hase das Hoch auf König, Constitution und Vaterland ausgebracht, Strebel das zweite auf die geliebten Lehrer; das dritte der Rhenanensenior Louis auf die akademische Freiheit und Einigkeit.[1])

[1]) Hase, 145—153; Hertel 65—71.

9*

## 6. Das Sommersemester 1822.

Auch für die Ereignisse dieses Halbjahres soll K. Hase Führer sein. Er macht jetzt mit der Erlanger Universitätspolizei Bekanntschaft, die am 23. Juni seine Papiere versiegelt und ihm am 21. August verkündet, daß er wegen Teilnahme am Dresdener Burschentag (Okt. 1820) Erlangen zu meiden habe. Er aber verbringt unverwüstlichen Humors auch diese Wochen in fröhlicher Arbeit und heiteren Festen. Auf einem Hoftage in Uttenreuth wird das alte Reich begraben; da beendet er den Scherz mit der prophetischen Mahnung: „Haltet fest am rechten deutschen Reich! Ist das einmal in aller Herzen aufgerichtet, so wirds auch hinausstreben in die Wirklichkeit, der alte Kaiser wird kommen, ein neues Reich wird die Herrlichkeit unseres Volkes begründen und in sich aufnehmen. Diesem Reiche, das nie untergegangen ist in treuen Herzen, bringe ich das letzte Lebehoch, der schönen Zukunft des unsterblichen deutschen Reichs!"

Aus der letzten Burschenversammlung erwähnt er einer Erlanger Sitte, die Abgehenden feierlich zu entlassen; da habe einer der Scheidenden nach dem andern der Genossenschaft gedankt nicht nur für treue Bruderliebe, sondern auch in mancherlei Individualität für die sittliche Bildung und Kräftigung, die er in der Burschenschaft gefunden habe.

Am 28. August giebt dem Exiliierten ein langer Zug von Wagen und Reitern das Abschiedsgeleit nach Baiersdorf.[1])

[1]) K. Hase habilitierte sich im Sommer 1823 in Tübingen als Privatdozent der Theologie; dort wurde er gegen Ende des Jahres wegen seiner burschenschaftlichen Vergangenheit, im Mai 1824 wegen der Teilnahme am Jünglingsbund in Anspruch genommen, im September suspendiert und auf den Hohenasperg gebracht. Der vom Eßlinger Gerichtshof zu zwei Jahren Festung Verurteilte bittet um Gnade und kommt im August 1825 frei. Die Schicksalswendungen dieser gesunden und heitern Natur muß man sich von Hase selbst erzählen lassen bis herab zum Abschiedslied:

Ich armer Haas, wie bin ich blaß!
Ich geh dem Bauer nicht mehr ins Gras.
Ich habs bezahlt mit meiner Haut,
Ich komm den Schwaben nicht wieder ins Kraut.

Während dieser Bogen gedruckt wird, erhalten wir einen Bericht[1]) in welchem ein Zeitgenosse bedeutsame Ereignisse des Semesters niedergelegt hat. Valentin Strebel war 1819 der Würzburger Burschenschaft beigetreten und von 1820 bis Herbst 1822 Mitglied der Erlanger Burschenschaft. Ausgezeichnet in Hases Schilderung neben Adolf Clöter, erscheint er nach dem Altdorfer Auszug als Sprecher (S. 131). Eine Angabe, die sich bei Herbst[2]) findet, tritt durch ihn in helleres Licht. Jener erzählt, es sei (mutmaßlich im Sommer 1822) der Antrag gestellt worden zu erklären, „es sei mit den Grundsätzen der Burschenschaft, mit der Würde und Bestimmung des Menschen unvereinbar, Ehrenhändel durch Waffen zu entscheiden.“ Anlaß und Erfolg erzählt Strebel so: „Für Ehrenhändel bestand ein Ehrengericht, vor dem jeder Duellstreit vorgebracht werden mußte. Wer sich ohne Erlaubnisspruch des Ehrengerichts duellierte, würde unfehlbar ausgeschlossen worden sein. Ich war 3 Semester hindurch Mitglied des Ehrengerichts und hatte hier reichlich Gelegenheit zu sehen, wie aus elenden Kleinigkeiten oft akademische Zweikämpfe entstehen, fand reichliche Gelegenheit' das selige Geschäft des Friedemachers zu üben, und öfters gelang es selbst in Fällen, wo der Skandal für legitim erklärt ward, die Parteien doch noch zu versöhnen. Dabei erkannte ich aber auch, wie verderblich das aus dem alten Landmannschaftswesen vererbte Paukwesen für das akademische Leben sei. Als Folge dieser Erkenntnis kam ich zu einem Antrag auf gänzliche Aufhebung des Zweikampfes in der Burschenschaft. Ich begleitete ihn mit einer Rede, die später Freund Herbst in seinen „Idealen und Irrtümern des akademischen Lebens“ als Anhang veröffentlicht hat.[3]) Mein Hauptgegner war Julius Stahl, der Jurist, der schon damals die Redegabe, mit welcher er später als Parlamentsredner geglänzt, in hohem Grad entwickelt besaß. Er vertrat meiner sittlichen Anschauung vom Duell gegenüber die romantische Seite desselben. Auch Stahls Rede ist bei Herbst[4]) aufbewahrt. Der Beschluß

---

[1]) Durch die Güte des Herrn Pfarrer Strebel in Stetten.

[2]) 226. [3]) 238—263. [4]) 228 237.

fiel zwar im Augenblick ablehnend aus, aber nach wenigen Tagen trug die sittliche Anschauung doch den Sieg davon. Das Duell wurde in der Burschenschaft förmlich abgeschafft. Wer sich doch schlug, trat aus."

Auch über den Odenwalder Burschentag (September 1822) berichtet Strebel: „Ich wurde als Deputierter gesandt. Da kamen Abgeordnete von mehreren deutschen Hochschulen (Halle, Jena, Gießen, Heidelberg, Würzburg)[1]) zusammen, um sich über allgemeine Burschenangelegenheiten zu besprechen. Man traf sich in Speyer und tagte an der Bergstraße in Auerbach und Zwingenberg mehrere Tage. Die Verhandlungen und Beschlüsse waren im ganzen ziemlich unschuldiger Art. Hier zog mich besonders der Heidelberger Bursche Landfermann,[2]) ein biederer Westphale, durch sein edles, offenes und verständiges Wesen an." —

Endlich entnehme ich derselben Vita eine Angabe, die dem Ende des Jahres 1822 anzugehören scheint: „In diese Zeit drängten sich polizeiliche Untersuchungen wegen der angeblichen demagogischen burschenschaftlichen Verbindung. Das sittliche Gefühl in der damaligen Burschenschaft war so erstarkt, daß man das bisher geübte System der Verheimlichung nicht länger beibehalten wollte. Man beschloß die Burschenschaft aufzulösen, den „Brauch" (Statuten) der Behörde auszuliefern, die Gründe des bisherigen Bestehens offen darzulegen und künftig ohne förmliche Verbindung im Geiste der Burschenschaft zusammenzuleben. Das bisher nicht befolgte Gesetz wollte aber seine Opfer haben. Als solche fielen Hase, Stahl und ich, der ich damals auch dem Vorstand angehört hatte. Wir wurden relegiert. Das hätte mir nun freilich übel geraten, hätte mir die Schlußprüfung abschneiden und so den ganzen Erfolg meiner Universitätszeit in Frage stellen können. Allein zum Beweise, wie wenig man von Seiten der Universitätsobrigkeit von unserer Schuld überzeugt war und nur eben unter dem Druck des finstern Oesterreichs

[1]) In den B. Bl. Sonderh. I, 1 werden Jena, Leipzig, Heidelberg, Halle und Erlangen genannt.

[2]) Landfermann. Erinnerungen aus seinem Leben. Leipzig 1890.

und seines Metternich handelte, mag auch dienen, daß man mich, den relegierten Studenten, ganz unangefochten die Abgangsprüfung machen ließ."

## 7. Die Unterdrückung der Erlanger Burschenschaft (1823 u. 1824).

Dem Sonnenschein der Jubelsemester 1821—22 folgt ein ernstes Gewitter. Als durch den Breslauer Haacke die Geheimnisse des Dresdener Burschentags und dadurch auch die Teilnehmer aus Erlangen verraten waren, mußte hier die Untersuchung strenger geführt werden. Unter anderem hatte nun der Regierungsbevollmächtigte die Feier des Stiftungsfestes vom 18. Juni 1822 (alias Waterloo- oder Allerdeutschenfest) und das dem Hase gegebene feierliche Geleite nach München zu melden. Auf diesen Brief erfolgte die Ministerial-Resolution vom 23. Januar 1823:

I. S. K. Maj. lassen dem Vik. Sauber in Lipprichhausen, dem Vorbereitungslehrer an der Studienanstalt zu Bayreuth A. F. H. Glaser, dem Rechtskandidaten St. Fischer aus Neuburg a. d. Donau, welche sich als Anstifter und besonders thätige Teilnehmer an verbotener Verbindung hervorgethan und dem im Monat October 1820 zu Dresden stattgehabten Konvent der Deputierten mehrerer Universitäten beigewohnt und in diesem die Wiederherstellung der allgemeinen Burschenschaft mitberaten und beschlossen haben, unter dem heutigen durch die betr. Kreisregierungen das gerechteste Mißfallen mit dem Anhang zu erkennen geben, wie dieselben nur alsdann auf definitive Anstellung oder Beförderung rechnen können, wenn sie in ihren gegenwärtigen Verhältnissen nicht nur keine Klagen gleicher oder ähnlicher Art, in welcher Beziehung auf dieselben fortwährend die polizeiliche Aufmerksamkeit gerichtet werden soll, auf irgend eine Art mehr veranlassen, sondern vielmehr Beweise treuer Pflichterfüllung und genauer Beobachtung der bestehenden Staatsgesetze beibringen werden.

II. In Ansehung der übrigen der Teilnahme an verbotenen Verbindungen mehr oder weniger beschuldigten Studierenden, welche sich noch an der Universität befinden, hat der Ministerialkommissär die geeignete Bestrafung selbst einzuleiten.

III. Auf die Bemerkung, daß das burschenschaftliche Treiben an den Universitäten schon an den Gymnasien und Lyzeen vorbereitet werde, sind sämtliche Kreisregierungen unter dem heutigen aufgefordert worden, die Direktoren der betr. Studienanstalten anzuweisen, daß dieselben über das Benehmen der Studierenden mit aller Strenge wachen und gegen diejenigen, welche sich Umtriebe der bezeichneten Art zu Schulden kommen lassen sollten, sogleich und unnachsichtlich angemessene Bestrafung vorkehren.

IV. Es ist genehm, daß die Studierenden vor jeder Einlassung in geheime oder sonst verbotene Verbindungen, ganz besonders auch vor der Teilnahme an irgend einer Burschenschaft, unter welcher Form es sei, noch einmal auf geeignete Weise ernstlich gewarnt und ihnen zugleich eröffnet werde, daß S. K. Maj. fest entschlossen seien, keine Nachsicht eintreten zu lassen, und daß sich die Schuldigen die Nachteile selbst zuzuschreiben haben würden, welche für sie aus einem diesfallsigen Ungehorsam gegen die oft wiederholten Verordnungen gelegentlich der Anstellungen im Staats- und Kirchendienste entspringen würden.

V. Der erneuerte Antrag, daß den Studierenden unter gewissen Regeln und Bedingungen gesellige Vereine mit von ihnen gewählten und von den Universitätsbehörden geprüften und bestätigten, für die Beobachtung der Gesetze besonders verantwortlichen Obmännern öffentlich gestattet werden möchte, wird ein für allemal zurückgewiesen.

VI. Der außerordentliche Ministerialkommissär, Regierungsdirektor Freudel, wird dem Magistrat der Stadt Erlangen eröffnen, daß Bürger, welche an die Studierenden zum Zweck beratschlagender Versammlungen Säle oder sonstige größere Lokalitäten vermieten oder dergleichen wahrgenommene Zusammenkünfte nicht sogleich der Polizeibehörde anzeigen, sohin die Mitwirkung zur Erhaltung der Ordnung und zur Vermeidung von Exzessen verweigern, zu gewärtigen haben, daß den Studierenden untersagt werde, bei denselben Wohnung oder Kost zu nehmen.

Demzufolge erkannte am 15. März 1823 das K. Direktorium der Universitäts- und Stadtpolizei (unterzeichnet Wöhrnitz, v. Wendt, Gründler, Lammers, Heim) in der gegen nachbenannte Studierende wegen Teilnahme an der verbotenen Verbindung der Burschenschaft vorgenommenen Untersuchung, den Akten- und Universitätsgesetzen gemäß, daß

I. Mit 6tägigem Karzer: Ad. Clöter, Strebel, Reuper, Lehner, Herbst, v. Hinsberg;

II. mit 3tägigem Karzer: Wißmüller, Zuccarini, Hoffmann, Eschenbach, Oheim;

III. Dittmar, Hopp, Obermüller, Redenbacher, Mayer, v. Pfetten, Lammers, Heintz, Thoma, Schüssel, Moschenbach, Kindler, Reinhart, Schneider, Rehm, wegen feierlicher Begleitung des von hier entlassenen Studierenden Hase, mit ernstlichem Verweis bestraft werden.

Entscheidungsgründe. Unter die verbotenen Verbindungen der Studierenden gehört die allgemeine deutsche Burschenschaft, unter welcher Form dieselbe auch bestehen mag. Diese Gesellschaft wurde auch auf hiesiger Universität förmlich aufgelöst. Dem ungeachtet bildete sich diese Gesellschaft wieder und ordnete zu einer Versammlung nach Dresden Studierende ab. Dieser Umstand und die nachher erfolgte Feier des vorgeblichen Waterloofestes gaben die Veranlassung zu dieser Untersuchung.

Das Bestehen der verbotenen Verbindung der Burschenschaft ist unbezweifelt dargethan

a) durch das Dresdener Burschenschaftsprotokoll, welches die genauesten Bezeichnungen der Erlanger Studentenverhältnisse enthält,

b) durch das hier aufgefundene landsmannschaftliche Seniorenkonventsprotokoll,

c) aus den Aussagen mehrerer unverdächtiger Zeugen,

d) aus den bei Hase und Clöter aufgefundenen Papieren,

e) aus den Zugeständnissen mehrerer Studierender,
f) aus der Feier des allgemeinen Burschenfestes,
g) aus der auf verschiedene Weise aufgefundenen Chiffre,
h) aus den vielfältig gezeigten und bezeichneten Abzeichen: schwarz, rot und gold.

Als vorzügliche Teilnehmer dieser Gesellschaft zeichneten sich aus:

1. Clöter durch Zimmermieten zu Turnübungen, Gesellschaftsverrechnungen über die Taxe der Lohnkutscher, Teilnahme an dem allgemeinen Feste, Hase's Begleitung, das aufgefundene Burschenband und mehrere auf diese Verbindung bezughabende Papiere;

2. Strebel gab das Bestehen einer Gesellschaft zu, die in den Grundsätzen der Burschenschaft lebe; er wohnte dem Burschenfest bei; er wird übereinstimmend als einer derjenigen erklärt, welche den Verruf gegen Langguth mit aussprachen und seine Erklärungen zum Protokoll, verglichen mit den aufgefundenen Dokumenten, sprechen ganz gegen ihn.

3. Reuper war bei der Verrufserklärung eines Studierenden — eine Handlung, die er beschönigen wollte, aber nicht leugnen kann, — und bei Hases Begleitung.

4. Lehner fuhr am 18. Juni, dem Feste aller verbrüderten Burschenschaften, mit vier Pferden und zwei Bedienten auf eben die Weise wie Studierende stets ihre Vorsteher bezeichneten, nach Bubenreuth, widmete der Burschenschaft einige Bücher und begleitete ebenfalls den Hase.

5. Herbst hielt bei dem Burschenfest eine Anrede an die Versammelten, wie er selbst bekannte.

6. v. Hinsberg erscheint bei dem gegen einen Studierenden ausgesprochenen Verruf unter den Vorstehern der Gesellschaft, mußte diese Teilnahme im wesentlichen einräumen, und die Aussage anderer ist in dieser Beziehung gegen ihn.

Wißmüller fuhr mit Lehner zum Feste. Aber er ist doch im allgemeinen nicht so sehr graviert wie Lehner, mit dem er fuhr.

Zuccarini, sehr oft bestraft, verfehlte sich dem ohngeachtet wieder durch die Begleitung des Hase. Hoffmann, Eichenbach und Oheim haben einem in Verruf erklärten Studierenden das Abzeichen, das er im Welsengarten trug, abgenommen. Sie erscheinen als Glieder einer verbotenen Gesellschaft und Vollstrecker ahndungswürdiger Gebräuche. Körbitz, Hopp und Obermüller haben das Burschenfest mitgefeiert und den Hase begleitet. Gegen Obermüller spricht das aufgefundene Stammbuchblättchen.

Die übrigen aber sind zwar keiner näheren Verbindung angeklagt, haben aber durch die ordnungswidrige und trotzige Begleitung des Hase Ahndung verdient.

Diese Bestrafung hat das K. Direktorium der Universitäts- und Stadtpolizei nur deswegen auf eine so milde Weise erkennen können, weil bei dem größten Teil der Bestraften ein vorzüglicher sittlicher Sinn und ein sonst tadelloses Betragen wahrzunehmen war und daß sie frei blieben von jeder Anmaßung, sich in Gegenstände der Regierung zu mischen, die ihrem Berufskreis noch fremd bleiben müssen." —

Selten wird eine Strafe mit gleichem Wohlwollen und mit soviel Entschuldigung ausgesprochen sein. Thatsächlich aber zerstörte das Urteil, was Erhaltung und Pflege verdiente. — Wie die alten Burschenschafter am 21. April 1895 Bismarck zu seinem Geburtstag aufwarteten, meinte der Fürst: „Von den Mitteln, die der Burschenschaft zur Verfügung standen, um ihre Ziele zu verwirklichen, wurde irrtümlich angenommen, die sofortige Inswerksetzung könnte den Klotz, unter dem wir lebten — das Gebirge, will ich lieber sagen, unter dem wir lebten — irgendwie rühren und erschüttern." Wir haben das Feindselige, das doch wohl kein Naturding war, sondern ein recht menschliches Gewebe von Eigennutz und Herrschsucht, im folgenden Abschnitt zu betrachten.

---

## 5. Der Jünglingsbund und der Bundesbeschluß v. 16. August 1824.

Hier ist der Zusammenhang der europäischen Politik wenigstens durch einige grobe Striche anzudeuten. Wir wissen, daß sie seit 1815 von der heiligen Allianz geleitet wurde, daß sich die Herrscher von

Rußland, Oesterreich und Preußen in diesem Bund gegenseitige Unterstützung zusagten, um ihren Staaten Frieden und Gerechtigkeit zu schaffen, mit dem Vorbehalt, daß für diese Güter die Regierungen allein sorgen. Indes war in den Regierten bei den Opfern und Leistungen des Weltkrieges die Hoffnung erweckt worden, aus Unterthanen Bürger zu werden, nach dem Maß materieller und geistiger Kräfte Rechte zu erhalten das Gemeinwohl mitzuschaffen und mitzuberaten, Einfluß auf Gesetzgebung, Besteuerung und Rechtspflege. Daß diese Ansprüche nach 1815 mehr und mehr bestritten, immer drohender zurückgewiesen, allmählich als verbrecherisch verfolgt wurden, diese Enttäuschung raubte die Freude am Vaterland, zerstörte Mut und Hoffnung und erzeugte heftige Erbitterung gegen die Träger des Systems, die Regierungen. Und der Geist des Unmuts blieb nicht beschränkt auf die Staaten der heiligen Allianz. Um zu Hause die Tendenzen der Restauration durchzusetzen, haben die Ostmächte auch in den übrigen Staaten Europas die Geltendmachung von Volksrechten niedergehalten; es lag in der Konsequenz des Prinzips, denn seit der französischen Revolution und durch die Kriege gegen Republik und Kaisertum hatte die Wechselwirkung der Völker auf einander an Ausdehnung und Stärke gewonnen. Metternichs Grundanschauungen und die blinde Abhängigkeit Preußens haben wir kennen gelernt. Als zuverlässiger Hort des Absolutismus mochte nach seinem Kulturzustand und seiner Regierungsform **Rußland** erscheinen; indes dei Erhebung der christlichen Bevölkerungsteile der Türkei entfesselte seit 1821 auch im Reich des Zaren den Haß gegen Sultanismus und erweckte enthusiastische Gefühle für die Befreiung der glaubensverwandten griechischen Nation.

Selbst in **England**, das der heiligen Allianz nicht beigetreten war, wurden unter Einwirkung des Prinzregenten durch das Ministerium Castlereagh die freiheitlichen Institutionen des Landes und der Volksgeist mit Gewalt unterdrückt. Hier, wo der Krieg zwar die Macht der Nation gesteigert, aber auch eine ungeheure Schuldenlast hinterlassen hatte, gingen die populären Forderungen auf Abschaffung der Kornzölle und größere Gleichmäßigkeit der Besteuerung und des Wahlrechtes. Byrons Dichtungen bewahren das Andenken dessen, wovon sich die freien Geister mit soviel Ungestüm abwandten.

In Frankreich suchten mit der Rückkehr der Bourbons Adel und Geistlichkeit den Besitzstand der feudalistischen und absolutistischen Zeiten zurückzugewinnen, den Geburtsstand für die Geltung im Staatsleben entscheidend zu machen. Dagegen verteidigten die Industriellen und Gebildeten in den Kammern und in der Presse die bürgerlichen und nationalen Forderungen. Der Geist, in dem dieser Kampf geführt wurde, ließ die Nachbarn den Haß gegen die französische Nation vergessen und wandte ihr aufs Neue die Sympathien der Völker zu.

Schwerer wurde Italien durch die Restauration bedrückt. Vernachlässigung des Heeres und ungenügende Rechtsflege schufen Räuberbanden, die materielle Kultur wurde durch die Vielstaaterei gehemmt, die geistige durch den Klerus niedergehalten. Ueber die ganze Halbinsel flogen die revolutionären Funken, die Brände aber, die in Piemont, Neapel und Sizilien ausbrachen, erstickten die Oesterreicher 1821 mit den Waffen.

Am gewaltsamsten aber waren die politischen Zuckungen auf der pyrenäischen Halbinsel, und in ganz Europa und Amerika wurden sie Jahrzehnte lang mit gespanntester Erwartung verfolgt. In Spanien hob 1814 Ferdinand VII. bei seiner Rückkehr die vor zwei Jahren geschaffene Verfassung auf. Er führte an ihrer Statt die Censur und Inquisition zurück, zwei Elemente der Tyrannei, die das geistige Gesamtleben der Nation mit dem Erstickungstode bedrohten; die Censur verhinderte, daß die Gestaltungen des öffentlichen Lebens in der Diskussion aufgeklärt und durch gemeinsame geistige Bearbeitung vorbereitet wurden; die Inquisition beförderte, indem sie Aussagen über Meinungen erpreßte und diese vor Gericht stellte, Sykophantentum und jede Art von Niederträchtigkeit. Hier zeigte die hierarchische Partei durch die Rache, mit der sie die freiheitlich Gesinnten verfolgte und durch schamloseste Begünstigung der Privilegierten, welche Friedenssegnungen ihre immer wieder angepriesene Regierungskunst den Völkern zu bringen bereit und fähig ist.

Ihr Raubsystem und Verdrängen der Talente führte hier zu noch größerer Finanznot als in Italien; dazu kamen die Militärverschwörungen. Als im März 1820 eine solche siegreich durchgeführt war, fügte sich der König, stellte die Konstitution von 1812 wieder her und gab die Inquisition preis. Als nun aber die radikale Richtung die Oberhand gewinnt, nimmt sich der Kongreß von Verona der monarchischen Sache an, und gewissermaßen als Vollstrecker seines Willens besetzen im Mai 1823 die Franzosen unter dem Herzog von Angouleme Madrid, im Oktober Cadix.

Dieser Generalerfolg der Restaurationspartei nun veranlaßt Metternich, im Jahre 1823 die Verfolgung der Universitäten mit gesteigerter Energie zu betreiben. Jetzt wird der „Jünglingsbund" von der Mainzer Kommission entdeckt. Diese 1819 vom Bundestag eingesetzte Behörde hatte am 1. Mai 1822 ihren ersten Bericht erstattet. In dem Machwerk erscheinen alle Stimmführer des erwachenden Nationalbewußtseins als revolutionäre Verschwörer, als Brandschriften Fichtes Reden an die deutsche Nation, Arndts Katechismen und Geist der Zeit, Jahns deutsches Volkstum; Schleiermacher und die Sänger der Freiheitskriege sitzen als Brandstifter auf der Anklagebank. Konnte der raffinierteste Verschwörer ein gefährlicheres Mittel aussinnen, um selbst in dem phlegmatischen, unschuldigen Deutschland Giftsamen auszustreuen und eine gereizte und begeisterungsfähige Jugend auf falsche Bahnen zu treiben? Seit 1815 waren die Angehörigen der Universitäten, insofern sie aus dem Geiste der neuerwachten Zeit hatten Früchte für unser Volk ziehen wollen, von nichtswürdigem Argwohn umgeben; seit 1819 war ihnen wie charakterlosen Minderjährigen zugemutet, sie sollten das Vaterland als ein Ding ansehen, das sie nichts angehe, und aus Angst vor der Polizei die Augen abwenden von dem welthistorischen Aufschwung, der allenthalben in Europa und Amerika sich kundgab. Alle männlichen Gedanken und Empfindungen waren verpönt und ins Geheimnis zurückgedrängt. Wie, wenn das verführerische Beispiel der Nachbarländer doch auch bei uns zu einer Nachahmung bethörte?

Wir finden nämlich um jene Zeit fast in allen Staaten Europas politische Geheimbünde. In einem Teil der katholischen Länder knüpften sie an die Gesellschaften an, die, wie der von Ingolstadt ausgegangene Illuminatenorden (1776–85), die Ketten priesterlicher Herrschaft hatten brechen wollen; in verwandtem Sinn arbeiteten die Freimaurerlogen auf romanischem Sprachgebiet.

In Italien stammte der Bund der Carbonari aus der Zeit der Befreiungskriege. Später fanden sich in ihm politisch Mißvergnügte aller Schattierungen zusammen, Konstitutionelle und Republikaner neben solchen, denen die Einheit und Unabhängigkeit Italiens die Hauptsache war. Die Formen der Carbonaria, ihre Grade und Zeremonien waren dem Freimaurerorden entlehnt; viele der Teilnehmer waren Adlige, die Gesamtzahl der Mitglieder soll um 1819 eine halbe Million überschritten haben.

In Frankreich bildete sich seit 1820 nach den Formen und der Einrichtung des Carbonarismus die Verbindung der „Freunde des Volkes" zum Widerstand gegen das bourbonische Regiment. Um das Geheimnis zu bewahren, sollte nur mündlich verhandelt werden, möglichst wenig Mitglieder mit einander bekannt sein, alle den Befehlen der Oberen blindlings gehorchen. An der Spitze des leitenden Ausschusses (der haute vente) stand Lafayette, die meisten Mitglieder waren junges Volk, Studenten, Militärs und Arbeiter. Als aber die Regierung im Februar 1822 einen in der Vendee ausgebrochenen Aufstand niedergeschlagen hatte, gelang ihr, andere Herde der Verschwörung zu entdecken und diese selbst unwirksam zu machen. Nodier's Souvenirs bringen viele einzelne Züge französischer Konspiration.

Mit einer Änderung des politischen Zustandes in Rußland und Polen beschäftigte sich ein „Wohlfahrtsbund", dem seit 1819 viele Mitglieder vom Adel, Militär und höheren Beamtenstand angehörten; er wollte Mißbräuche entdecken und bekanntmachen, den Unterricht verbessern und verallgemeinern, die Rechtspflege und Staatswirtschaft beleben. Eine radikale Partei plante gewaltsame Maßregeln.

Einen mehr internationalen Charakter hatte der Bund der Hetärie, der für die Erhebung Griechenlands von wesentlicher Bedeutung wurde. 1814 auf dem Wiener Kongreß gestiftet, wollte er anfänglich nur für die Bildung der Griechen sorgen, bald aber trat die Absicht der Befreiung vom türkischen Joch in den Vordergrund. Die Mitglieder leisteten namhafte Geldbeiträge. Über den Graden der Adoptivbrüder und Junggesellen, der Priester von Eleusis und der Prälaten erhob sich der große Rat, unter dessen Häuptern Zar Alexander, die Kronprinzen von Baiern und Württemberg genannt wurden.

Um die Zeit nun, wo der Aufstand der Griechen wirklich erfolgte, von der Mehrzahl der Gebildeten begrüßt als die Erfüllung eines edlen Traumes, für abenteuerliche Geister wie ein Ruf, den Nachkommen des Leonidas und Themistokles hülfreich zu sein, im Frühjahr 1821, versuchte man auch in Deutschland einen politischen Geheimbund zu stiften. Ein Mitglied der Jenaer Burschenschaft, v. Sprewitz, war nach der Schweiz gereist, um den piemontesischen Aufstand mitzumachen. Doch der war schon von den Östreichern niedergeworfen. Da ließ sich Sprewitz von Karl Follen und zwei Genossen bestimmen, nach Deutschland zurückzukehren, dort für die Sache der Freiheit thätig zu sein und den Jünglingsbund zu stiften. Es waren neun Punkte festgesetzt:

1. Zweck des Bundes ist der Umsturz der bestehenden Verfassungen, um einen Zustand herbeizuführen, worin das Volk durch selbstgewählte Vertreter sich eine Verfassung geben könne. 2. Der Bund zerfällt in zwei Teile, wovon der eine Männer, die schon im bürgerlichen Leben stehen, in sich begreift, der andere dagegen Jünglinge, welche sich noch für dasselbe bilden. Letztere entsagen für sich jeder eigenmächtigen Thätigkeit für die Sache, geloben aber 3. den Befehlen der Bundesoberen Gehorsam, soweit diese Befehle mit ihrer Überzeugung übereinstimmen. 4. Jedem einzelnen Bundesgenossen müssen möglichst wenig andere Bundesgenossen bekannt sein. 5. Jeder muß sich Waffen anschaffen und darin üben. 6. Etwas Schriftliches darf über den Bund nicht vorhanden sein. 7. Es

wird eine Kasse errichtet, zu welcher jedes Mitglied einen Beitrag zu liefern hat. 8. Jeder Bundesgenosse leistet einen Eid der Verschwiegenheit. 9. Den Verräter treffe der Tod.

Dieses revolutionäre Programm, praktisch bedeutungslos für den Zweck, den es verfolgte, belastete die Gewissen derer, die sich zu seiner Annahme verleiten ließen, und bedrohte ihre bürgerliche Existenz; für jene aber, welche die öffentliche Sicherheit gefährdet glaubten oder Besorgnis erregen wollten, war es nicht ungeeignet, die Ausnahmegesetze von 1819 zu rechtfertigen.

Der Männerbund bestand nur in Wünschen der Verbannten und in der Phantasie der Verführten. Dem Gerüchte nach sollte der König von Württemberg an der Spitze stehen; weil in Spanien Generale die Aufstände machten, wurden Gneisenau und Grolmann als Teilnehmer des Männerbundes genannt und nach französischem Muster Diplomaten und Gelehrte, W. v. Humboldt, Savigny u. a.

Sprewitz aber gelang es, für den Jünglingsbund einzelne Studenten anzuwerben: in Freiburg, Tübingen, Würzburg. Karl Hase[1]) erzählt, Sprewitz sei auf dem Streitberger Tage erschienen. Dort arbeitete Hase dem Geheimbund entgegen, später aber ließ er sich durch Stanislaus Fischer zum Eintritt bestimmen, indem er sich jedoch den Austritt vorbehielt, wenn Artikel 5 und 9 nicht aufgegeben würden. „Da ich, erklärt er, so oft und im eigenen Herzen von der Pflicht, sich dem Vaterlande zu opfern, gesprochen hatte, gerade darum trat mir die Gefahr des Eintritts in solchen Bund verführerisch entgegen, und ich scheute den Vorwurf der Feigheit, hier, wo die erste gefährliche That gefordert wurde, zurückzustehen. Es ist das Motiv, das wohl die meisten, die sich durch Charakter oder Talent in der Burschenschaft auszeichneten, in jenen Bund geführt hat.“ Als Zahl der Erlanger Mitglieder nennt Hase 5 bis 6; auch in Jena und Heidelberg, in Leipzig, Halle und Göttingen erfolgten Beitritte.

Bald aber zeigte sich, daß der Männerbund nichts als Mythus war. Auf dem Bundestag zu Würzburg (28. Mai 1821) waren

[1]) Ideale 124 ff.

20 Bundesgenossen (aus Würzburg, Erlangen, Halle, Göttingen, Heidelberg und Nürnberg) versammelt; hier wurde der Antrag auf Auflösung gestellt, aber Eisenmann gelang es, die in Immermanns „Epigonen" verspottete Organisation nach der Kreiseinteilung zur Zeit des h. römischen Reiches durchzusetzen. Den folgenden Nürnberger Tag (Oktober 1822) besuchten nur 9 Mitglieder, aber Eisenmann hielt noch einmal die Auflösung hintan. Der Ausgang soll mit Arnold Ruge's Worten berichtet sein: „Die Verbindung war zu 150 Mitgliedern etwa angewachsen (man kann's nicht genau wissen) und bereits in sich selbst aufgelöst, als sie durch ein unglückliches Subjekt, welches wir in Halle großgezogen hatten, den Behörden angezeigt und in Prozeß genommen wurde." [1])

Nunmehr war nachweisbar, daß auf einer Anzahl von den Universitäten, die man längst in ihrer Gesamtheit als Herde des Aufruhrs behandelt und mit aller Gewalt gezwungen hatte, ihre politischen Empfindungen zu verheimlichen, je einige unbedachte oder überspannte Studenten sich zu verbotenen Zwecken mit strafbaren Mitteln verschworen hatten. Ehe berichtet wird, wie die einzelnen büßten, betrachten wir, wie die Metternichsche Politik im ganzen die Entdeckung für ihre Zwecke ausgebeutet hat.

Wir wissen (S. 140), die Zeit war zu einem Schlag gegen die Freiheit günstig, denn eben war Spanien niedergeworfen. Am 26. August 1824 wurde nun dem Bundestag zugemutet, die verhaßten provisorischen Maßregeln von 1819 zu verlängern und zu verschärfen. Dieses Verlangen leitete der präsidierende östreichische Gesandte mit gleisnerischem Lobe der „Besonnenheit, Mäßigung und Treue des deutschen Nationalgeistes" ein. Aber die „niederschlagenden Beweise von der unermüdeten Thätigkeit der Friedensstörer," welche die Mainzer Commission beigebracht hat, fordern Abhülfe. Die Motivierung ergiebt, wohin der Schlag gerichtet ist und von welcher Seite er geführt wird. Mit erstaunlicher Offen-

[1]) Hase, 228 ff. Als der Pfarrverweser Diez in Zeitlofs den Amtseid leisten sollte, bekannte er seine Teilnahme an jenem Bund. Kompromittierende Aussagen wußte er nicht zu machen. Diese erfolgten durch Sprewitz.

heit spricht das östreichische Votum aus, daß ihm die Bildung zu selbständigem Urteilen und eigenem Denken als Quelle aller politischen Uebel gilt, dahinter aber erscheint das Dogma von der Menschen- oder Laienwelt als einer Masse niedriger Begriffe und Erfahrungen im Gegensatz zu irgendwelchem Schema göttlicher Wahrheit[1]): „Wenn der Lehrer schon dem unreifen Knaben und Jünglinge für den Glauben in der Religion den Zweifel giebt, wenn er dessen Gemüt an das ideale Bild fettet, das er ihm von der Bestimmung des Menschen und von seinem Verhältnisse zum Staate mit trügerischen Farben entwirft, statt ihm eine treue Schilderung des wirklichen praktischen Lebens vorzuführen, wenn der Lehrer, statt dem Knaben einen der jungen Denkkraft angemessenen Stoff hinzugeben, ihn zu selbständiger Prüfung und Begründung solcher Materien auffordert, die oft dem gereiften Verstande des Mannes schwer zu lösende Aufgaben darbieten; wenn der so vorbereitete und mit unverdautem Wissen angefüllte Jüngling endlich in die Hochschule tritt und dort Verachtung aller positiven Lehre oder die Sucht, die gesellschaftliche Ordnung nach eigenen unversuchten Systemen umzuschaffen, vorfindet, sich in der Geringschätzung alles Bestehenden nur noch genährt und befestigt sieht, und wenn er endlich, statt sich an Ordnung und Disciplin zu gewöhnen, mit Ungebundenheit und Zügellosigkeit vertraut wird, und statt den Handhabern der Gesetze die schuldige Ehrerbietung zu widmen, sich selbst in einem Ausnahmegesetze begriffen wähnt, welches ihn über Lohn und Strafe erhebt; — dann darf es nicht befremden, daß wir nicht bloß auf Universitäten und Hochschulen, sondern fast auf allen Lehranstalten die absprechendsten Urteile über Religion und Staat, über das Höchste wie über das Heiligste vernehmen; es darf nicht befremden, daß auf solche Art erzogene und unterrichtete Knaben schlechte, unzuverlässige, dem Gehorsam abgeneigte Staatsdiener und mißvergnügte Staatsbürger werden."

---

[1]) Zoepfl II³, 160.

Infolge dieses Präsidialvortrages wurde also am 16. Aug. 1824 beschlossen, daß nicht nur die Ueberwachung der Universitäten nach den Normen von 1819 fortdauern, sondern auch eine Kommission von fünf Mitgliedern Vorschläge machen solle gegen die Gebrechen des gesamten Schul-, Unterrichts- und Erziehungswesens in Deutschland.

Wie die Edelsten und Weisesten der Zeitgenossen litten und hofften, vernehmen wir aus der Klage, die der Freiherr v. Stein über das Jahr 1824 erhoben hat: „Der Zustand der öffentlichen Angelegenheiten ist nirgend, am wenigsten in Deutschland erfreulich. Das Streben nach phantastischer Freiheit der Einen, die Bemühungen der Anderen, den menschlichen Geist zu lähmen, den bureaukratischen Despotismus als die vollkommenste bürgerliche Verfassung zu befestigen, zu lobpreisen, die Auflösung Deutschlands in viele kleine feindlich einander gegenüberstehende Fragmente, die durch ein Spinnengewebe verbunden sind, alles dieses betrübt jeden Redlichen, der nur in dem Glauben an eine väterlich weise Vorsehung und dem Blick nach dem Ueberirdischen Trost und Beruhigung finden kann."

---

## 6. Das Erlanger Straferkenntnis vom 1. März 1824.

Der folgende Straferlaß mag statt einer Schilderung des Studienjahres 1823—24 gelten. Das Wintersemester stand unter dem Druck der Untersuchung, die über den Streitberger Burschentag, über die Teilnahme am Jünglingsbund und an der Burschenschaft geführt wurde; im Sommer 1824 saßen die älteren Mitglieder der Burschenschaft im Münchener Untersuchungsgefängnis oder waren über ganz Bayern hin zerstreut und interniert, die jüngeren bevölkerten die Karzer.

Das Strafurteil fällte am 17. Jan. 1824 eine Kommission, die aus dem Stadtkommissär Wöhrnitz, den Senatsmitgliedern Glück und Loschge, dem Bürgermeister Lammers und Rechtsrat Heim gebildet war. Der Ministerialkommissär Freudel bestätigte es am 1. März 1824 und gab folgenden Begleitbericht:

Die Erwartungen des Jahres 1822 seien abermals getäuscht. Entdeckungen vom August 1823 haben die Ueberzeugung gegeben, daß den eingetretenen Strafen und erneuter polizeilicher Warnung (11. Juni 23) zum Trotz eine Burschenschaft fortbestanden habe. Bei den inzwischen eingetretenen strengeren A. H. Beschlüssen über Verbindungen unter den Studierenden „nachdrücklicher Geltendmachung der Gesetze nicht weiter ausweichend könnend," sieht man sich in der Notwendigkeit folgende Strafen zu verhängen:

I. Die Relegation wird verhängt über Julius Stahl, J. B. Strebel, J. F. Herbst.

II. Moschenbach betr., der nicht mehr Student ist, sondern Vikar in Willmars, ist anderweit bestimmt, er müsse sein Vikariat niederlegen. „Es wird erst von einem durch geraume Zeit unterbrochenen tadelfreien, keiner gesetzwidrigen Verbindung im mindesten verdächtigen Betragen abhängen, ob ihm Ansprüche auf Anstellung im Staats- oder Kirchendienst aus Allerhöchster Gnade wieder eingeräumt werden sollen."

III. Karl Christoph Abel, Segnitz oder Neumarkt bei Salzburg, m., Johann Mich. Bezzel, Nürnberg, th., Karl Bunte, Pappenheim, i., Wilh. Dittmar, Pappenheim, th., Joh. Andr. Eccardt, Hof, th., Georg Konrad Eberlein, Kulmbach, i., Christian Friedr. Wilh. Gebhardt, Hof, th., Fried. Hoffmann, Kandel in Rheinbayern, th., Karl Fried. Heinz, Zweibrücken, dermalen in München, i., Johann Friedrich Imhof, Pegnitz, th., Christoph Hein. Jakobi, Ansbach, th., Wilh. Koch, Aubstadt, th., Franz v. Paula Lechner, Kötzting, ph., Georg Friedr. Lochner, Nürnberg, th., Karl Friedrich Jakob Mayr, Heidingsfeld, th., Georg Caspar Mezger, Wassertrüdingen, th., Joh. Georg Militzer, Hof, m., Heinrich Neuper, Kreußen, i., Wilhelm Redenbacher, Pappenheim, th., Friedr. Ritter, Bayreuth, i., Karl Andr. Friedr. Stöckle, Regensburg, th., Gustav Heinr. Schneider, Rentweinsdorf, th., Friedr. Karl Schell, Kainach, i., Ferd. Teuffer, Altona, ph., Joh. Christoph Wild, Plößberg, ph. et th., Friedr. Joh.

Heinr. Rud. Wagner, Bayreuth, m., Karl Friedr. Wachter, Arleswind, th., Ant. Ziegler, Bamberg, i., Ad. v. Zerzog, Bayreuth, i., Hans Karl Briegleb, Bayreuth, th., Joh. Gg. Hoffmann, Bayreuth, th., werden als Mitglieder der Burschenschaft, welche entweder Vorsteherstellen bekleideten oder sich sonst als vorzügliche Teilnehmer auszeichneten, mit der Strafe der einfachen temporären Entlassung von der Universität und mit 8 Tagen Karzer belegt, wobei ihnen die ausdrückliche Vorschrift erteilt wird, daß sie bei ihrem Ansuchen um Wiederaufnahme zu den Studien sich mit einem obrigkeitlichen Zeugnisse ausweisen müssen, daß sie in der Zwischenzeit durch ein durchaus geordnetes, den Gesetzen des Staates gemäßes Benehmen ausgezeichnet und an einer Studentenverbindung, sie möge Namen haben wie sie wolle, keinen ferneren Anteil genommen haben.

Die nämliche Strafe mit Ausnahme des Karzers soll

IV. die Nachstehenden treffen, welche Mitglieder der Burschenschaft waren, ohne auch Vorsteher zu sein:

Friedr. August Burgett, Augsburg, i., Johann Büttner, Bamberg, i., Karl Herm. Breiting, Augsburg, m., Christian Sebald Cramer, Nürnberg, th., Karl Friedr. Alex. Engelhardt, Hof, i., Joh. Gg. Egelkraut, Selbitz, th., Joh. Friedr. Emmert, Schweinfurt, th., Friedr. Lebrecht Traug. Elsperger, Sulzbach, th., Georg Matth. Eber, Unterringingen, th., K. Fischer, Weilbronn, cam., K. Finweg, Lauingen, i., Wilh. Frommel, Augsburg, m., Ludw. Geßner, Zweibrücken, Bergbau, J. Heinr. Großgebauer, Schweinfurt, th., Phil. Gassert, Neuhornbach, Rheinpf., th., Andreas Götz, Memmingen, th., J. Wilh. Friedr. Höfling, Neudrossenfeld, th., Franz Anton Heydenschreider, Mergentheim, i., Joh. Nik. Kolb, Neustädtlein am Forst, th., Wolfg. Heinr. Körbitz, Kulmbach, i., Fidel v. Krafft, Ellwangen, dermalen in Augsburg, i., Georg Michael König, Wunsiedel, cam., Franz Kolb, Wallerstein, i., Ernst K. Jul. Lützelberger, Trautskirchen, th., Joh. Gottfried Friedrich Mann, Augsburg, cam., Friedr. Müller, Altenglan, th., Fr. Andr. Morgenroth, Thurnau, i., K. Friedr. Nägelsbach, Schnabelweid, th., Joh.

Heinr. Örtel, Bayreuth, i., Karl Phil. Friedr. Pfender, Zweibrücken, i., Sigm. Renner, Ingolstadt, i., Karl Aug. v. Steinheil, München, i., Joh. Ernst Mart. Schneider, Rentweinsdorf, th., Ignaz Christ. Schwarz, Bamberg, i., Joh. Heinr. Mich. Schmidt, Bayreuth, i., Christian Friedr. Schönbein, Mezingen, Württ., ph., Franz v. Thüngen, Burgsinn, i., Joh. Ad. Vollrath, Wirsberg, th., Friedr. Christ. Joh. Ed. Vogel, Bayreuth, m., Joh. Karl Christ. Vogel, Bayreuth, m., Gust. Heinr. Wagner, Lahm, th., Friedrich Wucherer, Nördlingen, th., Georg Wollner, Erlangen, m.

Die Studierenden, welche in diesem Erkenntnis genannt wurden, haben ihr offenes Bekenntnis abgelegt, daß sie teils nur Mitglieder und teils Vorsteher der Burschenschaft waren. Diese Gesellschaft ist eine nicht nur durch Universitätsgesetze, sondern auch durch mehrere A. H. Reskripte verbotene Verbindung, und erst am 15. März 1823 wurden mehrere Studierende hier wegen Uebertretung dieses Verbotes bestraft.

Demungeachtet wurden diese Gesetze und Vorschriften wieder übertreten, von Friedrich Julius Stahl noch ganz vorzüglich durch seine Anteilnahme an dem Streitberger Burschentag, von Strebel und Herbst dadurch, daß sie der ihnen den 15. März 1823 durch Erkenntnis zugegangenen Warnung und Strafbedrohung nicht folgten.

Die in der III. Abteilung genannten Studierenden haben eingekannt, daß sie Vorsteherstellen bekleidet haben, welche nach dem A. H. Reskripte vom 6. April 1823 vorzüglich bestraft werden sollen.

Briegleb hat, obwohl er kein Vorsteher war, doch eine härtere Strafe verdient, weil er das Burschenband noch während der Untersuchung trug, und J. Gg. Hoffmann ist durch obengenanntes Erkenntnis auch schon bestraft worden.

Die von dem Studierenden Ziegler später nach seinem Bekenntnis gemachte Einwendung, daß er sich vier Wochen vor der verhängten Untersuchung zurückgezogen und aus der Burschenschaft getreten sei, ist von ihm, da er auch während dieser Zeit das Burschenhaus noch besuchte und im Umgang mit diesen Studierenden war, keineswegs genügend dargethan und daß er Mitglied und Vorsteher der Burschenschaft war, mußte er doch eingestehen.

Bei der Strafausmessung hatte man, indem man von der gesetzlichen Vorschrift der Relegation aller Beteiligten abwich, in Erwägung gezogen, daß das offene Bekenntnis sowohl als das von den meisten in ihren übrigen Verhältnissen bewiesene vorzüglich gute Betragen gesetzlich als Milderungsgrund angenommen werden dürfe. Auch war hinsichtlich der Relegationen und Entlassungen ein Antrag auf begnadigende Verwandlung gestellt; der Ministerialkommissär hatte diesen betreffs der letzteren „bei der A. H. Stelle mit allen dafür anzuführen gewesenen Gründen aufs lebhafteste unterstützt; allein es ist A. H. Ortes nicht darauf eingegangen worden."

So in dem Bericht vom 1. März 1824. Aber schon am 27. April 1824 teilte der Ministerialkommissär der Polizeibehörde ein königliches Begnadigungsreskript vom 20. April mit, folgenden Inhalts:

I. Die ausgesprochene Strafe der Relegation gegen den Rechtskandidaten Friedrich Julius Stahl von München ist mit Beschränkung der gesetzlichen Folge derselben vorerst auf 2 Jahre unter Voraussetzung vollkommen genügender Ausweise über tadelloses Betragen und Enthaltung von jeder gesetzwidrigen Verbindung, dann gegen die Kandidaten Strebel und Herbst mit Beschränkung des Ausschlusses des ersteren vom öffentlichen Kirchen- und Lehramte vorerst auf drei Jahre unter gleichmäßiger Voraussetzung wie bei Stahl zu bestätigen und rücksichtlich des Herbst die Bestimmung der weiteren Folgen seiner Landesherrschaft zu überlassen.

II. Die unter III. aufgeführten Studierenden sind mit einfacher temporärer Entlassung zu bestrafen, diese Strafe ist jedoch bei den elf ersten, also bis zum Zerzog incl.[1]) und bei dem Karl Friedrich Heintz mit achttägigem Karzer zu verschärfen, bei den übrigen aber soll sie unter Voraussetzung beizubringender Zeug-

[1]) Die Namen mögen in anderer Reihenfolge aufgeführt worden sein.

nisse über tadelfreies gesetzmäßiges Benehmen auf ein halbes Jahr beschränkt sein, kann übrigens durch unterdessen ausgefertigte ohnehin nur bedingte Absolutoria nicht aufgehoben werden.

III. Mit der Strafe temporärer Entlassung in gleicher Art, beschränkt auf ein halbes Jahr, sind zu belegen:

Johann Büttner, Bamberg, Gg. Egelkraut, Selbitz, Gg. Matth. Eber, Unterrigingen, Wilh. Frommel, Augsburg, Joh. Heinr. Ortel, Bayreuth, Joh. Karl Christ. Vogel, Bayreuth, Karl Philipp Friedr. Pfender, Zweibrücken.

Alle übrigen unter IV. genannten einfachen Teilnehmer sollen mit verhältnismäßig strengem Arrest bestraft werden und zwar: Breiting und Emmert mit 3 Wochen, Thüngen, weil er sich freiwillig angegeben und zur Untersuchung gestellt hat, mit 8 Tagen, die übrigen mit 14 Tagen.

Jemehr die A. H. Stelle erwartet, daß vorstehende durch Verwandlung der Entlassung in Arreststrafen begnadigte Individuen sich dieser Milde durch ein künftig vollkommen gesetzliches Betragen würdig beweisen, desto schärfere Strafe soll denselben auf den unerwarteten Wiederholungsfall angedroht werden.

Sämtliche Stipendiaten verlieren ihre Stipendien, können sie aber bei Würdigkeit wieder erhalten.

Endlich noch 2 Aktenstücke aus dem November 1824. Am 9. November 1824 schreibt die Polizeibehörde an den Ministerialkommissär:

„Die Studierenden, die nun wohl alle, welche dieses Semester hier studieren wollen, eingetroffen sein werden, versammeln sich meistens wieder in eben den Gast- oder Kosthäusern wie in den früheren Semestern und das Publikum heißt sie daher eben wieder: die Bayreuther, die Burschenschaft oder Burschen, und die Ansbacher. Jene, welche die Sonne besuchen, sind die zahlreichsten und nach den Meldungen des Brigadiers mögen wohl schon gegen 200 auf einmal daselbst beisammen gewesen sein“.

„So zahlreiche Zusammenkünfte besonders von denjenigen Studierenden, welche wegen Teilnahme an den burschenschaftlichen Verbindungen zum Teil schon bestraft worden sind, dürfen der polizeilichen Aufmerksamkeit zwar nicht entgehen, allein wir halten sie denn doch eben, weil sie in so großer Zahl beisammen sind und weil die kaum erstandene Strafe bei dem größten Teil einen recht tiefen Eindruck gemacht hat, nicht für bedenklich, sondern glauben vielmehr, daß Beschränkungen weit nachteiliger in jeder Beziehung auf Studierende wirken müßten. Und gesetzt, es könnten keine Gesellschaften der Studierenden, die mehr als 25–30 Individuen zählen sollten, stattfinden, so würden diese Vorschriften bei den örtlichen Verhältnissen nicht auszuführen sein.“

Als der Ministerialkommissär in einem Brief an den Prorektor vom 26. November 1824 auf die zahlreichen Studentenversammlungen in der Sonne aufmerksam macht, wird ihm folgendes erwidert (in der Abschrift ohne Datum):

„Auf das verehrliche Schreiben vom 26. d. M. verfehlt der Unterzeichnete (Engelhardt) nicht, gehorsamst zu erwidern, daß ihm nach seinen Erfahrungen und Wahrnehmungen von dem dermaligen Fortbestehen verbotener Verbindungen nichts bekannt geworden ist. Mehrere deshalb gelegentlich befragte Studierende haben die gegenwärtige Existenz solcher Verbindungen, insonderheit der sog. burschenschaftlichen auf unserer Universität, unter den größten Beteuerungen in Abrede gestellt.“ –

Die unter den Betroffenen herrschende Stimmung mögen zunächst zwei Briefe wiedergeben, die Höfling an Pfarrverweser Koch in Zeitloß geschrieben hat:

Würzburg, am Mittwoch vor Exaudi 1824.

.. — Nun kann ich Dir auch bestimmtere Nachrichten wegen unserer Untersuchung geben. Mir wurde mein erstes Urteil gar nicht zugeschickt. Wahrscheinlich kam Herr Freudel für mich selbst um Gnade ein, wie er es auch für Dich gethan haben wird. Die königliche Antwort bestand darin: Strebel und Herbst sind auf 3 Jahre, Stahl auf 2 Jahre removiert, 37 andere, worunter

Gebhard, Wild, Imhof, Redenbacher, wahrscheinlich auch Du sind mit $^1/_2$jähriger Remotion und 8tägigem Carcer, die übrigen, worunter durch eine mir unbegreifliche königl. Gnade auch ich mich befinde, sind mit bloßer 14tägiger Carcerstrafe belegt. Wegen Meier von Würzburg kam kürzlich ein Consistorialreskript hierher, das auf Befehl des Staatsministeriums den Pfarrer auffordert, demselben für die halbjährige Strafzeit sein Ordinationsattest abzufordern und keine geistlichen Funktionen verrichten zu lassen. Wahrscheinlich wirst Du von Deinem Herrn Dekan auch nächstens Nachrichten der Art erhalten. Die Strafe ist wahrlich sehr gelinde. Die halbjährige Remotion ist von keinen Folgen und hindert nicht am 2. Examen. Ich hätte mir wenigstens nicht das Mindeste daraus gemacht, wenn sie mich getroffen hätte, und wäre gleich bereit, mit Dir zu tauschen. Ich muß nach Erlangen und dort 14 Tage sitzen: das wird mir spanisch vorkommen. — Von der Burschenschaft ist jetzt der Verdacht der Demagogie glücklicherweise entfernt. Jetzt ist alle Aufmerksamkeit auf das Bestehen einer geheimen durch ganz Teutschland gehenden Verschwörung gerichtet. Alle Residenzen sind voll Verhafteter. In München sitzen unter andern: Dr. Eisenmann, Dietz, Fischer, Dr. Marcus von hier, Rattinger, Henke von hier, Plank, Sauber, Zerzog, Meier von Würzburg, Dr. Feuerbach und der gute Pfaff in Bayreuth (Glaßer II), der sein schönes junges Weib mit ihrem neugebornen Kinde verlassen mußte. Hodes wurde nach Kassel abgeholt. Alle diese werden criminell inquiriert. Sie sollen schon sehr viele Aussagen und Beweise gegen sich haben .........

10. Nov. 1824.

... „Ueber die Art meiner Bestrafung wegen der B. habe ich Dir, glaube ich, schon Nachricht gegeben. Es wurde mir von der Polizei ein Schreiben zugeschickt, daß ich mich außer Amtsgeschäften 14 Tage ununterbrochen zu Hause aufhalten möchte. Die Forderung zu erfüllen fiel mir nicht schwer. Es hat sich auch gar Niemand nach mir umgesehen. Nur stehe ich, wie wir alle, unter besonderer polizeilicher Aufsicht. Ich bin recht froh, daß ich eine

Strafe erstanden habe. Nun bin ich doch künftigen Neckereien nicht mehr ausgesetzt. So sehr ich mich darüber freue, daß man Dich mit der Bestrafung ganz übergangen hat, so sehr macht mich eben dieser Umstand besorgt, es möchte Dir in Zukunft noch Anstände machen. Wir können nicht zum zweiten Examen zugelassen werden ohne das bewußte Universitätszeugnis. Darin ist unsere Strafe bemerkt. Wir werden uns also wohl ausweisen müssen, daß wir die Strafe wirklich erstanden und dadurch unsere Kleider rein gewaschen haben. Doch vielleicht wird bis dahin die Sache gar nicht mehr so streng genommen. Gott gebe es!"

Anderen, die als Demagogen verfolgt wurden, fiel ein härteres Los. Hierüber berichtet der Präsident v. Feuerbach, dessen Sohn Karl (der Mathematiker) einer der Zwanzig war, die in München inquiriert wurden.[1]) Ansbach, 4. März 1825: „Vor ungefähr vier Monaten erhielt ich nach langen Leiden endlich die frohe Nachricht, das K. Kreis- und Stadtgericht zu München habe mit Einhelligkeit der Stimmen ausgesprochen und diese seine Erklärung in einem umständlichen Vortrage gerechtfertigt: daß gegen keinen der gefangenen zwanzig Jünglinge irgend ein Verbrechen oder Vergehen vorliege, welches deren Verhaftung oder Untersuchung rechtfertigen könne. Allein das Kreisgericht fand es nicht für angemessen, seiner rechtlichen Ueberzeugung Folge zu geben und die jungen Männer in Freiheit zu entlassen. Es ließ alle im Kerker und sendete die Akten an das Appellationsgericht in München zur Entscheidung. Von Woche zu Woche suchte man nun meine Ungeduld von München aus durch die Versicherung zu beruhigen, daß demnächst die Entschließung erfolgen werde, die der Sache ein Ende mache. Aber vergebens; Karls Arrest blieb noch immer so streng, daß er weder von Vater oder Mutter Briefe erhalten noch Briefe an die-

---

[1]) Von den S. 155 Genannten sind uns einige als Vertreter auf Burschentagen begegnet, andere mögen Mitglieder des Jünglingsbundes gewesen sein, von Plank endlich ist überliefert, daß ihn eine unvorsichtige Aeußerung ins Verderben gebracht hat. Unter den Verhafteten war auch der Nürnberger Lochner.

selben schreiben durfte . . . Karl bleibt also so lange in München, bis das Urteil ergangen ist, welches, wenn es von der Gerechtigkeit, nicht von der Diplomatie diktiert wird, keinen andern Inhalt haben kann als was das Kreisgericht schon ausgesprochen hat." Ich unterdrücke hier den Schmerzensschrei des Vaters, dessen gefangener Sohn zweimal im Wahnsinn einen Selbstmordversuch machte, dessen älterer Sohn Anselm nur mit Mühe der Verfolgung entging und vor Gram, Erbitterung und Entsetzen über das Unglück des Bruders schwer krank daniederlag. Am 15. Mai 1825 wird weiter berichtet: „Gestern wurde mir die zuverlässige Kunde, daß sämtliche wegen der bekannten Geschichte zu München verhaftete Jünglinge, wegen Mangels an dem Thatbestand eines Verbrechens oder Vergehens, wieder freigelassen sind, folglich auch mein armer, guter Karl bald wieder in der Mitte der Seinigen ist. Diese Freude wird aber durch mehrere empörende Nebenumstände verbittert. Alle, nachdem sie volle vierzehn Monate wie Mörder und Räuber behandelt, von Gefängnis zu Gefängnis geschleppt und (obgleich nicht in Anklagestand versetzt und ohne daß ihnen auch nur der Gegenstand der Anschuldigung bekannt gemacht worden wäre) wie förmliche Inquisiten durch unzählige Verhöre gemartert, ihrer Ehre beraubt, an Geist, Gemüt und Leib mehr oder weniger zu Krüppeln gemacht worden sind, wurden — ohne alles Urteil über ihre Person, ohne förmliches Rechtserkenntnis über ihre Schuld oder Unschuld! — in Freiheit wieder nach Hause geschickt. Einer der herrlichsten unter den gefangenen Jünglingen, der edle Sohn trefflicher Eltern, Namens Plank (naher Verwandter des Hofrat Plank zu Göttingen), erlag dem Nervenfieber und wurde durch den Tod in Freiheit gesetzt; auf dem Kirchhof zu München liegt seine Leiche. Drei andere liegen am Kerkerfieber im Spital, fast alle verlassen krank ihre Kerker. Das sind nun so unsere schönen Zeiten, die Vorgänger noch größerer Herrlichkeiten."[1])

[1]) Anselm v. Feuerbach. Biogr. Nachlaß. Leipzig 1853. 2, 233—242.

## 7. Wissenschaftliche Vereinigungen und Kränzchen.

Um sich aus dem Gesichtspunkt der Allheit und Einheit des Wissens das Vermögen herauszuarbeiten, selbst zu forschen, zu erfinden und darzustellen, dafür finden sich bereits im 18. Jahrhundert mancherlei akademische Vereine. Ich zeichne diesen Hintergrund mit einigen Strichen ein.

Die Deutschen Gesellschaften zur Veredlung der Muttersprache entstanden nach dem Muster der 1726 von Gottsched in Leipzig gestifteten der Reihe nach in Jena, Göttingen, Greifswald, Königsberg, Helmstedt, Erlangen (1755).[1] In Göttingen versammelten sich seit 1739 alle Sonnabende Professoren, Studenten und andere gebildete Männer, um Gewandtheit im mündlichen und schriftlichen Ausdruck der Muttersprache zu erlangen, bei J. M. Gesner.[2] Dieser berühmte Philologe beklagt seinerseits, daß er zu spät sich in deutscher Darstellung auszubilden begonnen habe und deshalb sich die Gewandtheit und kunstvolle Form nicht mehr anzueignen vermöge, deren Mangel er selbst sehr wohl erkenne. — Um ein Menschenalter später errichteten hier für Gott und Vaterland, Treue und Freundschaft begeisterte Studenten den Hainbund (2. September 1772).[3] In ihren sonnabendlichen Zusammenkünften wurde erst eine Klopstocksche oder Ramlersche Ode gelesen, genau durchgesprochen und auch der Vortrag beurteilt. Darauf wurden eigene Dichtungen der Genossen vorgelegt und ein Kritiker ernannt, der acht Tage später seine Meinung abzugeben hatte.

Die Hainbündler scheinen auch mit Erlangen Fühlung gehabt zu haben, denn im Februar 1778 meldet Boie,[4] er habe da dreißig Subskribenten auf Bürgers Gedichte gefunden. Jedenfalls bestand

---

[1]) Genaueres enthält Iwan Müllers Prorektoratsrede v. J. 1878. — Engelhardt 162 — 8.

[2]) Ein Pfarrerssohn aus Roth, hatte er das Ansbacher Gymnasium besucht. Sauppe. Gött. Profess. Gotha 1872. S. 67.

[3]) K. Weinhold. H. Chr. Boie. Halle 1868. — Von ähnlichen Bestrebungen berichtet Bach's treffliche Geschichte der Breslauer Bursch. 1867.

[4]) A. Strodtmann. Briefe von und an Bürger. Berlin 1874. 2, 225.

hier das von Seiler protegierte Institut der Moral und der schönen Wissenschaften von 1773—1806. — Aus der Altdorfer Deutschen Gesellschaft teile ich die Titel einiger der gelesenen Abhandlungen mit: Vom Göttlichen in der Musik, vom Studieren der Frauenzimmer, von der Höflichkeit der Völker, Vergleich der vornehmsten Heldendichter.[1])

Aus Erlangen im letzten Jahrzehnt erzählt Apotheker Martius[2]), an den Winterabenden habe sich in seinem Hause nicht selten eine Auswahl von jungen Männern vereinigt, wo man sich mit deutscher Lektüre unterhielt. Der Hauswirt, der Vater des berühmten Reisenden, zog Reisebeschreibungen vor; „aber das jüngere Volk stimmte oft für Poesien, wo dann Schiller, Seume, Goethe und Lafontaine's Romane an die Reihe kamen. Die Redekunst aus dem Stegreife mußte bisweilen durch eine Mantelpredigt beurkundet werden, wobei die Gesellschaft das Thema angab. Meister in diesem Vergnügen war der geistreiche und lebhafte Rebmann. – An geselliger Unterhaltung fehlte es übrigens auch in der Stadt nicht; „denn Erlangen ist, nach der heiteren und offenen Gemütsart der Franken immer ein lebensfroher Ort gewesen."

Interesse für Politik. Dem neubelebten Eifer für die Muttersprache folgen weitere vaterländische Bestrebungen. Im Jahre 1763 erhebt der jüngere Moser[3]), einer der ehrenhaftesten deutschen Männer, gegen die deutschen Universitäten den Vorwurf, daß auf den meisten derselben „die Professoren der Politik und des Staatsrechts sich mit weit mehrerem Grunde Lehrer des Eigennutzes und blinden Gehorsams nennen könnten, da ihnen das Große und Erhabene der Liebe des Vaterlandes ein versiegeltes Buch ist, daß sie mithin auch ihren Untergebenen keine andere als knechtische, eigennützige, gleichgültige und niederträchtige Gesinnungen einflößen, daß sie jene hohe Wissenschaft als ein Handwerk zu ihrem Lebensunterhalt treiben."

---

[1]) Nach Frommann. Festgruß für Heerwagen. Erlangen 1882, S. 58.
[2]) S. 224.
[3]) Vom deutschen Nationalgeist. Aus Dahlmann's Politik. Leipzig 1847. S. 325.

Moser nimmt Göttingen aus, wo Schlözer's Staatsanzeiger mit freimütiger Wahrheitsliebe alle menschlichen Einrichtungen, Regierungen und Behörden, Kanzel und Katheder, vor den Richterstuhl der Oeffentlichkeit zog. Und von den 8–900 Göttinger Studenten besuchten 1778—79 mehr als 200 Schlözer's Vorlesungen über Weltgeschichte und Politik und sein Zeitungs- und Reisekolleg; dieses lehrte Prinzen und Adelige artem exteras regiones utiliter visitandi, jenes gab eine historisch-politische Erläuterung der wichtigsten gerade schwebenden öffentlichen Angelegenheit. – Aehnliche Anleitung boten damals in Erlangen Klüber's Vorlesungen.

Im Anfang des 19. Jahrhunderts finden wir auch in Landshut einen für das Höchste, für Religion und Vaterland, glühenden Bund, Nepomuk Ringseis an der Spitze.[1]) Nachdem die Heidelberger Einsiedlerzeitung in ihr Juliheft poetische Beiträge dieser Bayern aufgenommen hatte, dankte er Görres namens „der ersten Zehn vom deutschen Regiment" und erzählt ihm (22. Aug. 1808): Des edeln Arnim herrlichen Rundgesang haben wir in Musik gesetzt, und bei jeder unserer Zusammenkünfte muß es gesungen und gejubelt werden:

Eine Ernte ist getreten
Von dem Feinde in den Kot,
Eh ihn deutsche Schwerter mähten,
Doch wir wuchsen auch in Not.
Eine Saat ist aufgestiegen,
Drachenzähne setzt die Brut.
Mag es brechen, wills nicht biegen,
Jugend hat ein frisches Blut.

Erklärte Napoleon für das erste Ziel seiner damaligen Politik das Dépayser l'esprit allemand, seine Absicht hatte den entgegengesetzten Erfolg, der Druck seiner Herrschaft spannte jeden Nerv des deutschen Geistes für Erhaltung und Erhöhung des Vaterlandes.

---

[1]) Sepp. Görres und seine Zeitgenossen. Nördlingen 1877. 129.

Die ersten Jahre der Burschenschaft. Die Lieder von Körner und Arndt, Schenkendorf und Rückert, Follen und Binzer erhoben den Kampfruf und feierten den Sieg. Neben den Dichtern waren Jahn und Görres, Schleiermacher und Steffens, Fries, Luden und Oken die Redner, denen die Jugend am begierigsten lauschte; in Arndt's Geist der Zeit und Fichte's Reden an die deutsche Nation wirkte das Pathos der Freiheitskriege fort.

Zwischen 1816 und 1818 war man in den burschenschaftlichen Kränzchen mit der Herstellung des Brauchs beschäftigt. Diese Thätigkeit fand mit der Verfassungsurkunde der allgemeinen deutschen Burschenschaft vom Oktober 1818 einen gewissen Abschluß. Nach Aufhebung der Burschenschaft faßte Haupts 1820 erschienene Defensionsschrift „Landsmannschaften und Burschenschaft" das Pro und Contra noch einmal übersichtlich und mit Vorlegung von Aktenstücken zusammen. Hiezu kamen als Ergänzung, gewissermaßen eine vertiefte Selbstkritik, Herbst's „Ideale und Irrtümer" (1823 in Stuttgart gedruckt, verfaßt in Erlangen).

Dies werden die hauptsächlichen symbolischen Bücher sein, in denen die Epigonen den burschenschaftlichen Geist niedergelegt finden.[1])

Philosophisches Interesse. Zu Anfang der zwanziger Jahre stand in Erlangen, wie allgemein bezeugt wird, das Barometer des Geistigen höher als in irgend einer andern Periode. Eine glückliche Wechselwirkung anregender Lehrer und begabter Schüler in den fränkischen Gymnasien und die Konsolidierung der studentischen Verhältnisse trafen mit dem Einfluß zusammen, der von Schelling ausging. Die Zeitgenossen hofften von der Philosophie, von einer Beschäftigung, deren Ziele über die Gegenwart hinausliegen und sich an die letzten Gedanken wagen, Erweiterung ihres Gesichtskreises und einheitliche Gestaltung ihrer Weltanschauung. Schelling kam 1821 nach Erlangen, nicht als Professor, sondern

[1]) Von den Apokryphen nenne ich nur Ein sehr lesenswertes Schriftchen, dessen Verfasser ich freilich nicht habe feststellen können: Sieyes und Napoleon, ein Beytrag zur Staats- und Erziehungskunde. Heidelberg 1824.

als Privatmann oder vielmehr als ein mediatisierter Fürst, hielt aber einige Vorlesungen. Er wußte nicht nur zu imponieren, sondern auch einzunehmen; er sprach billig über die liberalen Bestrebungen der Jugend und hielt den Studenten, um sie zu wissenschaftlicher Ausbildung zu ermuntern, gar lockende Argumente vor: daß alles, was sich nachmals im Leben entwickele, im akademischen mindestens die Knospe der Ahnung treibe;[1]) daß die wahren Chorführer der letzten Kämpfe für die Befreiung der Völker vorher still der Wissenschaft gelebt hätten. „Schellings Geist", erzählt Dorfmüller,[2]) „wehte daher wie ein belebender Frühlingshauch über ein erstorbenes Erdreich. Er las von 1821—23 einige Male Initia Philosophiae, gab in diesen Vorlesungen nach einer geschichtlichen Einleitung eine genaue Auseinandersetzung der inneren Elemente des Monotheismus, dann Einleitung in die Philosophie der Mythologie. Den größten Anteil an diesen Vorlesungen nahmen damals Platen, Stahl, Höfling, Mezger, R. und A. Wagner, Hase, Hodes, Wild, Herbst, Strebel."

Der Dank Platens ist in einem Sonett[3]) niedergelegt:

Wie sah man uns an deinem Munde hangen
Und lauschen jeglichen auf seinem Sitze,
Da deines Geistes ungeheure Blitze
Wie Schlag auf Schlag in unsre Seele drangen!

Wenn wir zerstückelt nur die Welt empfangen,
Siehst du sie ganz, wie von der Berge Spitze;
Was wir zerpflückt mit unserm armen Witze,
Das ist als Blume vor dir aufgegangen.

Als Schelling aufgehört hatte zu lesen, war es die Hegelsche Philosophie, die — in Bayreuth von Gabler vertreten — zu dialektischen Wortkriegen Anlaß gab. — In den Wintermonaten, erzählt Schubert, waren es die wissenschaftlichen Forschungen der attischen Nächte, in denen die Werke der griechischen Tragiker,

[1]) Hase. 110. 170. [2]) Schubert III, 1. 518. [3]) 2, 103.

vor allem die des Sophokles und Aeschylus, gelesen wurden, unter der Leitung von Nägelsbach und Dorfmüller. „Nicht nur die jungen künftigen Theologen, wie der geistreiche Harleß, Kraußold, Schott, sondern auch Juristen, wie Korte und Kraft aus Nürnberg und andere Gleichgesinnte aus allen Fakultäten, nahmen an diesen freudigen, geistigen Bewegungen lebendigen Anteil."

Späteren Generationen erschienen diese Jahre vorzugsweise als eine geweihte Zeit der Jugendbildung, und gewiß nicht mit Unrecht. Außer einer kaum übersehbaren Zahl tüchtiger Kräfte aus den Reihen der alten Erlanger Burschenschaft, die das Leben bewährt hat in Gericht, Verwaltung und in der Politik, als Schulmänner, Aerzte und Geistliche, finden sich nicht wenige, deren Namen in der gelehrten Litteratur fortleben. Ich nenne einige, von denen ich später nachweise, wie ihre wissenschaftliche Thätigkeit von dem vaterländischen Geist der Burschenschaft befruchtet und getragen ist; die einen sind allgemein bekannt, andere in engerem Kreise: der Theologe K. Hase, die Juristen Puchta und Briegleb, der Philologe Nägelsbach, als Erforscher der kirchlichen Musik G. v. Tucher, der Gründer des Germanischen Museums v. Aufseß, die Brüder Feuerbach, der Archäologe und der Mathematiker, die Geschichtsforscher Bensen und Lochner. Auch in den Naturwissenschaften behaupten mehrere, die unserem Kreise mit ganzem Herzen angehörten, einen ehrenvollen Namen: der Botaniker Zuccarini, der Physiologe Rud. Wagner; der Chemiker Schönbein, der das Ozon und die Schießbaumwolle entdeckt hat; der Physiker Steinheil, dem wir u. a. die Erkenntnis der elektrischen Erdleitung verdanken.

Dies Hervorsprießen geistigen Lebens in der öden Restaurationszeit erscheint wie Frühlingsahnung. Einer der Zeitgenossen, der vorübergehend an diesem geistig bewegten Erlanger Leben teilnahm, hat einmal in einem Rückblick auf seine Jugend die Reize der nach den Freiheitskriegen sich regenden wissenschaftlichen Bestrebungen geschildert. Heinrich Leo[1]) war kein reiner Charakter und

[1]) Rektoratsrede. Halle. 11. Juli 1855.

ein schnöder Politiker, aber ein sehr kenntnisreicher Mann und einer der geistvollsten der Zeit. Hören wir ihn: Die deutsche Philologie und Altertumswissenschaft eröffnete eben die ersten Knospen, und diese zogen durch die Schönheit und Fülle der Blüten alle Herzen an. Die historische Forschung bot ein allgemeines Interesse und trieb zum Sammeln; die Geschichte einzelner Zeitabschnitte, einzelner Länder war zusammenzustellen, worin man später bis auf einzelne Landesteile, Städte, Dörfer und Geschlechter herabging. Die große Bewegung deutscher Philosophie, die mit Kant anhub und sich bis in die dreißiger Jahre dieses Jahrhunderts erstreckt hat, war in voller Entwicklung. In den klassischen Altertumswissenschaften begannen eben Niebuhrs und Böckhs große allgemein anregenden Werke und historische Rekonstruktionen, welche jungen strebenden Geistern ganze Felder der Untersuchung erschlossen. Durch den von Eichhorn gegebenen großartigen Anstoß war eine neue deutsche Rechtswissenschaft im Entstehen, und auch die römische Jurisprudenz erhielt durch eine unerwartete Entdeckung ebenso wie durch Niebuhrs Geschichtswerk einen ungewöhnlichen Reiz. Hier erhob sich das jüngere Geschlecht gegen die rationalistische Trockenlegung der Theologie, dort gegen die Ausschweifungen der Naturphilosophie. Indem die exakte Naturforschung von der Unabänderlichkeit und dem strengen Rhythmus des großen Naturganzen ausging, eröffnete sie auch der Medizin ungeahnte Bahnen des Fortschritts. — Im Gegensatz also zu Perioden der Wissenschaft, in denen die Hauptaufgaben erledigt scheinen und den Jüngeren nur das Nachschürfen und die Kenntnisnahme der Resultate bleibt, herrschte damals durch das Auftauchen neuer Probleme ein Zug in derselben, in welchem sich auch der jüngeren Kraft Gegenstände boten, an denen lernend sie sich gleich selbstthätig üben konnte. Die Arbeit, deren die wissenschaftlichen Objekte selbst noch bedurften, verstärkte den Reiz, den sie auf die Seele übten.

---

Drittes Buch.

# Zersetzung und Spaltung 1825—1833.

Das Heilige, womit sich lange
Mein Herz getröstet, wollen sie
Gebrauchen, mir zu machen bange;
Gelingen mög' es ihnen nie!

Zerrissen wie sie sind und waren,
So säh'n sie jeden gern zerfetzt.
Ei, lass sie auseinander fahren,
Und bleib du selber unzersetzt!

Rückert.

Etwas muss er sein eigen nennen,
Oder der Mensch wird morden und brennen.

Schiller.

I.

## Die Unterdrückung des deutschen Geistes durch das Metternichsche System 1824—1834.

Ich verfolge hier die Stöße und Gegenstöße der europäischen Politik, insofern sie die erste Erneuerung der Gesetze gegen die Universitäten (16. August 1824) bedingen und die abermalige Aufwärmung der Karlsbader Beschlüsse (13. November 1834), zwecks deren man das Frankfurter Attentat geschehen ließ.

Die Niederwerfung der liberalen Partei in Spanien durch das legitimistische Frankreich (1823) benützte Metternich zu erneuter Fesselung der deutschen Universitäten. Diesem Erfolg des Absolutismus folgte 1830 ein Sieg der liberalen Prinzipien durch den Sturz der Bourbons. Allein gegen Ende des Jahres 1831 gewannen durch die Erstickung des polnischen Aufstandes wieder die Tendenzen der heiligen Allianz ein erdrückendes Uebergewicht. In Deutschland hatte die Julirevolution ein Aufstreben des liberalen Elementes zur Folge; aber die Konstitutionellen wurden von der radikalen Partei überholt, und diese verspielte durch das lärmende Hambacher Fest (27. Mai 1832) und durch das frivole Frankfurter Attentat alles Gewonnene. An den beiden letzten Demonstrationen war eine revolutionäre Partei der Studentenschaft beteiligt, worauf der Bund im November 1834 den im Jahre 1819 den Universitäten gedrehten Knebel zum zweiten Mal fester schnürte. Man setzte zur Untersuchung der jüngsten Umtriebe eine neue Zentralbehörde ein, nachdem die Mainzer Kommission, die sich durch ihre Demagogenriecherei ebenso verhaßt als lächerlich gemacht hatte, 1828 eingegangen war. Die „Darlegung“, welche diese Frankfurter

Zentralbehörde über ihre Thätigkeit bis 1838 dem Bundestag einreichte, ist zur vielbenutzten Quelle gerade für die Geschichte der Burschenschaften geworden.[1])

Man liest hier unter anderm wörtlich, daß die Burschenschaft bis 1824 eine wenn auch verbotene Verbindung, doch keineswegs hochverräterischer Natur gewesen sei, vielmehr habe sie gerade auf die Besseren Anziehungskraft geübt durch die an sich löbliche Ausschließung des roheren Studententreibens; desgleichen, daß, nach Entdeckung und Bestrafung des Jünglingsbundes, 1824—1830, äußere Spuren politischen Treibens nicht hervorgetreten seien.

Die Entwicklung der Dinge von 1830 an fordert, daß die oben gegebenen Daten genauer ausgeführt werden.

Die Niederlage des Feudalismus in der Julirevolution war plötzlich und überraschend; aber sie wurde überall als ein folgenschweres Ereignis empfunden. Nodier rief aus: „Vom 20. bis zum 30. Juli ist ein Jahrhundert!" Ihre Rückwirkung auf Deutschland, mit Rücksicht auf die Burschenschaft, lasse ich Heinrich v. Gagern darstellen: „Die Aufregung im Jahre 1830, welche durch die Julirevolution veranlaßt wurde, ist die Folge der Nichtverwirklichung der Idee deutscher Einheit und Nationalität. Es ist eine wahre Entweihung des Geistes deutscher Nation, wenn man sagt, es sei bloße Nachahmung dessen, was in Frankreich vorgegangen ist. Es ist dies nicht wahr; die Aufregung, welche in Deutschland der Julirevolution folgte, ist zunächst hervorgerufen worden durch das schmerzliche Gefühl, das jede deutsche Brust beklemmte, über die Geringschätzung, welche deutsche Nationalität von fremden Nationen ertragen mußte, indem kurz nach dem Ausbruche der Julirevolution nicht allein in Paris die Rheingrenze verlangt wurde, sondern selbst die erbärmlichen belgischen Kammern sich ungestraft erkühnen durften, über deutsche Nationalität zu spötteln.

[1]) Darlegung der Hauptresultate aus den wegen der revolutionären Complotte der neueren Zeit in Deutschland geführten Untersuchungen. Frankfurt 1839/40. [Einen getreuen Auszug giebt G. v. Meyer bei Zoepfl im C. Jur. Germ. II [3], 287—309.]

Dieses Gefühl ist es, was das deutsche Volk empört hat, welches das Bestreben erzeugte, die Einheit wieder zu erlangen, und den lebendigen Wunsch hervorrief, daß der Bund deutscher Nation sich gestalten möge, damit der Deutsche mit Stolz jedem entgegentreten und sagen könne: Wir sind eine Nation und werden diese Nationalität bewahren und verteidigen. Die Burschenschaften, welche ganz dazu geeignet waren, diese Nationalität verwirklichen zu helfen, weil sie in den jugendlichen Gemütern die Idee und das Bewußtsein ausbildeten, einem großen Volk anzugehören, diese Grundidee derselben hat man unterdrückt — weil man diese Einheitsidee nicht genährt haben wollte."[1])

Der alte Berliner Burschenschafter Franz Lieber, damals in Boston, vertraute beim Rückblick auf das Jahr 1830 seinem Tagebuche an:[2])

„Der Kampf um die Freiheit kann aufgeschoben, aber nicht aufgehoben werden; denn Rußland ist mächtig genug, denen entgegenzutreten, die den Forderungen ihrer Unterthanen nachgeben möchten. Italien ist voll von Brennstoffen, Ungarn verlangt seine verlorenen Privilegien zurück. Polen strebt nach Freiheit, und Deutschland wird durch Blut und Krieg zu seinem Kampfe für Freiheit und Einheit erwachen. O ihr Deutschen! Gebt es auf, euer trauriges Träumen, und laßt durch eure Gutmütigkeit und die sogenannte Anhänglichkeit an eure erblichen Fürsten nicht euer Rechtsbewußtsein und eure freie Entwicklung beeinträchtigen! Deutschland hat gegen seine Liebe zur Ruhe und seine Gelehrsamkeit ebenso anzukämpfen wie gegen seine zahlreichen Beamten und Fürsten, und nichts als die Einheit kann es erretten. Das ist die erste Bedingung für seine Freiheit."

Als Lieber dies niederschrieb, hatte sich bereits die polnische Nation gegen Rußland erhoben (29. Nov. 1830); bei der Erhebung standen die Warschauer Studenten in erster Linie. Es dauerte fast ein volles Jahr, bis der Aufstand niedergeworfen war; aber mit dem Einzug in Warschau (8. Sept. 1831) schien der Er-

[1]) Verh. d. großherzl. hess. Kammer 1833.

[2]) Perry Denkwürdigkeiten. Spemann 1885, S. 88.

folg ausgeglichen, den in der Julirevolution die liberalen Principien errungen hatten. In Deutschland waren schon während des Kampfes die Sympathien nicht auf Seiten Rußlands gewesen, den besiegten Polen gegenüber steigerten sie sich zu leidenschaftlicher Teilnahme. Man höhne nicht über unsere Väter und Mütter (oder Großeltern), wenn ihr politischer Blick oder Instinkt mangelhaft gewesen sein sollte; wo bleiben wir, wenn wir das Mitleid gegen unseresgleichen verleugnen, zu dem Gott uns geschaffen hat! Denn was jetzt über Polen hereinbrach, beleidigt das Gefühl der Menschheit. Die Amnestie, die Zar Nicolaus am 1. Nov. 1831 erließ, war freundlich abgefaßt; Plan und Ausführung aber waren russisch. Auch amnestierte Menschen verschwanden, in der Regel des Nachts, man wußte nicht wohin. Den Bauern nahm man selbst ihre Sensen, Beile und alle schneidenden Waffen, die sie zur Arbeit nötig hatten. Die polnischen Schulen wurden, für einige Jahre, aufgehoben, die Universitäten Warschau und Wilna voran; Bibliotheken und Sammlungen nach Petersburg geschleppt; unter den verbotenen Büchern war Tacitus, und auf dem Einschmuggeln verbotener Bücher stand Todesstrafe. Da suchte die Grenze, wer konnte. Es war nicht eine Stadt, durch ein ganzes Volk ging der Ruf: „Eamus omnis exsecrata civitas!"[1]) Und die Offiziere wenigstens hatten Aussicht, in Frankreich ein leidliches Asyl zu finden. Aber an der preußischen Grenze standen spröde Wächter; Wächter, die freilich Erfahrungen von der Treue und Dankbarkeit des Nachbarvolkes hinter sich hatten. Läßlicher waren die Oesterreicher, und von hier aus kamen einzelne Flüchtlinge und ganze Züge durch Süddeutschland, gastfrei aufgenommen, gefeiert durch Konzerte und Bankette, auch in Erlangen.

Schwab[2]), der von 1828—32 in Tübingen, Heidelberg und München in der Burschenschaft verkehrte, hat 50 Jahre später so erzählt: „Aller Augen waren damals nach Osten gerichtet, wo die Polen den verzweifelten Kampf mit der russischen Uebermacht kämpften. Man verschlang die wegen der in Polen herrschenden Cholera

---

[1]) Platen 6, 23 nach Horaz Epod. 16, 36.

[2]) Der extreme Liberalismus. Wiesbaden. Kunze. 1881, S. 10.

mit Chlor durchräucherten Warschauer Blätter, und als endlich im September 1831 Warschau gefallen war, verzweifelten viele unserer liberalen Deutschen über der Finis Poloniae, als ob das Ende der Welt käme. Wir Studenten suitisierten häufig in die Rheinpfalz nach Speier, um die Durchzüge der Trümmer des polnischen Heeres zu sehen, die Unglücklichen zu begrüßen, zu bewirten. Die Durchzüge glichen einem Triumphzug. Ueberall wurden die Polen mit offenen Armen aufgenommen, wurden ihnen öffentlich wie im Kreise der Familien Feste gefeiert. Unsere Frauen wetteiferten, den fremden Gästen die schönsten Angebinde auf den Weg zu geben. Ich fühlte mich glücklich, von einem Polen als Gegengeschenk für eine Tabakspfeife einen Knopf mit dem polnischen Adler, den er von seiner Uniform abschnitt, zu erhalten. Es war eine Begeisterung, deren viele der Gefeierten würdig waren, die aber auch von manchen polnischen Abenteurern aufs schändlichste mißbraucht wurde. Solche Herren feierten in jedem Städtchen, in das sie kamen, ihren Geburtstag, ließen sich Geschenke und Andenken geben — und wie hat später dieses Volk die Wohlthaten uns guten Deutschen vergolten!"

Platens Polenlieder atmen den Russenhaß, der damals durch die Nation ging; vielleicht ist der Tag nicht fern, wo sie wieder gelesen werden. In einer Fürbitte für die über die Grenze Gedrängten an den Kronprinzen von Preußen (Friedrich Wilhelm IV.) beurteilt er den Fall Warschaus:

> Triumphe sind wie Niederlagen,
> Wenn ihre Frucht besteht in Klagen,
> Im grenzenlosen Haß der Welt![1])

Während die Magnetnadel, welche die Richtung der Bundestagspolitik anzeigt, seit der Julirevolution unruhig zwischen Westen und Osten hin und her pendelte, suchten die süddeutschen Liberalen geschäftig den westlichen Strom zu verstärken. In Franken — hier war Würzburg Hauptherd der Agitation — und in der Rheinpfalz, wo von der französischen Zeit her Schwurgerichte über politische

[1]) Platen 6, 33.

Sünden urteilten, wußte eine unruhige Presse den liberalen Forderungen Ausbreitung und Nachdruck zu verschaffen und durch Vereinsbildungen sich den Rücken zu stärken. Der 27. Mai des Jahres 1832 sah das Hambacher Fest, wie G. Freytag es nennt,[1]) „hochgepriesen und übelberüchtigt, nach dem Wartburgsfest der deutschen Studenten die erste große Festdemonstration im deutschen Volke.„ Es wurde gesungen:

Fürsten zum Land hinaus,
Jetzt kommt der Völkerschmaus!

Man ließ neben der deutschen die polnische Fahne in der Luft flattern und schwärmte nicht nur für die vereinigten Freistaaten Deutschlands, sondern gleich für das konföderierte republikanische Europa. — Fast gleichzeitig feierte man in Gaibach bei Würzburg, in engerem Rahmen, aber mit dem gleichen Zweck die Massen zu erhitzen.

Mehr als durch den diese Massenkundgebungen begleitenden Unfug und die Verfolgung der Excedenten wurde der Liberalismus gehemmt durch die Schwenkung, welche die französische Politik im Laufe dieses Jahres machte. Nachdem ein legitimistischer und ein republikanischer Aufstand (im März in Grenoble, in Paris 6. Juni 1832) niedergeschlagen und der Herzog von Reichstadt (Napoleon II. in Prag, 22. Juli) gestorben war, näherte sich Louis Philipp den Westmächten.

Die Bundespolizei aber löschte die flackernde und übelriechende Freiheitslampe am Main noch nicht gleich aus; sie wußte, daß sich an ihr einige Schwärmer die Flügel verbrennen würden. Da war in den süßen Weinlanden ein halbes Schock tollgewordener Kosmopoliten noch nicht aus dem Fuselrausch der Agitation herausgekommen und taumelte in sinnlosem Eigendünkel am Abgrund hin. Diese Exaltierten arrangierten das Frankfurter Attentat, auf welches die treuherzigen Oesterreicher warteten.

Am 3. April 1833 — so war die phantastische Absicht — wollte man sich der Bundestagsgesandten und der Bundeskasse be-

[1]) Mathy S. 56. Schlosser, Weltgesch. 16 [2], 311 vergleicht beide Feste.

mächtigen, eine provisorische Regierung einsetzen und von Frankfurt aus ganz Deutschland revolutionieren. Nicht nur waren Bauern aus Frankfurts Umkreis bewaffnet und von dem württembergischen Oberleutnant Koseritz in Ludwigsburg eine Militärverschwörung angezettelt worden, man stand auch mit dem Ausland in Verbindung und hatte verabredet, daß Franzosen und Polen bewaffnet in Deutschland einfallen sollten. Es fehlt keines der Requisite zu Landfriedensbruch in größtem Stil und zu schnödem Landesverrat. Wenn aber die vorhandenen Mittel der Meuterer berücksichtigt werden, so erscheint die Sache mehr verrückt als gefährlich. Zwar rechneten die Führer mit mehrfachen Zehntausenden, die je aus Württemberg, Baden und den beiden Hessen eintreffen würden, als aber das Verbrechen zur Ausführung kam, bestanden die Gesamtstreitkräfte aus 60—70 Mann. Indes diese stürmten die beiden Wachen an der Zeil, und das kostete, teils unmittelbar, teils infolge der Verwundungen, sieben Soldaten das Leben. Erst nachdem das Unheil angerichtet war, erschien Militär und machte Ordnung; die eine Hälfte der Beteiligten wurde verhaftet, während die andere entkam.

Einen grellen Schein auf das nächtliche Bild wirft die Thatsache, daß die Frankfurter Polizei so zeitig unterrichtet war, daß sie ohne weiteres den Putsch hätte verhindern können. Ein anderes, was uns hier interessiert, ist der Umstand, daß die eine Hälfte der Angreifer Studenten waren, Burschenschafter, die man aus Heidelberg, Würzburg und Erlangen, Göttingen, Gießen und Straßburg „zur Hochzeit" einberufen hatte. Als sie bei ihrer Ankunft die Sachlage übersahen, wollten sie den erfolglosen Plan aufgeben. Aber die Frankfurter Führer, die hintennach alle zu entkommen wußten, faßten sie bei ihrer Ehre an und warfen ihnen Feigheit vor, falls sie zurückträten; da waren sie geblieben. Bei Schilderung der Germania wird einiges Detail nachzuholen sein.

Die Metternichsche Politik erlangte durch Gewährenlassen des Frevels ein Doppeltes. Einmal ließ sich jetzt ein entscheidender Schlag gegen den süddeutschen Konstitutionalismus führen. Das war zur Zeit die Hauptsache, soll aber hier nicht erörtert werden. Es ließ sich aber jetzt auch mit plausiblem Vorwand eine neue Verfolgung über die verhaßten Universitäten verhängen. Letztere wurde eingeleitet durch Wiedereinsetzung einer Frankfurter Centralbehörde (S. 167); der Volksmund nannte sie die schwarze Kommission. Und dann wurden durch Bundesbeschluß vom 13. Nov. 1834, vorläufig wieder auf sechs Jahre, die Bestimmungen vom 20. Sept. 1819 gegen die Universitäten erneuert und durch eine Reihe umständlicher Ueberwachungsvorschriften verschärft. Art. V schrieb vor, daß jeder zu Immatrikulierende einen Revers unterschreibe:

„Ich verspreche auf Ehre und Gewissen:

1. daß ich an keiner verbotenen oder unerlaubten Verbindung der Studierenden, insbesondere an keiner burschenschaftlichen Verbindung, welchen Namen dieselbe auch führen mag, Teil nehmen, mich an dergleichen Verbindungen in keiner Beziehung näher oder entfernter anschließen, noch solche auf irgend eine Art befördern werde.

2. daß ich weder zu dem Zweck gemeinschaftlicher Beratschlagungen über die bestehenden Gesetze und Einrichtungen des Landes, noch zu jenem der wirklichen Auflehnung gegen obrigkeitliche Maßregeln mit andern mich vereinigen werde."

Wem die sittliche Unbefangenheit der Jugend etwas gilt, der wird nicht ohne Scham dieses schwarze Blatt bei Seite legen. Ich gebe zur Erwägung einen Satz, den Henrich Steffens im Jahre der Karlsbader Beschlüsse hat drucken lassen:[1])

„Der erste Ursprung der chaotischen Verwirrung ist da, wo der Staat sich irgend einer Offenbarung der fortschreitenden Bildung in Verblendung widersetzt; wenn er hemmen will, wo er nicht darf, verliert er unmittelbar die Kraft zu strafen, wo er soll; der halb frechen, halb furchtsamen Willkür des Gesetzes gegenüber bildet sich in zügellosem Uebermut die Willkür des irdischen Verstandes; die erzeugende Liebe, die nur in der Einheit gedeiht, hat sich zurückge-

[1]) H. Steffens. Caricaturen des Heiligsten. Leipzig. 1819. I, 397 u. 407.

zogen, mit ihr das Maß aller Beurteilung, und der Kampf zwischen der wesentlichen Form und dem formlosen Wesen entzündet sich immer brennender."

Ebendort findet sich, was einer Prophezeiung auf das Jahr 1848 gleicht:

„Sollte in ganz Deutschland eine Unruhe ausbrechen, die einen Aufruhr auf allen Punkten besorgen ließe, dann setzte dieses offenbar einen so tiefen Verfall des Staats voraus, daß er auch ohne Aufruhr nicht zu retten wäre."

Und welche Wirkung hatte das Gesetz? Man entnehme die Antwort aus dem, was mit erschreckender Offenheit Heinrich Leo,[1]) damals Professor der Geschichte in Halle, 1836 öffentlich aussprach: „Seit 1780 haben alle, die auf die Universität gingen, bei der Immatrikulation gelobt sich in keine verbotene Verbindungen einzulassen, und von 1780–1836 haben alle ausgezeichneteren Studenten das Gelöbnis gebrochen — unter Beteiligung der ganzen Nation; diejenigen nicht ausgenommen, die die Untersuchung wegen demagogischer Umtriebe führen. Selten wird in Deutschland ein Professor sein, der jetzt als Rector das Gelöbnis wieder zu empfangen hat, der es nicht seinerseits selbst als Student gegeben und gebrochen hat.

Daß aber ein junger Mensch sich, seit die Burschenschaften bestanden, zu diesen hielt, wenn er überhaupt eine Verbindung suchen wollte, das hat auch gar viele Entschuldigungsgründe für sich. Denn abgesehen von der politischen Richtung, die dann und wann die Burschenschaft zu ihrem Wohnsitz erwählt hat, müßte man der niedrigste und verlogenste Mensch sein, wenn man nicht anerkennen wollte, daß die sittlich ernstere, die frömmere, auch wissenschaftlich bedeutendere Masse allzeit durch die Burschenschaft vereinigt worden ist; daß die Burschenschaft einzelne, wenn auch kurze, Zeiträume in ihrer Geschichte, besonders in ihrem früheren Bestand, ehe noch die Einflüsse von Gießen her ihr vorzugsweise eine

[1]) Herr Dr. Diesterweg und die deutschen Universitäten. Leipzig, Brockhaus 1836. S. 61–64. Das Citat ist gekürzt.

politische Richtung gaben, gehabt hat, wo sie alle Bedingungen eines tüchtigen Haltes deutschen Jugendlebens gewährte; daß dagegen die Landsmannschaften mehr oder weniger zu aller Zeit zu sittlicher Oberflächlichkeit und Eitelkeit oder zu sittlicher Niedrigkeit geführt haben, daß sie Institute waren teils für Leute, die das Leben nur in seiner äußeren Ergötzlichkeit genießen, teils für Leute, die es in Schnödigkeit vergeuden wollten. Es ist völlig unmöglich, daß da, wo nicht schon durch Schulrivalitäten oder durch andere Beziehungen der Gymnasien als Werbe- und Rekrutierungsplätzen zu einzelnen Landsmannschaften das Urteil voraus bestimmt war — es ist völlig unmöglich, daß da dieser sittliche Gegensatz nicht die jungen Gemüter mehr anziehend für die Burschenschaft gewonnen habe. Ref. ist als Student in Landsmannschaften und in Burschenschaften gewesen, hat in beiden Kreisen Freunde gehabt und behalten, in beiden Kreisen eigentümlich angenehme Tage genossen; aber er wäre der unwahrste Mensch unter der Sonne, wollte er nicht den Burschenschaften einen unberechenbaren sittlichen Vorzug einräumen."

Als die 1819 geschmiedete, 1824 geflickte und 1834 zum drittenmal den Universitäten angelegte Kette 1848 zerbrach, erwies sie sich als das, was sie war, als altes rostiges Eisen, unbrauchbar zu jedem redlichen Zweck, am wenigsten brauchbar zu dem affichierten, wahre Autorität zu begründen. Endgültig hat Oesterreich 1866 erkannt, was es seinem Metternich verdankte. Denn die Restaurationspolitik vermochte zwar Unheil zu säen, die Unterdrückung der freien Gemütsstimmungen hat in breiten Kreisen Wuchergeist und Egoismus, Sophistik und Frivolität großgezogen; aber in steter Opposition gegen jenes System stand das wahre Volk, das sind nicht Leute vom Schlag der Hambacher Redner und Frankfurter Helden, sondern die Guten und Verständigen aller Stände, in denen die schöpferische Kraft unseres Volkes, die bewegende Idee seiner Geschichte mächtig ist.

---

## II.

# Die Erlanger Burschenschaft 1825 und 1826.

### 1. Formen und Bedingungen des Zusammenlebens.

Ich fürchte, die Darstellung dieses Buches wird dürftig und zerrissen ausfallen, wenn auch nicht ausschließlich durch meine Schuld. Bei der Demagogenhetze von 1824 war ein Zirkel, ein Memorial in dem Stammbuch, der Besitz eines schwarzrotgoldenen Bandes Einlaßkarte ins Gefängnis, und nach dem Frankfurter Attentat wurde durch die Spürwut der Zentralbehörde (der schwarzen Kommission) die Findigkeit der Polizei noch gesteigert. Dadurch erklärt sich, daß aus diesen Jahren nur wenige authentische Dokumente vorliegen.

Unter den Strafen, die man über die ältern Mitglieder der Burschenschaft verhängte, war die, daß der Begnadigte einen Wohnort, vier Stunden von jeder Universität entfernt, zu wählen hatte; am Ort der Internierung unter Polizeiaufsicht gestellt, mußte er in Bereitschaft sein, als Zeuge zu erscheinen, sobald er vorgeladen wurde. Mit welchen Gefühlen ein Student solchen Verhören entgegensah, mag man aus der Not entnehmen, die einem Niebuhr seine Verwendung für Franz Lieber machte. „Viermal" sagt er, „so in derselben Weise über dieselbe Sache zu schreiben und immer dasselbe antworten zu müssen, ist sehr lästig; man kann nicht neue Gründe erfinden, wenn man den Gegenstand einmal in seinen Auseinandersetzungen erschöpft hat. Man kann höchstens versuchen, ihn unter neue Gesichtspunkte zu stellen, von denen er etwas klarer, selbstverständlicher erscheint."

Die burschenschaftliche Jugend war geleitet worden von der Idee der Aufopferung für andere, von Entbehrung und Resignation, Vaterland und Himmel — und was war das Ende?

Rasen, Relegat und Haft,
Consilium abeundi.
O Wartburgfest und Burschenschaft —
Sic transit gloria mundi.

Statt eines selbständigen Lebens der Nation, zu welchem die Aufopferung der Freiheitskriege zu berechtigen schien, bot die Metternichsche Polizei nur die Freiheit, welche die Katze mitunter der Maus giebt. Diesem Vaterland treu zu bleiben und für bessere Zeit den Liebesfunken in der Asche zu hegen, war keine lockende und glänzende Aufgabe. Ungeduldige Naturen mochten sich mit derselben nicht befassen. Viele Kräfte wandten sich geistigen Gebieten zu, für welche politische und moralische Ideen indifferent sind, den Naturwissenschaften, der Technik und Industrie, für die man eben neue Bildungsanstalten schuf. Nicht wenige suchten im Ausland ein ungebundeneres Dasein, um einer pedantischen Polizeiwirtschaft und Büreaukratie zu entgehen, welche auf das angeborene menschliche Ehrgefühl wenig Rücksicht nahm. Im südwestlichen Deutschland, zumal in der Rheinpfalz, schwärmte man für das liberale Frankreich und seine Kammerredner, Lafayette, Lafitte, Casimir Perier, Odilon-Barrot, Thiers. Der ehrliche Berliner Gutzkow bekannte 1838, als die Freiwilligen von 1813 zusammentraten, um ihre heldenmütige Jugendzeit zu feiern: „Unendlich fremd ist uns Jüngeren, die wir damals geboren wurden, ihr Enthusiasmus, ihr Singen und Trinken, ihr Wahlspruch und ihr Toast. Ganz entgegengesetzte Gedankenreihen wohnen jetzt in der Jugendbrust."

In unserem Erlangen war das Ideal der alten Burschenschaft, daß jeder seine besten Kräfte ausbilde in deutscher Weise und zum Heil des Ganzen, auch in den Jahren der ersten Verfolgung unerschüttert geblieben. Wie aber die Begeisterung für das Vaterland aus dem öffentlichen Leben schwand und der deutsche Geist verflog, als die wenigen, die sich ihn bewahrt hatten, sich vor den Verfolgungen in den Winkel verkriechen mußten, schwächte er sich auch im Studentenleben ab. Doch selbst in dieser Gestalt bewahrte das Festhalten der Burschenschaft an den Idealen ihrer Gründer wertvolle Keime für die Zukunft, das geschichtliche Bewußtsein, der Genius unserer Nation, behielt eine Pflegestätte und es wurden Widerstandskräfte gegen den Despotismus wie gegen den welschen Liberalismus wach erhalten.

Ein Bild des damaligen Studentenlebens in Erlangen liegt in der Schilderung von Adolf Harleß vor, der 1879 als Konsistorialpräsident in München gestorben ist.[1]) Er war 1823—27 Mitglied der Erlanger Burschenschaft, und seine kraftvolle Persönlichkeit wird den damaligen Geist wesentlich mitbestimmt haben. Seiner Darstellung fehlt die Frische und Herzlichkeit, das Offene und Heitere, wodurch Hase's Mitteilungen so anziehend sind. Harleß vermeidet sogar irgend welche Orte oder Personen mit Namen zu nennen. Diese Farblosigkeit drückt denn auch unseren Auszug.

Um 1825—26 umschloß die Burschenschaft, nahezu 200 Mitglieder, noch fast die Hälfte der Erlanger Studenten. Dieses Ganze war — Neulingen unbekannt — von einem engeren Kreis geleitet. Der Eintritt war gesetzlich verboten, da unter den Zwecken der Verbindung die Vaterlandsliebe ihre Stelle behauptete. Doch war die Stimmung der Erlanger Behörden und Professoren soweit günstig, daß man sich ohne Beanstandung zu regelmäßiger Geselligkeit versammeln konnte. Die Gesinnung der Gesetzesübertreter war keineswegs illoyal; sie hatten sich organisiert zur sittlichen Ueberwachung des Einzelnen, zur Verhütung des Duells unter den Gesellschaftsgenossen, zur Gemeinsamkeit der Studien und geselligen Vergnügungen.

Anfangs lebte man ohne förmliche Gesetze. Da überall guter Wille entgegen kam, war die äußere Ordnung leicht aufrecht zu halten; man suchte sie weder im Trinkkomment noch in faden Aeußerlichkeiten. Wer am Abend ausgehen wollte, hatte sich im

[1]) Bruchstücke aus dem Leben eines süddeutschen Theologen. Bielefeld und Leipzig 1872.

12*

gemeinschaftlichen Gasthaus einzufinden, das gesellige Thun und Treiben sollte sich nicht in heimliche Winkel verbergen. Bei den gewöhnlichen gemeinschaftlichen Zusammenkünften setzte man sich nach Neigung zusammen und unterhielt sich wie man wollte; nur Zweideutigkeiten, auch in der Rede, waren nicht geduldet; ohne puritanischen Anstrich nahm man es ernst in sittlicher Beziehung. Der Sangwart sorgte dafür, daß mit dem freien Gespräch Gesang abwechselte. Alles Gemeine war hier von selbst verpönt; gute Volkslieder und die Gesänge der Befreiungskriege boten reichen Stoff dar; die Erinnerung an jene glorreiche Vergangenheit wurde heilig gehalten, wenn auch der schlachtenfreudige Klang mit den Verhältnissen und Zuständen der Gegenwart gar oft seltsam zu kontrastieren schien.

Die Uebung in den Waffen gehörte zu den pflichtmäßigen Obliegenheiten der ganzen Gesellschaft; von dem Gedanken der Wehrhaftigkeit, als jedem jungen Deutschen zuständig, wollte man nicht lassen. Ehrenhändel nach außen wurden ausgefochten, wo sich Gelegenheit bot; innerhalb der Verbindung wurden Streitigkeiten durch schiedsrichterlichen Spruch des Ehrengerichts ausgeglichen, der schuldige Teil gerügt oder gestraft; der Gedanke, in einem Zweikampf mit Genossen derselben Fahne seine Ehre oder deren Herstellung suchen zu dürfen, war ausgeschlossen.

Wissenschaftliche Gemeinbestrebungen sollten durch Kränzchen angeregt werden; den 20 Riegenmeistern waren je 10 Mitglieder zugeteilt, mit denen einmal in der Woche ein historisches oder philosophisches Thema durchgesprochen wurde. Die Politik hielt man fern, für die Franken und Schwaben ein geringeres Opfer als für die zu politischen Lucubrationen neigenden Rheinpfälzer. Auch von Versuchen, mangelnden Privatfleiß zu beleben, wird erzählt.

Unter den akademischen Freuden jener Jahre hebt Harleß die musikalischen hervor. Das musikalische Element habe die ganze Gesellschaft durchdrungen, Vereinigungen zu Klavier- und anderem Saitenspiel seien stehende Formen der Vergnügungen gewesen. Selbst Jodelweisen und Schnadahüpferl habe man zu größeren musikalischen

Produktionen ausgebildet; den ernsten wie den heitern Leistungen der vereinigten Talente habe die ganze Stadt gelauscht.

Die Dichterlektüre, welche auch während der vorigen Periode von den innerhalb der Burschenschaft frei sich bildenden Kreisen gepflegt wurde, behandle ich in größerer Ausführlichkeit.

---

## 2. Interesse an der schönen Litteratur.

Als Lieblingsdichter, welche die Studenten der zwanziger Jahre wohl auch gemeinsam lasen, finde ich vorzugsweise genannt Goethe, Schiller, Uhland, Tieck, Jean Paul und Amadeus Hoffmann.

Goethe. Wer eine stille Sehnsucht in der Seele nährt, selbst anzuschauen und zu fühlen, worin sich der menschliche Geist und das menschliche Gemüt groß zeigen, der erfährt diese Erweiterung des Daseins, die Anschauung dessen, was der Mensch einmal gewesen ist und die Ahnung dessen, was er sein kann, durch Vermittlung des Dichters. So hat im Jahre 1823 W. v. Humboldt[1]) geurteilt, als er ein Gedicht bespricht, gegen das er nebenbei mancherlei Einwendungen vorbringt. Daß solche Empfindung jedermanns Sache sei, erwartet man nicht. In einem Teplitzer Salon z. B. wird über Goethes Wanderjahre konversiert, und eine der Damen ist begierig, sie zu lesen.[2]) Fürst S. hält dies für überflüssig. Pourquoi lire de choses pareilles? l'on voit tout de suite que cet homme n'a jamais fréquenté la bonne société et quel monde il a vu. – Der bessere Teil der akademischen Jugend im zweiten Jahrzehnt hatte den Ernst, dahin sich zu erheben, wo Humboldt stand; das Restaurationssystem aber bewirkte, daß sie in den zwanziger und dreißiger Jahren ein Herrliches nach dem anderen, was die letzte Vergangenheit wieder entdeckt oder geboren hatte, in den

---

[1]) Haym: W. v. Humboldts Briefe an F. G. Welcker. Berlin 1859. S. 107–112.

[2]) Rahel. Berlin 1834. 3, 47.

Not treten sah. Den unmittelbar nach den Freiheitskriegen Studierenden erscheint das Vaterland als ein Schauplatz alter Ehren, auf dem jeder an seinem Teil den guten Kampf kämpfen will. Sie gehen an die Arbeit und finden, der eine im römischen Recht, der zweite im Kirchengesang, andere in der deutschen Kunst, in der vaterländischen Geschichte, in der Jugenderziehung unermeßliche Arbeit, ihre besten Kräfte zu üben und die Liebe zum Vaterlande zu bethätigen.[1]) Noch bis 1823 reicht diese thatkräftige Hoffnungsfreudigkeit, doch erscheint in der späteren Generation der naive Glaube bereits dadurch gedämpft, daß dieses Streben nach dem Höchsten geheim gehalten werden muß; es ist wider die bestehenden Gesetze, ist mit Gefängnis bedroht, seine Bekenner sind bereit, ihre bürgerliche Ehre auf dem Altare des Vaterlandes zu opfern.

Jetzt verbreitete die Gleißnerei, die durch das reaktionäre System beschönigt wurde, und die Perfidie, mit der es die edelsten Empfindungen herabwürdigte, über jeden Teil des öffentlichen Lebens einen Geist boshafter Kritik, der keine Verwandtschaft hat mit der Sehnsucht nach Wahrheit, denn er kennt nur die Neigung, allenthalben Fehlendes zu entdecken, Vorhandenes nicht anzuerkennen. Dieser Gebrauch von der Idee des Guten hat die notwendige Folge, daß jede rüstige Thätigkeit gelähmt wird, alle Niedertracht freien Spielraum gewinnt. Kein Wunder, wenn die Herrlichkeit des Ideals versinkt, der Wille, es zu verwirklichen, erschlafft. Wie geht es da den engen und kleinen Geistern, die über ihr endliches Ich und die Sorge um dieses nicht hinaussehen? Wenn sie einige Kraft haben und in dem öffentlichen Leben eine Rolle spielen wollen, so bearbeiten sie sich so lange, bis sie auf dem Niveau des Geltenden angelangt sind. Das herrschende System proklamierte als seine Basis Verehrung jeder menschlichen und göttlichen Autorität, Befeindung des Naturalismus und Rationalismus. Nahm man diese Begriffe ohne weitere Untersuchung hin, etwa im Sinne der Gentz und Schlegel, und wandte man sie auf Goethe und Schiller

[1]) Vgl. z. B. die folgenden Biographien von Puchta, v. Tucher, v. Aufseß, Bensen, Lochner, Elsperger — dann v. Rotenhan, Herbst.

an, so versprach die Arbeit Erfolg. Man konnte diese Dichter aus dem Gesichtspunkt des Legitimismus und der Rechtgläubigkeit untersuchen, das gab neue und zeitgemäße Resultate. In solcher Absicht schrieb Pustkuchen-Glanzow 1821 die falschen Wanderjahre und kam zu dem Resultat: „Um mich kurz zu erklären, so halte ich Goethe für einen poetischen Geistesleugner. Ich glaube nämlich, daß er nicht die unsichtbare Gottheit, sondern nur ihre sichtbare Erscheinung anbetet, nicht das wesentlich Schöne, sondern seine Offenbarung;" er sei wie die Kartoffel in vielem Sinne nützlich, nur brauche man von den nützlichen Eigenschaften keine Kartoffelpredigten zu halten. — Als sich Goethe den „Pfaffenkuchen" besehen hatte, legte er eine Xenie[1]) in den Pult:

„Was will von Quedlinburg heraus
Ein zweiter Wandrer traben!"
Hat doch der Walfisch seine Laus,
Muß ich auch meine haben!

Um den Deutschen in jenen trüben Tagen auch die Sonnenstrahlen zu verdüstern, die von unserem größten Dichter ausgingen, besorgte eine ganze Schar, was einst Kotzebue allein betrieben hatte, das gemeine Räsonnieren: Müllner holte den ästhetischen, Börne den politischen, Menzel den moralischen Maßstab heran. Das Schnödeste erlaubte sich die Evangelische Kirchenzeitung. In dem Artikel[2]) „Über die Freisprechung des Genie's von dem Gesetz" wird die Bewunderung Napoleons und Goethes auf eine Stufe gestellt; von den beiden Kronionen habe dieser die Menge der Buhlschaften für sich, jener das Schleudern verheerender Blitze. „Warum staunt man denn überall?" nämlich über Goethe, fragt Hengstenberg und antwortet: „Weil man nirgends kniet."

Ich habe vertraute Aufzeichnungen von Studenten jener Jahrzehnte eingesehen: im ersten Jahrzehnt liest man Goethe unbefangen und mit freudigem Erstaunen, sucht ihn zu verstehen, notiert Parallelstellen, sucht zu ergänzen und Widersprüche zu lösen; man freut

[1]) 3, 307. [2]) 22. Nov. 1834, Nr. 94.

sich, wenn W. v. Humboldt oder Schiller Aufschluß geben, wenn eine religiöse Wahrheit hier aufstrahlt, dort im neuen Licht erscheint; sittlich Bedenkliches wird mit Bedauern abgelehnt oder zu weiterer Erwägung zurückgeschoben. Anderen Charakters sind die Tagebuchaufzeichnungen aus den späteren zwanziger Jahren. Da findet sich ein erweckter oder bekehrter Freund, der vor dem verborgenen Gift warnt, das die Schriften des Spinozisten enthalten; man entschließt sich darum, weder Spinoza noch Goethe zu lesen, oder, wenn Goethe, so doch mit christlichem Argwohn; dann wird geseufzt über die Mühe, die es gekostet, den Fallstricken des Rationalismus zu entrinnen. Schließlich haben sie die Bibel aufgeschlagen und lesen Hoffmanns Elixiere des Teufels. – In der ersten Hälfte unseres Zeitraums sehe ich frohe und gesunde, ernste und freie Menschen, streng gegen sich und ohne Arg gegen den Nachbarn. Um 1825 leben nur wenige mehr aus dem Vollen und Ganzen; es beginnt ein Sauersehen, ein Lauern auf eigene und mehr noch auf fremde Schwächen, mesquine Kritik und stockende Philisterhaftigkeit: 1827 klagt Schelling[1]) über „das duckmäuserische Wesen, das in Erlangen dem Lehrer die Brust beenge," 1830 Döderlein,[2]) hier seien „Idee und Chimäre, Enthusiasmus und Narrheit völlig synonym"; 1839 heißt es bei dem wahrhaftigen Ebrard:[3]) Mit dem kranken Orthodoxismus haben sich sittlich niedrigstehende und geistig träge Naturen schnell befreundet, edlere hingegen wurden durch dies innerlich unwahre Treiben vom Christentum als solchem zurückgeschreckt.

Ich mache aufmerksam auf die Wahlverwandtschaft mit dem Ultramontanismus. Mit Interesse habe ich das Buch eines Jesuiten[4]) über Goethe gelesen. Nachdem es ihm an Goethes reicher Tafel recht wohl geschmeckt hat, schlüpft er in die Soutane und predigt: Goethes Philosophie, Religion und sogenannte Weltanschauung ist weiter nichts, als der seichteste und frechste Naturalismus, wie ihn

[1]) (Plitt) Aus Schellings Leben. 1870. 2, 131.
[2]) Fries, Held. Bayr. Gymn. Pr. 1875. S. 39.
[3]) Lebensführungen. 496.
[4]) Baumgartner: Goethes Jugend. Freiburg 1879. S. 369. Vgl. Filtsch: Goethes religiöse Entwickelung. Gotha 1894.

das Vatikanische Konzil förmlich mit dem Banne belegt hat; seine Moral ist im innigsten Wesen die Moral Voltaires, Rousseaus und — Zolas; in keinem Zweige der Naturwissenschaft sind seine Arbeiten von irgenwelcher durchgreifenden Bedeutung. „Was Göthe's Poesie betrifft, so haben katholische Schulmänner längst in Separat-Ausgaben und Chrestomathien gesammelt, was man aus seinen Werken der Jugend mittheilen und erklären kann. Dabei mag es sein Bewenden haben. Für Erwachsene, die nicht einen tüchtigen Kurs der Philosophie und Theologie durchgemacht haben, sind seine übrigen Werke durchschnittlich eine gefährliche und schädliche Lektüre."

Wie frech die römische Partei fortwährend die deutsche Jugend vergiftet, mag man aus einem Gymnasiastenkalender für 1895[1]) lernen: „Die Lektüre der Klassiker führt nach und nach geradeswegs zur Gewissenlosigkeit. Dies um so mehr, da die Dichter durch den Zauber der Sprache das Herz berücken[2]). Gefährlich für die Jugend in dieser Beziehung ist, wie Menzel bezeugt, Goethe, gefährlicher aber noch Schiller." — Dagegen werden empfohlen Dante, Calderon und Shakespeare, der, auf dem Goldgrunde der katholischen Kirche stehend, mit Ausnahme von wenigen Stücken wohl jedem gereifteren Jüngling ohne Bedenken in die Hand gegeben werden darf. Und „welches geistliche Lied übertrifft an Tiefe das des Gottfried von Straßburg?"

Ich will eine billige Kritik geben. Goethe schreibt einmal an Zelter:[3]) „Jedes Auftreten von Christus, jede seine Aeußerungen

[1]) Taschenkalender für die studierende Jugend, red. von F. Vogt. 17. Jg. Donauwörth, Auer 1895. Preis 40 Pfg. S. 108, 116, 118.

[2]) Man vergleiche Vischer Krit. Gänge. II. F. 4, 156. „Die verlorene Kirche" von Uhland scheint katholisierend. „Man könnte bei dem Gedichte bedenklich werden, so schön es ist; doch nein, weil es so schön ist, braucht man nicht bedenklich zu werden; es bedarf nur eines leichten Rucks, so ist der geistige Dom nichts mehr und nichts weniger, als das Ideal, und nichts sieht darnach aus, als hätte der Dichter je Lust haben können, uns und sich im Nebel der Weihrauchwolken um das Gut unserer protestantischen Bildung zu betrügen."

[3]) 9. November 1830. Briefwechsel 6,54.

gehen dahin, das Höhere anschaulich zu machen. Immer von dem Gemeinen steigt er hinauf, hebt er hinauf, bei Sünden und Gebrechen am auffallendsten. Schillern war eben diese Christustendenz eingeboren, er berührte nichts Gemeines, ohne es zu veredeln. Seine innere Beschäftigung ging dahin." Die Tendenz der Römlinge, unsere edelsten Güter zu verfälschen und zu unserer Entkräftung falsche Ware zu importieren, wäre unerhört zu nennen, wenn das deutsche Volk diese Erbärmlichkeiten nicht schon tausend Jahre lang erduldet hätte, wiewohl es seit Walther von der Vogelweide genügend gewarnt ist. Wenn aber lutherische Eiferer dieses Geschäft mitmachen, so beweist dies wenig für Scham und Würde, Wahrhaftigkeit und Treue, viel aber gegen ihren Wert, ihre Klugheit und Bildung.

Was Goethes Verhältnis zur Bibel und zu Luther betrifft, so war dieses ein innigeres, als sich dessen die meisten lutherischen Theologen rühmen dürfen, ganz abgesehen von den Faulen und Engherzigen, die das Luthertum festzupfählen und zu einer neuen Priesterherrschaft zu benutzen dachten. Es ist eines der Hauptverdienste Goethes, daß er der Annäherung seiner Zeit an den Anfang des 16. Jahrhunderts — an die Wittenberger und Nürnberger Schule (Hans Sachs) — einen entscheidenden Stoß gab.[1]) In die heiligen Schriften wurde Goethe früh und gründlich eingeweiht, schrieb und sprach von ihnen immer mit der größen Verehrung machte sie zum Gegenstand vielfachen Nachdenkens und seiner ernstesten Studien, für alle seine Bestrebungen hat er aus dieser Quelle geschöpft. Das Verdienst Luthers und seiner Bibelübersetzung, des Musters sprachlicher Helligkeit und Kraft, hat Goethe durch seine eigenen Produktionen dermaßen anerkannt, daß nicht nur die Erläuterung einzelner Stellen ohne genauere Kenntnis Luthers nicht möglich ist, sondern auch der ganze Kern und Geist des Luthertums durch ihn fortgebildet erscheint, in ihm eine seiner Hauptstützen findet. Hören wir ihn nur selbst. Als Freund Zelter vor dem Reformationsjubiläum auf ein Oratorium sann, hat Goethe

[1]) K. Reck, Goethe und seine Widersacher. Weimar 1837. S. 66.

ihn so beraten[1]): „Da der Hauptbegriff des Luthertums sehr würdig begründet ist, so giebt er schönen Anlaß sowohl zu dichterischer als musikalischer Behandlung. Dieser Grund nun beruht auf dem entschiedenen Gegensatz von Gesetz und Evangelium, sodann auf der Vermittelung solcher Extreme. Setzt man nun, um auf einen höheren Standpunkt zu gelangen, anstatt jener zwei Worte, die Ausdrücke: Notwendigkeit und Freiheit, mit ihren Synonymen, mit ihrer Entfernung und Annäherung; so siehst Du deutlich, daß in diesem Kreise alles enthalten ist, was den Menschen interessieren kann.

„Und so erblickt denn Luther in dem alten und neuen Testament das Symbol des großen sich immer wiederholenden Weltwesens. Dort das Gesetz, das nach Liebe strebt, hier die Liebe, die gegen das Gesetz zurückstrebt und es erfüllt, aber nicht aus eigener Macht und Gewalt, sondern durch den Glauben; und zwar durch den ausschließlichen Glauben, an den allverkündigten und alles bewirkenden Messias.

„Aus diesem Wenigen überzeugt man sich, wie das Luthertum mit dem Papsttum nie vereinigt werden kann, der reinen Vernunft aber nicht widerstrebt, sobald diese sich entschließt, die Bibel als Weltspiegel zu betrachten; welches ihr eigentlich nicht schwer fallen sollte."

Schiller. War das zelotische Geklapper, Goethe sei ein Pantheist und vergöttere die Natur, so verdammte man Schiller, weil er, auf rationalistischem Standpunkte stehend, den Menschen vergöttere. Hierauf gehe ich hier nicht ein. Daß das böse Gewissen der politischen Reaktion gegen Schillers männlichen Geist der Wirklichkeit, des Staates, der Geschichte in Haß ausbrach, ist vorauszusetzen. Gegen eine solche Äußerung wendet sich Platen[2]) in seinem letzten Erlanger Jahr, 1824: „Ein Kritikus sucht die Schillerschen Tragödien dadurch herabzuwürdigen, daß er in ihnen ein revolutionäres Prinzip, ein beständiges Auflehnen gegen alles

[1]) Briefwechsel 2, 349.
[2]) Das Theater als ein Nationalinstitut. 5, 29.

Bestehende aufschnoppert. Dieser Spürhund würde wahrscheinlich den großen Mann, wenn er noch lebte, als Demagogen denunciert haben. Allerdings hat Schiller immer die bewegtesten Momente, wie sich von selbst versteht, aufgegriffen. Wehe der kleinen nüchternen Seele, die in den großen Epochen der Geschichte nichts als ein Auflehnen gegen das Bestehende zu erblicken weiß, und wehe allen Denen, die der neuen Zeit uneingedenk, auf den Trümmern der alten faulen!"

Ludwig Uhland.[1]) Seine Gedichte sind 1820 in 2. und erst 1826 in 3. Auflage erschienen. Um 1825, erzählt Harleß,[2]) sei er der Lieblingsdichter der Erlanger Burschenschaft gewesen. Er war der gegebene Einigungspunkt auseinanderstrebender Elemente. An seiner bescheidenen Tugend vermochte keine persönliche Kritik zu nagen; selbst seine Advokatur führte er so, daß er zwar ungern Prozesse annahm, nie aber in seiner Praxis einen Armen abwies. In ihm konnten die Einfachen und die Bewußteren, die Romantiker und die Nüchternen ihre Ideale wiederfinden; die Strengen konnten rühmen, daß er zu Kirche und Nachtmahl gehe, auf ihn konnte sich aber auch berufen, wem die Weltflucht der Überfrommen unheimlich deuchte; der Katholik mochte sich seiner Freundschaft mit Laßberg und dem westfälischen Kreise erfreuen. Der Verehrung einer unverdorbenen Jugend kam seine Empfindung für die Frauenwelt zu statten; er ist keusch ohne Prüderie, achtet das Weib und ahnt in ihm das Unendliche; die Liebe ist ihm ein heiliges Feuer im edeln Gemüt, das die sittliche Spannkraft erhöht und die Treue bewahrt. Findet sich in ihm auch der trübe Hang zur Tiefe, der im deutschen Blute sitzt, so wird doch bei ihm die Sehnsucht nicht zum Weltschmerz, das Sentimentale wird durch den Humor überwunden, mit dem der Schwabe zum Trost für seine Melancholie beschenkt ist. Und vom Träumen und Sinnen führt er hinaus zu Schlacht und Kampf, wo das Eisen gilt und Kraft und Mut. Wie seine gesungenen Lieder wirken, wer erfährt dies nicht heute noch? In

[1]) Vischer, Kritische Gänge. Stuttg. 1863. 4, 97–169.

[2]) 1, 104.

seinen vaterländischen Gedichten empfand die Burschenschaft den Ausdruck ihrer edelsten Gefühle; der Fluch dieses Sängers wird die niedrige Gesinnung der Restaurationspolitiker noch treffen, wenn ihre Namen vergessen sind, Schmalz z. B., den er gleich 1816 im Sonett an die „Bundschmecker" gezeichnet hat:

Ich kenne, was das Leben euch verbittert,
Die arge Pest, die weitvererbte Sünde:
Die Sehnsucht, daß ein Deutschland sich begründe,
Gesetzlich frei, volkskräftig, unzersplittert.

Goethe fürchtete, der Politiker werde den Poeten aufzehren, aber die sittliche Vornehmheit hat auch der Politiker Uhland nie verleugnet. Ich erinnere an eine fast vergessene Thatsache aus dem Beginn der dreißiger Jahre. Da handelte es sich in der Stuttgarter Ständeversammlung um die Gültigkeit der Wahl des ehemaligen württembergischen Ministers v. Wangenheim. Das Oberamt Ehingen hatte ihn zum Abgeordneten gewählt, wiewohl er zur Zeit nicht seinen Wohnsitz im Lande hatte. Im früheren Verfassungskampf war Uhland auch als Dichter gegen ihn aufgetreten. Jetzt erklärte er sich für ihn und schloß seinen ausführlichen Vortrag: „Giebt es nicht auch ein geistiges Heimatsrecht, das nicht ganz von der Scholle abhängt? Ist es nicht auch ein Wohnen im Lande, wenn man im Andenken seiner Bewohner lebt und durch ihr Vertrauen zur Repräsentation berufen ward? Ist Wangenheim ein Fremdling in der württembergischen Verfassungsurkunde? Sind es nicht die Verdienste, die er als Vorstand des Studienrats, als Kurator der Landesuniversität und als Kultusminister um die Sache der geistigen Bildung sich erworben hat, die ihm besonders das Vertrauen seines Wahlbezirks erworben haben? So möge ihm denn auch, da jedenfalls keine klare Notwendigkeit des Gegenteils in der Verfassung liegt, dies geistige Wohnrecht in Württemberg unverkümmert bleiben!"

Jean Paul, der in Bayreuth auslebte (er starb dort Ende 1825), übte schon als der heimische Dichter Anziehungskraft. Man sah ihn auf seinen Spaziergängen im dortigen Schloßgarten, wo man wohl auch wagen durfte, ihn anzureden. — Ich zeige ihn im

Bild der Zeitgenossen: Wieland sagte bei Jean Pauls ersten Schriften: „Da kommt einer mit Einem Flügel von Shakespeare." Goethes[1]) Urteil lautet 1808: „Kein Mensch will begreifen, daß die höchste und einzige Operation der Natur und Kunst die Gestaltung sei und in der Gestalt die Spezifikation, damit ein jedes ein Besonderes, Bedeutendes werde, sei und bleibe. — Sehr schlimm ist es dabei, daß das Humoristische, weil es keinen Halt und kein Gesetz in sich selbst hat, doch zuletzt früher oder später in Trübsinn und üble Laune ausartet, wie wir davon die schrecklichsten Beispiele an Jean Paul und an Görres erleben müssen. Übrigens giebt es noch immer Menschen genug, die dergleichen Dinge anstaunen und verehren, weil das Publikum es jedem Dank weiß, der ihm den Kopf verrücken will." Gleich nach seinem Tode nennt ihn einer der letzten Vertreter der Bildung des 18. Jahrhunderts[2]) die humoristische Biene des Fichtelgebirges und den Ölgötzen der höheren weiblichen Lesewelt, die sich im Halbdunkel der Gefühle und in den grausen Scenen des Todes und der Ewigkeit gefällt. — Dagegen hat ihm Börne dieses Epitaph gesetzt: Der heiße Süden hat seine Glut, der eisige Norden seine Stärke, das finstere Spanien seinen Glauben, das leichte Frankreich seinen Witz, das nebelige England seine Freiheit: Wir hatten in Jean Paul Glut und Stärke, Glauben und Witz und die entfesselte Rede. — In den Studentenstammbüchern jener Jahre begegnet sein Name nicht selten. Ich wiederhole von dort einige seiner politischen Sprüche: „Es giebt kein schöneres Schauspiel als das eines Fürsten und eines Landtags, die sich gegenseitig danken mit Wahrheit." — „Man kann jetzt der Wahrheit zwar den Hof, aber nicht Stadt und Land verbieten." — „Das arme Volk! Überall wird es in den Schloßhof geladen, wo die größten Lasten des Kriegs und des Friedens wegzutragen sind, überall wirds aus demselben gejagt, wo die größten Güter auszuteilen sind."

---

[1]) Briefwechsel zwischen Goethe und Zelter. Berlin 1833. 1, 341.
[2]) C. J. Weber. 2, 25.

Zwischen Ludwig Tieck, der 1793 in Erlangen studiert hat, und unserer fränkischen Heimat bestanden Beziehungen, denen drei Jahre nach des Dichters Tod L. Hoffmann[1]) lebendigen Ausdruck gab: „Wir Franken, wir Nürnberger zumal sind dem edlen Tieck vor allen anderen Deutschen verschuldet, der bei jedem Anlaß mit rührender Gemütlichkeit den Preis unseres Gaues und unserer Stadt verkündete, für die der Jüngling mit seinem Freunde Wackenroder in liebenswürdigem Enthusiasmus schwärmte, und in deren Mitte der Mann und der Greis noch mit Vorliebe den Schauplatz seiner Geschichten verlegte, wenn ihm über Betrachtung von Kunst und Leben unserer Vorfahren das Herz aufging. Wie er den Sternbald dichtet, wie er den Phantasus redigiert, wie er den Tischlermeister vollendet, in den verschiedensten Perioden seines Lebens kommt er immer auf's neue zurück auf das „altbürgerliche, germanische, kunstvolle Nürnberg", neben welchem ihm das „Nordamerika von Fürth" nicht gefallen konnte; und nicht allzugewagt erscheint die Behauptung, daß der gute Klang, in welchem unsere Stadt allenthalben in Norddeutschland auch bei denen steht, die fürs Mittelalter weder Sinn noch Verständnis haben, in seinen ersten Veranlassungen auf den melodischen Tönen beruht, in welchen der süßreimende Mund dieses Heroldes altfränkischer Herrlichkeit zuerst seine Lobsprüche vernehmen läßt."

Im übrigen verweise ich auf Köpkes[2]) Monographie. Wer diese studiert, lernt nicht nur den Dichter kennen, sondern auch ein vielseitiges förderndes Muster litterarischer Forschung, Verarbeitung und Darstellung. — Ich trage wenige Striche mit Goethes Feder ein. In einer Recension vom Jahre 1824[3]) wird gedankt, daß Tieck die leidigen Nebel zerstreuen helfe, welche die sinnig geistigen Regionen Deutschlands zu obskurieren bei dem niedrigsten Barometerstand sich anmaßen, daß er „wieder einen klaren blauen Himmel des Menschenverstandes und reiner Sitte zu eröffnen gewußt." — In den dramaturgischen Blättern hatte Tieck behauptet, „daß die

[1]) Album des literar. Vereins. Nürnberg. 1856.

[2]) R. Köpke, L. Tieck. Leipzig 1855. [3]) 29, 383.

Lady Macbeth eine zärtliche, liebevolle Seele und als solche darzustellen sei." Hiergegen eifert Goethe:[1]) „Ich halte dergleichen nicht für des Verfassers wahre Meinung, sondern für Paradoxieen, die in Erwägung der bedeutenden Person, von der sie kommen, von der schlimmsten Wirkung sind. — Wer irgend eine rechtmäßige Autorität in irgend einem Fache erlangt hat, suche sie billig durch fortwährendes Hinweisen auf das Rechte als ein unverletzliches Heiligtum zu bewahren!"

Verhängnisvoll erscheint mir die Lektüre von Amadeus Hoffmann. Alle Kunstgebilde, lebendig angeschaut und gefühlt, gewinnen Macht über Geist und Gemüt und wirken wieder vom Innern heraus auf die Umgebung. Wahre Kunst wirkt beseligend im Innern und friedestiftend nach außen, macht heiter, gesellig, schafft Einheit; betrachtet man dagegen Teufelsfratzen mit leidenschaftlicher Hingabe und läßt durch sie die Phantasie in Flammen setzen, so bemächtigen sich auch diese der Seelenkräfte, auch sie treten ins Leben hinaus. Solche dämonische Aftergebilde der Kunst sind nun die Hoffmannschen. Ich berichte von seinem Leben und Schaffen nach dem zuverlässigen Goedeke.[2]) In Königsberg geboren und in trüber Familienumgebung herangewachsen, verlebt er die Schuljahre in Haß und Feindseligkeit, weil er sein boshaftes satirisches Talent nicht zu zügeln vermag. Allein er erwirbt ausgezeichnete Kenntnisse und thut sich, nachdem er Jus studiert hat, in allen zu leistenden Geschäften als prompter Arbeiter hervor. Den Vierundzwanzigjährigen wirft ein böses Geschick nach Halbasien. In Posen gerät er in den Strudel polnischer Wirtschaft und wird, wie er selbst sagt, aus Grundsatz liederlich. Nie aber verläßt ihn die Gabe, als Musiker und Zeichner aufs rascheste zu produzieren; dieses Talent geht weder im üppigen Genuß unter noch in der äußersten Not und Entbehrung. Als Romancier schlägt er Töne an, denen die Jugend aller Zeiten gelauscht hat. Er will eine Lust erregen, die vom Druck des Alltagslebens wie von unsauberen

[1]) 29, 383. [2]) Grundriß 3, 406.

Schlacken befreit, daß das Haupt, sich stolz und froh emporrichtend, das Göttliche schaue und mit ihm in Berührung komme. So verspricht er; doch was er leistet, ist anders. Sein karikierendes Talent ergreift fast nur geistig Ungesundes, das Absonderliche, Launische, Gespenstische, und achtet nicht die Schranken der Lebenswahrheit. Diese bizarre Natur wurde durch ein unselig bewegtes Leben immer mehr verzerrt. In Hoffmanns Gehirn hatten sich seit dem ersten Erwachen geisterhafte Figuren der geheimnisvollen Tonwelt gekreuzt; jetzt schuf er im schwarz behängten Zimmer, von starken Getränken erhitzt, am Schreibtisch, auf dem sich der unheimliche Kater gelagert hatte, in nächtlicher Weile seine hämischen Gestalten.

Von 1808–13 hat er in Bamberg gelebt. Hier ist sein Kapellmeister entstanden, hier empfing er den Stoff zu Ignaz Denner, zu den Leiden des Theaterdirektors; kurz nach dem Weggang von da fallen die Elixire des Teufels. Und in den folgenden 2 Jahrzehnten lebte Graf Soden, der Hoffmann als Musikdirektor nach Bamberg gerufen hatte, in oder bei Erlangen und war viele Monate lang einer der interessanten Fälle in Schregers Klinik.

So scheint mir die Bekanntschaft der Erlanger Studenten mit Hoffmann vermittelt, nicht durch Jean Paul. Harleß[1]) nämlich erzählt, der ganze kleinere Kreis, der ihm nahe stand, habe diese dämonischen Schriften verschlungen. „Kapellmeister Kreisler, Ritter Gluck übten auf unsere Musik liebenden Naturen große Anziehungskraft aus. Aber dies alles trat doch schließlich gegen den Bruder Medardus und andere unheimliche Gestalten zurück. Wozu noch ein anderes Element kam, welches, ich weiß nicht woher? und wie? zu jener Zeit wie ein Fluidum in der Luft lag und auch auf nicht wenige in unseren Kreisen eine seltsame Wirkung ausübte. Das war die Meinung von magischen geheimnißvollen Naturkräften, deren Ergründung, ja praktische Handhabung wir uns mit Leidenschaft angelegen sein ließen." — Diese Geschmacksrichtung hat

---

[1]) 1, 104.

etwas sehr Auffallendes. Sie erregt tiefes Mitleid, wenn wir den reichbegabten Künstler ins Auge fassen, der den Segen der Familie und das Glück der Freundschaft entbehrt hat, dem Ueberfluß wie Hunger die Ruhe rauben, den auf den Schlachtfeldern Dresdens tausend Tode umringen und in öfteren Nervenfiebern dämonische Gestalten bald ängstigen, bald entzücken. Wie in aller Welt kommen die Erlanger Studenten dazu, diesen polnischen Hautgoutgerichten nachzulaufen? Es läßt sich nicht recht in Einklang bringen mit den Kreisen, aus denen sie hervorgegangen sind, nicht mit dem ehrlichen deutschen Nürnberg, nicht mit unseren biederen schwäbischen und fränkischen Landstädten, nicht mit dem gesunden protestantischen Pfarrhaus. Aber vielleicht liegt eben hier die Erklärung. Man hatte die Vaterlandsliebe geächtet, schlichte Lauterkeit des Sinnes und unbefangene Frömmigkeit als Rationalismus gebrandmarkt und mit einem piquierten Christentum vertauscht. Da erschienen dieselben Gespenster, welche ein nicht geringer Bestandteil der in den Klöstern gepflegten Frömmigkeit sind.

Hiervon hat Rückerts unvergleichlicher Freund J. Kopp, der Klosterleiden gefühlt hat, wie wenige Menschen, übrigens als katholischer Christ gestorben ist, seinen Kindern eine bedeutsame Schilderung hinterlassen.[1] „Die abenteuerlichen Erzählungen von Truden, Zauberern, Hexen, Weitzen, Teufeln und Heiligen füllten mein Gehirn so, daß ich abwechselnd bald zaubern zu können oder einen dienstbaren Geist in meiner Gewalt zu haben, bald ein Heiliger zu werden und zu sein wünschte und trachtete, ein Heiliger, wie sie in Legenden und den Erzählungen des Volkes geschildert werden. Meine Phantasie lebte in dieser Geister- und Zauberwelt, und gewöhnte sich Träumen nachzuhängen, statt das, was ist, zu beachten und aufzufassen. Erst spät wurde ich und mit Mühe dieses Hanges zu Träumereien Meister.“ „Ich weiß,“ sagt derselbe edle Mann, „daß die Wege Gottes einfach und gerade sind, Qualen und Aengste aber im Bereiche der Erdgeister. Davon aber sollen

[1] L. Döderlein, Reden und Aufsätze. Erl. 1843, S. 221.

und können wir uns befreien. Schwärmerei schlägt selbst bei guten Naturen leicht zur Unwahrheit um, sowie es zum Thun kömmt."

Ich kann mich des Eindruckes nicht erwehren, daß auch in der forcierten Gläubigkeit, zumal in dem blinden Haß gegen das, was man Rationalismus nannte, die Phantasterei viel Faules und Unwahres erzeugt hat, das Pfaffenmäßige liegt auf der Hand. Man lese nach, wie lieblos der geistig kräftige Harleß über alle Erlanger Professoren urteilt, unter denen doch — um nur einen zu nennen — ein Engelhardt war. Wenn aber Minderbegabte in der Verachtung ihrer Lehrer gleichen Schritt mit ihm hielten, ohne in angestrengter eigner Arbeit ihre Ausbildung beschaffen zu können, dann mochten diese scientes bonum et malum den erwarten, den der Dichter mit den Worten angemeldet hat:

Verachte nur Vernunft und Wissenschaft,<br>
Des Menschen allerhöchste Kraft!<br>
Laß nur in Blend- und Zauberwerken<br>
Dich von dem Lügengeist bestärken,<br>
So hab' ich dich schon unbedingt.

„Der Aberglaube läßt sich Zauberstricken vergleichen, die sich immer stärker zusammenziehen, je mehr man sich gegen sie sträubt. Die hellste Zeit ist nicht vor ihm sicher; trifft er aber gar in ein dunkles Jahrhundert, so strebt des armen Menschen umwölkter Sinn alsobald nach dem Unmöglichen, nach Einwirkung ins Geisterreich, in die Ferne, in die Zukunft; es bildet sich eine wundersame reiche Welt, von einem trüben Dunstkreise umgeben. Die Einbildungskraft brütet über einer wüsten Sinnlichkeit; die Vernunft scheint zu ihrem göttlichen Ursprung zurückgekehrt; der Verstand verzweifelt, da ihm nicht gelingt, seine Rechte durchzusetzen." [1])

Nun aber genug von Hoffmann, der unverkennbar in Erlangen die Lust und das Talent gesteigert hat, die Welt weniger mit den natürlichen gottgegebenen Augen zu betrachten, als durch eine vom Teufel geschliffene Brille.

---

[1]) Goethe, Recensionen: J. Möser. 29, 222.

13*

III.

## 1. König Ludwig I. und die bayrischen Universitäten.

Ich registriere zunächst, welche Veränderung der Wille des Königs in der officiellen Behandlung der studentischen Vereine herbeigeführt hat. Die Gesetze für die Universität Erlangen vom Jahre 1814 sind oben erwähnt (S. 21). Als 1827 neue Satzungen gegeben wurden[1]), bestätigte ein allerhöchstes Reskript das Verbot der geheimen Gesellschaften, d. h. solcher, deren Satzungen und Zwecke nicht die obrigkeitliche Zustimmung erhalten haben, oder die sich weigern, ihre Satzungen echt und vollständig vorzulegen und ihre Vorstände und Mitglieder vollständig zu nennen, oder die gegen obrigkeitliche Bestimmungen ihre Satzungen ändern; es erlaubte aber Studentenverbindungen, wenn sich dieselben bloß auf eine der inländischen Universitäten bezögen, ihre Satzungen offen vorlegten und ihre Vorstände und Mitglieder benannten. Mit dem Austritte aus dem Universitätsverbande müsse jede Teilnahme an denselben endigen. Die Satzungen dürften nichts enthalten, was der Religion, der Sittlichkeit, den Gesetzen des Staates, dem öffentlichen Anstand, dem Zwecke des Universitätslebens oder dem Rechte Dritter zuwiderlaufe. Namentlich dürften nicht alle Mitglieder für einen stehen, die Gesellschaft dürfe keinen Zwang in Bezug auf irgend eine Lei-

[1]) Engelhardt 187.

stung üben, keinen Verruf aussprechen, und keine Bestimmung in ihre Satzungen aufnehmen, welche den Zweikampf in irgend einer Weise für erlaubt und notwendig erkläre. Regelmäßige Zusammenkünfte dürften stattfinden, aber nur an Tagen und Stunden, an welchen den Universitätszwecken kein Eintrag geschehe und wo keine Polizeiverordnung entgegenstehe. Der Ort selbst müsse der Polizei bekannt gemacht werden, und andere von demselben auszuschließen sei bloß dann gestattet, wenn es kein öffentlicher Ort sei. Die Art der Kleidung und das Tragen von etwaigen Abzeichen, jedoch ohne ausschließliches Recht darauf, wurde den Gesellschaftsgliedern freigestellt, wenn sie in den Schranken der Ehrbarkeit blieben und die Abzeichen nicht Ordenszeichen von Souveränen oder Civil- und Militäruniformen seien. Die Art der Unterhaltung blieb den Gesellschaften überlassen, nur dürfe sie die Ordnung nicht stören und keinen Zwang einschließen. Vereine, welche diese Vorschriften überträten, sollten aufgelöst und kein Mitglied in eine Gesellschaft aufgenommen werden, ehe es immatrikuliert sei.[1])

Als König Ludwig am 12. Oktober 1825 die Regierung antrat, war er erfüllt von der Idee zu leisten, woran das Gesamtvaterland durch seine Zersplitterung verhindert wurde. Was er auf dem Gebiet der Kunst geschaffen hat, rechtfertigt dieses hochherzige Streben; wenn seine Politik verunglückte, werden wir die Schuld nicht ihm allein aufbürden. Er hatte als Kronprinz Napoleon gegenüber seine deutsche Gesinnung nicht verleugnet und war wohl auch später zu Opfern bereit; der Politik des Bundestages widersetzte er sich beim Beginn seiner Regierung mit Entschiedenheit. Als man in Wien die Aufhebung des Censurediktes mißliebig vermerkte, ließ er wissen, er sei nur Gott verantwortlich und der Konstitution; Kaiser Franz aber sei nicht der liebe Gott und der Metternich ganz gewiß nicht die Konstitution. Daß „teutsche Gesinnung in die Jugend gelegt werden, das Vaterland nicht Nebensache sein

[1]) Diese Bestimmungen wurden 1835 und 1842 zum Teil wiederholt, zum Teil erweitert und modificiert.

solle", war eine seiner zuerst ausgesprochenen Regierungsmaximen. Unter den Gelehrten, denen er 1826 Professuren in München antrug, waren die Jenenser Luden und Oken. Er unterdrückte die Untersuchungen gegen die wegen hochverräterischer Umtriebe Angeklagten und eröffnete ihnen den Eintritt in den Staatsdienst. Der Burschenschaft, zu der er in Würzburg, wo er als Kronprinz seinen gewöhnlichen Aufenthalt hatte, in sehr genauen Beziehungen gestanden haben soll, erlaubte er ihre Farben und Abzeichen; auch hatte er selbst, sogar in Rom, sich in ihrer Weise gekleidet, altdeutschen Rock mit herausliegendem Hemdkragen und Barett getragen.

Aber nach Ausweis der obigen Satzungen sympathisierte er keineswegs mit allen überlieferten Formen des Studentenlebens; insbesondere ließ er seinen persönlichen Widerwillen gegen das studentische Duell wiederholt stark hervortreten. Als ihm Stromeyer [1]) in Erlangen vorgestellt wurde, unterhielt er sich sehr gnädig mit ihm, bis er im Gesicht des berühmten Chirurgen eine kleine Narbe bemerkte. Da fragte er: „Haben Sie das von Göttingen?" wandte sich ohne eine Antwort abzuwarten zu den übrigen Professoren und hielt eine Strafpredigt über die in Erlangen vorgekommenen Duelle. In München, bei einer Neujahrsgratulation, drang er auf den Rektor der Universität ein: „Auch im vergangenen Jahre ist viel Unheil angerichtet worden durch Duelle, und das unter den Augen Ew. Magnificenz!" Dieser, der Physiologe Döllinger, erwiderte mit einem tiefen Bückling: „Und unter den Augen Ew. Majestät."

Das Wohlwollen, das der König anfangs für die Studenten gehegt hatte, zeigt sich übrigens schon bald nach der Julirevolution erschüttert, als die liberale Bewegung in der Rheinpfalz und in Franken heftiger wurde. Wie in den Weihnachtsferien 1830 die Münchener Studenten mancherlei Mutwillen verübten, — sie nähten während der mitternächtlichen Gottesdienste den Damen im Gedränge

---

[1]) 2, 126.

die Kleider zusammen, brachten Ständchen [1]) und neckten sich mit dem gegen sie aufgebotenen Militär — da überredete man den König, in der Münchner Studentenschaft bestehe eine Verschwörung wider sein Leben und hauptsächlich die Burschenschaft sei an der Fortdauer der Unruhen schuld, die noch einige Tage lang, dank dem Auftreten der Polizei und des Militärs, statt hatten. Jetzt ließ er die Universität München schließen, nahm indes, als eine Deputation der Münchner Bürger zu Gunsten der Studenten intervenierte, die Ordre zurück. Das Stadtgericht in München aber sprach die verhafteten Studenten am 12. März 1831 von der politischen Anklage frei, während einige Strafen wegen nächtlichen Unfugs verhängt wurden. Die Germania wurde auf allen bayrischen Universitäten aufgehoben, wie es scheint, ohne Wirkung; denn ein Ministerialreskript vom 10. April 1832 verfügt: „Gegen die Teilnehmer an jenen Zusammenkünften der Germania und Isaria, worin Reden im Sinne des Aufruhrs abgehalten und revolutionäre Lieder gesungen worden sein sollen, ist Untersuchung einzuleiten."

Die Mißstimmung des Königs gegen die Universitäten dauerte fort, und insbesondere erfuhr Würzburg die königliche Ungnade, von wo u. a. Schönlein und Textor wegen der Teilnahme an politischen Bestrebungen aus der medicinischen Fakultät entfernt wurden. Doch ich habe nicht Anlaß, die hereinbrechende politische Reaktion im einzelnen zu verfolgen. Als der Bundestag im Oktober 1832 den Prinzen Otto als König von Griechenland anerkannte, hatte sich die bayrische Politik der Metternichschen erheblich genähert.

Dagegen habe ich den Einfluß zu erwähnen, welchen König Ludwig auf die kirchliche Bewegung in Franken ausgeübt hat.

[1]) Der Name des mißliebigen Rektors, welchem die Ovation galt, ist in einem damals entstandenen Studentenvers aufbewahrt:

Und spricht auch der Allioli:
Germania macht mir viele Müh',
Jetzt muß ich wieder aufs Stadthaus gehn
Und nach den Herrn Germanen sehn —
Ja, ja, ja, vivat Germania!

So lange der Illuminat und Voltärianer Montgelas in Bayern das Ruder führte, waren hierarchische Gelüste jeder Art schroff zurückgewiesen worden; auch König Max I. wollte für einen Feind des Aberglaubens und der Finsternis gelten und hatte gegen Sektirerei und Fanatismus eine instinktive Abneigung. Anders empfand der Sohn; unter den Idealen, zu deren Verwirklichung seine Phantasie drängte, war nicht das letzte die Herrlichkeit der Kirche. Daß er sich aber ohne weiteres unter die Herrschaft der römischen Partei bequemt hätte, dazu war sein Eigenwille zu stolz. Als man ihm die Jesuiten als Erzieher in Vorschlag brachte, erwiderte er ablehnend: „Ich habe die Geschichte nicht umsonst studiert." Dagegen erklärte er es bei Eröffnung der ersten Ständeversammlung unter seiner Regierung (17. Nov. 1827) für überflüssig zu versichern, daß er „Religion als das Wesentlichste ansehe und jeden Teil bei dem ihm Zuständigen zu behaupten wisse." Demgemäß stellte er 1828 an die Spitze des protestantischen Oberkonsistoriums einen hochgebildeten und charakterstarken Mann, den bisherigen Finanzrat Friedrich v. Roth. War dieser zugleich eine völlig autokratische Natur, um so mehr erwartete der König nach seinem Sinn von ihm eine heilsame Einwirkung auf die Kirche. Unter Roth arbeitete Niethammer, der einst in Jena neben Fichte gestanden hatte, als dieser des Atheismus angeklagt war. Aber Niethammer hatte bei der Umkehr der Dinge sich selbst umgekehrt und war dadurch, wenn auch nicht zu oberst gekommen, doch oben geblieben. Der Wechsel der Münchner Auffassung kirchlicher Dinge hat nach Erlangen hin um so bedeutsamer gewirkt, da das Oberkonsistorium seinen Einfluß auf die theologische Faktultät mit Nachdruck geltend machte.

---

## 2. Die zersetzenden Elemente im geistigen Leben zur Zeit der Demagogenhetze.

Was oben von dem geistigen Leben der Erlanger Burschenschaft zwischen 1816 und 1824 zusammengestellt ist und weiterhin durch biographische Mitteilungen lebendiger anschaulich werden soll, hatte tiefe Wurzeln in den Ideen, durch welche die Heroen unserer großen Litteraturperiode sich und ihr Volk über eine unschöne Wirklichkeit getröstet und erhoben haben. Das Ideal, das sie verkündeten, dem von Stufe zu Stufe uns anzunähern wir bestimmt seien, hat Herder[1]) als sittliche Schönheit gefaßt, das höchste in Gesinnungen, Handlungen und der ganzen Lebensweise unserem Geschlecht Geziemende. „Der wäre der Edelste und Schönste, der mit den größesten Gefahren, der schwersten Mühe, der langsamsten Aufopferung sein selbst nicht Freunde, nicht Kinder, nicht das Vaterland allein, sondern die gesamte Menschheit zum endlosen Bestreben nach der reinsten Menschenform heben könnte. Hier hört Despot und Sklave völlig auf; auch wenn ich mir gebiete, bin ich unter dem Evangelium, in einem Wettkampf liberaler Übung. Wenn ich das Schwerste und Größeste gethan hätte, habe ich nichts gethan; ich weiß nicht, daß ich es gethan habe; aber dem Ziel fühle ich mich näher ein Retter, ein Erhöher der Menschheit in mir und andern zu werden aus innerer Lust und Neigung."

Den Umfang des Begriffes beschränkte die Zeit der Freiheitskriege, das weltbürgerliche Element wurde zurückgedrängt und aller Nachdruck auf das vaterländische gelegt. Doch blieben jene patriotischen Kreise, die das dem griechischen und deutschen Geist Gemeinsame empfanden, dadurch in lebendigem Zusammenhang mit den humanen Ideen des 18. Jahrhunderts. Wir erkennen dies in den „attischen Nächten" von Nägelsbach und Genossen. Sie suchten und fanden jene Erhebung in eine unvergängliche Welt, die nach Platos Meinung dann in ihrer Fülle erscheint, wenn die Erinnerung

[1]) Sämtl. Werke. Cotta 1862. 24, 164—166.

an die Ideen erwacht und die selbständig gesuchte Wahrheit, in strenger gemeinschaftlicher Prüfung geläutert, als allgemeines Gut erkannt wird. Von den besten Studenten jener Zeit hören wir, wie im Hin- und Wiederwirken ihr Charakter sich gebildet, ihre Thätigkeit sich gesteigert habe und sehen, wie die Zinsen des hier gewonnenen Kapitals nicht allein der Bestreitung des eigenen Lebensbedarfs dienen, sondern auch zur Mitteilung an andere bestimmt sind. Die Beteiligung der Freunde und der Glaube des Freundes an den Freund giebt dem Denken Maß und Gewißheit, der Glaube des Mannes an sein Volk den Anstrengungen Ziel und Richtung.

Solcher geistigen Gemeinschaft hatte die Metternichsche Polizei ein jähes Ende bereitet, und sie war eifrig bemüht, daß die als Demagogen Verdächtigen weder unter einander noch mit dem studentischen Nachwuchs Gemeinschaft unterhielten. Von denen aber, die der herrschenden Gewalt das Wort redeten, wurde als revolutionär und gottlos alles denunciert, was nicht die Livree des Absolutismus trug, wofür Leo die Formel erfand, „was nicht ein göttliches Schema ist oder hat". Und dazu wurden nicht nur die französischen Encyklopädisten gerechnet und die heidnischen Griechen, sondern auch — so unglaublich es klingt — alle die Fürsten im Reich des Geistes, die für die Freiheit gekämpft hatten, Lessing, Kant, Herder, Schiller und Goethe. Diese Aussaat trug mancherlei Früchte, und solche auch im Erlanger Studentenleben. Wenige Semester, nachdem hier ein großer und freier Zug geistigen Strebens und edler Gemeinschaft geherrscht hatte, finden wir auf demselben Boden und in dem Schoß derselben Burschenschaft Einseitigkeit und Fanatismus, gereizte und leidenschaftliche Menschen. Es ist ein Kampf entbrannt, in dem die eine Partei nur noch von der eingebildeten Schlechtigkeit und Dummheit und von dem dadurch hervorgerufenen Haß der anderen Partei zu leben scheint; auch ursprünglich gesunde Naturen werden die Opfer der aufregendsten Voraussetzungen.

Versuchen wir das Phänomen zu verstehen, indem wir einstweilen von der heftig aufgeregten Jugend absehen. Von dem Umschwung, den das geistige Leben in Erlangen im ablaufenden Jahrzehnt erfahren hat, giebt L. Döderlein Nachricht. Er war so wenig Parteimann, daß er der aufkommenden pietistischen Richtung im Interesse des lieben Friedens manche Konzession machte; heiter, geistreich, eine gesellige Natur, ein fleißig und glücklich producierender Gelehrter, gewann er den Dingen, wenn es ging, die erträgliche Seite ab. Er schreibt aber im September 1829 an Held:[1] „Wer kann, geht nicht nach Erlangen, und ich bin froh, daß mich niemand um Rat fragt. Dazu kömmt, daß meine guten Genien einer nach dem andern Erlangen verlassen, Rau (1822), Schubert, Heller und Puchta" (1826–28). Und im August 1830, als der Bayreuther Freund eine Gelehrtenreise nach Paris antritt: „Es muß was Schönes sein nach 17 Jahren wieder enthusiasmierte Gesichter mit Augen zu sehen. In unserer Umgebung ist Idee und Chimäre, Enthusiasmus und Narrheit völlig synonym;

Aber wie soll man die Diener loben?
Kommt ja das Aergernis von oben."

Hatte Döderlein nur die Politiker des Bundestages im Auge, welche die idealen Bestrebungen der Nation unbefriedigt ließen, verfolgten und verfälschten? Es ist oben erwähnt worden, welche Verehrung Schelling in Erlangen genoß und wie seine Vorträge wirkten. Als er sich nach München gewandt hatte, gewann Christian Kapp Einfluß auf die philosophischen Bestrebungen der Erlanger Studenten, ein Hegelianer, anscheinend nicht von großem Geist, aber von arglosem Eifer, den auch Rückert gelten ließ. Wie nun Kapp eine Schrift über den Ursprung der Menschen und Völker, nach der mosaischen Genesis, Schelling zugeschickt hatte, in welcher dieser Sätze aus seinen Vorträgen über Philosophie der Mythologie benützt fand, wahrte er in folgender Weise sein geistiges Eigentumsrecht. Er schrieb an ihn[2]: wie Kapp früher Hegels Hefte geplündert habe, so jetzt die seinen. „Unterzeichneter bedauert wahrhaft, daß Herr Professor Kapp durch Anwendung dieser leichtesten

[1]) Fries. Bayreuth. G. Progr. 1875, S. 32 und 39.
[2]) Sendschreiben von Schelling an Kapp. Nürnberg bei Schrag 1830.

und wohlfeilsten Art als Erfinder zu erscheinen aus der großen wissenschaftlichen Gemeinschaft, die, wie jede andere, vor allem auf Rechtlichkeit, Ehrlichkeit und heiliger Scheu vor fremdem Eigentum beruht, sich selbst ausgeschlossen und in eine Klasse von Scribenten gesetzt hat, die, wenn sie ihren Zweck wirklich erreichen könnte, in der Skala der Ehrlosigkeit unter der diebisch genannten Nachdruckerzunft um so tiefer stehen würde, als intellektuelles Eigentum höher als materielles zu schätzen ist.“ Der Preis, welcher wissenschaftlichem Ernst und dem glücklichen Fleiß gebühre, solle nicht „dünkelhafter Narrheit und umsonst sich marternder Unfähigkeit“ zu teil werden; Kapp bestätige nur die alte Erfahrung, „daß jedes lügnerische Bestreben in der Wissenschaft, jede leere Anmaßung eines zu Leistungen, die ihm versagt sind, sich aufspannenden Unvermögens zuletzt in offenbare Schlechtigkeit endet.“ Kapp habe umsonst gehofft, „durch hündisches Schönthun und Schweifwedeln die wohlverdienten Fußtritte von sich abwenden zu können.“ Er möge dabei auf das bekannte Widerstreben Schellings gerechnet haben, von Leuten seiner Art Notiz zu nehmen; diese Rechnung habe ihn jedoch diesmal getäuscht; „außerdem würde unter den zahlreichen Zuhörern jener Vorträge, zu denen nicht bloß Jünglinge, sondern Männer von hoher wissenschaftlicher Einsicht gehörten, wohl einer sich finden, dessen rechtliches Gefühl, durch solche zu der leidigen, längst anerkannten Stümperei sich gesellende Frechheit empört, ihn veranlaßte, der literarischen Büberei des H. Prof. Kapp auch vor dem Publikum die gebührende Züchtigung widerfahren zu lassen.“

München, 4. 11. 1829. gez. v. Schelling.

Kapp replizierte: Man thue Unrecht, Schelling für einen Pantheisten zu halten, er sei ein nur zu guter Monotheist; „vielmehr, er ist sich selbst der alleinige Gott, und zwar ein eifriger Gott und außer Ihm keiner. Er selbst ist die leibhaftige Gegenwart Seines Absoluten, in Ihm sollen alle sich beschauen. Es giebt keinen Gedanken außer Seinem; wer denkt, hat Ihn geplündert.“

Dies verursachte in Erlangen großen Lärm und verhetzte um so mehr die Parteien, weil gleichzeitig im „Inland“ ein giftiger

Artikel gegen Kapp erschien, aus dem pietistischen Lager. Ich gebe folgendes anheim: Konnte einer der vornehmsten Geister der Zeit einen Anfänger dafür, daß er von Dingen, die seit Jahren im Kolleg vorgetragen waren, vielleicht ohne volle Befugnis, aber doch bona fide, Gebrauch gemacht hatte, mit so mordlustigem Grimm zerreißen und zerfleischen und ihm so jedes Stück als schlecht unter die Augen halten, ist dann zu wundern, wenn verwandte Affekte bei den mitlebenden Studenten hervorbrechen? Die geistige Atmosphäre, aus welcher mit dem theoretischen Trieb die Humanität entweicht, erfüllt sich mit moralischem Unwillen. Schelling selbst sah sich alsbald mit dem Maß gemessen, das er gebraucht hatte. Als die Offenbarungen, durch die er Natur und Geist, Glauben und Wissen versöhnen wollte, immer nicht erschienen und seine Philosophie mehr und mehr ins Dunkle und Ungewisse sich verlief, da schloß man aus seiner Wendung zum Mysticismus auf Imbecillität, insinuierte Haupt- und Nebenzwecke egoistischer Art und begutachtete demgemäß die Mittel, durch die er und seine Anhänger sich und die gnostischen Abstrusitäten zur Geltung zu bringen suchten. Wohin die Jugend hörte, die den philosophischen Zeitfragen zugewandt war, wurde ihr der Glaube an Ehrlichkeit schwer gemacht. Von Halle[1]) schallte es herüber: „Mit den preußischen Hegeliten hat es vielfältig den verfluchten Haken, daß sie der Hoftheologie zu Munde reden. Wunder, Teufel, Hölle — ja sie würden das Fegefeuer demonstrieren, wenn's befohlen würde. Großes Elend, Hundenaturen! Es sind, Gott sei Dank, nicht alle, aber viele ist nicht zu wenig gesagt." Jede Hand wider die andere.

Noch tiefer fraß der Unfriede im Bereich der theologischen Interessen. Bestimmend scheint hier der Gegensatz gegen den Humanitätsbegriff des 18. Jahrhunderts, der die natürliche Religion über die offenbarte, den menschlichen Charakter über den christlichen erhoben hatte. So wirft Winckelmann, nachdem gerühmt ist, daß die Alten ihre Jugend zu männlich großmütigen Thaten ge-

---

[1]) Grün. L. Feuerbach 1, 296.

wöhnt haben, einen Seitenblick auf unsere Erziehung, durch welche die Begriffe sänken und sich erniedrigten, die edle Ehrbegierde erstickt und der dumme Stolz genährt werde. -- In den Jahren der französischen Knechtschaft waren Demut und Geduld wieder zu Ehren gekommen und es hatte sich die Ueberzeugung durchgesetzt, daß die sittliche Kraft unseres Volkes aus Mangel der religiösen Grundlage erschlafft sei. Die römische Kirche eilte das Terrain einzunehmen; ein Zeichen der Zeit, erstanden 1814 die Jesuiten aufs neue. Ihnen kamen Bundesgenossen aus dem romantischen Lager. Die Romantiker hatten in ihren Anfängen gegen die Rechte des Verstandes und des Gewissens das Recht der Phantasie und des Gemütes ausgespielt; als sie jetzt die Emotionen der Sinnlichkeit mit denen der Reue und Buße vertauschten, fanden sie in den Armen der Kirche liebreiche Aufnahme. Die romantischen Gefühle und römischen Absichten flossen zusammen mit den Bestrebungen der heiligen Allianz, eine die geschichtliche Entwicklung ignorierende Autorität zu stabilieren, ausgelebte Zustände und Bildungsformen zurückzuführen. Sämtlichen Verbündeten aber erschien als der gefährlichste Feind der Kriticismus und Humanismus des 18. Jahrhunderts mit seiner strengen Gewissenhaftigkeit und seinem unbestechlichen Verstand, mit Aufklärung und Menschenrechten. Behauptete in staatlichen Dingen das lebendige Walten des geschichtlichen Geistes, in religiösen eine gereifte Vernunft, im Reich des Schönen echter Natur- und Kunstgeschmack, ein Recht gehört zu werden, so saßen die führenden Geister des 18. Jahrhunderts mit zu Gericht; da jenes nicht sein sollte, wurden diese als revolutionär, irreligiös, gemüt- und gefühllos verschrieen. Die Furcht entzündete den Haß gegen das humane und aufgeklärte Jahrhundert, das böse Gewissen und die ohnmächtige Herrschsucht, die immer wieder das Usurpierte nicht wahrmachen konnte, schürten das Feuer.

Auf katholischem Boden erklärt sich das Hetzen gegen die Errungenschaften des protestantischen Geistes zum Teil aus der Unbekanntschaft mit seinem Inhalt. Im Bereich des Protestantismus bereitete sich die Abkehr dadurch vor, daß das Elend der Zeit und die Aussichtslosigkeit des Widerstandes gegen die französische Herrschaft den Mut lähmte; im Süden geriet man dahin, sich den passiven Gefühlen zu überlassen, in denen sogar der Jammer der Zeit Gegenstand des Genusses werden konnte. Hiegegen findet sich schon 1809 eine Warnung Schelling's[1]) aus München an Schubert in Nürnberg: „Ich bitte Sie, als redlicher Freund, in ihrem Antrittsprogramm ja der Empfindsamkeit keinen Raum zu geben. Unsre Frömmigkeit gehört vor Gott und uns selbst, nicht vor die Welt. Die Welt soll die Früchte sehen, unser Wesen soll nur Gott erkennen. — Nicht Frömmler und von geistiger Unzucht entnervte Schwächlinge bedarf unsre Zeit, sondern Männer, die stark genug sind, mit Würde zu leiden und mit Würde zu handeln. Jene desponsio animi ist das schlechteste Symptom in unsrer ganzen, gedrückten und innerlich nicht minder als äußerlich elenden Zeit.“

Nunmehr aber wenden wir uns nach Erlangen selbst, um Beginn und Fortgang der religiösen Bewegung zu betrachten. Sie wurde auch hierher aus Laienkreisen getragen, die trübe mystische Richtung durch A. Kanne, die humane durch Schubert. Die Ersteren fanden in ihr zunächst eine Erlösung aus den Banden des Genußlebens, das vor den Freiheitskriegen hier herrschte, nach dem Krieg aber Antrieb zur Linderung sozialer Not und Schutz gegen die Modeansichten der seichten Aufklärung, gegen Voltaire und Holbach, Lafontaine und Kotzebue. Der Glaube an Gottes besonderen Schutz gab neue Kraft; gegen Zweifel und die Widersprüche des Lebens half die Ueberzeugung von der Unerforschlichkeit der Pläne Gottes und die Hoffnung auf ein Land, wo diese Widersprüche gelöst sein werden. Viele fanden hier einen Halt; Leiden erschienen als Prüfungen und sollten einst reichlich vergolten werden.

So werden die ersten Zeiten geschildert, wo man mit naiver Gläubigkeit die Bibel las. Da wuchs die Gemeinde, und allmählich wurde aus den Stillen im Lande eine immer lautere Majo-

---

[1]) G. Plitt. Aus Schelling's Leben. 2, 150.

rität, zu welcher in Erlangen sentimentale Modechristen ein größeres Kontingent stellten als die durch die Apostel der heiligen Allianz gläubig Gewordenen. Ein Merkmal der Neubekehrten ist, daß sie alles nicht nur mit Religion thun wollen, sondern aus Religion. Nach englischem Muster wirft sich die fromme Geschäftigkeit auf Heidenmission und Bibelverbreitung. In den aus der pietistischen Ueberlieferung hervorgegangenen Konventikeln gelangt der ererbte Geist ängstlicher Gläubigkeit zur Herrschaft. Man muß sich von den Ungläubigen unterscheiden und thut vorerst Theater, Tanz und Kartenspiel in Bann, bald darauf die weltliche Musik und Litteratur, dann den Spiegel und die Blume im Haar, endlich alle und jede unschuldige Lebensfreude und selbst das Wort Genuß. Fromme Leineweberkliquen deklamieren über Heiden und Muhamedaner, tauschen unter einander Zweifel aus über Copernicus und die Naturwissenschaft und ob nicht Dampfschiffe und Eisenbahnen, da sie in der Bibel nicht erwähnt werden, vom Teufel wären. Und wenn sich diese über die Wiederbringung im allgemeinen unterhielten, so wurde bald ein Modethema der gebildeten christlichen Kreise die Frage nach dem Los der Seele des Dichterfürsten, ob Goethe etwa nur noch bedingungsweise gerettet gedacht werden dürfe. Nicht lange, so war das Bekümmern um fremdes Seelenheil stärker, als die Arbeit an der eigenen Seligkeit. Wo Inquisition und Frömmelei auftreten, erfolgt allenthalben eine erhebliche Veränderung des Gesundheitsstandes. Hier wirkte die Infektion um so verheerender, da gewisse Stammeseigentümlichkeiten einen günstigen Nährboden enthielten. Der Franke thut sich auf seine Gemütlichkeit nicht wenig zu gut. Er ist in der That im Friedensstand harmlos und unabsichtlich; wird er aber gereizt, so erwachen Stammesinstinkte, die man aus der Geschichte kennt. Als G. Schwab 1815 mit Rückert auf der Bettenburg zusammen gewesen, merkte er an: „Sein Spott und seine Ironie sind verlachender und schonungsloser als bei uns Schwaben, indem sie sich ohne Ansehen der Person, zwar nie ohne Gutmütigkeit, selbst auf sehr liebe Freunde erstreckten.“ Wie nun, wenn die Gutmütigkeit eliminiert ist?

Auf einen andern Krankheitsträger deutet der Heidelberger Daub,[1]) nachdem er die persönliche Bekanntschaft Jean Pauls gemacht hat. Er fand sich abgestoßen von der Wärme, mit der sich dieser fränkische Dichter den minutiösesten, trivialsten Dingen hingeben mochte; Verschwendung der Seele nennt er es. Diese Disposition wurde verhängnisvoll, wenn das Metier des Frömmlers (unter Einschließung des gen. fem. in den Begriff) sich ausbreitete:

Er hat, berückt von Eitelkeit,
An sich nichts mehr zu schaffen
Und also immer Lust und Zeit,
Nach andrer Sünden weit und breit
Zu spüren und zu gaffen.

Von der Landplage der abgesonderten Frommen ist besonders der Geistliche bedroht. Sollen sie zu ihm in die Kirche kommen, so verlangen sie, daß er sich stimme auf ihren Ton. Da darf er mit keinem der Makel behaftet sein, woran sie den Weltsinn erkennen, und muß Religiosität zur Schau tragen. Er muß ihnen seelsorgerliche Besuche machen und da nicht nur alle ihre Phantastereien über Geistliches und Weltliches anhören, sondern soll auch berichten, daß er selbst Gemütszustände ähnlicher Art durchgemacht hat wie seine Anhänger und Aufpasser. Er ist aber nicht nur diesen Einseitigen gegenüber in schwieriger Lage; für sein Wirken kommt außer der Kulturstufe der Zeit, des Volkes, der Gemeinde, auch die jedes Einzelnen in Betracht. Je tiefer seine Gottesidee, je freier seine Weltbildung ist, um so segensreicher wird er wirken, und umgekehrt.

Unter den Erlanger Geistlichen war zunächst der deutschreformierte Pfarrer und Professor Krafft Mittelpunkt der neuen religiösen Bewegung. Seine persönliche Wirkung war weit- und tiefgreifend; Herz und Sinn für die nächsten und natürlichen Aufgaben bethätigte er durch die Gründung des Puckenhofer Rettungshauses. Seine Predigten waren nicht sowohl lehrhaft als erbaulich. Er-

[1]) Rosenkranz. Erinn. an K. Daub. Berlin 1837. S. 5.

14

baulich zu predigen wurde auch das Bestreben der von ihm erweckten Theologen. Allein man kann durch Fleiß und Studium lernen und davon mitteilen, das Wahre läßt sich suchen und finden; Gefühle aber, die in der Anlage nicht vorhanden sind und durch Reflexion oder Nachempfinden erzeugt werden, zersetzen den geistigen Organismus und befähigen in keiner Weise dazu, die moralische und religiöse Entwicklung anderer zu leiten.

Die Mystiker wurden dann von einer theologischen Partei abgelöst, die das Erbauliche nicht in Gefühlstönen suchte, sondern in vulgärer Polemik. Seit 1826 erhebt das liturgisch-homiletische Correspondenzblatt lärmenden Kampfruf gegen die rationalistischen Pfarrer, die auf die Jagd gehen, des Kartenspiels oder Wirtshausbesuchs verdächtig sind; es beteiligt sich an dem Feldzug der Restaurationspartei gegen das 18. Jahrhundert und eifert gegen Glaubens- und Gewissensfreiheit; Toleranz, Tugend, Menschenliebe werden als schmähliche Dinge dem Hohn und der Verachtung preisgegeben.

Nachdem dies Arsenal populärer Waffen erschöpft ist, tritt die strengere Wissenschaft ein, der dogmatisch bestimmte Konfessionalismus. Von dessen Wirken erzählt Delitzsch:[1]) „Ich habe Jahre lang in einer lutherischen Gemeinschaft gestanden, in welcher einer den andern an Entschiedenheit überbot. Die Entschiedenheit war wie ein Auktionsartikel, auf den immer losgeboten wurde, so daß es gar nicht zum Zuschlag kam. Wenn ein Büttel strenger Orthodoxie sich die Herrschaft über die Gewissen erschwungen hatte, so kam bald ein Entschiedenerer und der gefürchtete Büttel zählte zu den Laren. Was war das für eine carnificina animarum! Unter welch heuchlerischer Bigotterie wand sich damals wie ein getretener Wurm die evangelische Freiheit!“

Wie die forcierte Gläubigkeit und die Loslösung vom geistigen Leben der Nation auf das jüngere Geschlecht gewirkt hat, dafür einige Belege: „Es überrascht“, schreibt Löhe's Biograph[2]) aus

[1]) Volck, Theol. Briefe der Prof. Delitzsch und v. Hofmann. Leipzig 1894. S. 79.

[2]) Deinzer, Löhe's Leben. Nürnberg 1873, I, 69—71. 240.

dem Jahr 1826 von diesem durch Krafft Erweckten, „an einem 19jährigen Jüngling eine so ausgeprägte Bestimmtheit des christlichen, theologischen und kirchlichen Standpunktes zu finden .... Allen Lehren des christlichen Glaubens, auch solchen, zu denen damals gar mancher sonst gläubige Christ nur schüchtern sich bekannte, wie z. B. zu der Lehre von der Existenz und der Wirksamkeit des Teufels, gab er seine volle Zustimmung .. Er hielt es entschieden mit den Alten, auch in den dem Zeitbewußtsein anstößigsten Lehren .. So gewann das christliche Leben bei Löhe sofort auch eine von dogmatischen Unbestimmtheiten freie und entschieden lutherisch gerichtete Gestalt."

Ins Amt getreten, will er nicht in pietistischer Art erwecken, sondern echt lutherisch durch Wort und Sakrament die Gemeinde erbauen. Mit welcher besonderen Gabe er 1835 Nürnberg verläßt, wo er als Prediger großes Aufsehen gemacht, erzählt der Hauswirt: „Charakteristisch für den jungen Mann war sein Abschied aus meinem Hause. Er bat mich mit der lieben Hausmutter auf sein Zimmer und sagte: Ich habe mich lange für die Liebe, die ich in Ihrem Hause empfangen habe, auf eine Gegengabe besonnen und kann keine bessere finden, als daß ich Sie beide auf die Sünden aufmerksam mache, vor denen Sie sich am meisten zu hüten haben."

Melchior Meyr [1]) hat aus einer Unterhaltung über Goethe und Rückert folgende Sätze eines „sonst begabten jungen Theologen" aufbewahrt: „Der Pantheismus sei ein Erzeugnis der Hölle und der gefährlichste Feind der wahren Erkenntnis. Den Goethe verschlinge er, wie er gestehen wolle; aber er hasse ihn zugleich. Diese Seele könne nur von Gott aus dem Feuer gerissen werden. Wie es mit unserer Zeit bestellt sei, das sehe man am besten daraus, daß sie ganz das Knieen verlernt habe. Der Mensch habe eben diesen Körperbau erhalten, um vor Gott zu knieen, und solange nicht wieder alles auf den Knieen liege, werde es nicht besser werden."

---

[1]) Biogr. von Bothmer und Carriere. Leipzig 1874. S. 70.

14*

Ich will die Beispiele nicht häufen, man findet deren genug in Ebrards „Lebensführungen.“ Die Kritik aber mag Morelli[1]) vertreten, der nach seiner Promotion in München einige Monate in Erlangen zubrachte. In einer Schilderung der Erlanger Zustände vom Sept. 1837 für seinen und Platens Freund Frizzoni findet sich dies: „Man stößt hier bei jedem Schritt auf Gestalten mit dem schmutzig blassen Teint des eingefallenen, unzufriedenen, sogenannten christlichen Gesichts, die mit jedem Atemzug das Wort christlich ausstöhnen und dabei stets denken: Selber essen macht fett; auf jene Gestalten, die, wie Swift sagt, das Ungemach ihres Nebenmenschen mit christlicher Gelassenheit ertragen, deren stets gen Himmel erhobene Seelen Jean Paul treffend mit den englischen Pferdeschwänzen vergleicht, die auch immer gen Himmel stehen, bloß weil man ihre Sehnen durchgeschnitten hat; auf jene Heiligen, die, da sie jeden Quark Sünde nennen, sich zu den größten Sündern machen.“

Wie immer die Orthodoxen die Zeit ihrer Väter unter der Herrschaft der rationalistischen Denkweise verunglimpfen mochten — als sentina mundi, als den mit Totengebeinen besäten Leichenacker — es war gewagt, durch Verachtung der Vernunft und Wissenschaft die Heilung der Zeit zu unternehmen. So stark auch der ursprüngliche Glaube ist, der tradierte, der Glaube an den Glauben, erwies sich als nicht stark. Hatte man es für ruchlos erklärt, in der Natur und in der Menschengeschichte Gott zu suchen, in dogmatische Formeln ließ sich der Ewige und Unendliche noch weniger fassen. Der Protestantismus aber mußte es büßen, daß er sich an dem Unfug beteiligte, die specifisch menschlichen Funktionen in den Bann zu thun, das begriffliche Denken, theoretische Betrachtung, die Bemühung um eine Gesamtauffassung menschheitlicher Entwicklung. Auch das trug bittere Früchte, wenn die Predigt von der Eitelkeit der irdischen Dinge und von der Trüglichkeit des menschlichen Geistes gegen die diesseitigen Aufgaben gleichgültig machte, so sehr es auch der Reaktion gefiel. Empört über die

[1]) Iwan Lermolieff, Kunstkrit. Studien. Leipzig 1893, S. XIX—XXX.

Einengung des Geistes und des sittlichen Handelns, sagte sich der philosophische Radikalismus von diesem Jenseitigen los und formulierte sein Programm: „An die Stelle des Glaubens ist der Unglaube getreten, an die Stelle der Bibel die Vernunft, an die Stelle der Religion und Kirche die Politik, an die Stelle des Himmels die Erde, des Gebetes die Arbeit, der Hölle die materielle Not, an die Stelle des Christen der Mensch.“

Es ist noch zu zeigen, wie auch die vaterländischen Interessen Grund zur Zwietracht wurden, weniger durch den äußeren Gegensatz gegen die Abtrünnigen oder Gleichgiltigen als durch den innern zwischen denen, die mit dem Herzen an der Sache beteiligt waren. Jahr um Jahr hatte der Bundestag versäumt, für die Entwicklung der in der Bundesakte liegenden Keime zum Gedeihen des Gesamtvaterlandes irgend Erhebliches zu leisten, nachgerade aber war der einzige Inhalt seiner Politik, die nationale Entwicklung niederzuhalten und deren Verteidiger zu verdrängen. Da sich indes dieser Zweck nicht geradezu aussprechen ließ, wurde die ostensible Phrase in Umlauf gesetzt, es gelte, die Ideen der französischen Revolution von deutschem Boden fernzuhalten.

Die Täuschung wurde dadurch erschlichen, daß man den gerechten Gedanken jener großen Bewegung die wahnsinnigen Theorien und Leidenschaften unterschob, die aus den Sümpfen eines Staatswesens aufgetaucht waren, dem durch lange Entfremdung der Regierenden und Regierten vom Staatszweck der sittliche Zusammenhang und damit alle gesunde Bewegung verloren gegangen war. Unleugbar hatte die Revolution in ihrem Fortgang gelehrt, daß mit den zur That gewordenen Menschenrechten, daß mit der Souveränität des einzelnen Menschen und der unmittelbaren Volksregierung weder Staat noch Volk bestehen können. Allein eben so unleugbar lag die Ursache der Revolution in der Mißwirtschaft des feudalistischen und absolutistischen Systems, die das Land als einen nach Möglichkeit auszubeutenden Meierhof und mit eben so furchtbarem als kleinlichem Despotismus mißhandelt hatten. So lange der Grundgedanke herrschte, das Staatsleben von den Einzelprivilegien und Monopolen zu befreien, dem Einzelnen und seinem Eigentum den Schutz des Rechtes zu sichern, hatten alle gebildeten Völker den gerechten Forderungen als einer gemeinsamen Sache zugestimmt. Wenn Mirabeau mit Recht auf die Befreiung des Volkslebens drang, auf Erlösung des religiösen Gewissens von den Befehlen einer bevorrechteten Kirche, der Arbeit vom grundherrlichen und Zunftzwang, des Kapitals vom Monopol der Börse und der Hauptstadt, der Rechtspflege vom Privatbesitz der Gutsherren und der Parlamente, der Finanzen von dem privilegierten Eigennutz des Hofadels, der Verwaltung vom Erbgange der käuflichen Aemter, der Nationaleinheit endlich von den Schranken der Binnenzölle und der Provinzialprivilegien; wenn nach dem versäumten Moment der Gewährung und Durchführung die Sieyes, Robespierre, Danton, Marat emporgekommen waren: so ergab sich für Deutschland die Folgerung, die dem Geiste dieser Nation entsprechenden politischen Formen zu gestalten, ehe die Mißstände den zur Teilnahme am Staat zur Zeit fähigen Teil des Volkes völlig lähmten. Waren wir nicht so centralisiert, hatten wir keine Hauptstadt und einen anderen Nationalcharakter, dann brachen sich eben die entfesselten haltlosen Volkselemente in anderer Weise Bahn.

Verstockt und blind, versagte sich die officielle Welt dem Werk der Regeneration. Ihre Publicisten aber malten unablässig das Gespenst der Revolution an die Wand: wie die Jacobiner den Staatskörper zerschmettert, die Moderantisten ihn zerfleischt und die gaunerischen Direktoren eine ganze Generation bis zur Verzweiflung geängstet hätten. Dies alles war so, unrichtig aber der Schluß, daß es darum gottlos sei, wenn die Deutschen ein Staatsleben und Teilnahme an demselben begehrten, wenn sie dem Ausland gegenüber die Würde der Nation gewahrt und die nationale Arbeit auf dem Weltmarkt geschützt wissen wollten, wenn sie im Innern Einheit von Maß und Gewicht, Beseitigung der den Verkehr und die produktive Arbeit hemmenden Schranken und einen verhältnismäßigen Einfluß auf Gesetz und Verwaltung anstrebten. Indem man nun vom Standpunkt der Souveränitäten aus diese

Absichten als revolutionäre brandmarkte, lähmte man die Thatkraft der Vernünftigen, die Leidenschaftlichen aber wandten sich vom Vaterland ab, in dem sie nur Ungerechtes, Unwürdiges, Druck und Verfolgung erblickten und ihr Herz der Freiheitspartei zu, die keine Landesgrenzen hatte und nach Befreiung der Völker jedem sein Vaterland wiederzugeben versprach. Das Band der Vaterlandsliebe wurde zwischen den Geduldigen und Ungestümen immer lockerer, und wenn es riß, mochte jeder Teil dem andern als untreu erscheinen.

Ich fasse das Wesentliche noch einmal zusammen. Das Niveau des geistigen Lebens steigt, wenn Werdelust und Schaffensfreudigkeit vorhanden sind; da streben alle Kräfte dahin, die eigenen Vorstellungen wie die umgebende Welt fortzubilden und zu veredeln. Wo die Luft gemeinschaftlicher Freiheit weht, pflanzen sich deren Erschütterungen bis ins Innerste der Seelen fort; wo der Geist eines Menschen nicht vom Bewußtsein der Freiheit erfüllt ist, ist alle geistige Verbindung unterbrochen, nicht nur mit andern, sondern sogar mit ihm selbst. E. M. Arndt,[1]) in dessen kräftige Jahre die schwellende Flut wie die hohle Ebbe fiel, hat die Zeiten so unterschieden: „Als Kant blühte, um die Jahre 1780 und 1790, war eine schöne, strebende Zeit für Deutschland, wie in ganz Europa, hoffnungsvoll durch Enthusiasmus für die Ideale höherer Menschlichkeit und edlerer Freiheit. Als Fichte blühte und Schelling begann, stand eine große, von edlem Zorn und erhabenem Freiheitsstolz durchwehte und geschwellte Zeit, man hatte das Schwert des Wortes und des Geistes mit Mut und Glück aus der Scheide gezogen. Nach den Wiener Kongressen und den Karlsbader Beschlüssen versank der Sinn des Volkes aus jauchzendem Siegesjubel in ein bissiges, grolliges Hundegemurr oder in ein stummes, noch schlimmeres mattes Schmollen, Schweigen und Träumen."

Bei unseren Erlanger Studenten herrschte bis 1824 hin der Geist gemeinschaftlicher Freiheit, gegenseitigen Gebens und Nehmens, fröhlicher Entfaltung aller Kräfte; nicht die Differenzen wurden

---

[1]) Pro populo Germanico. Berlin 1854. S. 199 (gekürzt).

betont, und allen kam zu gut, was jeder Positives hatte. Eifrige Mediziner und Philologen wie Dietz, Vogel, Nägelsbach nahmen auch an den Interessen der Theologen teil und diese wieder an botanischen Exkursionen und physiologischen Untersuchungen. Jeder glaubte an die Wahrhaftigkeit des andern, auch wenn der eine für sich vorzugsweise die historische, der zweite die rationale Vermittlung bedurfte und der dritte durch geistige Anschauung und Gefühl den ihm wesentlichen Inhalt gewann. Dieses gegenseitige Verständnis sehen wir nun um dieselbe Zeit schwinden, als die Demagogenhetze die geistig frischesten Studenten auseinandersprengt, die Lehren des Absolutismus aber das Gesetz der Entwicklung leugnen und das deutsche Volk mit Mißtrauen gegen seine geistigen Güter erfüllen. Nunmehr wird der Widerspruch zwischen den Resultaten wissenschaftlicher Forschung und dem dogmatischen Christentum hervorgekehrt, den man bisher unbefangen bei Seite gelassen hatte, und innerhalb der theologischen Kreise erheben der kritischen Bewegung gegenüber der Autoritätsglaube und die Mystik die einseitigsten Ansprüche auf Geltung; der Wahrheitssinn der Gegenpartei wird verdächtigt, das einseitige Moment der Wahrheit prätendiert für die ganze und alleinige Wahrheit zu gelten. Und alsbald sehen wir infolge der gewaltsamen Scheidung den Offenbarungsglauben versteinern, die Religion des Herzens verwandelt sich in krankhafte Sentimentalität und die Philosophie fällt dem Skeptizismus anheim.

Wir erinnern uns hier, wie schmerzlich F. Rückert, dem Erlangen in jenen Jahren ein Gelehrtenasyl bot (1826—41), die Zerrissenheit des geistigen Lebens empfand. Die Wirkung der religiösen Gegensätze beklagt er in der Weisheit des Brahmanen:

Wo sich genüberstehn Unglaub' und Aberglauben,
Will dir die Seele der, und der die Sinne rauben.
Die Sinne raubt er nicht, doch hat er sie verdumpft;
Die Seele raubt er nicht, doch hat er sie versumpft.
In diesem Sündenpfuhl, in diesen Jammerfröſten
Kann für die Welt mich nur ein neuer Glaube trösten.

Glücklich in der Natur und in seiner Familie, sehnt er sich doch nach den Mittellinien zwischen jenem weiten Kreis und diesem engen, nach Hauptstadt, Volk, Gesellschaft, Staat. Mit Wehmut und Hoffnung zugleich erfüllt ihn das Bild der zerklüfteten und doch unverwüstlichen Weide:

Du gleichest meinem Vaterlande,
Dem tief in sich gespaltnen,
Von einem tiefern Lebensbande
Zusammen doch gehaltnen.

---

### 3. Ein Bericht über die bayrischen Corps.

Als Beitrag zur Sittengeschichte des 19. Jahrhunderts hat A. von S.[1]) (Jäger v. Schlump) mit großer Ungeniertheit erzählt, was er — etwa von 1827 an — auf mehr als einem Dutzend deutscher Hochschulen erlebt und erlitten. In Halle, Leipzig, Göttingen, Heidelberg und zuletzt in Jena hat Felix Schnabel — den Namen giebt er sich in seinem Halbroman — als Corpsstudent eine Rolle gespielt. Als Jenaer Franke besuchte er die Erlanger, demzufolge, wie er gelegentlich die Burschenschaft erwähnt, gegen Ende der 20ger Jahre. Zwischen der Landsmannschaft und Burschenschaft, sagt er, herrschte dasselbe unselige Verhältnis wie in Jena und auf den meisten andern Universitäten: sie hatten sich gegenseitig in Verruf gethan und befeindeten sich in dem Maße, wie sie sich verachteten. Doch wurde zur Zeit die Erlanger Burschenschaft gelobt; später, nach vielen Uneinigkeiten im Innern und Trennungen in Arminen, Germanen, Schwanenritter u. s. w. verlor sie von ihrer Gesamtkraft und von ihrem Ansehen und löste sich auf, wenigstens öffentlich und der Form nach.

---

[1]) Unter dem Doppeltitel: Der Deutsche Student — Felix Schnabels Universitätsjahre. Stuttgart. P. Balz 1835.

Über das Erlanger Corpsleben[1]) berichtet Felix Schnabel, der von Hektor Bouterweck begleitet dort auftritt, wie folgt: „In Erlangen hat jede Verbindung zwei Vergnügungsörter: das Kommershaus, auf welchem die meisten essen und am Abend sich alle versammeln, und die Interimskneipe, wohin der durstige Musensohn am Morgen und am Nachmittag geht. Denn hier trinkt der Bursch weder Kaffee, noch Wein, Thee, Branntwein u. s. w., einzig und allein Bier, das trinkt er früh, wenn er aufgestanden, vor Tisch, bei Tisch, nach Tisch, am Abend und in der Nacht."

Die Jenaer suchten den Helm auf, die gemeinschaftliche Interimskneipe der Franken und Bayreuther. Sie finden eine volle Wirtsstube, stumme Gestalten, in Hemdärmeln, mit farbigen Mützen, ungeheuer langen Corpsbändern, rauchend, trinkend, Karten spielend, aber keinen Laut von sich gebend. Man nimmt zunächst von den Eintretenden keine Notiz; „der Erlanger Landsmannschafter hält auf äußere Würde, unter ihr verbirgt er seine Unwissenheit, den Mangel an Kultur und savoir vivre." Doch die Jenaer sind nicht blöde, und allmählich brechen auch die Franken ihr Schweigen. „Aber kalt und trocken blieb die Unterhaltung, das steife Sie mißsagte den Jenaern, die oft einen stolzen, würdevollen Erlanger mit dem geläufigen und gewohnten Du anredeten; ein furchtbarer Seitenblick, mit unbeschreiblicher Indignation, Selbstgefühl und Dummheit vermischt, belehrte sie bald ihres Irrtums und ließ sie denselben verbessern."

Nach einigen Stunden gräßlicher Langeweile brechen die Franken wie nach Kommando auf und nehmen die Fremden mit auf ihr Kommershaus. Dort geht es etwas zwangloser her, doch sitzt man nach Rang, Würden und Alter; wenn nicht gesungen wurde, herrschte feierliche Stille. Als ein Hospiz angestimmt ist, singen die Jenaer einige etwas obscöne Lieder „nach dem Grundsatz, daß dem Reinen alles rein ist"; dies ruft bei den Franken vorerst Empörung hervor, allgemach aber finden Schnabel und seine Liederchen Beifall

[1]) 1829 zählten die Ansbacher 37, die Bayreuther 25, die Franken 27 Mitglieder.

und Nachahmung. „Das Keuschheitsgesetz hatte auch bei den Erlanger Landsmannschaften Gültigkeit; wer dagegen sündigte, kam in Verruf, natürlich nur, wenn er attrapiert wurde, aber dennoch ist diese Strafe wegen Uebertretung dieses Gebotes oft verhängt worden."

Auch auf der Ansbacher Kneipe wird ein Besuch gemacht. „Die auffallende Ruhe und nichtssagende, erheuchelte Würde, die Schnabel anfangs bei den Franken auffielen, waren bei Onoldias Söhnen noch größer: wie Wachsfiguren saßen sie an den Tischen; das Zimmer war in ihre Farben gekleidet, weiß mit roten Guirlanden und roten Vorhängen. Kalt wurden die Gäste empfangen oder vielmehr ganz übersehen, sie mußten selbst für Tische, Stühle und Bier sorgen." Bayreuther und Ansbacher erschienen Schnabel ganz und gar rückständig: „Wie es die Vorfahren bei der Konstitution dieser Corps gehalten hatten, so blieb es: derselbe Komment, dasselbe Kommershaus, dieselben Lieder, die nämlichen Formen, Lächerlichkeiten und altmodischen Institute." „Die äußere Erscheinung war imponierend: die kleine Mütze keck auf der einen Seite — auf Krakeel — ein unförmlich weiter und langer Rock, der weder Taille noch Knöchel sehen ließ, Pantalons, die weiter als der Rock waren und aus welchem recht gut zwei Paar hätten gefertigt werden können; ungeheure Anschraubesporen, welche die Beinkleider hielten und trugen, denn ohne diesen Stützpunkt hätte der Erlanger bei jedem Schritt auf seine inexpressibles, auf diese enormen Säcke, treten können."

Die Duelle werden in Erlangen nach den Gesetzen sehr strenge bestraft, daher sind sie nicht häufig und werden sehr geheim gehalten. Abgemacht werden sie seltener in Erlangen als in der nahen Umgegend, im Freien und in dem geräuschvollen Nürnberg. Wird eine Paukerei nicht in actu abgefaßt, so hat man nachher nichts mehr zu befürchten: die Gegenwärtigen werden auf Ehrenwort verpflichtet, nichts zu verraten und auszusagen. Verwundete geben an, daß sie ihre Verletzungen auf diese oder jene Art erhalten haben; Tote, selbst schwer Verwundete werden — wie dies zu mehreren Malen vorgekommen — auf dem Wahlplatz zurückgelassen.

In Erlangen wird gestoßen, doch nach einer anderen Schule als in Jena, wo die Kreißlerische Methode eingeführt ist; in Erlangen wird weniger fein, mit mehr Grimassen, Stampfen, Springen, mit einem Wort roher und kunstloser gefochten, wenigstens bei den Corps. Dasselbe zeigt sich auch in den Duellen; die Schläger sind fast dieselben wie in Jena, aber weniger spitz und werden, wenn es nicht durchaus erforderlich ist, in ein und derselben Suite nicht gefeilt; diese besteht, statt wie in Jena aus 12, nur aus 10 Gängen. Der rechte Arm ist mehr als dort geschützt, eine Wunde auf dem Unterarm zieht nicht, drei auf dem Oberarm machen, wie eine auf dem Körper, Anschiß. So bei Schläger- und Pariserduellen; bei diesen sind die Stichblätter und die Mensur kleiner.

Erlangen mag wohl die wohlfeilste Hochschule Deutschlands sein; mit 400 Gulden (nicht 700 Mark) jährlichem Wechsel kann man den großen Herrn spielen. Die Einwohner sind, so lange sie gutes Bier zu trinken haben, ein fröhliches und seliges Völkchen.

Besser gefiel sich Schnabel in Würzburg. Da findet er eine Burschenschaft und die Corps der Franken, Bayern, Rhenanen und Mainländer. Der Ton und Komment schien ihm freier und zeitgemäß kultivierter als in Erlangen; das Leben war angenehm, gesellig und frei, Essen, Wein und Bier vorzüglich und trotzdem nicht zu teuer. Eine Menge Vergnügungsorte in der Nähe der Stadt laden den Musensohn zur Erholung und geselligen Unterhaltung ein. Alles sitzt bunt durcheinander: Professor, Professorin, die Töchter und die Studenten, alles trinkt Bier oder Wein, freut sich seines Lebens, ist umgänglich und gesprächig.

In München endet des Helden Universitäts-Laufbahn. Wie sein Fäßchen trübe läuft, dünkt ihm auch die Welt auf die Neige zu gehen; er nennt den Ton der Studenten „echt bayrisch d. h. ohne Gemeinsinn, ohne wahre Freundschaft und ohne Selbstachtung.“ Das Corps Isaria, erzählt er, sei eben verboten gewesen, nachdem es in seiner Blüte gegen fünfhundert Mitglieder gezählt habe; als bestehend nennt er Bayern, Pfälzer und Schwaben.

---

IV.

## 1. Die Fraktionen der Burschenschaft.

Die Spaltungen des burschenschaftlichen Lebens sind bald nach dem Frankfurter Attentat von dem Göttinger H. A. Oppermann[1]) geschildert worden. Noch Student, kaum 22 Jahre alt, wählt er die Form des Romans, in welchem das Frankfurter Ereignis die Katastrophe herbeiführen soll. Während der Ausarbeitung fühlt er den Mangel poetischer Gestaltungskraft und will sich auf Schilderung der prosaischen Wirklichkeit zurückziehen. Aber auch dies gelingt nicht, denn es kommen immer wieder die von ihm und seinem Freundeskreis damals lebhaft ergriffenen Krauseschen Ideen in die Quere. So schwimmen phantastische, realistische und philosophische Elemente durch einander, und wo die innere Bewegung nicht ausreicht, wird die Wirkung durch schroffe Tendenz und in herben Schlagworten gesucht. Wertvoll ist diese Jugendarbeit durch Ueberlieferung charakteristischer Reste politischer und studentischer Zeitpoesie; als historische Quelle ist sie mit Vorsicht zu gebrauchen.

Ich gebe einige Proben. An Pfister anschließend, teilt Oppermann die alte Jenaer Burschenschaft in zwei Klassen: „eine

---

[1]) Unter dem Pseud. H. Forsch, Studentenbilder oder Deutschlands Arminen und Germanen in den Jahren 1830–1833. Hamburg, Campe 1835. — Oppermann hat auch in dem 9bändigen Roman: Hundert Jahre (1770—1870), Zeit- und Lebensbilder aus drei Generat. Leipzig. Brockhaus 1870 vielfach studentische, namentlich Göttinger, Verhältnisse berührt.

politisch-religiös- fanatische und engherzigmoralische Sekte, neben ihr eine thatkräftige und revolutionierende, von Follen geleitet." Er scheint über seiner Göttinger Revolution die Freiheitskriege vergessen zu haben; die Charakteristik paßt nicht einmal auf die altdeutschen Ultras, geschweige auf den von vaterländischem Sinne getragenen freien Geist der Majorität; von Follen hätte mit einigem Recht ein späterer Einfluß durch den Jugendbund behauptet werden können.

Die Jenaer burschenschaftlichen Parteien seiner Zeit schildert er so: „Die Arminia bezweckte eine wissenschaftlich- sittlich- christliche und vaterländische Ausbildung, führte ein gemütliches Zusammenleben und zählte, da sie möglichste Allgemeinheit bezweckte, bis auf die neueste Zeit zwei- bis dritthalbhundert Teilnehmer, von denen aber die wenigsten ausgezeichnete Köpfe waren; daß sie jedermann aufnahmen, der sich nur meldete, wurde ihr häufig zum Vorwurf gemacht. Die Regierung kannte ihre Unschädlichkeit und billigte sie durch ihr Schweigen."

„Die Germania, unbedeutend an Zahl, hatte sich frei gemacht von den jene oft pedantisch beschränkenden Schranken der Christlichkeit und Sittlichkeit. Sie haßte das gemütliche Leben jener und affektierte oft noch mehr Roheit als sie wirklich besaß. Sie war gefürchtet wegen der guten Klinge, die ihre Mitglieder im allgemeinen zu führen wußten, und stand in dem Ruf, daß sie nur ausgezeichnete Köpfe als Verbandsmitglieder aufnehme." In politischer Beziehung hat sie sich dem Wohl der Menschheit gewidmet, nicht ganz klar, wo es fehle, was fehle und was zunächst zu erringen sei. Wie leicht sich dieses Bestreben mit dem Gefühl der Genialität verbindet, hat Taine so aufgeklärt: „Ein junger, unerfahrener Mensch, der die Kinderkrankheit hat, die Welt verbessern zu wollen, operiert mit einem sehr einfachen Werkzeug, seiner gänzlichen Unerfahrenheit; es giebt nichts, was man so schnell lernen und so leicht handhaben kann." Hängt der Arminia ein Schweif von Lauen und Indifferenten an, so klammert sich an die Germania Zweideutiges anderer Art, Leute, die durch individuelle Unglücksfälle dahin gebracht sind, daß sie nichts mehr zu verlieren haben. Diese unter den Hochstrebenden sich einnistende couleur perdue liefert die Teilnehmer am Frankfurter Attentat. Der eine hat als gefeierter Corpsschläger begonnen und wird aus Unmut über das verlorene Renommee zum radikalen Wütrich. Einen andern hat unglückliche Liebe zum Demagogen gemacht oder dazu, daß er sich einbildet, es zu sein. Einen härteren Charakter treibt der Ehrgeiz eine große Rolle zu spielen; ohne selbstloses Interesse, ohne Empfänglichkeit für Freundschaft, nimmt er den Mantel des exaltierten Republikaners um, stürzt sich in die politische Agitation, wird in die Netze der geheimen Gesellschaften verwickelt und findet dabei den Untergang.

Der Schilderung des jungen Philosophen soll das Urteil eines gereiften Mannes folgen, der 20 Jahre später diese studentischen Dinge dargelegt hat. Nach seiner Auffassung vom Staat fühlt er nicht nur die Pflicht des Unterthanengehorsams, sondern auch die Versäumnis der öffentlichen Gewalt, welche die Entwicklung gesunden Volkslebens hartnäckig gehemmt hat. K. Hagen,[1]) dessen lichtvolle Darstellung überall auf das im Volk Lebendige die gebührende Rücksicht nimmt, war mit Unterbrechung eines in Jena zugebrachten Jahres von 1827—32 Student in Erlangen, wo er der Arminia angehörte, 1836—37 hielt er hier Geschichtsvorträge. Von 1837 an Docent in Heidelberg, vertrat er diese Stadt im Frankfurter Parlament und nahm auf der äußersten Linken neben Uhland Platz; dafür verlor er den Heidelberger Lehrstuhl. 1855 wurde er Professor in Bern und starb dort, geliebt und geehrt, 1868. Als Mensch und Kritiker maßvoll, mild und besonnen, ist er ein willkommener Zeuge in einer durch Parteileidenschaft getrübten Untersuchung.

---

[1]) **Karl Hagen**, Geschichte der neuesten Zeit vom Sturze Napoleons bis auf unsere Tage. 2 B. Braunschweig 1850. Ich bin ihm in meinen politischen Auseinandersetzungen vielfach gefolgt und hätte ihn oft citieren müssen, aber die Beschaffenheit meiner Excerpte und die Unmöglichkeit, jetzt das einzelne zu verificieren haben dies gehindert. Ich lege hier das Bekenntnis der Schuld nieder und meinen Dank.

„Die Spaltungen innerhalb der Burschenschaft," urteilt Hagen, „gingen von Erlangen aus, wo sich seit dem Jahre 1827 drei burschenschaftliche Verbindungen bildeten, die Teutonia, Arminia und Germania, welche alle einander feindlich gegenüberstanden, weil sie von verschiedenen Grundsätzen ausgingen und verschiedene Zwecke verfolgten. Und in diesen Verbindungen stellen sich eben nur die verschiedenen Richtungen dar, von welchen das öffentliche und geistige Leben der Nation zerklüftet war. Wie in der Nation die verschiedenen Bestandteile, aus denen die öffentliche Meinung der Befreiungskriege bestanden, auseinander fallen, so war es auch bei der Burschenschaft der Fall. Auch diese trennt sich in die verschiedenen Elemente, aus denen sie ursprünglich zusammengesetzt gewesen. Wir sahen damals die sittliche, wissenschaftliche, religiöse, vaterländische und politische Richtung auf gleiche Weise in ihr vertreten. Diese Richtungen trennen sich jetzt und bilden sich zu Gegensätzen durch.

„In der Teutonia ist es das religiöse mystische Element, welches hier zur ausschließlichen Geltung kommt, und wie um jene Zeit die Romantik überhaupt, und mit ihr die durch sie vertretene religiöse Richtung, zur Reaktion übergeht, so geschieht es, daß auch diese burschenschaftliche Verbindung als eine reaktionäre sich darstellt, sofern ihr die Politik als gleichgültig erscheint: spottweise wurde die Teutonia nur die königlich bayrische Burschenschaft genannt.

„In der Arminia dagegen hat sich jenes Element der Burschenschaft erhalten, welches vor allem auf eine Erneuerung des akademischen Lebens drang und dieses besonders durch strenge Sittlichkeit und wissenschaftliches Streben zu erreichen hoffte. Dabei bewahrte sie noch ferner den vaterländichen deutschen Sinn, obschon nicht mehr mit der früheren Ausschließlichkeit, und auch die Politik war ihr nicht fremd: nur betrachtete sie die Aufgabe, welche hier die Burschenschaft zu lösen habe, als einzig darin bestehend, daß sich die Mitglieder derselben auf der Universität für das praktische Leben tüchtig vorbereiten sollten, um dereinst in diesem auf dem Wege der Reform zu einer Umgestaltung der öffentlichen Zustände im Sinne der Einheit und der Freiheit mitzuwirken. Die

Germania endlich geht über diese beiden Verbindungen hinaus: sie vertritt eigentlich die radikale Richtung der Zeit: ihr Zweck ist ein rein politischer. Sie will die Freiheit und die Einheit des Vaterlandes herstellen. Aber der Weg der Reform ist ihr zu langsam: sie glaubt diesen Zweck nur durch Revolution erreichbar. Und auch diese soll nicht in weite Ferne gerückt sein: sie selber als Studentenverbindung will daran Teil nehmen: ihre Thätigkeit ist vorzugsweise auf dieses Ziel gerichtet. Und so wie sie sich denn mit Lebhaftigkeit in die politischen Fragen geworfen, nimmt sie auch die Richtung, welche der Liberalismus angenommen, in sich auf. Sie wirft das deutschtümelnde Gewand von sich und hegt französische Sympathien. Auch in soferne nimmt sie die radikale Richtung der Zeit auf, als sie der Leichtfertigkeit und Frivolität sich nicht verschließt. Sie bekennt sich nicht nur in der Religion zu den weitestgehenden Ansichten und verspottet alte Autoritäten und Anschauungen, sondern sie entfernt sich auch von jenen Forderungen strenger Sittlichkeit, welche die ehemalige Burschenschaft aufgestellt und an welche sich auch noch die Arminia gehalten. In ihrer äußern Erscheinung tritt sie daher nicht selten mit einer gewissen Roheit auf. Immerhin aber war in ihr, im Vergleich mit den übrigen Burschenschaften, noch die meiste Kraft und Energie und offenbar am meisten Verständnis der Gegenwart und der Zukunft.

„Auch in der Verfassung tritt bei diesen burschenschaftlichen Verbindungen eine merkliche Verschiedenheit ein. Die frühere Burschenschaft gab sich im Gegensatz zu den aristokratisch-monarchischen Landsmannschaften eine demokratische Verfassung. Alle Burschen waren sich an Rechten und Pflichten gleich. Seitdem aber die Burschenschaft gezwungen wurde, sich unter den Schild des Geheimnisses zu flüchten, hob sie die ehemalige demokratische Verfassung auf und machte einen Unterschied zwischen engeren Mitgliedern, welche erst nach Prüfung aufgenommen wurden, und zwischen weiteren oder Renoncen. Die letzteren hatten weiter keine Rechte: die Gesellschaft wurde nur von der Aristokratie der engeren Verbindung geleitet. Mit der Trennung in die drei verschiedenen

15

Burschenschaften kam aber auch hier eine Verschiedenheit auf. Die ersten beiden kehrten zu der demokratischen Verfassung zurück, während die Germania, obschon die radikalste, die Aristokratie beibehielt. Dies war natürlich, da jene ersten Verbindungen keine unmittelbaren politischen Zwecke verfolgten, während die letztere, die dieses that, sich erst genau von der Zuverlässigkeit ihrer Mitglieder, ehe sie dieselben einweihte, überzeugen mußte.

„Diese Gegensätze in der Burschenschaft bildeten sich in Erlangen, wo sie zuerst zum Durchbruche gekommen, auch am entschiedensten durch. Es wurden hier zwar verschiedene Versuche zur Vereinigung, namentlich zwischen Arminia und Germania gemacht: sie mißlangen jedoch. Aber diese Gegensätze finden sich mehr oder minder auf allen Universitäten, wo Burschenschaften existierten, und zwar, was höchst bedeutungsvoll, fast immer mit Vorwiegen der Germania.

„Es ist nicht zu leugnen: die Burschenschaften haben offenbar auch ihren Einfluß auf das praktische Leben geäußert, obschon derselbe nicht zu hoch anzuschlagen ist. Die Mitglieder bemühten sich, ihre Ideen unter das Volk zu verbreiten, und besonders die Germania ließ es sich angelegen sein, indem sie den Unterschied zwischen den Bürgern oder sogenannten Philistern und den Studenten, die später Beamte werden sollten, aufzuheben suchte."

Ich absolviere zunächst die ephemere Teutonia.

---

## 1. Die Teutonen.

Sie trugen schwarzgoldrot und hatten den Wahlspruch Gott, Ehre, Freiheit, Vaterland. Als Stiftungstag feierten sie den 11. August 1828 und zählten um jene Zeit 40, im Mai 1829 noch 28 Mitglieder; im Oktober 1830 wird die Auflösung angezeigt. Ein vom Berliner Universitätsgericht beschlagnahmter Pfeifenkopf wies folgende 40 Namen auf: Bäumler th., Bechmann th.,

Burger th., Dannheimer th., Degmaier th., Deinzer th., Feuerbach ph., Fischer ph., Gareis i., Geist i., George ph. und th., Götz ph., Grieshammer th., Grundherr i., Hadermann i., Hammer i., Hauff i., Hartlieb th., Hertlein th., Kalb i., Karrer th., v. Kreß I und II i. i., Lindner i., Lottes th., Mengert th., Merkel th., v. Ölhafen i., Puchta th., Schlupper th., Schmetzer th., Schrodt i., Spar th., Stettner th., v. Tucher i., Vierzigmann th., Weber th., Welsch m., Zehler m., Zerzog th.

Das Wenige, was ich über diesen burschenschaftlichen Verein noch mitteilen kann, entnehme ich dem Heidelberger Historiker G. Weber.[1]) Er ging im Herbst 1828 vom Speyrer Gymnasium nach Erlangen und wurde dort durch Friedrich Feuerbach (den jüngeren Bruder von Anselm und Karl) der Teutonia zugeführt. Den Ton bestimmten die aus Nürnberg stammenden Juristen, wohlhabender Leute Kind. Weber selbst war unglaublich arm, sein Jahreswechsel betrug wenig über 100 Gulden (ℳ 171,43). Er behilft sich ohne Frühstück, hat einen Mittagstisch für 34 Pfennig, abends ißt er Schwarzbrot und trinkt sein Bier. Diese Entbehrung trübt aber seinen Frohsinn keineswegs. „Nur darin," sagt er, „besteht ja der Vorzug der Jugend und der ersten Studentenjahre, daß man sich nicht vornehm nach Stand und Vermögen abschließt, daß an den geselligen Unterhaltungen alle teilnehmen können, daß viele und gerade die edelsten und reinsten Genüsse dem Dürftigen wie dem Wohlhabenden gleichmäßig zu teil werden können." Mit heller Freude gedenkt der Greis der Spaziergänge der Studiengenossen in der anmutigen Hügellandschaft, des geselligen, zwanglosen Zusammenlebens unter Gesang und Gesprächen von heiterer Unbefangenheit, die den Vorlesungen und den Uebungen auf dem Fechtboden folgen und an den guten Schlaf im kleinen Hinterstübchen. Er erwähnt das Fuchsenbrennen, bei dem in witzigen Ansprachen und Anspielungen die anerkanntesten Charakterzüge oder kleine Fehler und Schwächen des Branders vorgeführt wurden; ihn ernannte man

[1]) Jugendeindrücke und Erlebnisse. Leipzig 1887.

zum Kegeldoktor. Er bezeugt auch den bayrischen Patriotismus des Kreises, der den Pfälzer befremdete; er erklärt sich denselben aus der tieferen Abneigung der Franken gegen Napoleon und das französische Wesen sowie daraus, daß das Königreich Bayern immerhin ein würdigeres Staatsgefühl gestattete als die in den Reichszeiten über Franken ausgestreuten weltlichen und geistlichen, reichsstädtischen und ritterschaftlichen politischen Zwerggebilde. Daß König Ludwigs Gedichte Beifall fanden, die für Körner und die Leipziger Schlacht ehrliche Dankbarkeit, für Goethe und Schiller warme Verehrung zeigten, ist dem gegenüber, was das officielle und das junge Deutschland an der großen Vergangenheit sündigten, nicht unverständlich.

---

## 2. Die Arminen.

Ich schicke einige äußere Daten voraus:

Die formlos gewordene Burschenschaft schließt sich am 6. Juni 1826 wieder fester zusammen und nimmt mit Namen, Wahlspruch und Abzeichen im wesentlichen auch die Konstitution der Arminia von 1818 an. Der Universitätsbehörde wird 1827 die Verfassung mit dem Verzeichnis der Mitglieder und des Vorstandes eingereicht. Im Mai 1829 beträgt die Mitgliederzahl 86. Nach dem Frankfurter Attentat zeigt man dem Prorektor die Auflösung an, am 9. Mai 1833 wird sie vollzogen. – Als solche, deren Namen die studentische Ueberlieferung ausgezeichnet hat, sind zu nennen: Schubert i. aus Regensburg, die Schwaben Johannes Zorn th. und Schönwetter th., J. F. Bracker th. aus Bayreuth und August Esper i. aus Erlangen.

Um die innere Seite darzustellen, muß ich weiter ausholen.

Wir sahen oben, wie schroff auf dem religiösen, intellektuellen und politischen Gebiet die in der Zeit liegenden Gegensätze auseinandertraten. Die Herstellung des Gleichgewichts nach solchen Epochen des Schwankens pflegt durch die Teile der Generation vermittelt zu werden, deren Inneres den großen und bleibenden Interessen der Zeit und des Volkes zugewandt ist, ohne daß sie sich zum äußeren Handeln gedrängt fühlen. Solche innere Thätigkeit bei scheinbarer äußerer Passivität finden wir als ein Kennzeichen des schwäbischen Stammes. Anderes kommt zum Vorschein, wo schwäbische und fränkische Art ihr Bestes vereinen. Dem mystischphilosophischen Zug, der zur Vertiefung in religiöse und metaphysische Fragen hinleitet, ist dann eine Dosis unbeirrbarer Nüchternheit und durchdringenden Scharfsinns beigegeben, demgemäß das Vorwiegen idealer Gesichtspunkte nicht zu unfruchtbarer Prinzipienreiterei und Jagd nach Hirngespinnsten ausartet, vielmehr theoretisches und praktisches Vermögen sich ausgleichen. Das heiter zugreifende Wesen des Franken verbindet sich mit der Hartnäckigkeit, mit welcher der Schwabe die für richtig erkannten Dinge festhält; die leichte Auffassungsgabe, die wir an den Franken bemerken, mischt sich mit der innigen Versenkung in die zu bewältigenden Gegenstände und Fragen; zu der fränkischen Lebhaftigkeit gesellt sich eine biedere Anteilnahme des Herzens, die dem einmal für wahr Erkannten mit Ausdauer und ohne Rücksicht sich hingiebt. — Diese Mischung der Volkselemente erklärt durchweg die Haltung der jetzt zu schildernden burschenschaftlichen Verbindung.

Die Arminia ging hervor aus der Allgemeinheit, die nach der Verfolgung von 1824 zunächst ein erträgliches Gemeinschaftsleben führte. Als aber eben jetzt die politische und kirchliche Reaktion immer undeutscher und unehrlicher wurde und natürlich auch in dem großen Studentenkreis Eingang fand, wurde das Zusammenleben erst schwierig, nach und nach unerträglich. Bei der steigenden Entfremdung und Erbitterung machte sich die Erledigung der Feindseligkeiten in der unter Studenten üblichen Form immer mehr geltend, und auch aus diesem Gesichtspunkt war eine Sichtung der Masse und eine Ausscheidung zweideutiger Elemente geboten. Nun bestand seit der Bedrängnis der Burschenschaften allenthalben ein festerer Kern, der dem Ganzen Halt gab: unter 200 Mitgliedern bildeten etwa 40 der durch Geist, Charakter und andere Qualitäten ausgezeichneteren Studenten den Stamm. Diese innere Verbindung erstrebte gemeinsam aufrichtigen Kampf gegen die geistige und politische Herabwürdigung und die Erhaltung eines wehrhaften Studentenlebens. Ueber die Mittel zum gemeinsamen Ziel, über das Maß des Notwendigen und Erlaubten trennte man sich; erst bestritten sich die Parteien im einzelnen, bald wollten sie sich im ganzen beseitigen.

Die Arminia versuchte, sich und den Kommilitonen die akademische Freiheit so zu erhalten, wie sie aus der ersten burschenschaftlichen Bewegung hervorgegangen und in Erlangen zuletzt durch Dietz, Dittmar, Briegleb, Nägelsbach, Harleß vertreten worden war. Die meisten ihrer Mitglieder hatten ihre Wurzeln in dem geistigen Boden des gebildeten Mittelstandes der protestantischen Franken und Schwaben. Da herrschte zunächst in religiöser Beziehung die Anschauung, daß diejenige Klasse, die bisher schlicht an dem Glauben der Väter gehalten hatte, nicht mutwillig verletzt werden dürfe, aber ebensowenig der andere Bestandteil der Bevölkerung, dem die freie Forschung und Lehre inneres Bedürfnis war. Die Arminen behielten den Wahlspruch Gott, Ehre, Freiheit, Vaterland. Die fortgeschrittenen Gegner sangen darauf den Spottvers:

Denken und Forschen ist menschlicher Unverstand,
Liegt ja doch alles in göttlicher Vaterhand.
Drum Spekulieren,
Philosophieren
Sei ewig verbannt.

J. Kopp hat einmal schlicht und treffend die Aporie festgestellt und auf ihre Lösung hingedeutet[1]): „Wird die Philosophie als die Wissenschaft betrachtet, den strengsten allseitigen Zusammenhang aller der mannigfaltigen endlosen Reihen der verursachten Dinge und überhaupt alles Bedingten nachzuweisen und vollständig darzulegen, so hatte Baco Recht zu sagen, daß sie obenhin gekostet von Gott abführe, vollständig eingesogen zu Gott führe. Und nicht allein das Volk erklärt alles, was ihm Unbegreifliches in der Natur

[1]) Aehnlich Just. Möser Reliquien. Berlin 1837. S. 41.

aufstößt und im Leben begegnet, dadurch, daß Gott es gethan habe, daß Gott allein es weiß und macht, sondern jeder ans Denken und die Erforschung des ursachlichen Zusammenhangs strengmathematisch gewöhnte Mann findet sowohl in der äußern Natur als in seinem Innern, im Leben des Einzelnen und der Geschichte der Völker Erscheinungen und Ereignisse genug, bei denen er wie der gemeine Mann zur Idee Gottes zurückgehen und sich vor ihm beugen wird, dann zumal, wenn eine ethische Erregung, ein innigeres Gefühl hinzukommt." —

Daß der von der Burschenschaft zur Geltung gebrachte Geist strengerer Sittlichkeit eine Wohlthat für die Universitäten war, hat auch keiner der Gegner geleugnet. Die eben von der Geschichte erteilte Lehre war sehr nachdrücklich gewesen, unter den Ursachen des Untergangs der höheren Stände die französische Ueppigkeit und Liederlichkeit unverkennbar; der conventionelle Anstand und der Schimmer der feinen und abgeglätteten Formen hatten ihn kaum aufgehalten. So wenig es in Deutschland an Nachahmung des Versailler Musters fehlte, der ehrliche Mittelstand hielt nach wie vor die reinere Sitte des deutschen Hauses als ein Kleinod in Ehren, am meisten da, wo nicht romanische und slavische Einflüsse entgegenwirkten. Und wie einst Maria Theresia die Liebe und den Stolz der Wiener trotz des Spottes über gewisse von ihr erlassene Gesetze im letzten Grund ihrer sittlichen Haltung verdankte, so war auch die Verehrung und Begeisterung des deutschen Volkes für die Königin Luise dem tiefsten Ursprung nach Ehrfurcht vor der sittlich vornehmen Frau.

Milton aber erwähnt in der Schrift über die englische Reformation die Heilighaltung der Ehe als den Charakterzug einer freien Nation, „wozu beide Geschlechter erzogen werden sollen." Hierzu bemerkt der Biograph [1]: „Milton hatte seine Jugend nicht entweiht; mehr noch als die Reinlichkeit seiner Natur, als die sittliche

[1] G. Liebert. Milton, Studien zur Geschichte des englischen Geistes. Hamburg 1860. S. 118.

Zucht der edelsten Philosophie, ja selbst als der ideale Geist des Christentums war der tiefe, ernste Freiheitsdrang seines Volkes der Grund dieses strengen Wandels. Wir wissen, daß auch anderwärts ein ähnlicher großer Trieb der Zeit brave Jünglinge bewogen hat, sich das Gelübde der Keuschheit aufzulegen."

Eine verwandte Auffassung vertritt G. Freytag, der treue Sittenschilderer unseres Volkes. Er erzählt[1]), wie 1827 der Heidelberger Student Karl Mathy Paris besuchte, hätten sich die Bekannten verabredet, die spröde Tugend des Burschenschafters zu brechen, für ihn artige Damen zum Champagner geladen und alles klug eingefädelt; er habe aber „als Deutscher unter dem fremden Völkchen sein Wesen kräftig behauptet." An späterer Stelle berichtet Freytag: „Derselbe Mann, der sonst so geharnischt unter den Leuten einherschritt, war gegen die Braut von einer rührenden Weichheit und in seiner ernsten Art von hochsinniger Ritterlichkeit; und das war er nicht nur darum, weil er sie liebte, sondern was dem Weibe vielleicht noch mehr gilt, er hielt sich in Haltung und Rede ehrfurchtsvoll gegen ihr ganzes Geschlecht."

Wer von einer derzeit bei unsern westlichen Nachbarn vorhandenen Richtung Notiz nimmt, findet beispielsweise in Halévy's Abbé Constantin das Verhältnis des Helden Reynaud, eines französischen Offiziers, zum andern Geschlecht und zur schließlich gewonnenen Braut in unverkennbarer Aehnlichkeit nicht nur mit Lessings Major v. Tellheim, sondern auch mit Goethes Hermann Dorothea gegenüber gezeichnet. Und dieser Roman ist heute einer der in Frankreich meistgelesenen. Der französische Historiker Monod[2]), der 1870 fünf Monate lang als freiwilliger Krankenpfleger diente, hält mit dürren Worten seinen Landsleuten diesen Punkt vor: Le respect de la femme s'est presque entièrement perdu chez nous; peu s'en faut qu'il ne soit un ridicule. — Le respect des Allemands pour les femmes est le trait le plus

[1]) G. Freytag, K. Mathy. Leipzig 1872. S. 36. 46.

[2]) Gabr. Monod Allemands et Français, Souvenirs de Campagne Paris. Saudoz 1892.

remarquable de cette campagne, car c'est là une qualité nationale et une des sources de la force de la race germanique. J'ai vu toujours les femmes traitées avec un véritable respect, qui faisait l'étonnement des soldats français: »Ce n'est pas nous qui ferions comme ça«, m'ont-ils dit bien souvent.

Wenn die Arminen zu einer Zeit, wo die Emancipation des Fleisches auf die Tagesordnung gesetzt war, an der strengeren Forderung fest hielten, so standen sie damit auf dem sittlichen Boden der besten Elemente ihrer Heimat. Sollte dies anderen Kreisen gegenüber Isolierung bedeutet haben, so konnten sie das Argument Kants für sich verwenden: „Wenn jeder löge, wäre darum das Wahrreden eine bloße Grille?"

Freilich bildet sich der sittliche Charakter nicht durch dieses oder jenes Einzelne, aber ungehemmter und reiner wird er sich entwickeln in einer Geselligkeit, die von Gesang und Unterhaltung das Gemeine grundsätzlich ausschließt und die Richtung auf ernstere und tiefere Fragen in Ehren hält, als da, wo eine idealere Auffassung der Dinge und Lebensfragen desinficiert und die Anknüpfung eines wissenschaftlichen Gesprächs durch einen „Gelehrten" abgelehnt und bestraft wird.

In dem Maße, wie unter den Studenten das Einheitsgefühl und das Leben in gemeinsamen geistigen Interessen feindseligem Parteiwesen wich, trat die Duellfrage wieder mehr in den Vordergrund. Bei der ersten Bewegung gegen Orden und Landsmannschaften war ein Hauptpunkt, das Duell zu beschränken, vor allem die Propatriasuiten, die Kämpfe ohne persönliche Beleidigung. Fichte drang aus Gründen der Vernunft und Moral auf die gänzliche Abschaffung, Arndt[1]) meinte 1815: „Es giebt Fälle, Ehrenfälle und Herzensfälle, die man vor keinen Richter bringen darf, sondern die allein durch ein Urteil Gottes, durch das Schwert, geschlichtet werden können." Damit wolle er aber nicht alle die jämmerlichen Bestimmungen des Komments billigen, nach welchen man sich oft

[1]) Wächter. Köln 1815. I, 373.

um wahre Kindereien raufen müsse. „Allein wegen des Mißbrauchs der freiesten und adligsten teutschen Jugend die Ehre und den Gebrauch ritterlicher Waffen nehmen und sie zu Knechten erniedrigen — das wäre denn doch immer ein schlechter Rat und eine schlechte That.“ W. Harnisch[1]) urteilte aus einem christlichen Standpunkt: „Wenngleich der Christ nie das Duell billigen kann, so giebt es doch viele Nichtchristen, bei denen es besser ist, sie gehen auf ihrem Standpunkte zum Duell, als daß sie in bitterm Groll und Herzensfeigheit neben einander leben. Selbst ist es noch fraglich, ob nicht Fälle vorkommen, in denen es dem Christen erlaubt sein möchte, von einem Nichtchristen das Duell anzunehmen. Wenn aber zwei Christen (wirklich gläubige) sich duellieren wollen, so verhöhnen sie ihren Herren.“

Praxis, die longa consuetudo, kam nach und nach auf Aehnliches zurück als die alten Schild- und Schwertgenossen festgesetzt hatten: Alle, die sich „nicht verteidigen können oder mögen, item die wir für unwürdig achten unserer Wehrpflicht und Waffenbrüderschaft, die gehören nicht zu uns, die können unsrer Waffenehren nicht genießen.“ Doch wollten die Arminen nicht im Glorijeren auf der Mensur Mittelpunkt und Hauptzweck des akademischen Lebens erblicken; sie hielten darauf, daß, wer von den Ihren einen Handel hatte, ihn untadelhaft ausfocht, das Händelsuchen aber mißbilligten sie. Auch von den Germanen, die sich der Corpsauffassung näherten, verließen nicht wenige die Universität, ohne sich geschlagen zu haben. Und Lufft, den wir oben (S. 113[1]) kennen lernten, erzählt[2]) bei einem Rückblick auf seine Erlanger Studentenzeit: „Durch den gar zu raufboldigen Brauch der Paukerei auf Konvenienz und auch als Vorbedingung zur Aufnahme in ein Corps wird doch das feinere Ehrgefühl leicht geschädigt und auch manche tüchtige Kraft dem Corps entzogen. So war z. B. Liebig in einem Corps (Rhenania zu Erlangen), aber nie auf der Mensur.“

---

[1]) Mein Lebensmorgen. Berlin 1865. S. 200.

[2]) Streiflichter auf bayer. Zustände. Mannheim 1873. S. 199[34].

Genaueres hören wir von W. Chezy[1]), der 1829—31 in München studiert hat. Er gesellte sich einer Landsmannschaft zu, erschien aber kaum einmal in der Woche auf der Kneipe. „Da er jedoch seine Beiträge regelmäßig leistete, so legte man ihm nichts in den Weg. Den Fechtboden besuchte er dagegen fleißig. Ein paarmal contrahierte er auch, doch gelangte es zu keiner Paukerei, weil das Ehrengericht jedesmal den Handel beilegte. Es war dies bei den Leitern der Verbindungen damals Grundsatz, nur im alleräußersten Falle das Losgehen zu gestatten; die Polizei zeigte sich in dieser Beziehung übermäßig streng, und wenn ein Unglück geschehen wäre, hätten die Vorstände der betreffenden Landsmannschaft schweren Verdruß davon gehabt." —

Der Impuls, den das Gewahrwerden des geschichtlichen Lebens der Gegenwart dem Denken und Wollen des Empfänglichen geben kann, ist von G. H. Kirchenpauer, der um 1830 studierte, vortrefflich geschildert: „Es war mir eine wahre Wohlthat, als ich in Heidelberg fast durch Zufall zum Zeitungslesen — fälschlich Politik genannt — geführt wurde, um darauf aufmerksam zu werden, daß man nicht nur für sich da ist, sondern daß man auch ein Vaterland hat, daß man Bürger und Mitbürger ist oder doch wenigstens werden soll, daß der Staat ein Teil des europäischen Staatensystems und dieses wieder ein Teil der menschlichen Gesellschaft, daß diese alle zusammen noch immer in einem fortwährenden Fortschritt begriffen sind, daß es noch eine Geschichte giebt und daß diese nicht allein in dem besteht, was geschehen ist, sondern auch in dem, was geschieht." In den Erlanger Kreis trug K. Hagen, der sich schon als junger Student ernstlich mit Geschichte beschäftigte, und später Hofmann das Interesse auch für zeitgeschichtliche Fragen. Von dem revolutionären Treiben hielt sich die Arminia als Verbindung geflissentlich fern, und selbst in den Stammbüchern sieht man die politischen Kraftworte und Kraftverse mit einer gewissen Aengstlichkeit gemieden. Man wollte nicht Politik, sondern vater-

[1]) Erinnerungen aus meinem Leben. Schaffhausen 1864. 3, 21.

ländische Gesinnung und geschichtliche Bildung. Das bedeutete wenig oder viel, je nachdem. Die Vaterlandsliebe geht von den engsten Verhältnissen aus, von der Familie und der Heimat. Inniger Zusammenhang mit dem Familien- und Volksleben hält den Einzelnen und verbürgt die Stetigkeit des Ganzen. Das Heimatsgefühl aber ist von einer Poesie begleitet, ohne die, nach einem tiefen Wort von J. Grimm, „edele Völker vertrauern und vergehen müßten; Sprache, Sitte und Gewohnheit würde ihnen eitel und unbedeckt dünken, ja hinter allem, was sie besäßen, eine gewisse Einfriedigung fehlen." War zur Zeit das Vaterland im politischen Sinne nicht vorhanden, so mochte der Gebildete aus der Teilnahme an dem geistigen Leben der Gegenwart und der vergangenen Geschlechter Trost für den Augenblick und Mut für die Zukunft schöpfen.

Auf dem Commershaus wurden die alten patriotischen Lieder gesungen und das Volkslied und die romantische Lyrik mit Vorliebe gepflegt. Jenes galt derzeit für altmodisch, letzteres hatte einen reaktionären Beigeschmack und gab Anlaß, die auf der Arminenkneipe waltende Gemütsseligkeit zu verspotten.

Denn andere gaben der revolutionären Zeitpoesie den Vorzug. Wenn um 1795 die Universitätspolizei einberichtet, daß selbst in vornehmen Emigrantenfamilien die Marseillaise und das Ça ira gespielt werde, so wird nach der Julirevolution gemeldet, die Scherzersche Kapelle habe die Hymne des Rouget de Lisle oder die Parisienne Delavigne's (Peuple français, peuple de braves) zum Besten gegeben, die und die Studenten seien eingefallen und hätten dann „die Polenlieder" angestimmt: „Denkst du daran, mein tapfrer Lagienka?" und das Kosciuskolied: „Auf, Sobiesky's Söhne" und das Lied, womit die Krakusen die Russen in ihre Steppen scheuchen wollten: „Auf zur Sense, wackre Brüder."

Wie hier einzelne Arminen mitsangen, so ging wohl auch in Bubenreuth zu vorgerückter Stunde die politische Korrektheit verloren, wenn einer das Hambacher Lied anstimmte. Ich habe nie das ganze gesehen, es soll viele lästerliche Dinge auf kleine und große Fürsten und Staaten enthalten. Ich gebe einige von den zahmen Strophen:

38.

Die freien Städte auch
Machen nur Bäckerrauch,
Ha ha, ha ha!

39.

Reuß, Schleiz und Lobenstein,
Huscht in eu'r Mausloch 'nein,
Katz Katz, Katz Katz!

40.

Juste milieu Casimir,
Rotschild und Staatspapier,
Hep hep, hep hep!

Von einem ähnlich berüchtigten teile ich einige Strophen nach der gleichen Auswahl mit:

1.

Drei und dreißig Demagogen
Haben's Relegat bezogen;
Hundertfünfzig das Consil,
Sage mir: Ist das nicht viel?
Auf die neue Mode.

2.

Was machen denn die sieben Schweine
Auf dem . . . . am Maine?
Wühlen sie noch immer weg
In dem Demagogendreck?
Auf die neue Mode.

3.

Schwarz Barett und Spitzenkragen
Darf der Bursche nicht mehr tragen,
Und den Farben schwarz-rot-gold
Ist man in Berlin nicht hold.
Auf die neue Mode.

Z.

Weimars Herzog Karl Augustus
Hat allein den rechten Gustus;
Er ruft seinem Studio zu:
Wenn ich schwärme, schwärm' auch du —
Nach der alten Mode.

Das Trainieren lag weder im Geist des Jahrzehnts noch der Gesellschaft. So beherbergten einzelne Arminen durchreisende Polen, und ich bin wenigstens einem begegnet, der Anlaß hatte ins Ausland zu flüchten, Bach aus Schweinfurt. Ich beschließe den Abschnitt, indem ich mitteile, wie dieser politische Flüchtling von Zürich aus im April 1848 seinen Besuch in der Heimat ankündigt: „So soll ich denn nach 16jähriger Verbannung den Boden des Vaterlandes wieder betreten, und das, worum ich zweimal demütig gebeten habe und was mir zweimal schnöde versagt wurde, das ist von selbst gekommen. Ich soll als freier Mann in das freie Vaterland zurückkehren, und das, was ich als Jüngling als Ideal verehrte, das Bild meiner Jugendträume, das, wofür ich litt und in die freiwillige Verbannung wanderte, ein freies, großes und einiges Teutschland, das soll ich nun als gereifter Mann in herrlicher Wirklichkeit sehen? Liebe Schwester, es ist unmöglich, Dir zu sagen, welche Gefühle bei diesem Gedanken meine Brust durchziehen; ich bin wieder jung geworden wie das Vaterland, und mit Stolz und Befriedigung sehe ich, daß auch wir, wenn wir auch vor 16 Jahren nicht mit Erfolg gekämpft haben, doch auch unser Scherflein zu der jetzigen günstigen und glücklichen Wendung beigetragen haben. Man hat uns damals für Tollköpfe, Phantasten und Schwindler gehalten, und doch ist heute jeder Teutsche überzeugt, daß wir damals etwas Rechtes angestrebt haben. So ändern sich die Zeiten, und es ist nur schade, daß man alt dabei wird.“ —

Machen wir uns nunmehr auf Grund von Briefen und ähnlichen Aufzeichnungen aus den Jahren 1830 und 31 eine Vorstellung von dem geselligen Treiben, das zu jener Zeit in Erlangen herrschte. Ich folge dem Lauf der Monate.

Der Januar 1830 brachte ungemeine Kälte, so daß die Kollegien ausgesetzt wurden. Am 1. Februar fror das Quecksilber im botanischen Garten, in der ersten Februarwoche brach sich endlich die Kälte. Es entstand eine wahre Leidenschaft für Schlittenfahrten, eine Studentengesellschaft suchte die andere zu überbieten und das Philisterium folgte dem Bruder Studio. Am 16. Januar hielt die Harmoniegesellschaft große Schlittenfahrt: mit 43 Schlitten und 60 Vorreitern gings nach Bayersdorf; man kehrte mit Fackeln zurück und feierte dann einen Ball, auf dem die Herren die Damen regalierten. Wenige Tage darauf wieder Ball in der Harmonie, wobei die Herren von den Damen freigehalten wurden. Am 23. Februar war ein Ball im Redoutensaal zum Besten der Armen veranstaltet. Zuerst wurden beliebige kleine Beiträge eingesammelt, daraus dann eine Lotterie errichtet, in der man gegen einen Einsatz von 6 Kreuzern einiges gewinnen konnte, ein Paar wollene Socken, eine alte, kleine lateinische Grammatik von Scheller.

Auch das Fuchsenbrennen fiel in den Februar, ein aus alten pennalistischen Zeiten überkommener, einigermaßen verfeinerter Brauch. Im Festsaal ist ein Podium errichtet, auf dem drei Rhadamanthe in abenteuerlicher Verkleidung thronen, die Beisitzer vor mächtigen Spiritusfeuern und Scheiterhaufen von Spänen. Die bevorstehende Feuerprobe bedroht den jüngeren Philister und älteren Studenten nur im metaphorischen Sinn, durch die Fuchsenrede, die der mittlere der Präsiden vorliest. Sie ist in Reim und Rhythmus abgefaßt und enthält die Chronik des Jahres. Da werden insbesondere die in den letzten Terminen glücklich — und wehe, wenn unglücklich — Examinierten, meist als Gäste Erschienenen, aufs Korn genommen; der Vergleich der Fahrten und Träume des Studentenlebens mit der neuen Wirklichkeit der Kanzel und Schulstube, Akten- und Armenpraxis bietet immer neue Motive. Die studentischen Größen der höheren Semester sind gewärtig, daß der Chronist nicht ausschließlich ihre Tugenden und Vollkommenheiten rühmt, vielmehr wahrscheinlich mit deren Gegenteil ins Gericht geht oder einen bis heute wohl verschwiegenen Unglücksfall aufdeckt. Von den Neulingen, die vor wenigen Monaten von der Schule gekommen und wohl durchschnittlich als achtzehnjährig zu denken sind, wird der Akt der Deposition nicht mehr wie ehedem durch Ansetzen von Hörnern und Zähnen mit folgender Abhobelung vollzogen. Empfangen mit dem „Was kommt dort von der Höh?" reiten sie durch die spalierbildenden Gäste und älteren Studenten einzeln auf Stühlen vor die Höllenrichter, welche die von der Schule gebliebenen Schlacken durch Absengen einer Locke des Haupthaars beseitigen. Dabei erhält jeder einen auf seinen Zustand bedachtnehmenden Memorialvers. Ich teile einige aus dem Jahr 1830 erhaltene mit.

Ueberall richtet sich hin mein vielumfassendes Auge,
Fehlt es an richtigem Blick, fehlt's doch an Dünkel mir nicht.

Jetzt ist man von dem Rechten allzuweit;
Ich lobe mir die gute alte Zeit.
Denn freilich, als die Füchse alles galten,
Da war die rechte goldne Zeit.

Logisch ist zwar der Komment,
Doch der Komment nicht Logik.
Du kannst trotz allen 7 Schlüssen,
Wie schon geschehn, aufsitzen müssen.

Du zählst Dich unter die Schöngeister,
Steckst ganz in philosoph'schem Kleister,
Allein Du zwingst die Leute nie,
Zu glauben, Du seist ein Genie.

Berief Dich doch der Fürst zu seinem Landtag ein,
Dort möchtest Du in Deiner rechten Sphäre sein.
Du würdest diese Last zum Wohl des Volkes tragen,
D. h. zu allen Dingen schnell Dein Ja-Ja sagen.

Er redet dies und redet das
Und redet ohne Unterlaß,
Er redet von dem närrschen Kunz
Und von dem Bellen seines Hunds,
Und erst wenn alles geht zur Ruh,
Macht er die Klappermühle zu.

Weite Reisen, hoher Sinn
Führt noch nicht zum Ziele hin.
Dich wünsch ich den Bauern in ihre Scheunen,
Die sollten gewinnen, das wollt ich meinen!
Sie könnten gar bald ihre Flegel entbehren,
Denn Du wirst Dich wohl als den größten bewähren.
Du gleichst im Gang den stolzen Britten
Und Welschlands Sohn in feinen Sitten.
Das ist jedoch noch keine Spur
Von einem Geist — bloß von Dressur.
– Hör auf – mir sagen's Deine bleichen Wangen –
In frommem Wahn die Offenbarung zu studieren!
Du könntest, wie es manchem schon ergangen,
Narr werden oder gar krepieren.
Wenn meine Stütze bricht, der Thyrsusstab,
Wenn sich mein Auge schließt der Sonne,
So steckt mich in die nächste Tonne
Und schreibt darauf: „Er grub sich selbst sein Grab."
Kennst Du das Land,
Wo die gebratnen Tauben fliegen,
Die Hasen schon gespickt im Grase liegen,
's Schlaraffenland?
Dort zieh Du hin, um ganz Dein Glück zu machen:
Gedankenlos zu sein, zu gähnen und zu lachen.

Nähere oder fernere Ausflüge werden von Erlangen aus im ganzen Jahr unternommen. Kaum vergeht ein Sonntag, an dem nicht in einer Chaise oder mehreren Nürnberg besucht wird. Auch in die fränkische Schweiz pilgert man zu jeder Jahreszeit, nach Streitberg, Muggendorf, Tüchersfeld und Gößweinstein. Die fröhlichste Wanderzeit aber beginnt um Ostern, wo man in größeren Gruppen die Heimreise antritt und vom Main bis zum Lech Gastverhältnisse knüpft. Nach den Osterferien erscheint die nähere Umgebung Erlangens in aller Frühlingspracht: Rathsbergs Höhen, Adlitz, Marloffstein, Pinzberg sind ein blühender Kirschgarten. Der

16

1. Mai wird auf dem Walpurgisberg gefeiert, an hohen Kirchenfesten kommt jetzt das gartenmäßig umbaute Bamberg an die Reihe. Kunstbeflissene inspizieren die Pommersfelder Gallerie; unter den öfter erwähnten Suiten wird eine Fahrt zum Hohenstaufen mit anschließendem Besuch in Tübingen ausgezeichnet.

Pfingsten bringt die Bergkirchweih, ein Volksfest, das hauptsächlich einer gründlichen Prüfung des Sommerbieres gilt. Dieses wird unmittelbar aus den Felsenkellern verabreicht und unter den ernsten Eichen genossen, welche den Abhang der nordöstlich der Stadt gelagerten Höhe beschatten. Es findet sich hier außer allerlei Erlangern die bäuerliche Bevölkerung der näheren und ferneren Umgebung ein und die Gevattern aus den Nachbarstädten Fürth und Nürnberg, Forchheim und Bamberg. Die Chronik berichtet von unbändigen Dämonen im Gefolge des Kellergeistes; sie trugen die Schuld an mancher Rauferei, die nicht nur zwischen und mit Gnoten hier stattgehabt.

Das Musikleben ist sehr rege. Das naturwüchsige Talent herrscht vor, man führt aber auch grundgelehrte Unterhaltungen über Streichersche, Dülkensche, Baumgärtnersche, englische u. a. Flügel und hört im Sommer alle Wochen wenigstens zwei Concerte der Scherzerschen Kapelle, oft aber noch überdies Prager Musikanten und Regimentsmusik von Nürnberg, Bamberg und weiterher, auf dem Wels und im Prater steirische Sänger. Unter den musikalischen Häusern zeichnete sich das des Stadtgerichtsdirektors Gareis aus. Er wird als ungemein liebenswürdig und talentvoll geschildert. Seine Mutter war eine Römerin, er Katholik, dabei frei und heiter, froh und ohne konfessionellen Partikularismus. Er sang einen herrlichen Tenor, komponierte für Klavier und Violine, war Virtuose auf der Violine und spielte im ganzen 14 Instrumente.

Hatte man kein stehendes Theaterpersonal, so doch ein Lokal zum Spielen, über welches der — Prorektor verfügte. Im Sommer 1831 gastierte eine kleine Truppe, die Familie Heigel. Einmal wurden drei kleine Stückchen gespielt: der Verräter, das Strandrecht, der Schauspieler wider Willen, in welchen allen Herr

Heigel als Mimiker und Komiker glänzte und verdienten Beifall fand. Ein andermal wurde gegeben erst Fluch und Segen von Houwald, ein ganz gewöhnliches, langweilig weinerliches Stück dann eine nette Posse von Heigel, der Schabernack — sehr munter, natürlich und in ihrer Art des Beifalls wert, den sie dem spielenden Ehepaar eintrug. Eine junge Schauspielerin, Witwe, will zwar wieder heiraten, aber mit Vorbehalt der Oberhoheit und eben einen Schauspieler. Es wirbt um sie ein trefflicher Maler, Walter. Sie liebt ihn; kokett aber, wie sie ist und eigensinnig, soll er minder unverstellt, soll er geschmeidiger sein. Verzweifelnd an dem Gelingen eilt er von ihr, angeblich in die weite Welt. Während die Spröde seine Rückkehr hofft, erscheint er als Doktor Pufflarius aus der Schweiz, in Allongeperücke u. s. w., seine alte reiche Hand der Witwe anzubieten, muß aber nach lustigem Schwitzergewälsch abziehen. Sie erwartet nun Waltern ungeduldig; er kommt aber als neuer Liebhaber, Baron Dornin aus Paris, wo ihn die Julirevolution vertrieben. Der leichtfertige insolente Deutschfranzose mit seinen Rodomontaden wird auch abgefertigt und Walter sehnlichst zurückgewünscht, ihm gebessert Herz und Hand zu geben. Er kommt als Wucherer Gnips, unsäglich reich, der aber um zwölf Kreuzer den Statisten macht und sich da in die Schauspielerin verliebt hat, Kartoffel und Wasser anträgt und seine Hand. Nun kommt er als Frau Runzel aus der freien Reichsstadt Bopfingen, die, etwas übelhörig, für ihr Hänsle, das in der Marie von Stuttgart Liebe zu ihr gefangen, die Spielmannswitwe als künftige Schwiegertochter besucht; dann als berauschter Ungarnhusar, der schon zwei Frauen den Kopf abgehauen, wie er rührend erzählt; darauf als Jude Schmul, als Zettelträger, Komödiant, als Kellner Gar, endlich als er selbst wieder, da er ihre Liebe erprobt hat und sie sein Schauspielertalent.

Am 29. Juni 1831 feierten die Arminen Kirchweih in Bubenreuth. Der Garten war mit Blumengewinden an dem Thor und den Gängen geschmückt, vorne spielte die Musik im Freien neben dem Gartensaal. In diesem wurde getanzt, so daß, da er

16*

die Menge der Paare nicht faßte, diese nach Vollendung ihrer Touren zur [illegible]en Thür hinauszogen, außen um den Saal herumwandelten un[illegible] wenn die Reihe sie wieder traf, zur anderen Thüre wieder eintraten. Galoppaden und dgl. wurden im Garten zwischen den Kirschbäumen die Wandelgänge entlang getanzt, auf und ab und hinein in den Saal, wo nur gewalzt wurde. Es war eine zahlreiche Zuschauerschaft und viel auswärtiger Besuch zumal von jungen Damen da, und alles ging ganz artig. Abends fand Illumination und Feuerwerk im Garten statt.

Am 22. Juli beschloß die Arminia für diesen Sommer ihre Waffenübungen und zog wohleingeübt mit Wehr und Waffen und klingendem Spiel vielmehr tönenden Hörnern durch die Stadt, den Exerciermeister, einen Unteroffizier aus Nürnberg, an der Spitze zu Pferd und einen berittenen Adjutanten zur Seite.

Zu Ausgang des Sommersemesters beschäftigen sich künstlerische Talente mit Bleistift, Feder oder Pinsel, Erinnerungen für das Stammbuch zu fixieren. Aus der Nürnberger Schule sind sehr ansprechende Aquarelle vorhanden: in der Mitte des Blattes das Commershaus oder ein anderer bedeutungsvoller Platz Erlangens, in den vier Ecken Skizzen von Nürnberg, der alten Feste, ein paar Dörfern, in denen man Charakteristisches erlebt hat; die Rabensteiner und Gailenreuther Klippen und eine Procession nach Gößweinstein, Schlittenfahrten und andere Fahrten mit Radbruch, die Fuchsenbrennencommission in ihrer Verkleidung.

Von den 1830 und 31 eingetragenen Sentenzen teile ich einige mit. Oefter kehrt Posas Testament an Don Carlos (IV, 21) wieder, daß er für die Träume seiner Jugend soll Achtung haben, wenn er Mann sein wird. Aus Goethe's Götz: Nach der Arbeit wüßt ich nichts Angenehmeres als mich des Vergangenen zu erinnern. Von Jean Paul: Die Erinnerung ist das einzige Paradies, aus welchem wir nicht getrieben werden können. Sogar die ersten Eltern waren nicht daraus zu bringen.

Aus Jahns Volkstum: Im Dunkel verkümmert die Pflanze, im Winkel verrostet das Schwert, ohne Gebrauch wird der Geist stumpf, ohne Aeußerung der Wille zahm. Unsere Körperkraft ist ein vergrabener Schatz, wir lassen sie schimmeln, bis Fremde sie in Gebrauch setzen.

Der Spruch von Seume:

Sei immer Mann und groß durch eigne Kräfte,
Und nie laß andern das Geschäfte,
Das du noch selbst zu thun vermagst —
Und felsenfest sei, was du sagst!

Dazwischen:

By em gute Schoppeglas
Isch das Schwäbele au kei Haas.

Ein nasses Auge, kein Geld im Sack,
Viel Schulden, keinen Rauchtaback,
Keinen Schuh gesohlt, keinen Strumpf geflickt —
Ach Gott, wie ist der Bursch gedrückt!

Ernste Betrachtungen sind vorherrschend: Das Vaterland und die Freiheit sind das Allerheiligste auf Erden, ein Schatz, der eine unendliche Liebe und Treue in sich verschließt, das edelste Gut, was ein guter Mensch auf Erden besitzt und zu besitzen begehrt; darum sei keine Liebe uns heiliger als die Liebe des Vaterlandes und süßer uns keine Freude als diese der Freiheit!

Das Streben nach geistiger Freiheit war unser Losungswort in Erlangen; sie zu bewahren und fortzupflanzen sei die Aufgabe unsers ganzen Lebens.

Die Religion ist die Wurzel des menschlichen Daseins. Wäre es dem Menschen möglich, alle Religion, auch die unbewußte und unwillkürliche, zu verleugnen, so würde er ganz Oberfläche werden und kein Inneres haben. Wenn dieses Centrum verrückt wird, so muß sich folglich darnach die gesamte Wirksamkeit der Geistes- und Gemütskräfte anders bestimmen.

Ein Beispiel, wie Allgemeines persönlich gewendet wird: Der Ursprung der Natur, die Bestimmung des Menschen sind die Urfragen und Urgegenstände alles Wissens, alles Glaubens und alles Hoffens. Diese Probleme sind daher so alt als die Menschheit selbst oder wie das erste Erwachen des Bewußtseins, alle Religionen der Welt sowie alle philosophischen Systeme Versuche zur Auflösung dieser Probleme. Alle, welche solche Versuche wagen, teilen sich in die zwei Richtungen des Verstandes und des Gefühls. Selten finden beide Richtungen sich vereinigt, so daß eine gewisse Harmonie derselben das Leben zu einem ewigen Frühling werden läßt. Du hast sie, glücklicher Zorn, behalte sie.

Zum Schluß zwei Aufzeichnungen für Zorn, als er im August 1830 Berlin verließ. Der Lübecker Wehrmann schreibt: Dem Menschen giebt nichts Wert als die innere Kraft des selbständigen Geistes. Und Ad. Holtzmann aus Karlsruhe: Wenn die Reformation, die aus den ersten Anfängen unserer Kirche hervorgegangen ist, nicht das Ziel hat, einen ewigen Vertrag zu stiften zwischen dem lebendigen christlichen Glauben und der nach allen Seiten frei gelassenen, unabhängig für sich arbeitenden wissenschaftlichen Forschung, so daß jener nicht diese hindert und diese nicht jenen ausschließt: so leistet sie den Bedürfnissen unserer Zeit nicht Genüge, und wir bedürfen noch einer andern, wie und aus was für Kämpfen sie sich auch gestalten möge. Gaudeo te aliquando videre vanas spes Germanorum, ut discas non confidere in Principibus. Luther in einem Briefe.

---

### 3. Die Germanen.

Der durch die Reform der Arminia nicht befriedigte Teil der Erlanger Burschenschaft konstituierte sich am 5. Februar 1827 als Germania. Im Mai 1829 zählt die Verbindung 52 Mitglieder. Infolge der Münchner Vorgänge (S. 199) polizeilich aufgehoben, giebt sie sich der Universitätsbehörde gegenüber den Namen Amicitia. Nach dem Frankfurter Attentat löst sich die Verbindung auf, die Mehrzahl wird nach München in Untersuchungshaft abgeführt.

Als die bedeutendsten Mitglieder sind mir (von Reichenbach) bezeichnet: die Juristen Hofäus, Wagner, Keyl, der Mathematiker W. v. Löffelholz, die Theologen Sixt und Crämer, der Mediziner Fronmüller.

Hielt es die arminianische Richtung für eine würdige und ausreichende Aufgabe, wenn sich der Einzelne und der Kreis der akademischen Genossen während der Universitätsjahre wissenschaftlich und sittlich ausbilde und im praktischen Leben gegen Partikularismus und Absolutismus deutsche und freiheitliche Gesinnung treu behaupte, so erklärten die Germanen dies für deutsche Michelsgeduld, als ein Zagen und Zaudern, das den deutschen Namen mehr und mehr bei den nach Freiheit ringenden Nachbarvölkern erniedrige; der Jugend gebühre es, energischere Gedanken zu hegen und mehr Mut zu zeigen.

Man erkennt hier den Einfluß der Rheinpfälzer, die anfangs in der Germania stark vertreten waren. Sie standen vielen der in Franken und Schwaben geltenden Anschauungen und Einrichtungen kritisch, fast wie Fremde gegenüber. Halten die Rheinländer überhaupt die Mitte zwischen dem langsamen, gediegenen Ernst des germanischen Elements und der raschen, flüchtigen Beweglichkeit des romanischen, so hat die pfälzische Volksindividualität noch Besonderes in sich. Die Substanz zwar bilden Franken und Alemannen, aber auch Reste romanischer Bevölkerung und starke spätere Beisätze hugenottischen und niederländischen Blutes sind von Bedeutung. Auch die politische Geschichte hat dem provinziellen Charakter stärkere Züge aufgeprägt: kaum ein anderes deutsches Land hat durch den dreißigjährigen Krieg und nachmals durch den pfäffischen Geist aller Konfessionen gleich schwer gelitten. Davon blieb der Bevölkerung viel Mißtrauen gegen Kirche und Staat, und die französische Herrschaft wurde nicht so sehr als nationale Schmach empfunden wie als Befreiung von unerträglichen Zuständen und als Eingliederung in einen belebenden Staat. Kaum war der Druck der napoleonischen Zeit vorüber, so traten, zumal im Gegensatz gegen das altbayrische Regiment, französische Sympathien ungescheut hervor. Das Mangelhafte der öffentlichen Zustände brachte hier größere Aufregung hervor als in den rechtsrheinischen Teilen Deutschlands. Die aufgeschlossenen und zugreifenden Pfälzer forderten nachdrücklicher Abschaffung der Verkehrshemmungen, und so sehr sie mit dem französischen Liberalismus kokettierten, so war doch das Bewußtsein auch unserer relativen Wehrlosigkeit hier lebendiger als bei den rechtsrheinischen Landsleuten. Endlich waren die meisten der in Erlangen studierenden Pfälzer Theologen. Auch dieser Gegensatz war schroff, so daß Weber (S. 53) geradezu sagt: „Die Theologen der (unierten) Pfalz, die eine freiere Luft eingeatmet hatten, wurden von ihren Kameraden aus Franken und Schwaben als halbe Heiden angesehen." Wer von diesen nicht weit über sein Pfarrdorf und sein Ackerstädtchen hinausgekommen war und sich gewöhnt hatte, die treue Verwaltung der überkommenen Institute in ihrer patriarchalischen Unbestimmtheit als etwas thatsächlich Gesundes zu betrachten, dem mochten die Deklamationen der Pfälzer von Assisen und Volksrechten, von gesetzlicher und religiöser Freiheit frevelhafte Angriffe auf die Substanz des Volkslebens scheinen. Andre erkannten in dieser patriarchalischen Ruhe und Stabilität eine der Ursachen, weshalb wir seit Jahrhunderten immer mehr verkümmert, eingeengt und vom Weltverkehr ausgeschlossen waren; ihnen wallte das Blut, wenn sie hörten: „Ihr seid nicht Deutsche; wenn ihr euch als solche betrachtet, fallt ihr als des Hochverrats verdächtig unter das Strafgesetz;" sie fühlten mit Hölderlin: „Wohl dem Mann, dem ein blühend Vaterland das Herz erfreut und stärkt! Mir ist, als würd' ich in den Sumpf geworfen, als schlüge man den Sargdeckel über mir zu, wenn einer an das meinige mich mahnt."

Verwandtes zieht sich an. Wo die neue Vorstellungsweise von bürgerlicher und staatlicher Ehre herrschte, ließen sich auch die nieder, die in wissenschaftlichen und religiösen Dingen vom Zeitgeist ergriffen waren. Beruhigte sich die ältere Anschauungsweise bei überlieferten Formen und Lehren, so war die Losung der bewußteren Richtung, sich nicht einer äußeren Autorität zu unterwerfen, sondern durch eigne Reflexion sich zu überzeugen, was verbindlich sei, und aus eigener Kraft als ungenügend erkannte Vorstellungen zu überwinden.

Ein ähnlicher Freiheitstaumel, wie er sich hier erzeugte, findet sich bei den jugendlichen Staatsverbesserern und Aufklärern zu Sokrates Zeit; hier wie dort die gleichen Merkmale: die emanzipierte Jugend ist angeregt und anregend, aber nicht durch tiefere Gesichtspunkte bestimmt; nicht nur mutig den Vorurteilen entgegentretend, sondern auch keck und übermütig; berechtigt wie die Jugend, aber unreif wie die Jugend; beim Eingreifen in das praktische Leben unfruchtbar und zerstörend.

Wie bei den Arminen einzelne von der Richtung der Gesamtverbindung abwichen, so auch bei den Germanen; hier bilden sie das mäßigende Element. Im ganzen will die Verbindung nichts von „Liebe der Oberen" wissen, um die sie die Arminen verspottet, und setzt sich geflissentlich über jede Rücksicht hinaus. Gleich 1827 wird vor der Polizeiwache ein Pereat gebracht, und Klagen über ähnliche Provokationen erfüllen die Universitätsakten bis 1832. Zu den steten Reibungen mit den Arminen, denen mehrere gemachte Vereinigungsversuche kaum vorübergehend abhelfen, gab einen Anlaß der Anspruch, den beide Parteien auf Bubenreuth erhoben: Jahre lang hielten die Arminen den oberen Saal, die Germanen die untere Stube fest. Schwerer wiegend war der Streit um die Anerkennung als die Erlanger Burschenschaft. Denn an jeder Universität sollte nur eine solche existieren. Hierfür setzten die Germanen eine Autorität in Bewegung, die der Burschentage. Diese waren zur Repräsentation sämtlicher deutscher Universitäten bestimmt und sollten bei Streitfällen in oberster Instanz entscheiden. So war 1820 in Dresden den Erlanger Secessionisten (S. 111[3]) das Mißfallen ausgesprochen worden, daß sie durch ihren Austritt die gute Sache verlassen hätten. Nachgerade aber wurden die Burschentage von so wenigen Universitäten beschickt, daß die Entscheidungen dem Zufall anheimfielen oder der politischen Intrigue, die sich gerade hier eingeschlichen hatte. Wir erinnern uns des

Jünglingsbundes zur Einführung konstitutioneller Verfassungen, dessen Statuten mit dem Pariser Advokaten Frey festgestellt waren. Als sich für diesen Bund augenblicklich keine Beschäftigung fand, war er angewiesen worden, aus denjenigen Gliedern der Burschenschaften, deren Ansichten sich den Zwecken des Bundes näherten, engere Vereine ohne formelles Band zu bilden. Diese internationale Schule kannte mancherlei Manipulationen, um den Burschenschaften aufzudrängen was sie nicht wollten. Einer der Kniffe war, daß die auf den Burschentagen erschienenen Repräsentanten wider den Willen ihrer Auftraggeber stimmen und diese dadurch binden konnten. Die Arminen waren dem Intriguenspiel weniger geneigt und ließen der Agitation das Feld, die sich von einem burschenschaftlichen Prinzip nach dem andern lossagte und zuletzt ganz im Revolutionieren aufging, bis dieses mit dem kläglichen Frankfurter Attentat endete.

Der Sturm auf die Frankfurter Wachen ist der geschichtlichen Bedeutung nach oben (S. 172) gewürdigt. Unter den beteiligten Studenten tritt vor allen Julius Rubner hervor, der bis zum Sommer 1831 der Erlanger Germania angehörte. Er stammte aus dem Fichtelgebirg und mag als eine der typischen Gestalten seiner Landsleute gelten. Diese schildert Caspar Bruschius im 16. Jahrhundert als „ein zwar fast grobes, hartes und starkes Volk, das Hitz und Frost in aller Müh und Arbeit wohl leiden und vertragen mag, zugleich aber auch als ein fromm, getreu und freundlich Volk, das allerdings vor allen zum Krieg und zu harter Bauernarbeit tauglich, jedoch gleichwohl auch gelehrter und geschickter Leute nicht gar beraubt sei, davon es auch bei andern und weit gelegenen Landen Ehr und Ruhm habe.“ Und 1817 heißt es von ihnen bei Goldfuß und Bischof, daß sie „in ihren Bewegungen und Handlungen zwar langsam und bedächtig seien, dieselben aber mannhaft und gesund mit Kraft und Ausdauer vollbringen und dabei unermüdeten Fleiß, Genügsamkeit, Sparsamkeit, Treue, Aufrichtigkeit, Biederkeit sowie liebenswürdige Gutmütigkeit und klaren Verstand an den Tag legen, bei anscheinender Einfalt witzig seien und nicht leicht eine Antwort schuldig bleiben.“

Während beim Rhein- und Mainländer die Leidenschaft im Räsonnement und Debattieren abkühlt, treibt den schwerer entzündlichen Oberfranken, wenn einmal der Funke in die Tiefe geschlagen hat, sein Temperament zum Handeln und Wagen. Rubner nun hat einen der Teilnehmer am Attentat, der nach Jahresfrist befreit wurde, gereizt, diesen Charakter dramatisch zu bearbeiten.[1]) Zwar ist ihm nicht geglückt, die Handlung einheitlich zu gestalten, aber die Dichtung ist nicht ohne poetische Vorzüge und wertvoll als historisches Dokument, das in die Motive und Bestrebungen der Handelnden tiefer einführt, die Seelenstimmungen mannigfaltiger Volkskreise dem Ereignis gegenüber interessant herausstellt und das fränkische Volksgemüt anmutig schildert. Ich teile einiges aus dem wenig bekannten und selten gewordenen Drama wörtlich mit.

Der 1. Akt lehrt die Frankfurter Agitatoren kennen, sodann ein Försterhaus im Spessart, wo Rubners Braut dem Frühling und dem Besuch des Geliebten entgegenharrt, endlich die Würzburger Studenten, die sich untereinander necken, bis die Aufforderung eintrifft, in Frankfurt zu erscheinen. Die sehr naiven politischen Erwartungen des Kreises sind diese:

„In Frankfurt darf nur Einen Tag
Der Aufstand siegreich bleiben, glaube, dann
Verbreitet er sich schnell von Ort zu Ort.
Ringsum in beiden Hessen ist das Volk
Dem jetzigen Stand der Dinge garnicht hold.
Rheinbayern, Nassau, Baden, Würtemberg
Und unser Franken sind ja gleichfalls Länder,
Wo sich der Geist der Unzufriedenheit
Schon mehr als einmal kund gegeben hat.
So auch in Sachsen, Thüringen, Hannover
Glimmt immer noch verborgen mancher Funke,
Der schnell in helle Flammen schlagen wird,

---

[1]) Julius Rubner. Drama in 3 Akten. Bellevue bei Constanz. 1844. Als Verfasser ist Alban zu vermuten.

Sobald nur anderwärts sich Flammen zeigen.
Auch sollt' es mich durchaus nicht überraschen,
Wenn man mit Frankreich in Verbindung stünde,
Mit Metz, Lyon, Paris, drei Plätzen, wo
In Hüll und Fülle Zündstoff angehäuft.
Auch Straßburg mag den Ludwig Philipp nicht
Und würde gern ans deutsche Mutterland
Sich wieder schließen, wäre dies ein freies.
Das ganze schöne Land, im Ost vom Rhein,
Im Westen vom Vogesen-Kamm begrenzt,
Wo noch so manches Denkmal deutscher Kunst
Groß, stolz und kühn empor gen Himmel ragt,
Es hängt nur darum noch am welschen Land,
Weil's dort, zu unsrer Schande sei's gesagt,
Trotz einem Ludwig Philipp immer noch
Sich freier lebt als hier auf deutscher Erde;
Doch wär es gerne wieder deutsch, sobald
Am Rhein die schwarz rot goldne Fahne weht.
Jenseits der Alpen, in Italien
Wacht überall der Geist der Rache auf;
Denn dort ist überall, ganz wie bei uns,
Die Unterdrückung und Zerstücklung Trumpf,
Und Freiheit, Einheit wünschen alle Bessern.
Die Polen endlich, die zu Tausenden
Von Frankreich aus in's Vaterland sich sehnen,
Sind jedenfalls zu allem gleich bereit."

Aus der Schar der politischen Träumer wird Julius Rubner herausgehoben. Wir sind auf ihn vorbereitet durch die Hoffnungen, mit denen die bescheidene und edle Braut im Spessart ihn erwartet; dann durch den Diener, der seine Sauberkeit, Pünktlichkeit und Freigebigkeit preist. Auf der Kneipe läßt ihn der Dichter nicht auftreten; sein Name wird dort mit Respekt genannt, er selbst hat sich diesem Dunstkreis entzogen, seine Seele scheint heimischer in der Einsamkeit der freien Natur. Aus dem Försterhaus hören wir:

Er freute sich so gern der schönen Welt.
Wie war es göttlich einst, an seinem Arm
Zu Berg, zu Thal, durch Wald und Feld zu streifen,
Dem Glockenspiele seiner Seele horchen,
In seinen Augen sein Entzücken schaun!

Seine politischen Ziele offenbart er im Monolog:

Ja wenn das deutsche Volk durch eigne Kraft
Die Macht der Könige und Fürsten bräche!
Ja wenn von Deutschland aus der Freiheit Ruf
Hin durch die Länder von Europa tönte —
Dann dürften höher deutsche Herzen schlagen,
Dann könnten froher Deutschlands Wälder rauschen
Und seine Ströme würden stolzer ziehn.
O du mein Volk, wie tief bist du gesunken!
Weh! mit Verachtung blicken andre Völker
Auf dich herab; sie spotten deiner Knechtschaft
Und deiner Schwäche. Vier und dreißig große
Und kleine Kronen-Träger haben sich
In dich geteilt. Wo gibt es einen Deutschen,
Der sagen kann: Ich bin ein deutscher Bürger?
Ha! nicht einmal ein deutscher Unterthan
Ist möglich; möglich sind nur Unterthanen
Der Krone Baiern, Preußen, Oesterreich,
Der Krone Sachsen, Baden, Württemberg,
Und wie die Kronen all' und Krönlein heißen.
Wohl haben sich die vier und dreißig Gekrönten
In einen sogenannten deutschen Bund
Verbunden; doch wozu? um überall,
Wo sich ein Keim von Freiheit zeigen will,
Ihn schleunigst abzutöten. Und so haben
Die deutschen Bundesstaaten nichts gemein
Als ihre Schande. Armes Vaterland!
Und diese Schande abzuwälzen, wäre
Jetzt endlich doch der Augenblick gekommen?

Rubner ist im Begriffe, für das, was ihm als Heiligstes und Höchstes auf Erden gilt, für das Vaterland und dessen Zukunft, alles was seine eigene Person angeht, in die Schanze zu schlagen, Leben und Freiheit, Gegenwart und Zukunft. Kein unlauteres Motiv mischt sich ein; Herz und Verstand sind so einträchtig, als sie in einer bewegten Menschenbrust sein mögen. Auf dem Weg nach Frankfurt spricht er für eine kurze Stunde bei der Braut vor; da fragt die aus der Messe Kommende, ob er den Glauben an die Auferstehung teile. Er erwidert: O ja;

Ich hoffe auch auf eine Auferstehung
Und hoffe auch, daß wir uns wiedersehn.
Die Osterzeit ist überhaupt die Zeit
Des Hoffens,
Des Hoffens auf ein neuverjüngtes Leben
Nach starrem Winterschlaf.

Den Eindruck, den er ihr hinterlassen hat, vergegenwärtigt sich die Braut in der folgenden Betrachtung:

„Auf Wiedersehn!" das war sein letztes Wort,
Und dieses Wort erklang so wundersam,
Es lag so feierlicher Nachdruck drin,
Daß ich es kaum auf dieses Leben deute.
Was mag es sein? – Auf seiner Stirne lag
So etwas Hohes und Entschlossenes;
Wie heute hat sein Aug' noch nie geleuchtet,
Kurzum, sein ganzes Wesen schien verklärt. –
Was hat er wohl? Ich merkt' es nur zu gut,
Wie er sein volles Herz zusammenpreßte.
Ob er mich liebt? Er schien mir über Liebe
Erhaben fast. Und dennoch liebt er mich:
Das sagte mir das Pochen seiner Brust,
Sein Händedruck und seiner Stimme Ton,
Er liebt mich, aber – offen ist er nicht.
O wie verschlossen waren seine Züge!" –

Der 2. Akt führt wieder nach Frankfurt. In der Vorversammlung, in der die Lokalpatrioten mit den Studenten verhandeln, läßt Rubner sich so aus:

Ich muß gestehn, seitdem ich hier an Ort
Und Stelle bin und keine Kräfte sehe,
Die nur den winzigsten Erfolg versprächen,
Ist meine Hoffnung tief herabgestimmt.
Doch glaub ich, daß man schon zu weit gegangen,
Als daß die Sache lang verborgen bliebe,
Und kommt's heraus, so droht uns jedenfalls
Viel Jahre lange Untersuchungshaft.
Drum hätten, auch wenn nichts geschehen sollte,
Nunmehr wir doch wohl keine andre Wahl,
Als Flucht ins Ausland oder Kerkermauern.
Von beiden Uebeln eins! Das Kleinere
Ist offenbar Verlust des Vaterlands.
Bevor wir aber unsrer Vatererde
Den Rücken kehren, sollte immerhin
Noch irgend eine kühne That geschehn.
Gelingt sie, desto besser; schlägt sie fehl,
Dann haben wir doch vor der Welt gezeigt,
Daß auch das deutsche Volk noch Leute zählt,
Die nicht allein mit Bechern und Toasten
Der Freiheit opfern wollen. Also geht
Auch meine Meinung dahin: mögen wir
Das Unternehmen zweifelnd oder hoffend
Betrachten, jedenfalls versuchen wir's.

Den Angriff auf die Wachen berichten die geängsteten Bewohner der Judengasse. Er zieht vorüber wie ein toller Spuck und gleich darauf die Verhaftung einiger ratlos umherirrender Studenten. Rubner hat sich, als alle anderen schon auf der Flucht sind, mit dem Sprengen von Gefängnisthüren aufgehalten und dem Hauptmann nicht ergeben wollen. Da ist er durch Kolbenschläge niedergestreckt worden und liegt bewußtlos im Wundfieber. Aber auch so bleibt er sich gleich, er phantasiert von Kampf und Sieg. In der Einsamkeit des Kerkers und dem Bangen um die Liebsten auf Erden kommen die weichen und zarten Seiten seiner Seele zum Ausdruck; wie aber seine Wunden geheilt sind und er verhört wird, da setzt er den Verlockungen und Drohungen der Inquisitoren wie dem Abfall und Kleinmut der Genossen, diemit ihm konfrontiert werden, eine ungebrochene Seele, kalt scheinende Verachtung und überlegenen Humor entgegen.

Im 3. Akt sehen wir Maßregeln zur Befreiung der Gefangenen eingeleitet. Ehe Rubner hievon etwas ahnt, giebt er sich Rechenschaft über das, was ihm bevorsteht. Nach einem erquickenden Traum starrt ihm die Wirklichkeit entgegen. Den raschen Tod durch Henkers Hand wird man den Gefangenen nicht gönnen, sie langsam hinsterben lassen im Kerkergrab, vielleicht gestatten, daß sie um Gnade flehen. Er aber hofft von sich, daß er eher brechen, als sich biegen und das Schauspiel eines Bettlers geben werde. Dies stolze Gefühl wird durchkreuzt von der Empfindung der Einsamkeit und der Sehnsucht nach der Braut:

So eng und öde! leeres Einerlei!
Und keine Hoffnung, daß es besser werde!
Wie drückt und schnürt es mir die Brust zusammen!
Und doch, wie gerne wollt' ich alles tragen,
Ach, ruhte nur auf mir allein der Jammer
Und litt' darunter keine andre Seele! —
Qualvolles Dasein, giebt's denn keinen Trost?

Der Glaube der Kindheit hat ihn enthalten, diesen aber hat ihm das Denken geraubt. Er klammert sich an das, was die neue Theorie lehrt:

Es ist ein Gott! Ja überall, wo Geist,
Wo Seele, Leben ist, da ist auch Gott,
Und wo am meisten Geist und Leben wohnt,
Da wohnt und wirkt die höchste Gotteskraft;
Denn Geist und Seele, Gott und Leben sind
Vier Worte nur von einerlei Bedeutung.
Unsterblichkeit! Es kann kein Wassertropfe,

Kein Feuerfunke kann in nichts vergehn,
So wenig, als aus nichts entstehn. Der Tod
Ist kein Vergehn in nichts, ein Wechsel nur.
Es sagen Viele, nur der Körper sterbe,
Die Seele aber könne nicht vergehn,
Doch kann's denn Seelen ohne Körper geben?
Wenn doch einmal die Seele einerlei
Mit Leben ist, so muß ja mit dem Leben
Zugleich die Seele aus dem Körper flieh'n.
Wohin? wohin? — — — Es ist ein alter Wahn,
Daß erst der Tod des Menschen neues Leben
Erschließe. Kann in diesem Leben nicht
Schon manches neue Leben uns erblühn?
Der Tod nicht, nein, die Liebe ist der Engel,
Der uns die Pforten neuen Lebens öffnet.
War denn nicht alles Schöne, alles Hohe,
Wodurch sich Menschen zur Unsterblichkeit
Emporgeschwungen, war es nicht die Frucht
Der Liebe, dieser Blüte uns'rer Seele?
Und wenn ein Winkelried durch seinen Tod
Unsterblich ward, was riß ihn denn hinein
In diesen Tod? Die hohe Liebe war's,
Der Freiheit wollt' er eine Gasse bahnen,
Für Freiheit schlug sein großes Heldenherz;
Drum lebt er heute noch in allen Herzen,
Die wie das seine für die Freiheit schlagen.

Doch diese Theorie enthält nicht, was er eben jetzt bedarf, nicht die Aussicht auf ein neues Leben in einem ungetrübten Jenseits, keine Hoffnung, die Geliebte wiederzusehen.

Kein Wiedersehn im Leben? Keines nach
Dem Tode? — — Jenes Wissen giebt
Mir nicht den Trost, an dem es mir gebricht.

Da erscheint noch einmal die Gelegenheit zu handeln, und sofort ist er wieder entschlossen und umsichtig und mehr auf die

Genossen bedacht als auf die eigne Rettung. Die Dienerin des Försterhauses hat in Frankfurt Dienst genommen und junge Frankfurterinnen und einen der Wärter für die Befreiung der Gefangenen gewonnen. Diese durchfeilen ihre Kerkergitter, flechten aus den Betttüchern und Strohsäcken Seile und versuchen auf die Straße hinabzugleiten, wo Bürgerssöhne sie zu entführen bereit sind. Die Vorbereitungen werden nicht entdeckt, aber alle Seile brechen; Rubner stürzt und wird, wie er sich aufrafft, durch einen Stich in den Kopf getötet.

Die dramatisierte Erzählung folgt im wesentlichen dem Verlauf, den der thatsächlich am 2. Mai 1834 gemachte Befreiungsversuch genommen hat. Wie man auch über die Schwächen und Einseitigkeiten des Stückes urteilen mag, in dem Rubner des Dichters glüht reines Feuer und echte Liebe und etwas von der Heldenart, für welche die Schwierigkeiten eines Unternehmens, die Größe der Gefahr und die Nähe des Todes Reizmittel sind, sich der Fülle der Kraft und des einwohnenden Lebens bewußt zu werden. Daß er den äußeren Kampf sucht für das Heilige, das er vergewaltigt sieht, daß er zum Richter über die öffentliche Ordnung sich selbst aufwirft, das ist sein tragischer Irrtum, als dessen Opfer er fällt.

---

# Rückblick und Vorschau.

Nachdem die Germanen um ihre Existenz gespielt und das Spiel verloren hatten, waren in den nächsten zwei Jahrzehnten die aus der Arminia hervorgegangenen Bubenreuther die einzigen Träger der burschenschaftlichen Idee in Erlangen, und sie haben bis in die Gegenwart treu an den Grundsätzen festgehalten, für die hier 1816 zuerst gekämpft wurde. Professor Paulsen in Berlin, der in den sechziger Jahren Mitglied der Bubenruthia war, hat um die Zeit von Bismarcks achtzigstem Geburtstag ein „Wort über das Wesen der Burschenschaft" veröffentlicht, das den Erlanger Geist trefflich charakterisiert. Ich freue mich, mit dieser Charakteristik schließen zu dürfen, die aus dem Gesichtskreis der gesamten deutschen Universitäten entworfen ist.

„1. Was die Burschenschaft war? Sie war in ihrem Ursprung als studentische Gruppe die Partei der Allgemeinheit, gegenüber den Exclusiven. Sie nahm in der Politik die Partei des Volks, gegenüber den Höfen und ihrem Anhang: sie erstrebte den großen, freien, einheitlichen Volksstaat, gegenüber den dynastischen Territorialstaaten: Kaiser und Reich als politische Darstellung des Gesamtvolks, gegenüber der Zersplitterung in höfische Besitztümer; aber ein deutsches Kaisertum, das Freiheit der Glieder nicht ausschließe, im Gegensatz zu dem bonapartistischen Cäsarentum, das keine Selbständigkeit der Glieder und keine Freiheit der Persönlichkeit anerkennt.

17*

„Für diese Idee hat die alte Burschenschaft gekämpft und gelitten; mit dieser Idee ist sie siegreich gewesen, hat sie zuerst das Herz des deutschen Volkes gewonnen und zuletzt auch die alten Gegner in ihren Dienst gezwungen.

„Gehaßt und bekämpft wurde die Burschenschaft von den Exclusiven und Höfischen, die im Volk nur das Object ihrer Herrschaft sahen, von allen Feinden der Einheit, Größe und Freiheit des deutschen Volks, von Metternich und dem Czaren: alle Feinde deutschen Volkstums sahen in dem Geist der Burschenschaft ihren Todfeind, weil der deutsche Volksgeist, ihr Todfeind, in ihm sein deutlichstes und lebhaftestes Selbstbewußtsein erlangt hatte.

„2. Was die Burschenschaft ist? Auf diese Frage ist nicht eine ebenso einfache Antwort möglich. Die alte Richtung des Denkens und Empfindens ist nicht ganz abgestorben, sie ist hier und dort, im Einzelnen und in ganzen Gruppen, noch vorhanden, mehr vielleicht im Süden als im Norden. Aber sie ist überall verdeckt durch eine neue Richtung: Der Stolz auf Kaiser und Reich hat die volkstümliche Empfindung in den Hintergrund gedrängt.

„Das ist aus den geschichtlichen Vorgängen des letzten Menschenalters verständlich. Das deutsche Reich ist erstanden, aber nicht durch eine Volksbewegung, sondern durch die Hand eines gewaltigen Staatsmannes, der die preußische Dynastie und das preußische Heer in den Dienst der Idee des deutschen Einheitsstaates zu stellen wußte: ein ungeheures Werk, angesichts der tausend widerstrebenden Interessen im Inland und im Ausland. Die Burschenschaft konnte nicht zweifelhaft sein, auf welcher Seite in diesen Kämpfen ihr Ort sei. Aber sie erfuhr dabei eine innere Wandlung: der Reichsgedanke, in der Gestalt, in der er nun in die Wirklichkeit getreten war, drängte die Volksempfindung zurück. Ja hin und wieder ist darüber wohl beinahe vergessen worden, daß Kaiser und Reich nicht Selbstzweck sind. Der Staat ist überall Mittel zur Erhaltung und Selbstdurchsetzung des Volkstums, nicht Selbstzweck. Auch das deutsche Kaisertum ist um des deutschen Volkes willen. Die Anschauung, daß das Volk um des Reichs und Kaisertums willen sei, in maiorem Imperatoris gloriam, ist cäsaristisch und bonapartistisch; sie ist zerstörend für das deutsche Volkstum.

„Mit diesem Zurücktreten der volkstümlichen Richtung des Denkens und Empfindens hängen nun gewisse Züge in dem Wesen eines Teils der heutigen academischen Welt zusammen, die, in scharfem Gegensatz zu dem Wesen der alten Burschenschaft stehend, auch den gegenwärtigen Burschenschaften wohl nicht überall ganz fremd geblieben sind: Das Nach—oben—sehen, das Streben sich durch „Correctheit" der Ansichten mehr als durch Sebständigkeit auszuzeichnen, die „Schneidigkeit" des Auftretens, die sich lieber gegen unten als gegen oben wendet, ja mit großer Geschmeidigkeit gegen alle Anforderungen, die von oben kommen, wohl verträglich ist.

„Im studentischen Leben macht sich diese Richtung als Neigung zur Exclusivität geltend; man strebt sich als vornehme, distinguierte Gruppe abzuschließen. Das würde nicht zu tadeln sein, soweit es sich um Abschließung gegen minder kräftige und tüchtige, minder aufrechte und wehrhafte Elemente des Studententums handelt. Die Neigung geht aber nicht selten dahin, durch allerlei Aeußerlichkeiten, durch „patentes" Auftreten und renommistischen Aufwand, auch durch Verachtung der plebejischen Tugenden, des Fleißes und der Selbstzucht, sich einen feudalen oder bourgeoisiemäßigen Anstrich zu geben und dadurch den Abstand von der Allgemeinheit herzustellen.

„3. Was die Burschenschaft in Zukunft sein soll? Hierauf ist wieder eine einfache Antwort möglich; sie soll sein oder wieder werden, was sie war: die bewußteste und treueste Darstellung des deutschen Volkstums in der academischen Jugend.

„Sie soll treu zu Kaiser und Reich stehen. Das Reich ist ist die gegebene Form des politischen Daseins unseres Volks. Wer immer an der Lockerung oder Vernichtung des Reiches arbeitet, bedroht auch unser Volkstum mit Vernichtung. Diesen Boden darf die Burschenschaft nicht irgend welchen Mißstimmungen oder Träumen zulieb verlassen.

„Aber andrerseits: Sie soll nicht minder treu zum deutschen Volk und Volkstum stehen. Sie soll sich nicht auf Seiten der

Exclusiven und Höfischen finden lassen, denen das Volk Object der Herrschaft, der Spekulation, der Ausbeutung ist. Absonderung vom Leben des Volkes ist wider den Geist der Burschenschaft, Verachtung des gemeinen Mannes und der gemeinen Freiheit ist ihr Tod. Absonderung und Verachtung beginnt aber mit dem Streben, sich von der Lebensgemeinschaft mit dem Volke loszulösen. Da Luxus und Prunkaufwand aller Art seine Bedeutung in der Absonderung von dem Leben des Volks und der Loslösung von seinen Gewohnheiten und Sitten hat, so ist er gegen den Geist der Burschenschaft. Er paßt für die Exclusiven, die sich als die geborenen Herren des Volkes betrachten, für die Burschenschaft bedeutet er den Abfall vom eigenen Wesen. Burschenschaften als Corps zweiter Güte — dann lieber keine! Dann sollen sie den Namen auch ablegen, um nicht die alte Burschenschaft durch ihr Treiben zu schmähen. Sofern Liederlichkeit und Ausschweifung von der Volkssitte ausgeschlossen, von der Standessitte der Exclusiven dagegen immer und überall wenn nicht gebilligt, so doch milde beurteilt werden, so wird es auch dabei bleiben, daß sie gegen den Geist der Burschenschaft sind.

„Also das soll die Burschenschaft sein: Die edelste und treueste Darstellung des deutschen Volkstums in der studentischen Welt. Das ist die Forderung ihrer Idee an den Einzelnen, daß er, dem deutschen Volk, seinem Wesen und seiner Sitte, treu in seinem Leben sei und immer mehr zu werden strebe: einfach und rein, selbständig und kräftig, gegen die Uebermütigen wehrhaft und tapfer, und wahrhaft gegen jedermann."

---

Viertes Buch.

# Biographische Charakteristiken.

Was in der Zeiten Bildersaal
Jemals ist trefflich gewesen,
Das wird immer Einer einmal
Wieder auffrischen und lesen.

Goethe.

# Einleitung.

Auf den folgenden Blättern ist eine Reihe von Persönlichkeiten behandelt, die zwischen 1816 und 1833 der Erlanger Burschenschaft angehört haben. Mit einigen hat mich selbst das Schicksal zusammengeführt und ich durfte bei der Erzählung meiner dankbaren Erinnerung folgen. Den Lebensumständen anderer nachzuforschen, veranlaßte ihre Bedeutung innerhalb der Burschenschaft; dieses Bemühen ist vielfach vergeblich gewesen, und es sind nur wenige Fälle, wo noch etwas Material vorhanden ist, zu dessen Bearbeitung ich nicht die Zeit fand. Bei einzelnen Skizzen, wenn wenig Persönliches zu geben war, benützte ich den Anlaß, um Strömungen der Zeit und Seiten des Erlanger Lebens, für welche die geschichtliche Darstellung nicht Raum bot, nachträglich zu behandeln. Wo Männer charakterisiert werden, die sich im öffentlichen Leben geltend machten, spiegelt sich von selbst die Fortbewegung der Geschichte ab, und da ist bei den meisten die Wahrnehmung erfreulich, wie das Mannesalter Blüten und Fruchtansätze der akademischen Jahre zeitigt.

Fast ohne Ausnahme herrscht das Gefühl vor, daß wir zuerst dem Vaterland verpflichtet sind, dessen Boden wir unsere Kräfte entnehmen. Das war nicht die Anschauung der guten und exquisiten Gesellschaft des 18. Jahrhunderts. Das Dasein jener exklusiven Zirkel vornehmer und geistreicher Männer und Frauen forderte die Auspressung der ökonomischen und moralischen Kräfte des Volkes, einen unsittlichen Preis. Im Gegensatz zu diesem ständischen Egoismus beruht die Regeneration auf Achtung vor der Volkspersönlichkeit und auf der Ueberzeugung, daß der Wert auch der Besten nur in einem freien Volk zur Entfaltung komme. Großes gedeiht nie ohne Pflege, und wenn das Edelste ihrer am meisten bedarf, dann auch das nationale Gefühl. Nun war der Burschenschaft als Studentenverbindung eigentümlich, daß sie nicht bloß dem geselligen Vergnügen leben oder die Schätze des Wissens der Nachwelt überliefern wollte, sondern daß sie den Genius der Nation ehrte und nach ihm sich zu bilden trachtete. Dieses Lebensideal war der Mittelpunkt des burschenschaftlichen Strebens.

Das Zeugnis aus Erlangen, das hierfür existiert, hat Ferd. Herbst[1]) im Sommer 1822 vor seinem Gartenhäuschen auf dem Altstädter Berg angesichts der Nürnberger Burg aufgezeichnet. Er selbst zwar hat später gering davon geurteilt, und andre haben nicht ohne Grund über den pathetischen Ton gelächelt, aber es ist so charakteristisch für die Zeit, daß ich es nicht unterdrücke. Herbst also rühmt vom damaligen Burschenleben, es habe dem Einzelnen geleistet, daß durch Austausch von Ideen die innere Welt aufgeschlossen und in gesundem Gemeinschaftsleben der Charakter gefestigt wurde. Hier habe sich mancher aus dem Druck beengender Verhältnisse zum Gefühl der Freiheit durchgearbeitet; in verknöchernden Standesvorurteilen Aufgewachsene seien hier von edlem Gemeingeist ergriffen, andere vom Siechtum trüber Gefühlsschwärmerei geheilt worden; stürmische Naturen, die vordem die Welt in Saus und Braus durchtobten, hätten sich zu Regel und Ordnung zurückgefunden und selbst in der Sphäre solcher, die von der Studienzeit nur als von einem fidelen Durchgangspunkt zu behaglichem Philisterdasein gewußt hätten, sei die Ahnung eines thatenfrohen Lebens erwacht. Der Gewinn für das praktische Leben wird vor allem in der

[1]) Ideale und Irrtümer, 154—164.

menschlichen Achtung der Volksgenossen gesucht, die auch bei Unterordnung in Geschäften nicht dulde, als Maschine oder Werkzeug gebraucht zu werden oder andere so zu gebrauchen, während die in den Jugendjahren eingeübte Menschenverachtung zu einer förmlichen Pest für das Volkstum wird. Uneigennützige Verwaltung der von gleichen Genossen übertragenen Aemter bilde für einen größeren Wirkungskreis, zum Dienst des Vaterlands. In diesem Begriff sei nicht das Land, „die Väter mit ihrer Abstammung, Sprache, Sitte und Tugend sind das Entscheidende. Was wir von den Vätern erbten, wollen wir fortbilden im Geiste der Zeit und in der Sitte der Väter uns geltend machen in der Geschichte der Menschheit. Das Vaterland soll der geweihte Boden sein, wo alle Seelengröße und alle Humanität, deren wir fähig sind, gedeiht, die schaffende Werkstätte alles Guten und Schönen, in welche uns der Geist der Menschheit setzte, um selbständige Wesen zu sein." Endlich wirkt die studentische Tapferkeit als Vorschule öffentlicher Tugend sowohl nach der körperlichen Seite, wie als Vorschule der geistigen Wehrhaftigkeit vor Gericht, in der Volksversammlung, im Parlament. — Das religiöse Leben als Ergebung, Andacht und Begeisterung dem Heiligen und Unendlichen gegenüber sei in den Festgesängen der Burschenschaft und auch als heilige Volkssache gepflegt worden. „Denn der Sieg des Christentums hat der neuen Welt im Gegensatz der alten ihren eigentümlichen Charakter gegeben, und im Geiste des Christentums sind alle unsere Völker erzogen und gebildet. Die Ideale des Christentums müssen daher auch die Ideale eines gesunden Volkslebens werden." So weit Herbst.

Ist der ernste Hinblick auf das Vaterland zur Belebung der Dankbarkeit und Verantwortlichkeit nie und nirgends überflüssig — wie weit im Gebiet des Rheinbundes die Gleichgültigkeit gegen den Bestand und die Ehre des Volksganzen gehen konnte, dafür gebe ich ein Beispiel. Oben (S. 11) ist uns J. P. Hebel begegnet, der bis 1826 gelebt hat. Je dankbarer für Liebes und Schönes auf andern Gebieten wir uns dem Dichter verbunden fühlen, um so mehr befremdet der Mangel an vaterländischem Empfinden. Die

Abneigung gegen das norddeutsche Wesen und die parteiische Vorliebe für Oesterreich mag man ihm zu gut halten; aber nicht nur, daß der Hausfreund Napoleon bewundert, in dem Weltkrieg den Sieg der französischen Waffen wünscht und den Brand von Moskau für ein unverantwortliches Verbrechen hält: noch 1811 stellt er Andreas Hofer als gemeinen Rebellen dar, sieht am Schluß des großen Jahres 1813 kein Sternlein der Hoffnung und hat für die Erhebung des deutschen Volkes kein einziges warmes Wort.[1]) Eine solche Erscheinung erklärt sich zum Teil als Folge der Engherzigkeit und Brutalität, wo Junkertum und Bureaukratismus die Ausbeutung des Staates betrieben; aber mitbedingt ist sie durch den gehässigen Gegensatz des kosmopolitischen Indifferentismus gegen vaterländische Empfindungen, und dieser hatte seinen Sitz in den Ordenskreisen, in welchen Hebel die entscheidenden Jugendjahre verbrachte. Die Burschenschaft aber hat, indem sie die vaterlandslose Gesinnung verdrängte, auch die edel menschlichen Kräfte entfaltet, die in unserem Volkstum liegen, den verantwortlichen Stolz der Persönlichkeit, Adel des Gefühls und der Gesinnung, Empfänglichkeit für das, was edel und würdig ist im Leben, die Anregung zu Ideen und die Freiheit von kleinlichen Rücksichten trotz beengender Verhältnisse. Wenn meine Darstellung nicht allzuweit zurückbleibt hinter dem, was ich empfand, müssen diese Werte einer unvergleichlichen Zeit im Leben der Geschilderten hervortreten.

Die Namen folgen im allgemeinen so auf einander, wie ihre Träger im studentischen Leben hervortraten. Ausführlichkeit und Durcharbeitung der Darstellung sind nicht bloß nach der Bedeutung der Geschilderten und dem mir zugänglichen Material verschieden, sondern auch nach der Zeit, in der ich die einzelnen Skizzen niederschrieb — manche stammen aus früheren Jahren und konnten jetzt nicht mehr umgearbeitet werden.

Ich lasse den Vortritt dem Stifter der Teutonia von 1816.

---

[1]) G. Wendt. Hebels Werke. Berlin, Grote. 1884, XVIII.

**Franz Ullrich** (1795—1880). In Remlingen geboren, auf dem damals noch bayrischen Gymnasium Wertheim vorgebildet, studierte er von 1814 an in Göttingen (S. 31), seit 1816 in Erlangen. Wenn er hier an der Spitze der studentischen Reformbewegung stand, so kam ihm zu statten, daß er von Göttingen Erfahrung, bestimmtere Haltung und einen weiteren Blick mitbrachte. Die Universitätsstudien beendigte er in Berlin, wo er im Haus des Ministers v. Altenstein bestens aufgenommen war. 1823 wurde er Professor am Johanneum in Hamburg, der Vaterstadt seiner Mutter. Er war ein ausgezeichneter Kenner der attischen Historiker und Dichter, ein geistvoller Interpret der neueren Litteratur; seine dem Inhalte und der Form gleichmäßig zugewandte Behandlung der alten Schriftsteller regte zu eigenem Arbeiten an. In den Programmen des Johanneums von 1832—68 sind aus seiner Feder nicht wenige durch Gründlichkeit und Geschmack ausgezeichnete, vortreffliche Beiträge zur Kritik und Erklärung des Thucydides. Zu den tonangebenden Vertretern des geistigen Lebens Hamburgs gehörig, zeigte er scharf ausgeprägte Persönlichkeit; „der alte Burschenschafter war ein Veteran im Dienst des nationalen Gedankens, obwohl er niemals die Gelegenheit zu politischem Handeln gesucht hat.“ [1])

**Gottlieb v. Tucher** (1798—1877), aus der Nürberger Patrizierfamilie. Er studierte 1816—17 in Erlangen und kehrte dahin 1819 zurück. Eine entschiedene, frische und offene Natur, giebt er sich der burschenschaftlichen Sache mit der vollen Empfänglichkeit und Heftigkeit seines Wesens hin. Die Wartburgfeier ergreift seine ganze Seele; nach 50 Jahren war der Eindruck nicht verflogen [2]). Damals schloß er eine enthusiastische Freundschaft mit Heinrich Leo, die zu vielen persönlichen Begegnungen und zu einem

[1]) Progr. d. Hamb. Johann. 1869 u. 1880.

[2]) Keil, Die burschensch. Wartburgfeste. S. 153.

Jahre lang dauernden Briefwechsel führte, der den Bildungsdrang jener Generationen in wunderbarer Spiegelung zeigt. Diese Briefe liegen den frischesten Partien aus Leos „Jugendzeit“ zu grunde. Seine juristischen Studien führten ihn nach Heidelberg und dann nach Berlin, wo eine seiner Schwestern mit dem Philosophen Hegel verheiratet war. In seiner Beamtenlaufbahn gelangte er 1856 nach München und trat 1868 als Rat des Oberappellationsgerichtes in Ruhestand. Umsonst habe ich nach einer eingehenden Schilderung seines persönlichen und häuslichen Lebens gesucht; mir ist die Tuchersche Familie, in der ich als Student Gastfreundschaft genoß, als eine echt deutsche in lieber Erinnerung, es waltete ein frommer, reiner und wahrhaftiger Geist, der Schein und gemachtes Wesen ausschloß, schlichte Herzlichkeit, echte Teilnahme an edel menschlichen Bestrebungen in Kunst und Wissenschaft, auf religiösem und sozialem Gebiet.

In der Litteratur lebt Tuchers Name fort durch eine Reihe von Arbeiten, in denen gelehrte Studien über den Kirchengesang niedergelegt sind [1]). Wie ist der Jurist dazu gekommen? Ein musikalisch Gebildeter sollte die Frage im Zusammenhang mit den Bestrebungen der Burschenschaft beantworten. Ich bringe als Laie das Wenige, was ich vermag. Es galt, der evangelischen Kirche der Gegenwart das Große und Herrliche wiederzugeben, das in der Kirchenmusik einem lebendigen Gemeindebewußtsein entstammend mit anderem Nationalgut dem deutschen Volk fremd geworden war. Eben hatte Goethes Freund Zelter in Berlin seine rüstige Kraft daran gesetzt, dem Vaterland auch dieses Erbe wiederzugewinnen. Zelter brachte die am Ende des vorigen und Anfang des gegenwärtigen Jahrhunderts ganz vergessenen Werke der alten Italiener des 16. Jahrhunderts und der großen Tonmeister Händel und Bach wieder ans Licht und lehrte sie in seiner Singakademie und

[1]) z. B. Kirchengesänge der berühmtesten älteren ital. Meister, Beethoven gewidmet (1827). Schatz des evang. Kirchengesangs im 1. Jahrh. der Reformation (1848). Ueber den Gemeindegesang der evang. Kirche (1867). A. D. B. 38, 767.

einem von Goethes Teilnahme getragenen Kolleg an der Universität Berlin wieder verstehen. So fremdartig jene Kunstgestaltung zunächst der Zeit erschien, es kam allmählich zum Bewußtsein[1]), daß der in ihnen ruhende Gehalt das überragt, was unsere Zeit auf gleichem Gebiet zu leisten im stande ist. Tucher fand in seiner Heimat den Boden für die Erneuerung dieses Volksschatzes günstig, in protestantischen Teilen des gesangreichen Frankens und Schwabens natürliches musikalisches Gefühl ohne Reflexion, das sich künstlich Gemachtes von keiner Seite hätte aufdrängen lassen, aber für die Erneuerung des echten Alten empfänglich und zugänglich sich zeigte. Noch in Tuchers Jugend hörte man in Nürnberg an Sonn- und Festtagen vielfach Orgelklang mit Gesang geistlicher Liedermelodien aus Privathäusern; die dazu nötigen Orgelpositive waren in den ersten Dezennien des Jahrhunderts noch in vielen Wohnungen anzutreffen. Auch darin zeigte sich, was es bedeutet, wenn die Wurzeln des Volkslebens in tieferem Boden stecken.

Hier kann nur noch darauf hingewiesen werden, daß dieser adelige Mann meinte, die Bestrebungen für den rhythmischen Choral nicht anders durchführen zu sollen als auf volksmäßige Weise d. h. unter Beistimmung des vollen Herzens: er ehrte den wirklichen Menschen, um ihn für Höheres zu gewinnen. Als seine eigene Partei in verletzender Weise die Organisten anschuldigte, die das verteidigten, was zu ihrer Zeit und seit anderthalb Jahrhunderten galt, entschuldigt er, „wenn ein ganzes Leben voll Treue und Liebe zu dem schönen Beruf, welches sich an der von Jugend auf gewohnten Singweise erbaut hat, nun nicht so leicht zu einem vermeintlichen oder ihm wirklich Neuen übergehen kann, Jüngere aber den Anschauungen derer folgen, denen sie ihre ganze Bildung zu verdanken haben."

---

[1]) Ich erinnere an Zelters Schüler Felix Mendelssohn.

**Christoph Elsperger** (1798—1873), neben Döderlein, Held, Roth, Heerwagen einer der „großen fränkischen Rektoren“ in der Mitte des Jahrhunderts. In Sulzbach geboren, kam er früh auf das Regensburger Gymnasium. Seine Liebe für diese herrliche Stadt galt nicht bloß dem prachtvollen Dom, den altertümlichen Straßen und mannigfach schönen Kirchen und Spaziergängen, sondern auch dem freistädtischen Sinn, der Achtung und Würde, die der Bürger genoß. Er selbst trug ein stärkeres Selbstbewußtsein deutschen Bürgerstolzes in sich als der Mehrzahl der Zeitgenossen eigen war, tieferen Schmerz über den Fall des Reiches, einen nie erlöschenden Abscheu gegen die brutale Gewalt und Willkür der Fremdherrschaft. Auf dem Münchener Lyceum erfüllte ihn Thiersch mit höherem wissenschaftlichen Streben und einer nie gestillten Sehnsucht nach allgemeiner, auch nach der in der Kunst verborgenen Bildung. Diese Richtung führte ihn in Erlangen der Teutonia zu, deren Vergewaltigung durch die Landsmannschafter ihn so im Innersten erregte, daß er den Widerwillen gegen das Junkertum samt Affen und Trabanten zeitlebens nicht los wurde. Die Abneigung ruhte in der Tiefe auf dem Grund des weichsten Gemütes und zartesten Gewissens.

Sein Probejahr machte er in Bayreuth, neben Held; von 1820—30 Professor am Erlanger Gymnasium, beteiligte er sich an der Herausgabe von Luthers Werken; seit 1830 gehörte er dem Ansbacher Gymnasium an, das er von 1839—73 als Rektor leitete.

Noch leben viele Männer, die sich dankbar der charaktervollen Persönlichkeit erinnern; als Feind des gerechten Mannes hat sich auf die Dauer wohl keiner bekannt. Den Idealen seiner Jugend ist er mit seltener Beharrlichkeit im Leben treu geblieben. Die Wissenschaft, die er als Philologe, Historiker und Theologe betrieb, pflegte er gründlich, unermüdlich, selbstlos; an dem sittlichen Ideal, das ihm in den großen Charakteren der Freiheitskriege, namentlich in Stein aufgegangen war, hielt er mit unerschütterlichem Mute fest. Feind des Scheinens und Gleißens, aller Ueberhebung und Frivolität, erschien er selbst als ein hohes Bild deutscher Manneswürde. Waren ihm Phantasie, Witz und die Gabe leichter Unterhaltung versagt, er wollte um diese Künste nichts von der Zuverlässigkeit und Geradheit des eigenen Selbst hingeben, plebejischer Ernst und die Achtung des Nächsten hieß ihn alles Spielen mit dem ablehnen, was doch nur auf Menschenverachtung beruht, wenn auch unter den scherzenden und gefälligen Formen geselliger Tournüre. Das Vertrauen darauf, daß jeder sich selbst am besten bilde, wenn die edleren Affekte ins Spiel gebracht werden, bethätigte er seinen Kollegen und Schülern gegenüber in allen Lagen; wo Gemeinheit oder Kabale sich geltend machen wollten, trat er sie mit gewaltigem, doch nie die sittliche Würde verletzenden Zornmut nieder.

Wäre nicht eine gewisse Feierlichkeit zu erwähnen gewesen, die sein Auftreten begleitete? Bei ihm war die Gravität nicht Zeichen des Stolzes, sondern — bei wahrhaft edeln Naturen nichts Unerhörtes — Folge der tiefsten Bescheidenheit, der Würde, die sich selbst bewacht. Ein Einblick in seine Korrespondenz wird es bestätigen. Am 24. März 1819 schreibt er aus Heidelberg: „Aus dem Burschenleben scheide ich sehr gerne aus. Als ich Erlangen verließ, that ich es noch mit wundem Herzen. Jetzt ist es anders. Die Hoffnungen, die ich darauf setzte, sind zu Wasser geworden; und wie ich in Erlangen das Aufblühen eines neuen Geistes unter den Studenten mit ansah, von dem ich mir so viele heilsame Folgen für Sittlichkeit, Wissenschaft und unser Vaterland versprach, so sah ich hier das Ersterben desselben. Aber schwerer, weit schwerer fällt es mir, aus dem Studentenleben mich loszulösen; das freie Leben in der Wissenschaft ohne alle Nebenzwecke hat nun ein Ende, die Wissenschaft muß mir jetzt zur tüchtigen Kuh werden, die mich mit Butter versorgt, und ich darf jetzt nicht mehr fragen: Was ist wahr, sondern: Was nützt. Auch die Formen des bürgerlichen Lebens werden mir anfangs sehr ungewohnt sein, da ich immer nur unter Studenten gewesen bin und von der feinen Artigkeit und den guten Sitten nichts mir zugeeignet habe."

Als Hertel auf seiner Wanderung durch Erlangen in den „Husaren" angekommen ist, ruft er aus: „Erinnere dich des Mitteltisches, von dem manche Geistesblitze herübergeschlendert wurden; dort saßen einst: Elsperger, Hermann, Leo, Pfeiffer, Graf v. Platen." In diesen Freundeskreis gewährt ein Brief des nach Berlin übergesiedelten H. Leo Einblick: „Nimm diesen Brief als einen Beweis, daß ich das, was Erlangen Schönes hat, stets zu schätzen weiß und daß ich recht oft mich dankbar erinnere an die freudigen, zuweilen auch raufsüchtigen Stunden, die wir im alten Frankenland zusammen verlebt haben. Freundliches Zusammenleben, wie wir es hatten, fehlt Berlin ganz. Der Norddeutsche, der eigentliche Norddeutsche hat eine viel zu äußerliche, eitle, gespannte Natur, als daß er zu traulichem Humor je kommen könnte. Sich seinen Freunden in ursprünglicher Nacktheit zeigen und Dummsein gilt im Grunde hier eins. Dabei bemerken die Leute nicht, wie ihnen durch die zerrissenen Hosen doch oft genug der nackte Hintere durchsieht. Die Folge davon ist Superklugheit und Langeweile, und diese Plagen Gottes verfolgen einen denn auch wirklich überallhin in Berlin sowohl als zehn Stunden in die Runde, wenn ich in meinem Gesichtskreis etwa zwei Familien, die sich aber auch ganz in süddeutscher Weise erhalten haben, ausnehme." Später einmal zeigt er die Kehrseite: „Ich glaube, wir zankten uns jetzt nicht mehr so oft. In einem so engen Kreis, als der unsrige in Erlangen war, setzen sich gern Eigentümlichkeiten so fest, daß sie zur Einseitigkeit und einer gereizten Borniertheit führen; das war bei mir der Fall. In größerem Verkehr holt der Mensch freier Atem, es scheint ihm unwürdig und kindisch gegen Dinge anzufechten, die sich in der Welt als Grundbestrebungen geltend gemacht haben, und überhaupt ist man in einer großen Stadt nicht hypochondrisch, man erträgt die Welt, weil der Kreis, in dem man lebt, immer so groß ist, daß man jedem, ohne eine wesentliche Lücke zu empfinden, im Notfall aus dem Wege gehen könnte. Eben dies Freiheitsgefühl macht denn die Ausübung der Freiheit unnötig, man achtet und liebt Eigentümlichkeit, tritt aus seiner Borniertheit und Schroffheit heraus und fühlt sich überall wohl, wo man Bildung und Liebe walten sieht."

**G. W. K. Lochner** (1798–1882), ein gründlicher Gelehrter und unermüdlicher Forscher der Geschichte Nürnbergs. Er zählte acht Jahre, als die alte ehrenfeste Reichsstadt bayrisch wurde (3. September 1806). Der Vater war Kupferstecher. 1815 wurde Lochner in Erlangen als Philologe immatrikuliert, 1817 trat er von der fränkischen Landsmannschaft zur Burschenschaft über, als Demagoge saß er vom 8. Mai 1824 bis 14. Mai 1825 in München gefangen. Von 1826 an war er Lehrer am Nürnberger Gymnasium, 1846–57 dessen Rektor. In den letzten 25 Jahren seines Lebens beschäftigte ihn die Spezialgeschichte seiner Vaterstadt.

Er soll uns jetzt, wie einst vor 50 Jahren der Naturforscherversammlung[1]), von Nürnberg und den Nürnbergern erzählen. Der gedrängte Inhalt der reichsstädtischen Geschichte ist, daß sie einst groß und mächtig, beneidet und scheel angesehen vom Adel und von den Fürsten, geliebt und geachtet von Kaisern und Königen war, ein Mittelpunkt des Handels und der Künste, ein Zufluchtsort der Wissenschaft, ein treuer Hort des Protestantismus; daß sie von ihrer Höhe sank in einer Zeit der Stürme, denen auch Andere und Mächtigere erlagen, mehr durch Mißgunst des Geschicks als durch eigene Schuld.

Das Malerische der Außenseite erfreut schon von ferne den herankommenden Fremden, die hochragende Burg, die Zwillingstürme der Hauptkirchen. Dann rufen die Befestigungswerke der Stadt, die Bastionen, Mauern und Gräben, und selbst die Unebenheit des Bodens, auf dem die Stadt liegt, den Gedanken an die mittelalterliche Vergangenheit hervor. Auf den Straßen, in den Kirchen und Kirchhöfen, auf der Burg, in öffentlichen und Bürger-Häusern und -Sammlungen tritt das alte deutsche Kunstleben in reicher Fülle entgegen. St. Sebald und St. Lorenz mit den Werken von A. Dürer, P. Vischer und Ad. Krafft bieten Meisterwerke aller Künste. Jedes Haus ist ein Denkmal der Vorzeit, je-

[1]) Nürnbergs Vorzeit und Gegenwart 1845.

der Brunnen, jede Bank ein Zeugnis für das stille, einfache und sinnvolle Leben der Väter. Das Handwerk erscheint durch sinnreichen und emsigen Fleiß zur Kunst geadelt.

Betrachten wir die Bewohner. Die Hauptelemente der Ansiedlung sind fränkischer, bayrischer und slavischer Herkunft; noch werden die ländlichen Verkäufer auf dem Nürnberger Markt als Frankenmann, Pfälzer und Bauer unterschieden. Die Mischung hieraus, mit etwas schwäbischem und anderem Zusatz, sind die Nürnberger, nichts weniger als unnahbar, aber ein eigener Schlag, ganz etwas für sich. Im steten Kampf mit den umliegenden fränkischen Bischöfen und Dynasten und den von Herzogen regierten Bayern, in regem und lebendigem Verkehr mit der ganzen Welt, bildeten sie einen reichsbürgerlichen Charakter aus in scharfem Gegensatz gegen das Pfäffische, Junkerhafte und Bureaukratische. Wenn Auszeichnung in Kunst und Wissenschaft zu Selbstgefühl berechtigt — die Leistungen dieser Bürger stehen den höchsten in Deutschland nicht nach, aber ihre großen Künstler und Gelehrten waren zugleich die gebildetsten und schlichtesten Menschen, ihr Hans Sachs ein Schuster und Grübel ein Flaschnermeister. Angesichts dieser urwüchsigen und volkskräftigen Art konnte das Exklusive und Feierliche, Vornehmthun und Gleißen nicht aufkommen.

Die steife Büchersprache wollte sich trotz dem Pegnesischen Blumenorden nicht einmal bei den Gebildeten durchsetzen; wenn der „Geier“ den Straßenjargon zu dick aufträgt, geht es mit dem Tadel ab: O du Nürnberger! Der Erwachsene aber, der in der Fremde und Fremden gegenüber recht wohl den Dialekt abzulegen weiß, verzichtet im familiären Verkehr keineswegs auf die, zuweilen sprachwidrigen, volkstümlichen Redewendungen, deren zartere Nüancen im weiblichen Mund ein bezauberndes Etwas gewinnen.

Was an den Zeitgenossen getadelt wird, Hang zur Bequemlichkeit und Sichgehenlassen, Mangel an Selbständigkeit und Selbstvertrauen, gehört vielleicht der Vergangenheit an, das Lob besteht: „Der Nürnberger ist teilnehmend und gutmütig, wohlthätig und freigebig, leicht für eine Idee zu begeistern und begierig sich mit

Leidenschaftlichkeit dafür auszusprechen." Daß ihm Witz und Schlauheit, die Gabe, fremde Schwächen zu durchschauen, und die im Weltverkehr dienliche Vorsicht abgehe, darüber brauchte sich Lochner heute nicht mehr zu beklagen.

---

F. W. Gründler (1800—1875), einer der drei Erlanger Professorensöhne unter den Teutonen. Von athletischer Gestalt und schönen Zügen, von heiterer Liebenswürdigkeit und treuer Hingabe an die Freunde, war er einer der gefeierten und beliebten Studenten jener Generation. In Jena geriet er auf die gefährliche Bahn der von Gießen ausgehenden politischen Richtung. Wir treffen ihn im Sommer 1818 auf einer nicht unbedenklichen Wanderung mit H. Leo [1]) nach Göttingen, Marburg und Gießen. Der Neigung nach Bergmann, hatte er Jus studiert, kam aber weder in diesem Fach noch in dem später ergriffenen Lehrerberuf zu einer festen Lebensstellung.

So entschloß er sich 1826 mit dem Rest seines Vermögens auszuwandern und ging nach Vera Cruz in Mexiko, wo nach A. v. Humboldt's Empfehlung vor vier Jahren ein Freund eine deutsche Colonie zu gründen begonnen hatte. Zunächst wohnte er im Bergwerkrevier Temascaltepec. „Es liegt, schreibt er, 19° n. B. und 102° w. L. v. P. in einer romantischen Gegend von drei Flüssen, welche in die Südsee gehen; 6000 Fuß über dem Meer, genießt es gemäßigtes Klima: die Orangenbäume in meinem Hof tragen zu gleicher Zeit das ganze Jahr hindurch Blüten und Früchte und sind stets grün, man kennt da nicht den Winterschlaf der Natur. In ganz Mexiko wird unter den Gebildeten und der Mittelklasse des Volks nur spanisch gesprochen, unter den 2 Millionen Mexikanern ist kein Protestant. Lange Zeit lebte ich auf Bergwerken, wo die Leute nur indianisch sprechen, und ich mußte

---

[1]) Leo, Meine Jugendzeit S. 196—201.

die nötigsten Worte der mexikanischen und otomitischen Sprache lernen, wie auch der Masagua, Tarrasca, Cuislateca, Totonacada. Es giebt Gegenden, wo auf einem kleinen Flächenraum 36 indianische Sprachen gesprochen werden, so verschieden von einander wie russisch und deutsch."

Als er um 1866 nach Deutschland zurückgekehrt war, stellte er sich dem treuen Universitätsgenossen Rektor Elsperger in Ansbach vor: „In meinem Gesichte findest Du alle Längen- und Breitengrade verzeichnet, die ich überschritten habe; das Haar ist gebleicht durch die plötzlichen Schreckensfälle, die bei den Plünderungen, juristischen Räubereien oder Aufständen des Pöbels und bei den Verfolgungen auf Reisen vorkamen; Tausende von Stichen der Turicatas, Riguas, Scorpionen, Moscos, Sanjutos, Gejenes und der senkrecht fallenden Sonne entstellen die Haut, und nichts ist mir geblieben, als die Gestalt. Meine Lunge ist wohl nur zum kleinen Teil vorhanden; ich lebte nämlich längere Zeit auf einer Schmelzhütte, 10 000 Fuß über dem Meere, ritt öfters des Morgens weg, kam Mittags in die Wälder der Bananen, Mameyes, Anonos und Mangos, 2000 Fuß hoch, und war abends wieder zu Hause. Da man keine Oefen in Mexiko kennt, leidet man dort viel mehr durch die Kälte, als in Deutschland. Das Gehör ist durch das zu starke Laden meines Sechsschüssers so geschwächt, daß ich zu gesellschaftlicher Unterhaltung untauglich bin und nur die verstehen kann, die sich an mich selbst wenden. Die Augen sind durch die blendende Resolana des 19. Breitengrades entkräftet, so daß ich sie täglich stärken muß durch Dämpfe des Weingeistes, denen ich sie aus der hohlen Hand aussetze.

In den Jahren 1826 bis 1865 habe ich 20 000 Meilen zurückgelegt, war Landwirt, Berg- und Hüttenmann, Kaufherr, Eigentümer von Kaffee- und Zuckerpflanzungen, von Urwäldern, die vor mir nie ein menschlicher Fuß betreten, von Bergwerken an den Grenzen des ewigen Schnees und unten an den Flüssen, wo die Kaimans hausen, habe gearbeitet mit heißem Bemühen unter und über der Erde, in zwölf weit auseinander gelegenen Bergwerksrevieren Erze zu Tage gefördert und aus denselben Gold, Silber und Kupfer dargestellt, habe Wälder gerodet, die früher nur Leoparden und Unzen zum Aufenthalt dienten, habe Häuser gebaut, Wege in schroffe Felswände von 3000 Fuß Höhe gesprengt, bis endlich ein zwanzigjähriges schmerzliches Fußübel in Verbindung mit dem Bürgerkrieg alle meine Thätigkeit hemmte. Als es endlich soweit kam, daß die Bewohner Temascaltepecs, wo ich einige Zeit im Jahre 1826 und dann in den letzten 10 Jahren lebte, täglich in die Wälder flüchten mußten, ließ ich mich zur Rückkehr nach Deutschland bewegen. Kaum hier angekommen, genas ich durch ein Mittel, welches ich zufällig bei meiner Durchreise durch Sinacantipec bekam."

In der Heimat empfing ihn das Haus seines Bruders in Heidenheim und die herzliche Teilnahme alter Studienfreunde; bei allen Leiden, schreibt er einem von diesen, tröste ich mich mit dem guten Lappe[1]). Dann that er einen seltsamen Schritt und trat noch in die Ehe. Am 10. Mai 1875 brachte der Tod ihm den Frieden. Er liegt in Rothenburg o. T. begraben.

---

Georg Friedrich Puchta (1798–1846), der berühmte Pandektist.

Er besuchte das Nürnberger Gymnasium, als Hegel dort Rektor war. In Erlangen, wo er 1816–20 studierte, waren Gros und Glück von Einfluß auf ihn, von größerem das Studium Niebuhrs und Savignys und der Vater[2]), der ihm frühzeitig

[1]) Des pommerschen Dichters „So oder so" war in den zwanziger Jahren eines der beliebtesten Lieder.

[2]) Puchta, Erinnerungen aus dem Leben und Wirken eines alten Beamten. Nördlingen 1842. — Ebrard Lebensführungen 373: „Ammon, dem Sohn des berühmten Hofpredigers, sagte einmal der sehr geistvolle, aber auch sehr derbe alte Landrichter Puchta ganz trocken: „Das ist närr'sch, bei uns zweien ists grad umgekehrt: Sie haben einen gescheiten Vater, und ich hab' einen gescheiten Sohn."

Einblick in die Rechtsgeschäfte verschaffte, obwohl der Sohn vom Anfang an die Gelehrtenlaufbahn im Auge hatte.

Unter den Gründern der Burschenschaft steht er in erster Reihe. Engelhardt[1]), dem er von 1820—28 als Privatdocent und außerordentlicher Professor in Erlangen nahe stand, hat ihn so geschildert: „Ein Charakter von Eisen, ein Verstand von schärfster Schärfe, eine bewundernswerte Reife im Urteil schon im Jünglinge; ein sicherer Blick auf das Ziel, das er erreichen wollte und eine Kenntnis des Weges dazu, voll Anschaulichkeit Schritt vor Schritt; eine entschiedene, aufrichtige Schätzung alles Guten, Edlen, Tüchtigen, welcher Art und welcher Erscheinung es auch sein mochte; ein herbes Hinwegweisen alles Leeren, Hohlen, Mittelmäßigen, Anmaßenden, Trivialen, das er mit schneidender Schärfe, mit mehr als kaustischem Witze verfolgte. Ein auf das Glücklichste organisierter Geist, der in den verwirrenden Weiten juristischer Quellen wie mit der Wünschelrute den Punkt fand, an dem edles Metall zu finden war; eine seltene Gabe der Darstellung voll Anmut, Klarheit, Feinheit, eine wunderbare Oekonomie der Gedanken wie des Stiles. So kennt ihn die Welt als klassischen juristischen Schriftsteller, so erinnert sich seiner die Menge seiner Schüler, die in Erlangen, in München (1828), in Marburg (1832), in Leipzig (1837), in Berlin (1842) zu seinen Füßen saßen. Es war Hugo, der dieses Talent zuerst erkannte, Savigny, der ihm das Muster wurde, dem er nachstrebte, neben das sich zu stellen ihm vergönnt war. Einem Jüngling wie diesem mußte Hegel's Unterricht, den er in der Oberklasse des Nürnberger Gymnasiums genoß, von großem, bildendem Einflusse sein. Seine Studienzeit fiel in die Jahre der schönsten vaterländischen Begeisterung und der Rückkehr zu dem Glauben der Väter, dem er mit der ganzen Entschiedenheit einer starken Natur anhing. Er war schon ein angesehener, einflußreicher Student, eben so gefürchtet wegen der durchdringenden Schärfe seiner Dialektik als wegen vortrefflicher Führung der Klinge.

[1]) Schubert, Selbstbiographie III, 2, 538.

Seine Freude an der Poesie und die Erzeugnisse seiner eigenen poetischen Anlage bekränzten diese ernste Gestalt mit ihrem lieblichen Schmucke; so lange es seine frühe leidende Brust erlaubte, erfreuten sich die Freunde an dem Klange seiner herrlichen Baßstimme. Poetisches Gefühl und Verstand und Charakter schienen sich in seinem Gesange zu vereinigen. Er hatte Musik, wie alles, gründlich getrieben. Seine Unterhaltung war stets gehaltvoll, klar und frisch. Nicht umsonst liebten ihn die bedeutendsten Männer, Roth, der unvergeßliche, Cornelius, der geistvoll herrschende Künstler, der milde Schnorr, Savigny und viele andere vom geistigen Geschlechte."

Stahl[1]) feiert Puchtas Einsicht in das römische Recht und seine Geschichte, das eminente juristische Talent, die Schärfe und Feinheit der Begriffsbestimmungen, die plastische wissenschaftliche Kraft. Stets gesammelte Aufmerksamkeit und schnelle Auffassung der Dinge, Klugheit, Willensenergie, Bereitschaft die treffende und wenn er wollte die schneidende Gegenrede zu finden, gaben ihm über die Mehrzahl der Menschen eine Ueberlegenheit. Stahl bemerkt starkes Selbstgefühl und die geringe Zurückhaltung seiner natürlichen Schärfe gegen Freund und Feind; aber hinter der stacheligen Rede und mitunter rauhen Schale die Treue in der Freundschaft, eine Willigkeit wieder einzunehmen wie er ausgab, eine Achtung wirklicher Tüchtigkeit, auch wenn sie äußerlich niedrig gestellt war, Wahrhaftigkeit und Zuverlässigkeit. Was am meisten seine innerste Eigentümlichkeit bestimmte, war der auch dem Vater eigene Sinn für das Tüchtige, Gründliche, Solide, Kernhafte, der entschiedene Widerwille gegen alles, was bloß auf den Schein geht, Ostentation, vornehme Sitten, geistreich schillerndes Wesen.

Wetzell beschreibt die äußere Erscheinung: das Imposante einer auffallenden Größe, trockene, zähe Körperbildung, scharfe, bedeutende Züge, und er bespricht die specielle Stammnatur: „Wer das fränkische Wesen kennt und versteht, dem wird gar manches, was bei Puchta hart und eckig schien, nur erfrischend und ergötz-

---

[1]) Augsb. Allg. Z. 5. Febr. 1846. N. 36.

lich sein, woran weichere und glattere Teile des deutschen Volksleibes sich reißen oder stoßen mögen. Ihm gab eine besondere Berechtigung der Humor, der echt war — das Resultat des Gegensatzes härterer und weicherer Elemente in seinem Innern."

---

Ich schließe gleich hier den jüngeren Bruder an, der 1826 in die Erlanger Burschenschaft eintrat und sich zu den Teutonen hielt.

**Heinrich Puchta** (1808—58), beliebter Prediger und lyrischer Dichter.

Seine Glanzperiode hatte er als Stadtvikar in München um die Mitte der dreißiger Jahre, wo er in den Kreisen protestantischer Gelehrter und der Künstler Cornelius und Schnorr gern gesehen war. Wie ihn sein Aeußeres empfahl — die hochstämmige Gestalt, kräftig markierte harmonische Züge, dunkles Haar, glänzende braune Augen, eine wohlklingende metallene Baßstimme — so auch der Schwung des Gefühls und die Verehrung, mit der er Schelling zugethan war.

1837 wurde er Repetent in Erlangen, bald darauf Professor am Speyrer Lyceum. Nach einer überstandenen Gemütskrankheit erhielt er die Pfarrei Eyb und starb als Stadtpfarrer in Augsburg.

Die von ihm im Erlanger Musenalmanach (1838) veröffentlichten Gedichte gehen in Rückerts Spur. Eines trägt die Ueberschrift: Rückerts Bild. Puchta hat ein von Schnorr in Rom gezeichnetes Rückertporträt kopiert, unter Rahm und Glas gehängt und redet es an:

So schaue nur herum im Zimmer
Mit deinen Augen fest und frei,
Und lächle meinetwegen immer
Herab auf meine Dichterei.

Du stehst mir doch mit deinen wackern
Gewaltgen Blicken mächtig bei,
Und oft noch werd' ich vor dir gackern,
Wenn ich gelegt ein frisches Ei.

Zum Schluß ein Spruchpaar:

Nichts Thörichters kann man erleben,
Als wenn sich einer hoch vermißt,
Daß andre deshalb ihn erheben,
Weil er der Mann ist, der er ist.

Es kann nichts Unbedachtres geben,
Als einen Menschen, der vergißt,
Daß ihn die Leute lieben eben,
Weil er nach ihrem Sinne ist.

---

G. **Joseph Zuccarini** (1797–1848), berühmter Botaniker. Der Vater war ein vielseitig gebildeter Künstler aus der Zahl der Mannheimer, welche die besten Traditionen des deutschen Theaters Schiller'schen Andenkens an die Isar übertrugen. Der Sohn, schon als Gymnasiast in den Umgebungen Münchens mit ernsten botanischen Studien beschäftigt, starb 1848 als Professor dieses Faches in seiner Vaterstadt. Das in sich abgeschlossene schöne Leben des Frühvollendeten hat sein berühmter Kollege Martius in der Gedenkrede der Münchener Akademie sympathisch geschildert. Aus dieser Darstellung, welche den Forscher, Schriftsteller und Lehrer zeichnet, werden einige Züge ausgehoben, die geeignet sind, ein Licht auf den Studenten und den Erlanger Kreis, dem er 4 Jahre lang angehörte, zurückzuwerfen. Martius rühmt den elastischen muskelstarken Körper, die Tragkraft und Klarheit des Gesichtssinnes, die Schärfe des Gehörs, hellen Verstand und rasches sicheres Urteil, die Lebhaftigkeit der Phantasie und das Malerische seiner Darstellungsgabe in Wort und Schrift, alle diese Eigenschaften aber ruhend in einem warmen und weichen Gemüte, das die ganze Welt mit Liebe umfaßte, den Regungen der Teilnahme, des Mitleids, des Rechtsgefühls mit kindlicher Naivität offen stand und sie lebhaft in Wort und Handlung bethätigte.

Das Wissen hatte ihm Wert nicht blos um des theoretischen Gehaltes, sondern auch um seiner praktischen Bedeutung willen. Moralische und bürgerliche Zustände durch die Wissenschaft zu verbessern, war ihm eine Herzensangelegenheit. Nicht die ernste trockene Wissenschaftlichkeit, die sich am Stabe der Logik hinschleppt, strebte er an, sondern ein lebendiges Wissen, das aus dem Innersten des ganzen Menschen sprießt und von diesem Zentrum nützlich nach außen zurückwirkt. Der Geist einer höheren allgemeinen Auffassung belebt seine Arbeiten. Die Pflanze und das Pflanzenreich betrachtete er in ihrer Beziehung zur Menschheit, zu dem Boden, welchen Civilisation und Industrie veredeln, und zu unsern allgemeinen bürgerlichen und staatlichen Entwicklungen. Durchdrungen von Sympathie für das Menschliche, forschte er nach den tausendfältigen Verschlingungen zwischen unserem Geschlecht und dem stummen, zu passiver Dienstbarkeit geschaffenen Geschlecht der Pflanzen, durch deren Pflege und Anbau wir uns an die Scholle gefesselt haben, auf welcher sich das Gebände unserer häuslichen, bürgerlichen und staatlichen Zustände erhoben hat.

Als Universitätslehrer trat er in mannigfachen geistigen Wechselverkehr zu seinen Schülern. Er setzte das Wesen der Wissenschaft in die Liebe zur Wahrheit, die das Gegenständliche in seiner nackten Klarheit erkennt, und in die Treue, welche sich nicht verlocken läßt, anderes als wirklich Beobachtetes zu berichten. Aber Wahrheit und Treue forderte er auch auf dem Gebiete des Rechts und der Politik. Er erweckte die Herzen der akademischen Jugend wie für die Herrlichkeit der Wissenschaft, so für hohe und begeisterte Liebe zur wahren sittlichen Freiheit und dem tiefen Gefühl für Recht, Gesetzmäßigkeit und Treue. Bei dem Münchener Krawall im Dezember 1830 ergriff er am Karlsthor für die Studenten das Wort. Auf sein Erlanger Studium war die anregende und belebende Nähe des geistreichen und vielseitig gelehrten Nees v. Esenbeck von großem Einfluß. Schon hier huldigte er auch der lyrischen Muse, und eines seiner damals gedichteten Lieder, Ausdruck einer dem Edlen und Rechten zugewendeten Jünglingsseele, („Es schlingt sich die Runde") ist in den Liederschatz der deutschen akademischen Jugend aufgenommen worden[1]). Von seiner poetischen Auffassung mag hier als Probe stehen, wie er der Eichen gedenkt:

Hast du treuere Freunde im Leben
Als die alten Säulen der Heimatswaldung?
Ihre Stämme haben deine Wiege gebaut,
Deiner Kirche Dach gefüget,
Deiner Lanze Schaft getrieben,
Deiner Braut den Kranz geflochten,
Deiner Mutter den Sarg gezimmert!
Deinen Frühling haben sie fröhlich umgrünt,
Deinen Sommer mit Blüten durchduftet,
Deinen Herbst mit Früchten gesegnet,
Deinen Winter bedecken sie mit warmem Laub
Und trauern um dich in fahlem Schmuck!
Deiner Ahnen Asche hat einst die Keime befruchtet,
Deiner Väter Hand hat die Saat beschirmt,
Und dankbar freu'n sich und klagen die Wipfel noch
Mit der Geschiedenen spätestem Enkel.

Hier sei gleich seines Bruders **Fritz Zuccarini** gedacht, der ein frühes und ehrenvolles Grab in Griechenland fand. Von dem Studenten erzählt K. Hase: „Da war einer, Zuccarini aus München, Zuck genannt, ein kühner, wilder und doch herzlicher Mensch, seines Gewerbes im Reiche Raubritter, durch Uebermut gegen die gesetzliche Ordnung eine Zeit lang von der Burschenschaft ausgeschlossen, rasch mit dem Degen zur Hand, und obwohl bereits schwer durch denselben gezeichnet, so leichtfertig, daß er bei einem Duell, dem ich zusah, sich zwischen den Gängen mir auf die Kniee setzte und „schacke, schacke, Reiterpferd" machte." Ueber das, was er in Griechenland erlebt und geschaffen hat, habe ich Genaueres und

[1]) Goedeke, Grundriß 3, 1008.

Einzelnes nicht ermitteln können.[1]) Zum Ersatz schalte ich ein Allgemeines ein. Die Gefühle der **Philhellenen** und die grämliche Kritik der offiziellen Kreise gehören zu den charakteristischen Zügen dieser Epoche; ich bringe beide Seiten zum Ausdruck. Eine preußische, nach Stuttgart und München gerichtete Note,[2]) in der Fr. Thiersch als „einer der frechsten Apostel der Freiheit" der Polizei empfohlen wird, tadelt die Geldsammlungen für Griechenland und die Anwerbungen deutscher Jünglinge, da ja „solchergestalt unter dem Deckmantel und dem Aushängeschild religiöser und rein menschlicher Gefühle in dem eigenen Schoße Deutschlands gewissermaßen ein Brennpunkt zu einem Verein moralischer und physischer Kräfte gebildet wird, welcher, wenn er nicht in seinem ersten Entstehen unterdrückt wird, nur zu leicht einen Anwuchs, eine Kraft und eine Richtung gewinnen kann, welche, mit Erfolg zu bekämpfen, es den Regierungen dann an hinlänglichen Mitteln gebrechen dürfte . . . Denn wer könnte sich heute verhehlen, daß, wenn sich in einem einzelnen deutschen Staate eine der öffentlichen Ruhe und Ordnung gefahrbringende Unternehmung anspinnen und ungerügt oder ungestraft zur Ausführung reifen sollte, diese Gefahr sofort eine dem ganzen Deutschland gemeinschaftliche werden würde?"

Das Gegenstück sei ein Hymnus des 1827 verstorbenen W. **Müller**.[3])

Ohne die Freiheit, was wärest du, Hellas?
Ohne dich, Hellas, was wäre die Welt?
  Kommt, ihr Völker aller Zonen,
Seht die Brüste, die euch säugten
Mit der reinen Milch der Weisheit!
Sollen Barbaren sie zerfleischen?

---

[1]) Ich empfehle Jüngeren weiteres Nachforschen; vielleicht sind sie glücklicher im Finden als ich.

[2]) Vom 23. Sept. 1821. K. Mendelssohn, Geschichte Griechenlands. Leipzig 1870. 1, 289.

[3]) Griechenlieder. Leipzig Brockhaus. 1844. S. 126.

Seht die Augen, die euch erleuchteten
Mit dem himmlischen Strahle der Schönheit! –
Sollen sie Barbaren blenden?
Seht die Flamme, die euch wärmte
Durch und durch im tiefen Busen,
Daß ihr fühltet, wer ihr seid,
Was ihr wollt, was ihr sollt,
Eurer Menschheit hohen Adel, eure
Freiheit! – Sollen Barbaren sie ersticken?
Kommt, ihr Völker aller Zonen,
Kommt und helfet frei sie machen,
Die euch alle frei gemacht!
Ohne die Freiheit, was wärest du, Hellas?
Ohne dich, Hellas, was wäre die Welt?

Nachdem der Dr. med. Fritz Zuccarini sich als Freiwilliger durch kühnen Mut und als Organisator durch die Einrichtung von Hospitälern einen Namen gemacht hatte, wurde er Oberfeldstabsarzt der griechischen Armee. Bei einem Sturm auf das für unersteiglich gehaltene Fort von Itschkale kletterte er voran, stürzte aber mit einem losgerissenen Felsstück ins Meer ab und ist jung umgekommen.

Hertel[1]) gedenkt 1843 des genialen Freundes, Hase[2]) noch 1872 auch der anmutigen Schwester Virginie, Goedeke[3]) registriert die „Lieder dreier Geschwister."

**Anselm Feuerbach**[4]) (1798–1851), der älteste Sohn des Kriminalisten, der Vater des Malers. In Jena geboren, war er mit dem Vater nach Kiel und Landshut, München und Bamberg gewandert, ehe er Student wurde. Ostern 1817 in Erlangen als Jurist immatrikuliert, tritt er am 1. Dezember 1817 der Burschenschaft bei und erscheint bald unter den Vorstandsmitgliedern; zum

---

[1]) 14. [2]) 168. [3]) Grundriß 3, 1009. [4]) A. D. B. 6, 746.

11. Januar 1818 verfertigt er ein Festlied. Nach zwei Semestern geht er zur Theologie über, wider des Vaters Willen. Für seine reizbare Geistes- und Seelenstimmung wird Arnold Kanne's Einfluß verhängnisvoll.[1]) Dieser, ein gelehrter Schriftsteller über Sprachen und Mythologie des Orients, erzählte von sich, wie er der besonderen Gnade himmlischer Erleuchtung gewürdigt worden, daß ihm der Herr Jesus leibhaft erschienen sei, ihm eine Flasche von dem Lebensquell über sein Herz ausgegossen und sodann leibhaft (nicht etwa figürlich zu verstehen) seinen Einzug in dieses Herz gehalten habe.[2]) Er eiferte seine Schüler an, sich desselben Glückes teilhaftig zu machen. Durch solche Mystik wurde Feuerbach in eine Schwermut gestürzt, die ihn an seinem ganzen Leben und Streben verzweifeln ließ. Der Vater suchte zurecht zu helfen; den Inhalt einer in den Osterferien 1819 mündlich geführten theologischen Controverse wiederholt er in einem Brief:[3]) „Daß Du kräftig vorgeschritten bist auf dem Wege der Wahrheit, daß Ein großer Gedanke Deine Seele ergriffen hat, der das Ziel Deines Forschens, Strebens und Handelns geworden ist, hat mich mit der innigsten Freude erfüllt, und an diesen Schätzen des Geistes und Herzens Dir irgend das Mindeste verkümmern zu wollen, davon war ich weit entfernt. Aber als ich wahrnahm, daß Deine Ueberzeugungen zugleich als heftige Leidenschaften in Deiner Seele brennen, daß fremde Meinungen Dir als Feindinnen erscheinen, gegen die Dein Zorn sich ereifert, da wurde ich wieder sehr besorgt um Dich. Denn dieses ist eine Stimmung, die, sobald man ihr nachgiebt, zu harter Unduldsamkeit und zum Fanatismus führt. Man muß sich gewöhnen allen Gedanken, auch wenn sie nicht die unsrigen sind, mit Ruhe in das Auge zu sehen. Die Wahrheit, nämlich diejenige,

---

[1]) Henriette Feuerbach. A. Feuerbachs Nachgelassene Schriften. Braunschweig 1853.

[2]) Kanne, Leben und aus dem Leben merkwürdiger und erweckter Christen aus der protestantischen Kirche. Bamberg, Kunz 1816.

[3]) A. v. Feuerbach, Biogr. Nachlaß 2, 115 (gekürzt).

die wir erkannt haben oder an die wir glauben, soll freilich das Herz erwärmen; aber wo sie zur Flamme geworden, da zerstört sie und hüllt den Geist in Rauch und Dampf — und ist dann die Wahrheit nicht mehr, weil sie nun das Licht versteckt. — Die Seele des Menschen bedarf einer Stütze; eine solche hast Du gefunden in der christlichen Religion, gewiß der herrlichsten und göttlichsten von allen, durch welche die Gottheit sich dem armen Menschengeschlechte offenbart hat. Aber vergiß nie, daß die Religion, die Christus gelehrt hat, nicht die Religion der Christen ist (die Kirchengeschichte wird Dir dieses recht klar beweisen), daß Du also Ursache hast, besonders vorsichtig zu sein bei allem, was Dir die Christen von der Religion Christi sagen. Er selbst spricht: „Suchet und forschet in der Schrift!" An diese halte Dich, aber suche in ihr ja nicht bloß das, was Dir schon im voraus von andern gegeben ist; forsche in ihr mit freiem eigenen Geist, denn dieser eigene Geist ist es, an den sich der Christus wendet, wenn er sagt: suchet und forscht. Wenn Du diesem Forschen alle Kräfte Deines Herzens und Geistes zugewendet, wenn Du hiedurch Deine Ueberzeugungen geläutert und befestigt hast, dann wirst Du vielleicht auch noch für eine andere Ueberzeugung Raum finden, die von der christlichen Religion durchaus nichts hinwegnimmt, vielmehr diese selbst nur verherrlicht. Es ist die Ueberzeugung, daß Gott, den alle Zungen aller Weisen aller Zeiten aller Völker preisen, sich nicht bloß bei den Juden, nicht bloß durch Christus, sondern auch andern Völkern, jedem auf seine Weise, sowie es dessen bedurfte und fähig war, offenbart hat und auch künftig von Zeit zu Zeit offenbaren wird. Ueber das Alter und die Zeitfolge der göttlichen Offenbarungen forscht die Geschichte. Wo sich Gott am herrlichsten offenbart habe? Darüber entscheidet die Vernunft und das Gemüt. Man sollte eigentlich garnicht fragen: welche Religion ist die wahre? Sondern: welche ist die beste? Und hierauf ist wohl die richtigste Antwort: diejenige, in welcher der Mensch am besten seine Beruhigung und die stärksten Beweggründe zu den edelsten Thaten findet. Und nach diesem Kriterium muß man für die christliche Religion, nämlich für das, was Jesus gelehrt hat, sich entscheiden."

Im Herbst 1819 bringt der Vater den Gemütskranken zu Frau v. d. Recke nach Löbichau [1]). In dem dortigen lebensfrohen Kreise erscheint die dunkle Schattengestalt (in altdeutscher Tracht, mit übergeschlagenem Hemdkragen, ohne Halstuch, gescheitelt im dunkeln Haar) wie ein Freudenstörer. Seine Beschützerin führt ihn in die Kunstschätze Dresdens ein und nach Karlsbad, wo Goethe [2]) den Leidenden liebevoll aufnimmt und beschenkt.

Im Januar 1820 urteilt der Vater, Anselms Befangenheit in dem System der christlichen Dogmatik mache ihm geringen Kummer unter der Voraussetzung, daß er in diesem System denkt und sich noch übrigens durch gründliches Studium der alten Sprachen zum Selbstsehen und Selbstforschen vorbereite; „das Nichtdenken, das Hinbrüten in dem Dunkel schwärmender Gefühle, die gänzliche Entsagung auf den Gebrauch eigener Kräfte, um in gläubiger Geistesfaulheit die Erleuchtung von oben zu erwarten, dies ist die eigentliche Geistespest, die man jetzt auszubreiten sucht und an welcher auch dieser unglückliche irregeleitete Jüngling so schwer darniederlag." Im März begrüßt er das Wiedererwachen freudigen Selbstvertrauens und bescheidener Zufriedenheit. „Die entsetzlichste aller Seelenkrankheiten", schreibt er dem Sohn, „ist der Abscheu vor dem eigenen Selbst, das Mißtrauen und die verachtende Gleichgültigkeit gegen die eigene sittliche Kraft, der nagende, bis zur Verzweiflung peinigende Wurm im heiligsten Innern des Herzens selbst."

---

[1]) Emilie v. Binzer, Drei Sommer in Löbichau, Stuttgart 1877.

[2]) In Feuerbachs Tagebuch lesen wir über die Besuche bei Goethe: 11. Mai 1820. „Welch ein Kopf, wie eines Tempels Gewölbe hebt sich die Stirn. Die Augen treten licht und klar wie strahlende Heroen im dunkelglänzenden Waffenschmuck mit ernstem, gemessenem Schritte aus der gewaltigen Wölbung; ruhig und doch so voll Feuer; so gebieterisch und doch so milde. Im seltsamen Contrast mit der Ruhe jener Felsenstirne steht die gefällige Beweglichkeit des Mundes, durch dessen freundliches Lächeln nicht selten eine gewisse Ironie durchblickt. Ruhe haben diese Lippen nie; auch wenn sie schweigen, sind sie beredt." — 16. Mai. „Wüßte ich nur, was er gesprochen hat. Aber im Anschauen dieser Stirne und Augen habe ich alles vergessen."

Im Herbst 1820 ging Anselm Feuerbach nach Heidelberg, um Archäologie zu studieren, im folgenden Sommer konnte der Vater melden, er habe seinen Standpunkt gefunden.

1825 wurde er Lehrer am Gymnasium zu Speyer. Von da schreibt er an Thiersch[1]: „Ich lebe ganz zurückgezogen, bloß meinen Büchern, meinen Schülern, meiner Frau und nun auch meinem Töchterchen. Wenn ich das Alltagstreiben oder besser Getriebensein mit ansehen muß, werde ich leicht bitter, heftig und kalt, beleidigend, und bleibe so lieber fern. Dagegen bin ich gern im Kreise meiner Schüler, die mich lieb haben, die sich immer auf mich freuen und gerührt und dankbar von mir scheiden. Ohne Eine fixe Idee wenigstens komme ich nicht zurecht. So hat sich jetzt in meinem Gehirn ein Recensent förmlich häuslich niedergelassen, der nicht vom Platze weichen will; er fällt mir in die Hand, wenn sie frischweg schreiben will, und aus meinem steingutnen Tintenfasse schaut er mich mit schwarzen, stieren Blicken an. An J. habe ich, mit großer Freude, Begeisterung für Sie erkannt; dem aufstrebenden Jüngling muß die hohe Idee des Besten vorerst in einem großen Manne gleichsam verkörpert entgegentreten, und wehe dem, der da nicht liebt."

1836 wurde er Professor der Philologie und Altertumskunde an der Universität Freiburg. Seinem Vatikanischen Apollo, der den Spuren von Lessings Laokoon folgt, verdankt er den Namen eines gründlichen und feinsinnigen Gelehrten und Meisters der Sprache.

---

**Karl Feuerbach** (1800–1834), ein Bruder des vorigen, der Mathematiker.

Im Dezember 1819 berichtet[2] der Vater von ihm, er studiere in Freiburg Mathematik in ihrem weitesten Umfang und

[1] Fr. Thiersch 1, 337 (16. Okt. 1827). — G. Weber, 50.
[2] Biogr. Nachlaß, 2, 127. 235.

wolle nach vollendeten Studien als Ingenieur unter das Militär gehen, um dann womöglich im Generalstabe sein Glück zu machen.

„Indessen ist seine Richtung so höchst wissenschaftlich und seine Talente sind so entschieden für die Erweiterung der Wissenschaft selbst gemacht, daß vielleicht auch noch die Neigung, bloß der Wissenschaft zu leben, über ihn die Oberhand gewinnt und er sich den Lehrstuhl wählt. Doch bleibt ihm die Wahl seiner künftigen Lebensbestimmung billig selbst überlassen. Bei seinen ausgezeichneten mathematischen Talenten, bei seinem mutigen, fest entschlossenen Charakter, verbunden mit einem schönen kräftigen Aeußern, wird es ihm, zumal wenn Krieg werden sollte, nicht fehlen sein Glück zu machen."

Er scheint es gewesen zu sein, mit dem A. Ruge[1]) zusammen war „in jenen spaßhaften und doch ernsthaften politischen Ketzereien, namentlich an dem Tage, den das junge römische Reich in Würzburg auf dem Steine hielt." Von der Untersuchungshaft, die er in München aushielt, war oben (S. 156) die Rede. Er war Lehrer der Mathematik am Erlanger Gymnasium, als man ihn vor den Augen seiner Schüler wie einen gemeinen Verbrecher arretierte, um ihn nach München in den neuen Turm zu liefern. Dort arbeitete er an einem System der analytischen Geometrie, war aber von der Außenwelt abgeschlossen und sich selbst überlassen. In dieser tödlichen Einsamkeit zerrütteten gekränktes Ehr- und Rechtsgefühl, Gram und Erbitterung seine reizbare Seele. Seine Phantasie malte ihm aus, die Gewalt bedürfe seines Todes, um mit ihm zu begraben, was sie nicht verantworten könne; er sei von mehreren Seiten, durch Richter und Aerzte, aufgefordert, sich selbst zu entleiben und durch seinen Tod den Freunden, die nur seinetwegen noch im Kerker schmachteten, die Freiheit wieder zu geben. — Gewohnt, nur Leiber einzusperren, unfähig zu begreifen, wessen eine kräftige und dabei tief verwundete, in ihrem Innersten zerrüttete Seele fähig sei, überließ man ihn, bloß seines Leibes pflegend,

[1]) Grün, L. Feuerbach I, 297.

ganz ihm selbst, ohne Aufsicht, ohne geistige Heilmittel, ohne Gesellschaft. Am 21. Dez. 1824 öffnet er sich im Bad die Ader. Wieder zum Leben gebracht, wird er in das allgemeine Krankenhaus versetzt; dort springt er am 10. Februar 1825 aus dem zweiten Stock herab, fällt aber in einen Schneehaufen und bleibt wieder am Leben. Jetzt verpflegt ihn Thiersch in seinem Hause.

Der einigermaßen Hergestellte wird Professor am Gymnasium in Hof, dann in Erlangen. Hier bricht der Wahnsinn wieder aus; er erscheint mit einem Schwert in der Klasse und droht jedem den Kopf abzuschlagen, der die an der Tafel angeschriebene Gleichung nicht lösen könne.

In den Ruhestand versetzt, lebt er noch einige Zeit als Einsiedler, menschenscheu, mit langen Haaren, Bart und Nägeln. So endete dieser Hochbegabte, dem die 1822 und 1827 erschienenen geometrischen Schriften ein dauerndes Andenken sichern; der nach ihm genannte Feuerbachsche Kreis ist jedem Mathematiker bekannt.

Ich erwähne hier gleich einen dritten Bruder, der um 1829 Mitglied der Teutonia war.

---

**Friedrich Feuerbach**,[1]) (1810–1880). Begabt wie seine Brüder, wandte er sich den orientalischen Studien zu und zeichnete sich in Rückerts Sanskritübungen aus. Dann studierte er zwei Jahre lang in Paris unter Chezy, Burnouf und Remusat, verschmähte aber nach der Rückkehr einen öffentlichen Beruf. Dem Vater war nach Vollendung des bayrischen Kriminalgesetzbuches für jedes seiner Kinder eine jährliche Leibrente von 400 Gulden zugesichert worden. Diese Summe genügte dem Sohn sein Dasein zu fristen, und er vollbrachte ein langes Leben in völliger Unthätigkeit.

Noch ein vierter Bruder, **Eduard F.**, welcher 1832–43 Ordinarius in der Erlanger Juristenfakultät war, scheint Mitglied der Burschenschaft gewesen zu sein.

---

[1]) G. Weber. S. 56.

**Friedrich Hoffstadt** (1802–46), ein kunstbegabter Jurist. In Mannheim geboren, wurde er in München von seinem Oheim, dem Minister v. Zentner, erzogen und für die juristische Laufbahn bestimmt.

Er studierte zunächst in Erlangen. Eine durch und durch künstlerische Natur, führte er den Violoncellbogen so fein und so sicher als Stift und Pinsel. Den ästhetischen Sinn wußte er in alles zu legen, womit er sich umgab; die Freunde scherzten, er habe selbst seinen Jagdhund zu musikalischem Verständnis erzogen, wenn die feingliedrige Iduna das Streichquartett auf seinem Zimmer in gefühlvollen Tönen begleitete. Bei der Kaiserfahrt von 1822 ist er als der schlanke, mit vielem Geschmack gekleidete Raphael im Phaeton der freien Künste aufgeführt. Um das Arrangement dieses mittelalterlichen Zuges hat er besondere Verdienste, und noch bewahrt Schloß Aufseß ein Stammbuch mit kolorierten Bildnissen des Kaisers und seiner Paladine von Hoffstadts Hand. Nach der Rückkehr der Studenten von Altdorf entwarf er das Tableau der Heimgekehrten auf dem Erlanger Marktplatz; viele Figuren sind von sprechender Aehnlichkeit.

In Landshut füllte er seine Mappen mit originellen Zeichnungen nach Bergtrümmern, Thoren, Rathäusern und Kirchen und wandte sich immer entschiedener der mittelalterlichen Architektur in ihrem Gesamtumfang zu, sammelte und kopierte alte Dombaurisse, Grabsteine, Miniaturen, technische Schriften, nahm Gipsabgüsse von Ornamenten, Waffen, Geräten, Münzen, Siegeln und Skulpturen.

Als Accessist in München gründete er am St. Georgentag 1831 die Gesellschaft für deutsche Altertumskunde zu den drei Schilden (nach dem angeblichen Dürerwappen), für die er stets geistvolle Zeichnungen als Neujahrsgaben entwarf, „der beredte Ausdruck einer großen, edlen Seele, eines begeisterten Strebens und tüchtigen Könnens."

Aus diesem Kunstgarten wurde er nach Frankfurt verpflanzt, als Attaché des bayrischen Abgeordneten zur – Bundes – Zentral-

Kommission. 1844 erlöste man ihn aus dieser Stellung und machte ihn in Aschaffenburg zum Appellationsgerichtsrat. Seine Sehnsucht war, ganz der Kunst zu leben, einen Dom zu bauen; ehe sie in Erfüllung ging, überraschte ihn der Tod. Hase hat ihn in der Festbeschreibung als Professor der unentdeckten Wissenschaften aufgeführt; die 1840 erschienenen Grundregeln des gothischen Stils haben heute noch einen guten Namen[1]).

**Hans v. Aufseß**[2]) (1801—1872), der Begründer des Germanischen Museums in Nürnberg, von altem und berühmtem fränkischen Adel. Nachdem er 1816 die Universität Erlangen bezogen, schloß er sich der Burschenschaft an mit voller Hingebung an die von ihr getragene Idee eines einigen, freien Deutschlands. Als im Februar 1822 der Auszug nach Altdorf stattfand, eilte auch er herbei, und die am 5. März zurückkehrende Schar sah es gern, daß er an ihrer Spitze den Zug der Heimkehrenden eröffnete.

Er promovierte als Doktor der Rechte und lebte im Kreis einer aufblühenden Familie als freier Landedelmann. Er setzte sich als Lebenszweck, zur Belebung und Stärkung des vaterländischen Sinnes die bedeutungsvollen Reste der Vorzeit zu sammeln, die er über Franken reich zerstreut, aber in ihrer Vereinzelung wirkungslos sah. Häufig wird München besucht, wo er als Mitglied der von seinem Freund Hoffstadt gestifteten Tafelrunde zu den drei Schilden erscheint. Die jugendlichen Romantiker aus den verschiedensten Berufskreisen hatten sich in beispielloser Begeisterung zur Erforschung unserer deutschen Vorzeit verbunden, unter ihnen Graf Pocci, Quaglio, Schwanthaler. In ihrem Häuschen in der Lerchen- (jetzt Schwanthaler) Straße wurde in Oel und auf Glas gemalt, gemeißelt und gezeichnet, aber auch gedichtet und gesungen, musiciert und pokuliert. Die Münchner Anregungen bestärkten und lenkten Aufseß' Sammeleifer; aber der Ausbau des Werkes, das

[1]) S. 122[1] ist der Name zu berichtigen. — A. D. B. 12, 618.

[2]) A. D. B. 1, 655. 26, 332.

er in der Seele trug, überstieg die Kräfte eines Einzelnen. Darum suchte er im Herbst 1833 den historischen Verein in Nürnberg für die Sache zu gewinnen. Zunächst blieb der Erfolg aus, Aufseß aber sammelte treu für sich weiter und trug 1846 der Germanisten-Versammlung in Frankfurt den reifer entwickelten Gedanken vor, nochmals ohne unmittelbare Wirkung.

Als 1847 und 48 ein großer Teil des fränkischen Adels durch die aufgewiegelte Menge auf seinen Landsitzen bedroht war, zog A. mit seinen ansehnlichen Sammlungen nach Nürnberg. 1852 näherte sich der Erfüllung was er erstrebt hatte; am 17. August beschloß die Versammlung der deutschen Geschichts- und Altertumsforscher in Dresden die Gründung eines deutschen Nationalmuseums in Nürnberg und ernannte ihn, der seine ganze Bibliothek und Kunstsammlung demselben als Grundstock überließ, zum ersten Vorstand. Am 28. Juli 1853 empfiehlt die Frankfurter Bundesversammlung das Unternehmen als ein für die vaterländische Geschichte wichtiges, nationales, der Teilnahme und Unterstützung der Regierungen unter Anerkennung der vaterländischen Gesinnungen und Bestrebungen. Seiner unermüdlichen Thätigkeit gelang, dem Verein eine Anzahl ausgezeichneter Gelehrter zu gewinnen und die ehemalige Karthause als festen Besitz zu erwerben. Er beschied sich selbst kein Gelehrter zu sein, aber organisatorisches Talent und seine umgängliche Natur befähigten ihn vorzüglich zur Leitung des Ganzen.

1862 wurde er zum Ehrenvorstand auf Lebenszeit ernannt und zog sich nach Kreßbrunn am Bodensee zurück, blieb aber unausgesetzt mit historischen Arbeiten beschäftigt. 1872 folgte er der Einladung zum Stiftungsfest der Universität Straßburg, schon matt und krank; auf der Heimkehr von dort starb er.

---

**Hermann v. Rotenhan**[1]) (1800—58). Aus der protestantischen Linie des alten fränkischen Geschlechtes. Ulrich v. Hutten, den „Hulde der Wahrheit und Lieb seines Vaterlandes" zum Schrift-

[1]) Geschichte der Familie Rotenhan älterer Linie B. II. Würzburg 1865.

steller gemacht haben, widmet die erste Kampfschrift gegen Rom, den Badiscus, dem gestrengen und ehrenfesten Herrn Sebastian von Rotenhan, Ritter, seinem lieben Schwager.

Unser Rotenhan ist in Rentweinsdorf bei Bamberg geboren, erst von Hauslehrern, dann auf dem Gothaer und nach dem Kriege auf einem Berliner Gymnasium vorgebildet. Sein Großvater, der Kammergerichtspräsident v. Grolmann, gestattete den Besuch des Turnplatzes; Rotenhan wurde einer der eifrigsten und tüchtigsten Schüler Jahns. Er bewährte das Bedürfnislose und Rüstige, das der Turnmeister seinen Jüngern einprägte, auch in der Folgezeit. Schon älterer Student, legte er einmal den Weg von Berlin nach Rentweinsdorf in 8 angestrengten Tagemärschen zurück, das Ränzchen auf dem Rücken, meist in Dorfwirtshäusern übernachtend, mit einem Aufwand von nicht ganzen acht Thalern.

Ueber die Stellung, die er als Student in Erlangen einnahm, ist oben (S. 108) berichtet. Ostern 1820 in Berlin, Ostern 1821 in Würzburg, zählte er zu den geachtetsten und thätigsten Mitgliedern der Burschenschaft[1]). Als Deputierter auf dem Streitberger Burschentag widersetzte er sich mit Erfolg den politischen Tendenzen.

Als Mann fand er in der Stellung des Gutsherrn sein Lebensziel. An der Politik beteiligte er sich in gemäßigt konservativem Sinn, machte 1831 Front gegen die Demagogie, 1837 mit Harleß und Thon-Dittmer Opposition gegen die Eingriffe der Regierung in die Rechte der protestantischen Kirche. Mitglied der Paulskirche, wurde er am 29. Juni 1848 unter die Sieben[2]) gewählt, welche die Nationalversammlung nach Wien entsendete, um dem Erzherzog Johann die Reichsverweserwürde anzutragen. Im März

[1]) Spätherbst 1822 konsultierte er den Göttinger Augenarzt Himly. Hierbei bemerkt die R.'sche Familienchronik (II. 613), Göttingen sei damals die einzige deutsche Universität gewesen, auf der keine Burschenschaft bestand.

[2]) Mit ihm der Oesterreicher v. Andrian, die Preußen v. Saucken und Raveaux, Francke aus Schleswig-Holstein, Jucho aus Frankfurt, Heckscher aus Hamburg — die sieben Kurfürsten.

des folgenden Jahres stimmte er für das preußische Erbkaisertum. Ins Autographenalbum des Parlamentes trug er ein: „Traget Holz und laßt Gott kochen.“ Als langjähriger Präsident der zweiten bayrischen Kammer genoß er das Vertrauen aller Parteien.

Aus dem Nekrolog [1]) eines Universitätsfreundes scheint noch das Bild hervor, das der Student den Kommilitonen eingeprägt hatte; es werden einige Hauptzüge ausgehoben. Schon in der Studentenwelt war er ein gefeierter Name. Die deutsche Jugend sah in ihm das Ideal deutscher Ritterlichkeit, das sie erfüllte; Rotenhan verwirklichte es nach seiner Erscheinung, Sitte und Lebensformen, nach der Meisterschaft in körperlichen Uebungen, vor allem nach seiner innersten Sinnesart. Jede Faser an ihm war Wahrhaftigkeit, Ehre, Mut, Wohlwollen, edles selbstloses Wesen. Er nahm die deutsche, vaterländische Begeisterung, die damals das Studentenleben bewegte, mit vollen Zügen in sein Gemüt auf, aber ohne alle Beimischung von Manieriertheit; er ging durch jenes bewegte Leben durch, ohne einen Moment der Erhebung von sich gewiesen, ohne einen Moment der Verirrung geteilt zu haben. Den ritterlichen Sinn und die Lauterkeit der Seele, die überall das Echte herausfindet und ergreift und das Unechte abstößt, bewährte er auch nachher, zum Mann gereift, in seiner politischen Laufbahn. — Sein gastliches Haus war ohne Prunk, ohne Zwang und Formen, die Sitte würdig, wie es seinem Stand und mehr noch seiner Persönlichkeit entsprach, die Begegnung leutselig und herzlich gegen vornehm und gering, das Familienleben rein, zart, auf Wahrhaftigkeit erbaut. Ohne Leidenschaften, hegte er eine Fülle und Glut der Liebe und Begeisterung. Ueber sein ganzes Wesen war Harmonie ausgegossen, und dieser sittliche Eindruck wirkte auf alle Menschen und Verhältnisse, die er berührte.

---

[1]) Neue Preußische Zeitung 21. Juli 1858 (J. Stahl).

**Julius v. Rotenhan** (1805—1882), der Bruder des vorigen [1]).

Aus seinem minder bewegten Leben lasse ich ihn selbst weniges erzählen, was die Zeit charakterisiert. Im Vaterhaus von einem treuen Hofmeister unterrichtet, dann auf dem Grauen Kloster in Berlin und auf dem Ansbacher Gymnasium, „bezog ich zu Ostern 1824 die Universität Erlangen, wo ich in die damals noch bestehende Burschenschaft eintrat, deren sittlich ernstes Streben wesentlich fördernd auf mich wirkte und insbesondere die von Kindheit an mich beseelende Begeisterung für mein deutsches Vaterland mächtig erhöhte. Hier wie sodann auf den Universitäten Berlin, Göttingen, Würzburg und München widmete ich mich dem Studium der Jurisprudenz und der staatswirtschaftlichen Fächer und absolvierte die Universität im Frühjahr 1828." Nach den Vorbereitungsjahren für den Verwaltungsdienst besuchte er Lausanne, war dann Landrichter und Badekommissär in Kissingen, 1841—47 Regierungsrat in Ansbach, 1848—57 Regierungsdirektor und Konsistorialvorstand in Bayreuth. „Das alles erschütternde Jahr 1848 brachte auch unter den konservativ Gesinnten sofort zwei Hauptrichtungen, die sich in ihrem Streben diametral entgegenstanden. Während die einen das große deutsche Vaterland über das spezielle Land stellten, dem der Einzelne angehörte, und als notwendig erkannten, daß jede Spezialregierung zur Erreichung deutscher Einheit und Macht wie zur Selbsterhaltung Opfer bringen müsse — hatten die anderen nur das partikulare Interesse des Einzellandes im Auge und waren zu Opfern für das große Vaterland nur in soweit bereit, als dadurch die Macht der Einzelregierung und die Selbständigkeit des engeren Vaterlandes nicht geschwächt werde. Ich gehörte zur ersteren Richtung und hielt es für Pflicht, meine Ansicht dem Ministerium wie dem König gegenüber offen und ohne Furcht auszusprechen. König Max und die Mehrzahl seiner Minister gehörten aber entschieden der zweiten Richtung an, und in ihren Augen war

[1]) Familiengeschichte (als Manuscript gedruckt) 1865. II, 575—87.

ich fortan ein Gegner Bayerns." Rotenhans spezieller Chef, der Regierungspräsident v. Stenglein, gab überdies einem angebornen Zug des Mißtrauens gegen andere nach und glaubte in R. einen Gegner zu sehen, der seinem Ansehen im Regierungskollegium entgegenstrebe und ihm auch nach oben zu schaden suche. Dadurch ließ sich Rotenhan seine Stellung so verleiden, daß er 1857 aus dem Staatsdienst ausschied.

In Erlangen, wo er die juristischen Prüfungen leitete, war er wohl angesehen und, wie früher seinem Bruder Hermann, verlieh ihm 1849 die Fakultät den Ehrendoktor. 1858 zum Landtagsabgeordneten erwählt, 1860 und 62 Präsident der landwirtschaftlichen Wanderversammlungen, nahm er, wiewohl kränkelnd, noch Anteil am öffentlichen Leben. 1861 ließ er auf Grund des Unterrichtes, den er seinen Kindern erteilte, eine Darstellung der christlichen Religionslehre erscheinen und später ein Werk über die staatliche und soziale Gestaltung Frankens von der Urzeit an.

---

## Aus Platens Tagebuch.

**Graf Platen** (1796—1835). Zu Ansbach geboren, zu München im Kadettenkorps und in der Pagerie vorgebildet, war er 1814 Leutnant im Leibregiment des Königs Max geworden, seit Ostern 1818 zum Universitätsstudium beurlaubt. Die ersten drei Semester studierte er in Würzburg, wo er auch sein Abiturientenexamen ablegte. In **Erlangen** hat er vom Herbst 1819 bis 1825 gelebt, erst als Student, dann als Bibliothekar und Privatgelehrter. An Jahren und ernster Lebensauffassung über die Studenten hinaus, fand er zum Umgang Altersgenossen vom geistigen Geschlecht, deren damals in Erlangen nicht wenige versammelt waren. Eine Zeit lang hatte er gemeinsamen Mittagstisch mit dem Philologen Elsperger, dem Nationalökonomen Hermann, dem Theologen Pfeiffer, dem Historiker Leo; mit ihnen, Puchta und älteren Herrn saß er auch behaglich schwatzend bei den Zinnkännchen auf dem Wels in der kleinen Allee, wo „von oben herab aus den Gebüschen höchst beweglich die Winde Hafisens goldene Sprüche in abgerissenen wundersamen Tönen den Ohren zuführten." Es fand sich in diesem Kreis die vergnügteste Geselligkeit, Geist, Witz und Scherz neben ernster Unterhaltung.[1])

Am förderndsten für Platen war Engelhardt,[2]) ein bescheidener Charakter, ein unglaubliches Sprachtalent, ein Gelehrter von umfassendstem und solidestem Wissen. Sein Nachlaß, leider unzugänglich, birgt wertvolle Dokumente, auch für Rückert und Platen. – Elsperger,[3]) der beide genau kannte, hat bezeugt, die Allseitigkeit seiner Bildung, die keine Zeit und keine Nationalität ausschließt, verdanke Platen vor allem dem anregenden Umgang Engelhardts und seiner geistreichen, idealen Auffassung aller Lebensverhältnisse.

Nicht selten sucht er die aktiven Studenten auf, zumal zum Zweck gemeinsamen Wanderns. Wie in Würzburg, hält er sich zur Burschenschaft. Die Rednitzstadt will ihm zunächst nicht gefallen, er trägt am 21. Okt. 1819 ins Tagebuch ein[4]): „Erlangen macht mir einen üblen Eindruck; ein erbärmliches Städtchen, in dem ich ohne Freunde, ohne Bekannte bin." Nach Jahresfrist aber schreibt er an Fugger[5]): „Ich verlebe diesen Sommer sehr angenehm und bin hier überhaupt gern. Du hast kaum einen Begriff, wie äußerst ungezwungen ein Student und besonders in Erlangen lebt. Diese große Bequemlichkeit erstreckt sich bis auf

[1]) Ihm gehörte auch Ludwig Rödiger an, der „prächtige und mächtige" Mensch, der auf dem Wartburgfest die politische Rede gehalten hat. Er war Fries von Heidelberg nach Jena gefolgt und hatte sich dann in Berlin als Privatdozent der Philosophie habilitiert. Dort nahm man ihn auf ein halbes Jahr in Haft. Er fand darauf Beschäftigung am Erlanger Gymnasium, war 1822–54 Lehrer in Frankfurt a. M. und starb dort 1866. Schmid, Das Wesen der Burschenschaft. München 1880. 110.

[2]) Veit Engelhardt (1791–1855), in Neustadt a. A. geboren, seit 1820 in der theol. Fakultät habilitiert. Erlangen hat er nie verlassen.

[3]) Preisverteilungsrede 7. Aug. 1855. Zur Erinnerung an Platen S. 6.

[4]) Tagebuch 195. [5]) Ges. W. (Cotta): 18. Juli 1820. 6, 110.

die Kleider und andere Kleinigkeiten. Im Sommer z. B. ist ein Hemd, ein Paar Hosen, ein Röckchen bis an die Mitte der Schenkel und ein leichtes Barett auf dem Haupt der ganze Aufputz. Um nun auf das Bedeutende überzugehen, so haben wir unter den Professoren einige herrliche Männer, deren Umgang ein großer Genuß ist, und die auch meist eine liebenswürdige Familie um sich haben. Dabei herrscht großenteils ein edler Ton unter den Burschen selbst, und die Wiedergeburt unseres Volks, die wir erlebt haben, zeigt sich schon jetzt an der Jugend in einer schönen, erfreulichen Erscheinung. Daß eine solche Zeit, wie jede andere, auch ihre Karikaturen liefert, versteht sich von selbst."

In den von Karl Pfeufer herausgegebenen Teilen des Tagebuchs finden sich lebendige Schilderungen von Platens innerm und äußerm Leben. Hier werden nicht die für den Dichter bedeutsamsten, sondern solche Stellen herausgehoben, die einzelne Burschenschaftsmitglieder charakterisieren, mit denen ihn besonders Wanderungen in Erlangens weiterer Umgebung zusammenführen[1]).

1820 12. Februar: Bekannte in Erlangen um diese Zeit: außer Rotenhan Gründler, die zwei Brüder Glaßer, Daumer kenntnisvoll und sanft.

30. März: mit Gründler, Daumer und noch einigen andern nach Ratzberg; später kam Döderlein, und es entspann sich ein Gespräch über die Sprachen, und alles was Döderlein sagte, schien mir recht gründlich und vortrefflich, dabei hat er eine sehr sanfte und freundliche Art, seine Behauptungen auszusprechen.

1—16. April. Vierzehn glückliche Tage. Ich bin nachts ½12 Uhr in Streitberg angekommen und war dort mit Puchta, Braun, Weißgerber, Eberz, Gründler und Kandler zusammen. Kandler und Eberz, treffliche Menschen, Theologen und Gegner der jetzigen flachen Ansichten und bodenlosen Vernunftreligion; Eberz ruhiger, fester, abgemessener, Kandler mehr jugendlich und patriotisch begeistert. Weißgerber ein guter Jurist, deshalb aber nicht einseitig.

[1]) Tagebuch 205 ff.

Auch die Wirtsleute, der kreuzbrave junge Christoph Mader, seine Mutter, sein Großvater und seine beiden hübschen Schwestern sagen mir zu, sowie der Buchbinder und der Schuster, die zu den Nachbarn und Befreundeten gehören, und des ersten Schwester und ihre leutselige, muntere, einfache Tochter Gretchen. – Ich lernte auch Schach.

1. Mai: Bei einer Partie auf den Walpurgisberg Plank, Koch, Schmiedel kennen gelernt. Kochs sanftes gehaltenes Wesen stimmt sehr zu dem meinigen; wir besuchen uns auch öfters.

17. Mai: Fleischmann, den Theologen aus Koburg, kennen gelernt, der, von armen Eltern, erst Handlungsdiener war und dann aus Neigung Theologe wurde, ein großer Freund der Wagner'schen Philosophie[1]). Ueber diese philosophiert er mit Donner (14. März); mit Tucher (18. April) über Hegel. 10. Juli auf einer Turnfahrt nach Altdorf Höfling und Zuccarini kennen gelernt.

Häufiger genannt finden wir Bensen, Gründler und Rotenhan. Bensen, der durch seine Geschichte von Rothenburg und des Bauernkrieges in Ostfranken ausgezeichnete Historiker, wird am 18. April erwähnt als ein sanfter, interessanter Mensch; am 14. Mai heißt es: Bensens geistreicher Umgang thut mir sehr wohl. Er hat Empfänglichkeit für alles, sehr viele historische Kenntnisse und dabei Gedächtnis und Erzählungsgabe. Am 28. November will der Dichter eine Legende bearbeiten, die Bensen ihm erzählt hat.

Nach einem Gespräch mit Gründler über die Gegensätze von Altertum und Christentum (12. Febr.) wird Das Zweigespräch auf Golgatha gedichtet.

Am 16. April: Gründlers offenen, redlichen, gemütlichen Charakter lerne ich recht herzlich hochschätzen. Es fehlt ihm noch mannigfach an empirischen Kenntnissen, doch ist er erst 18 Jahre alt. Man nimmt ihn für älter, da er sehr groß und robust ist und sein ganzes Wesen so viel Festigkeit zeigt. Ich habe seit Gruber

[1]) J. J. Wagners Kleine Schriften hat Adam herausgegeben, Ulm 1839, und 1, XI–XIV die sämtlichen Werke aufgeführt.

in Würzburg mit keinem Menschen mehr so herzlich und ausgelassen lachen können als mit ihm. Am 14. Mai: Mit Gründler Zerwürfnis über Sand's That. Ich behaupte, ein religiöser Mensch sei einer solchen That nicht fähig. Worauf Gründler: Sand hat Religion gehabt und doch eingesehen, daß das so sein müsse. Diese Redensart empörte mich im Innersten. Ich verließ ihn auf der Stelle, ohne ihn wieder zu besuchen. Diese republikanischen Gelbschnäbel, die auf eigne Faust die Geschichte korrigieren möchten und wähnen etwas machen zu können, was nicht geworden und im innersten Volksleben gegründet ist, mögen in der Vereitelung ihrer Bestrebungen den verdienten Lohn finden.

Eine schwärmerische Neigung faßte er für Rotenhan, seinen Zimmernachbar in der Hoffmannei am Markt. Der Dichter mit dem griechischen Auge und Herzen trägt ihm die Hauptideen seines J. J. Wagner vor; manches Lied besingt die Liebenswürdigkeit und Schönheit des jungen Freundes. 23. Februar 1820. Rotenhan, schön, reich, der Erbe ausgebreiteter Güter, kann sich ruhig seinen Studien widmen, ohne das harte Joch einer Brodwissenschaft zu tragen; ein fester edler Charakter, herrliche Empfänglichkeit für alles, was wahr, gut und schön ist, eine Anlage zur Allseitigkeit wie wenige Menschen, und ein Trieb, sich zu bilden wie bei wenigen. Ihm gilt das Sonett vom 12. Dezember 1822:

Als ich gesehn das erstemal dich habe,
Schienst du mir schön, wiewohl von Stolz befangen,
Die Stimmen tönten und die Gläser klangen,
Und bald verschwandst du wieder, schöner Knabe!

Indessen griff ich nach dem Wanderstabe,
Doch blieb ein leiser Wunsch im Herzen hangen,
Und Schneelawinen gleichet das Verlangen,
Es wächst und wächst, damit es uns begrabe.

Dann ward ich, als ich wieder dich gefunden
Und mehr und mehr gelernt dich treu zu lieben,
Aufs neu getrennt von dir und neu verbunden.

So hat das Glück uns hin und her getrieben,
Im Wechseltanz der wandelvollen Stunden,
Und nur Dein Stolz und Deine Schönheit blieben.

Im wesentlichen hatte er sich seit Okt. 1820 vom Verkehr mit den Studenten zurückgezogen. Doch können noch viele Stellen im Tagebuch, in den Gedichten und Briefen von 1819–25 das Erlangen dieser Epoche und unsern engeren Kreis beleuchten. Ich aber leere den Brunnen nicht; wer mehr wünscht, schöpfe selbst.

---

## Die Altdeutschen.

Hier wäre ein Vertreter des Urgermanentums aufzuführen. Das Holzschlegelland soll viele solche Typen geliefert haben, mir aber fehlte das Material. Unbändige Worte und grobianische Manieren waren vorzugsweise bei Jahns Verehrern in Geltung. Aber Jahn selbst war erfüllt von der geschichtlichen Bestimmung unsres Volkes und ein mächtiger Prophet der Volkseinheit, mag auch seine Vortragsweise zuweilen grelle Farben annehmen. Hier ein Beispiel:[1])

„Wer kein anderes Gefühl hat, als in den Fingerspitzen, die er zur Hantierung gebraucht, und glaubt, die ganze Welt müsse sich um seinen Dreifuß drehen — ist ein Philister. Wem aber der erbärmlichste Schlammgraben das Herz engt und die jämmerlichste Ringmauer den ganzen Gesichtskreis verhüllt; wer nichts Tieferes kennt als die Viehschwemme und den Ziehbrunnen, nichts Höheres ahnet als den Wetterhahn auf dem Glockenturm — bleibt ein Kleinstädter. Wer endlich schon darum allein Menschen ausschließlichen Wert beilegt, weil sie, mit gleichem Wasser getauft, mit dem nämlichen Stocke gezüchtigt, denselben Kot durchtreten — oder von Jugend auf gleiche Klöße, Fische und Würste mit Salat gegessen, dieselbe Art Schinken und Zitochsen verspeiset oder Pum-

---

[1]) F. L. Jahn, Deutsches Volksthum. Leipzig 1817, S. 90–94.

20

pernickel, Spickgänse und Mohnstriezel verzehrt; und deshalb nicht mehr verlangt, sondern geradezu fordert, daß jedermann echt kloßicht, wursticht, fischicht, salaticht, schinkicht, jütochsicht, pumpernicklicht, spickgänsicht und mohnstriezlicht bleiben soll — liegt am schweren Gebrechen der Landsmannschaftsucht darnieder. Wer indessen von der Verkehrtheit ergriffen war, seine Hufe Land für ein Königreich, seine Erdscholle für ein Volksgebiet anzusehen und die andern Mitvölker und Invölker des Gesamtvolks nebenbuhlerisch anzufeinden, damit nur statt eines Gemeinwesens das Unwesen von Schöppenstädt, Schilda u. s. w. bestehe — hatte Teil an dem Unsinn der Völkleinerei, in welcher Deutschland unterging."

Von Hermanns Ermordung an verfolgte uns der Fluch, daß aus Landsmannschaftssucht und Völkleinerei die Deutschen dem aufsäßig waren, der nur die Einheit der Völker ahnen ließ. Das Nachspiel von Hohenstaufen und Welfen ward öfter blutig erneuert. Die Brüder, die thatkräftig ein großes Werk begonnen, ließ man im Stich, die Schweizer, die Niederländer, die heldengeistigen Dithmarschen. Die Brandenburger erhielten allein das von Polen zerrissene Preußen und befreiten Deutschland von Schwedentränken und Schwedenbeilen. Habsburger und Zollern halfen sich nicht einander. Einmal (1769 und 70) schien der Hoffnungsstern zu schimmern, als sich Friedrich und Joseph besuchten, wie in der Abendsonne der Ritterzeit. „So balgen und raufen sich Jugendgespielen, und felsenfest steht dann die Männerfreundschaft auf der frühgefühlten gegenseitigen Kraft."

Den Kreis, der sich in Erlangen nach Jahn bildete, hat Hertel[1]) beim Besuch der Otterndörferei geschildert. Er ruft die Muse an:

Du führ' uns in den Saal, den altbekannten,
Wo sie einst saß, die kräftge Blüte Deutschlands
'nen Abend lang den Turnersteiß geschmiedet
An eine Bank von vaterländischem Eichholz;

---

[1]) S. 124.

Ja, wo sie saß, sackleinenen Gewandes,
Bartbusch'gen Kinns und pudelmähn'gen Hauptes —
Des Baders Greul, der Wäscherin Entsetzen —
Wo sie Follenisch sang und wo echt Jahnisch
Sie klang an die gefüllten Wassergläser
Und unaufhaltsam strebend, webend, wirkend,
Frisch, fröhlich, fromm und frei manch schönes Jahr lang
Umtanzt das goldene Kalb der deutschen Einheit;
Puristisch zürnend aufs verhaßte Welschtum,
Das Rauchkraut und den Schnupfstaub tief verachtend
Und deutsch drum nießend, schneuzend, prustend, hustend
Und grimmig wie der Leu die Mähne schüttelnd,
Wenn hie und da 'nem Mund entflog ein Wörtlein,
Das Teutoboch und Herveft noch nicht kannten.

Wie 1825 der alte C. J. Weber[1]) zum letzten Mal sein Erlangen besucht hat, notiert er: „Die Sansculotterie der Burschenwelt ist hier wenig merklich, jedoch sah ich im Theater, was man zu meiner Zeit nicht sah (wir sündigten höchstens durch ungeheure Steifstiefeln à la Karl XII, mit avec zusammenschlagenden Sporen und ungeheuren Preußenhüten, Reitcollets und Uniformen) einige Studenten mit nackter Brust, wilden Haaren und Judenbärten, und dann in einem Gesellschaftsgarten wiederum einige Gestalten aus den echten Flegeljahren herumlagernd und umhertölpelnd wie Schillers Räuber, ohne Sitte und Gefälligkeit, als ob sie die ganze übrige Welt nichts anginge. Indessen ist die deutsche Unsitte im Abnehmen, und so wie die Zeiten blinder Anbetung allerwärts vorüber sind und die alte unbegreifliche Hingebung an den Adel, die oft blutschlecht belohnt wurde, so auch der Respekt der Philister gegen die anmaßenden Musensöhne."

Ich bringe jetzt einen Vertreter des manieriert Volkstümlichen und als Gegenbild einen Charakter, der das christlich-germanische Wesen, die Seite der Innerlichkeit, darstellt.

[1]) Deutschland, 2, 58.

**Adolf v. Zerzog** (1799—1880). In Nürnberg geboren, auf dem elterlichen Gut in der Oberpfalz erzogen, besuchte er zuletzt das Koburger Gymnasium. Von 1819—24 studierte er Jus in Erlangen, Jena und Würzburg. Als Mitglied des Jünglingsbundes saß er bis 1825 im Neuturm zu München. Jetzt wurde er Forstmann und zuletzt Landwirt in der Nähe von Regensburg. Hier wurde er 1848 zum Reichstag nach Frankfurt gewählt und trat dort als Originalbayer auf, in grauem Rock mit grauem Aufschlag, Tiroler Brustlatz mit silbernen Knöpfen. Die Reporter[1]) erkannten die Echtheit an der sehnigen Gestalt, an dem schalkhaften Zug um den bärtigen Mund und an charakteristisch bavrischen Wendungen, wie: „Bin auch todschlagslaunig, wenn's sein muß." Er polterte: Ihr sollt mir nicht weismachen, was das Volk denkt und will; ich hab' mit ihm gelebt. — Es kursierten von ihm Kernsprüche, deren Derbheit und Treffkraft bewundert wurde. Als ihm seine Regensburger Wähler eine Instruktion schickten, antwortete er ihnen: „Ich nehme nur die eine an: „Grüß dich Gott, Zerzog, und wir hoffen, daß du dich wohl befindest." Er ist bis ins hohe Alter munter geblieben; zum Anfang des Jahres 1875 schrieb er dem Freund Dittmar:

Frisch ins Fünfundsiebzig!
Gutes Muts! Das andere giebt sich.

---

**Christoph Kandler** (1796—1833), Gymnasiallehrer und Pfarrer.

In Hof geboren, besuchte er nach Aufhebung des Gymnasiums seiner Vaterstadt das Regensburger, studierte von 1816—20 in Erlangen und war dann sieben Jahre lang Lehrer an dem rekonstituierten Höfer Gymnasium. Mit Sand befreundet, verheiratete er sich 1825 mit dessen Schwester Julie. Früh kränkelnd, vertauschte er den Lehrerberuf mit dem des Pfarrers und starb als solcher in Schnabelwaid.

[1]) R. Heller. Brustbilder aus der Paulskirche.

Das Urteil der Freunde und spätern Vorgesetzten stimmt mit der von Platen gegebenen Charakteristik (S. 302) überein. Er selbst hat in einem Programm Ueber Erziehung an gelehrten Schulen (1827) was ihn bewegte ausgesprochen. Am meisten lag ihm der Religionsunterricht am Herzen. Zerlegen von Begriffen, kaltes Räsonnement und trockenes Katechisieren mied er, dagegen suchte er die Schüler mit der Wärme des Herzens, die ihn selbst erfüllte, in ihr Inneres zu führen, Denken und Thun auf ernste und fromme Vorsätze zu richten. — Bei der klassischen Lektüre und im Geschichtsvortrag hob er heraus, was dem Gemüt Nahrung zu geben und die Denkungsart zu veredeln geeignet schien. Leben und fühlen sollte die Jugend mit den Geistern, die das Große, Schöne und Herrliche eines Volkes und der Menschheit darstellen. Dann werde das Studium der Alten belebend und fruchtbringend sein, Geist und Charakter bilden, wenn der Knabe und Jüngling „mit Achill klagt um seinen Freund, mit Kodrus den Opfertod stirbt, mit Cincinnatus zum Pflug heimkehrt, nachdem er das Vaterland gerettet, mit Pelopidas und Epaminondas dasselbe befreit, mit Brutus den Tyrannen vertreibt, mit Scipio weint auf Carthagos Trümmern, mit Tacitus trauert über sein gesunkenes Volk."

Kandler rühmt die strenge Hausordnung der Altvordern, wo ein frommer Geist das ganze Haus durchzog, das Tagewerk mit Gebet begonnen und beschlossen wurde, die Bibel noch nicht durch Modezeitungen und Tageblätter, durch die Romane von Spieß, Cramer und Walter Scott verdrängt war. „Für das stille und friedliche Glück des häuslichen Lebens sucht man sich durch Theater und Bälle, Concerte und Ressourcen, Kaffee- und Thee-Gesellschaften zu entschädigen. Die Gespräche über Kinderzucht und Berufsleben sind verstummt vor den lebhaften Unterhaltungen über Welthändel und Stadtneuigkeiten, über Putz und Vergnügungen. Der Geist des Friedens und der echten Familienliebe, Zucht, Arbeitsamkeit, Mäßigkeit, Ordnung, Genügsamkeit und wie die christlichen Tugenden alle heißen mögen, die den Altar des häuslichen Lebens umkränzen sollen, sind aus den meisten Familien entwichen, und dafür ist der Geist eines weltlichen Treibens, Verschwendung und Müßiggang, Eitelkeit und Prachtliebe, Genußsucht und Zerstreuungswut, an die Stelle getreten."

Von der Schule fordert er, sie solle edle Erholungen und Vergnügungen anordnen. Er selbst lebte mit der Jugend frisch und kindlich zusammen, unternahm mit den jüngeren Schülern Spaziergänge und Spiele im Freien und lernte sie so nach ihrer ganzen Individualität kennen, „weil hier jeder, von dem Ernst des Unterrichts und der Strenge der Disciplin entbunden, sich freier und offener giebt als in der Schule, unbefangener in seinem Benehmen zeigt was er ist, denkt und thut." Für das verkannte, verschrieene und verketzerte Turnen tritt K. mit Entschiedenheit ein. Die gymnastischen Uebungen mögen übertrieben worden sein, wie alles Neue, besonders wenn es von der Jugend mit Lebendigkeit ergriffen wird; es kann sein, daß fremdartige Zwecke sich damit verbanden; allein die fast allgemeine Verdammung, welche ihnen zu teil wird, haben sie nicht verdient; aus dem reinen pädagogischen Gesichtspunkte betrachtet, sind sie von der höchsten Wichtigkeit. Er citiert für den pädagogischen Nutzen des Turnens die Aussprüche Luthers, die Passow's Turnziel einleiten: „Es ist sehr wohl bedacht und geordnet, daß sich junge Leute üben und etwas Ehrliches und Nützliches vorhaben, damit sie nicht in Schwelgen, Unzucht, Saufen und Spielen geraten. Derhalben gefallen diese zween Uebungen und Kurzweile am allerbesten, nämlich die Musika und Ritterspiel oder Leibesübung mit Fechten, Ringen, Laufen, Springen u. s. w. Unter welchen das erste die Sorgen des Herzens und die traurigen Gedanken vertreibet; das andere macht feine, geschickte, starke Gliedmaß am Leibe, und erhält ihn sonderlich bei Gesundheit mit Springen, Rennen u. s. w. Die endliche Ursach ist auch, daß man nicht auf Zechen, Unzucht, Spielen gerate, wie man jetzt, leider, siehet in den Städten und an den Höfen; da ist nicht mehr, denn: „Es gilt dir! Sauf aus!" darnach spielt man hoch um Geld. Also geht's, wenn man solche ehrbare Uebungen und Ritterspiele verachtet und nachläßt. Zugeschweigen, daß uns Deutschen zu dieser Zeit wahrlich hoch vonnöten ist, zum Heere und Streit tüchtig und allezeit bereit zu sein. Denn es sollen ja unsere Jungen Land und Leute verteidigen und Kriegsleute sein; dieselbigen sind als Pfeile, die da treffen; der Herr schießt sie ab und giebt sie. Alte Leute sind nicht geschickt zum Kriege; sondern wo Arbeit ist, dieselbige sollen junge Leute auf sich nehmen. Sie geraten auch in dem Krieg und Streit wohl, wenn Gott seinen Segen giebt; denn derselbige will also, daß die Jüngeren Land und Leute beschützen und verteidigen sollen. Es heißen daher auch Ritter oder Reuter die, so ihre Leutlein aus Not errettet haben, und werden also bei ihrem Namen ihres Amtes, Standes und Tugend ermahnt.

„Derohalben müssen unsere Knaben ernst und streng auferzogen werden; nicht tändelnd noch spielend, wie etliche thun. Sie sollen frühzeitig lernen entbehren, die Arbeit lieben, Beschwerden ertragen und keine Anstrengung scheuen; denn sie müssen hinaus in das Leben und hinfort auch in den Krieg ziehen; da ist aber eitel Arbeit und viel Drangsal zu erdulden. Die Tugenden, mit welchen wir unsre Knaben ausrüsten sollen, sind vornehmlich: Gottesfurcht, Arbeitsamkeit, Vaterlandsliebe, Mäßigung, Mut und Demut. Mit solchen Waffen sind sie zu jeglichem Kampfe wohlgerüstet, denn sie haben eine gesunde Seele in einem gesunden Leibe."

---

**Ferdinand**, nachmals **Ignaz Herbst** (1798—1863), Convertit und katholischer Pfarrer.

Er stammte aus dem altenburgischen Meuselwitz, wo sein Vater, ein rechtschaffener und frommer, aber mürrischer Mann, eine kleine Zeugfabrik hatte. Auf dem Altenburger Gymnasium waren seine Schulkameraden der feurige Robert Müller, Ernst Förster und Niedner, die sich später als Kunst- und Kirchenhistoriker einen Namen machten, am nächsten aber stand ihm Karl Hase. Hochgewachsen, mit bleicher Gesichtsfarbe und semmelblondem schlichten Haar, bei blöden Augen stets mit einer Brille bewaffnet, war „Vater Herbst" von ernstem, sinnigen Wesen, unter den ausgelassenen

Genossen die warnende Stimme, machte aber, was die Freunde Tolles angaben, zuletzt auch mit und hatte gelegentlich noch den Spott dazu. Um Theologie zu studieren, ging er Ostern 1818 nach Leipzig, darauf nach Jena und wieder nach Leipzig, von wo er den Dresdener Burschentag besuchte (S. 111). Dann wurde er nach Hase Sprecher der Leipziger Burschenschaft und bezog dafür, wie jener, den Carcer und das consilium abeundi. Weil man ihn in Göttingen nicht aufnimmt, zieht er dem Freund gen Erlangen nach, wo im Sommer 1822 er, Hase, Strebel und Ad. Elöter zusammen auf dem Altstädter Berg hausen, von Schubert die Altväter vom Berg genannt. Hier schreibt er die „Ideale und Irrtümer." Das Schriftchen ist nicht frei von Pedantismus, aber dadurch eine gute Quelle für die Studentengeschichte, weil Herbst mit biederem Eifer die Anschauungen vorträgt, die damals im Kern der Burschenschaft Leben und Geltung hatten, einem Studentenkreis, dem es mit der eigenen Bildung wie mit der Erneuerung und Veredlung des deutschen Volkslebens Ernst war.

Von Erlangen ging er als Hauslehrer nach Augsburg, wurde aber von dort im Frühjahr 1824 nach seiner Heimat Altenburg abgeführt und als Mitglied des Jünglingsbundes zu vier Jahren Zuchthaus verurteilt. Nach zwei Jahren aus dem Gefängnis entlassen, wandte er sich München zu und war dort als Schriftsteller thätig, trat 1832 zur katholischen Kirche über und wurde nach zwei Jahren zum Priester geweiht. Man verwendete ihn zunächst als Professor der Philosophie am Freisinger Seminar; seit 1837 in der Seelsorge thätig, war er die letzten 15 Jahre seines Lebens Pfarrer in der Münchner Vorstadt Au, hochverdient um Schulen und Wohlthätigkeitsanstalten.

Zu theologischer Controverse giebt Herbst Anlaß genug; er hat eine Conversionsschrift geschrieben und Replik und Duplik und eine ganze Reihe katholischer Erbauungsschriften folgen lassen. Man findet sie bei Reusch aufgezählt[1]).

[1]) A. D. B. 12, 49.

Ich verfolge ein anderes Ziel. Als Herbst geboren wurde, hatte noch kein Protestant Bürgerrecht in München im Jahr 1800, wo die Stadt etwa 50 000 Einwohner zählte, wurde dieses dem ersten Protestanten nur kraft allerhöchsten Willens erteilt; kurz nach Herbsts Tod zählte man (1867) 16 000 Protestanten unter 150 000 Seelen. Daß ein lutherischer Kandidat der Theologie hier 1837 katholischer Pfarrer wurde und als solcher eine erfolgreiche Wirksamkeit entfalten konnte, ist ein beachtenswertes Symptom der in wenigen Menschenaltern vollzogenen Wandlung des bayrischen Stammes. Noch zur Zeit der Reformation war Bayern in Geistesthätigkeit andern deutschen Ländern ebenbürtig gewesen; nach dem Einzug der Jesuiten trieb verstärkter Druck die von der Denkweise des Ordens abweichenden Männer aus dem Lande oder nötigte sie zum Schweigen, und seit dem Jahre 1550 hörte Bayern für zwei Jahrhunderte auf, an dem geistigen Leben und Streben der deutschen Nation Anteil zu nehmen.

Der Klerus zerfiel jetzt in zwei Teile von sehr verschiedener Bildung; der eine, aristokratische, Teil sollte regieren, der andere wurde auf die Ausübung des heiligen Dienstes beschränkt, wozu die dürftigen Kenntnisse auszureichen schienen, die der Lehrplan des Tridentinums vorschrieb: Grammatices, cantus, computi ecclesiastici aliarumque bonarum artium disciplinam discent; sacram scripturam, libros ecclesiasticos, homilias sanctorum atque sacramentorum tradendorum, maxime quae ad confessiones audiendas videbuntur opportuna et rituum ac caeremoniarum formas edisccent. Nicht nur die Philosophie, auch Geographie und Geschichte wird vom Parochialklerus ferngehalten; je weniger er sich über die Bildung des Volks erhebt, um so sicherer wird er es im Glauben unterrichten und darin bewahren, destoweniger ist er selbst in Gefahr, von den häretischen Gedanken angesteckt zu werden, die das große Interesse der Zeit ausmachten. Wenn nur Bayern wieder rein katholisch ist, dann wird sich die Aufregung der Geister bald legen. „Die Masse des Volkes blendet und besticht der Katholicismus durch sein äußeres Gepränge und durch die Dispensation vom

Denken, die er gewährt; die Gebildeten kann die bequeme Manier versöhnen, durch welche sie sich mit der Kirche abfinden können, die ihren Indifferentismus, so lange er kein öffentliches Aergernis giebt, nachsieht."[1])

Der dreißigjährige Krieg brachte zwar auch über die protestantischen Länder nicht nur materielles Elend, sondern auch religiös-politische Knechtung genug, die Jesuiten aber führten einen Vertilgungskrieg gegen den deutschen Geist selbst[2]). Wenn man im Norden die Menschen gewaltsam auf der Kindheitsstufe zurückhielt, in Bayern und Oesterreich erniedrigte man sie womöglich zum Vieh, da der Versuch, ihnen eine spanische oder italienische Seele einzusetzen, nicht gelang[3]). Das Resultat war, daß in Bayern die höheren Klassen eine rein romanische Bildung und Weltanschauung sich aneigneten, die unteren aber jeder Bildung überhaupt, sofern sie über den Katechismus des Canisius hinausging, fremd blieben; nur das Tier in ihnen hatte noch Leben; unter Geist verstand man hier nur noch das Gespenst, vor dem sich die armen Sünder fürchteten, deutsche Bildung und Litteratur gab es hier nicht mehr. Um 1767 gilt — bei den Eingeborenen[4]) — folgende Zeichnung als bekannt und treffend: „Münchner sind Menschen, die zusammenkommen ohne einander zu kennen, zusammenleben ohne einander zu lieben und auseinandersterben ohne einander zu bedauern."

Es ist eine der tröstlichen Erscheinungen der Geschichte, daß sich der Kern des Volkstums in der ländlichen Bevölkerung erhalten kann, wenn die Städte von fremden Stoffen inficiert sind. Hat es die Jesuitenherrschaft fertiggebracht, auch dem bayrischen Bauern seine Seele zu rauben? Wie man zuerst aus Steub's Schilderungen erfuhr und jetzt in der Bavaria ausführlich lesen kann, lagerte noch in unserem Jahrhundert auf der bayrischen Ebene ein kaum glaub-

[1]) G. Diezel, Baiern und die Revolution. Zürich 1849.

[2]) Gust. Diezel, Deutschland und die abendländische Civilisation. Stuttgart, Göpel 1852. — Ich erinnere an den Riezler'schen Vortrag (S. 90).

[3]) Tedesco italianato diavolo incarnato. Ital. Sprüchwort.

[4]) Kajetan Weiller, Mutschelle's Leben. München 1803.

licher Druck der Unwissenheit und des Aberglaubens; an den Bergen dagegen ist die Kunst selbst dieser Meister des Nivellierens gescheitert. Ich suche den Unterschied durch ein Beispiel anschaulich zu machen. Wanderte man im Jahre 1860 von Deggendorf nach Altötting und von da dem Chiemsee zu, so traf man außer Crucifixen, Totenbrettern, Wetterkreuzen und den zum Andenken an Unglücksfälle gesetzten Tafeln eine Menge gräßlicher Darstellungen des Fegefeuers, auf dem dreistündigen Weg von Eggenfelden nach Altötting unmittelbar an der Landstraße mindestens zehn Mal öfters ganze Gruppen; dort z. B., wo zuerst der Inn sichtbar wird, waren an einer stattlichen Linde nicht weniger als neun solche Bilder angeheftet. Immer wieder erscheinen drei Personen, die sich aus dem Flammenpfuhl erheben und dem Wanderer zurufen: „Erbarmet euch unser!"

O Christenmensch, ich ruf zu dir,
Ein Vaterunser schenke mir!

Eine andere stereotype Formel ist: „Eine gewisse Person läßt bitten wegen einem schweren Anliegen um einen Vaterunser und Ave Maria für die armen Seelen im Fegefeuer". Jenseit Altöttings war unter einem Crucifix die Inschrift angebracht: „O Herr Jesu Christ, laß nur einen Tropfen deines allerheiligsten, rosenfärbigen Blutes den armen Seelen im Fegefeuer zum Troste und zur Linderung ihrer Peinen gereichen."

Brinkmann,[1]) dem ich hier folge, erinnert an die Geisterscene im Hamlet (I. 3) und fügt hinzu: „Wenn man sich in den Seelenzustand versetzt, aus welchem alle diese Rufe der Verzweiflung hervorgebrochen sind, das fieberhafte Arbeiten der Phantasie sich vergegenwärtigt, deren Ausgeburten durch diese drei stets wiederkehrenden Personen im Flammenpfuhle nur schwach wiedergegeben werden, und nun ein Bild nach dem anderen erscheint, eins immer gräßlicher als das andere, und gerade wegen des volkstümlich Unvollkommenen der Darstellungs- und Ausdrucksweise eins ergreifen-

[1]) Fr. Brinkmann, Studien und Bilder aus süddeutschem Land und Volk. Leipzig, Fleischer 1862. 2. B.

der als das andere, dann ist es einem am Ende, als wäre man von nichts als einem einzigen großen Fegefeuer oder der Hölle umgeben, als brännte alles ringsumher, und man wanderte durch Feuer und Flammen. Alle anderen Gedanken werden von diesem einen verschlungen, das Auge sieht nichts mehr als diese Schmerzensgestalten, das Ohr hört nichts als den herzzerreißenden Klageruf der Jammernden, die Seele läuft durch diese nicht endenwollende Reihe gräßlicher Qualenbilder wahrhaft Spießruten, und über sie lagert sich immer mehr eine tiefe, mit Ingrimm und heiligem Zorne gemischte Schwermut. Ja wäre auch die Gegend, durch welche der Weg uns führt, ein Paradies auf Erden — jene Bilder würden genügen, es in eine Hölle zu verwandeln."

Beim Herannahen der Berge wurden die Gemälde, mit denen in der Ebene alle Wege wie besät waren, immer seltener, das letzte traf man bei Endorf. Hieraus wird nicht gefolgert, der Bewohner der Berge glaube nicht an das Fegefeuer, wohl aber, daß er in einem anderen Verhältnis zu diesem Glaubenssatz stehe als die Bewohner der Ebene. Ehe der steif Dogmatische und römisch Absichtliche ihn bedrängt, hat die tagtäglich ihn umgebende Natur in großen einfachen Zügen Herz und Geist gereinigt und ausgeweitet, viele Fesseln der Dumpfheit gesprengt und ihn genötigt, ihm selbst unbewußt, größer und freier zu denken. Wie der Gebirgsbewohner seinen Bergen die großen Vorzüge zu verdanken hat, die ihn in Bezug auf Körperbau, Stärke, Gewandtheit, Mut, Ausdauer und Verstandesbildung vor dem Flachländer auszeichnen; wie hier die größere Liebe zur Freiheit vorhanden ist, die das Bild vom richtigen Verhältnis des Menschen zum Menschen giebt, so auch eine reinere Idee davon, in welchem Verhältnis der Mensch zu Gott steht. Er übernimmt allerdings die positiven Dogmen der Religion, die ihm als Teil der Sitte von seinen Altvordern überliefert sind; aber von der Gefühlsreligion, die ihm das Eine einprägt: Er ist, entnimmt er das Licht und die Farbe, die Lehre aufzufassen. Diese Gefühlsreligion verhindert, daß die ihr geradezu widersprechenden Glaubenssätze im Herzen Eingang finden oder den Geist besonders beschäftigen, sie verhütet das Verknöchern des Gemütes, wo es diese herbeiführen könnten, sie ist der Geist, der lebendig macht und dem Worte die tötende Kraft benimmt. Und diese Gemütsverfassung kann denn auch bei nicht wenigen Geistlichen im Gebirge beobachtet werden. Betrachtet der Bauer des Flachlandes die Natur nur aus dem Gesichtspunkt des Nutzens, ob sie diesem dient oder zuwiderläuft, so wird dem Sohn der Berge das interesselose Verweilen beim Anblick der Größe und Schönheit der Bergnatur zu einer mächtigen und unerschöpflichen Quelle der Veredlung und Bildung. Ein wahres Labsal für Herz und Auge ist trotz aller auch im Gebirge herrschenden Mängel und Mißstände die massive Gestalt, die stolze starre Figur des seiner Würde bewußten altbayrischen Gebirgsbauern, die kernigen, kraftstrotzenden Naturen sind felsenfest gegründet in dem uralten Boden der Sitte und des Herkommens, starr und zäh festhaltend an dem, was ihnen als recht in Handel und Wandel, Religion und Staat überliefert worden ist. Die Ehrfurcht, die man diesem in allen Dingen ausgeprägten Sinne zollen muß, ist die Achtung, die alles uns abnötigt, was Kraft und Charakter in sich trägt.

So urteilte 1860 der feinsinnige und tief empfindende Brinkmann, der Altbayern aufmerksam durchwanderte, ehe die Eisenbahnen ins Gebirg eingedrungen waren. Friedrich Perthes aber machte schon 1840 aufmerksam, welche Frische des Geistes sich hinter den Bergen bewege, „vielleicht müsse das litterarisch ausgegerbte Norddeutschland schon in der nächsten Generation sein Leben vom Süden wiedergewinnen." Ließ diesen die gehobene Reisestimmung zu viel sagen, richtig ist, die Schicksale des bayrischen Volksstammes beweisen für die Unverwüstlichkeit des deutschen Wesens.

Die Annäherung Bayerns an das deutsche Kulturleben nahm ihren Anfang zur Zeit des siebenjährigen Krieges damit, daß die Mitglieder der Münchner Akademie von der Censur der Jesuiten befreit wurden (1759). Jetzt wagten es die Lori, Ickstatt, Westenrieder ihren Bayern zu sagen, daß die Nachbarn jenseits der blauweißen Pfähle nicht bloß verdammte lutherische Ketzer wären, sondern so zu sagen Menschen; man machte Reisen und fand, sie seien körperlich nicht „gezeichnet", der lutherische Geistliche habe keinen Pferdefuß u. s. w. Es ist rührend, mit wie freudiger Bewunderung die aus dem pfäffischen Schmutz Auftauchenden allmählich auch die Seelen in ihren deutschen Brüdern entdecken, sich an Uz, Gellert, Hagedorn, Klopstock erfreuen und alsbald hier gesundere und natürlichere Gedanken, wohlwollendere Herzen und auch eine frömmere Gesinnung finden als bei ihren verwelschten Pfaffen. Darum sträubten sich diese gegen nichts mehr als gegen das Eindringen der Ketzerbücher. „Werft's die Teufelsbüecher weeg, die euch der Satan selbst aus der Höll rauf in d' Händ spielt" — predigt am 3. Oktober 1779 der Wiesenpater — „bett's dafür einen H. Rosenkranz, damit ihr die Gnad der H. Beicht erlangt, damit ihr euer Gewissen reinigt, dann ihr glaubts nicht, was durch den H. Rosenkranz schon für Wunderwerk geschehen seind. Ich hab erst vorgestern ein Exempel g'lessen, ich hab's mit Fleis zweymal g'lessen, damit ich's euch recht ordentlich erzählen kan. Das Buch, in dem ich's g'lessen hab, hat ein gelehrter Jesuiter mit Nahmen Marquart Otto g'schrieben, ich sag halt allemal, wenn man ein schön's, ein gelehrt's Buech lessen will, mueß man halt ein Buech von einem Jesuiter lessen, dan die seynd die Männer, denen wir die Erhaltung des Christ-Catholischen Glaubens zu danken haben, und wir dürfen betten, was kreuz möglich ist, das unser Herr Gott wider herunter regnen last mit dem Thau des Himmels, und das er's aufwachsen last, als wie d' Schmalzbluemen auf'n Feld [1])."

Doch solche Freunde hatte der Orden in Bayern nach der Auflösung nur vereinzelt, seine Herrschsucht hatte ihm die Laien und Weltgeistlichen entfremdet und auch die geistlichen Orden fühlten sich von einem rücksichtslosen Konkurrenten und perfiden Aufpasser befreit. Daß die sich Emancipierenden auf der selbständigen Bahn unsichere Schritte machten, war eine Folge des Systems, dessen Einwirkung in sittlicher, conscienciöser und intellektualer

[1]) Aus der Rosenkranzpredigt. Neudruck in Herrig's Archiv B. 75, 218—26.

Beziehung so tief ging, daß er eigentlich nie ganz erlosch. Als das Münchener Gymnasialprogramm von 1801 vom Eintritt Unberufener in die gelehrten Schulen abmahnt, entwirft der Rektor, Theatiner Ordens, von denen, die unter dem Einfluß des jesuitischen Lehrplans studierten, folgende Schilderung: Ihr Herz sei ohne Bildung geblieben, nur der eigennützige Verstand entwickelt worden; so hätten sie sich am Ende der Studien wie Heuschrecken heißhungrig über jede erledigte Stelle hergestürzt und ihre Pferde und Rinder klüger und sorgfältiger behandelt als ihre Pfarrkinder; es sei höchste Zeit, die Menschheit zu befreien von den keiner Aufopferung fähigen „bloßen Meßlesern, bloßen Kabulisten und bloßen Receptschreibern, von den traurigen Scharen schmutziger Meßfischer, hungriger Schreiber, ränkevoller Winkeladvokaten, bettelnder Musikanten, halblahmer Instruktoren und andrer lateinischer Mißgeburten."

In den Preußischen Jahrbüchern[1]) ist aus dem Tagebuch eines Katholiken veröffentlicht, was der von Mönchen im bayrischen Wald, in Straubing und München erzogene J. Kopp um 1809 bei der ersten Bekanntschaft mit protestantischen Familien in München empfand. Derselbe hat auch aufgezeichnet, was bei den Klerikern seiner Umgebung damals in Umlauf war. Ich teile zwei Proben mit, zu denen jeder Klosterschüler Aehnliches liefern könnte, während man der Außenwelt gegenüber sich stellt, als ob die geweihten Mauern jeden Hauch des Zweifels fernhielten.

Abkürzung des Breviers, eine Jesuitenerfindung.

Primum dicatur Pater et Ave, deinde a, b, c, d, e, f, g, h, i, k, l, m, n, o, p, q, r, s, t, u, v, w, x, y, z.
V. Per hoc alphabetum notum, Alleluja.
R. Compositum breviarium totum. Alleluja.
Oremus. Deus, qui ex viginti quattuor litteris totam sacram scripturam et breviarium istud componi voluisti, junge, disiunge, fac, dispone et accipe ex his XXIV litteris Matutinam cum

---

[1]) 1883, LII, 364—372. Die norddeutsche Colonie in München 1809 und 1810.

laudibus, Primam, Sextam, Nonam, Vesperam et Completorium. Per Christum, Dominum nostrum. Amen.

Coll. Domine Jesu Christe, qui regnas super aethera, accipe has litteras et fac tibi horas canonicas sive breves sive longas. Qui vivis et regnas etc.

Parodie des Paternoster.

Potus noster, qui es in cipho, multiplicetur nomen tuum: adveniat .. potestas nostra sicut in cipho et in olla. Panem nostrum coctum et album da nobis hodie, et dimitte nobis pocula nostra, sicut et nos dimittimus potatoribus nostris; et ne nos inducas in ebrietatem, sed libera nos a siti. Amen.

Montgelas (1799—1817), so wenig er ein deutsches Herz hatte, beförderte doch die Annäherung Bayerns an Deutschland, indem er die Jesuiten bekämpfte und den Feudalismus aufhob, die Universität von Ingolstadt wegverlegte und protestantische Gelehrte und Beamte nach München verpflanzte, u. a. Jacobi, Schelling, Schlichtegroll, Niethammer, Schenk, Roth, Lang. Die Fremdenhetze, welche Catilina Aretin mit deutscher Pöbelplumpheit und italienischer Tücke veranstaltet, ist in den Biographieen von Feuerbach, Fr. Jacobs und Thiersch ausführlich geschildert. Der Angriff hatte den Erfolg, die Stellung der Bedrohten zu befestigen und sie den nicht geradezu fanatischen Einheimischen zu nähern.

Den Abfall Bayerns vom Rheinbund hat das Volk mit Jubel begrüßt, im Ministerium herrschte große Kälte, bei der französischen Partei Erbitterung und stille Hoffnungen. Die Schlacht bei Leipzig wurde in München fast gar nicht gefeiert, die Freude durfte nicht laut werden; nach der Einnahme Moskaus Lobgesänge in allen Kirchen, jetzt nur in der Hofkapelle und für die Soldaten ein Te deum. In Montgelas' Hause war Hohnlachen über die „wieder aufkommende fatale Deutschheit." Aretin verteidigte den Abfall der Regierung von Napoleon mit Gründen des nicht saturierten Bayertums: wir Bayern gingen mit Dir, Napoleon, gegen unsre deutschen Nachbarn auf den Raub, und Du hast, wie der Löwe mit den schwächeren Tieren, viel zu ungleich mit uns geteilt; wir haben nicht genug bekommen. — Nach dem Wiedererstehen des Jesuitenordens tritt eine bajuwarisch-ultramontane Partei hervor; ihr Organ ist die (S. 90 erwähnte) Allemannia, deren anonyme Verfasser unter höherer Aufsicht schreiben. Aber hier zeigt sich, daß doch das nationale Element in Bayern bereits an Boden gewonnen hat, die Hetzartikel begegnen auch hier lebhaftem Widerspruch, die berüchtigte Monatsschrift geht 1816 infolge der allgemeinen Verachtung ein. Die Stimmung der Klerikalen hat 1817 ein aufstrebendes Dichtertalent in einem Münchner Festspiel geschildert. Die Scene ist vor der Himmelspforte. Eine Priesterseele beklagt den augenblicklichen Zustand:

Die Zehnten und Pfründen sind eingegangen,
Wer will mehr die Tonsur empfangen?
Stets sieht man mehr beraubt der Pracht
Die Kirche, welche selig macht;
Er, den der Herr zum Verweser erkor,
Hält seinen Pantoffel vergebens vor;
Sie lassen den Priester im Beichtstuhl allein,
Benutzen die Messe zum Stelldichein,
Sie erwehren sich fast vom heiligen Brode,
Und die Scheiterhaufen sind aus der Mode!

Nun aber ist das **Konkordat** geschlossen, für die Kirche sind günstige Aussichten:

Ich erblicke die Welt als ein großes Theater,
In der obersten Loge den heiligen Vater,
Wir Priester bewegen an Schnüren und Ketten
Auf der Bühne die Laien als Marionetten;
Das Geheimste sogar, wir entziffern's leicht
Durch's Sakrament der Ohrenbeicht;
Loyola's Schar treibt wiederum
Die Knaben in ihr Kollegium;
Das Land durchzieht mit geistlichem Krame
Die Krüdener als Aposteldame;
Wie Manna regnen Stiftungen, Pfründen,

Man fordert zehn Procent für die Sünden,
Man eilt, den bettelnden Mönchen die Wägen
Mit Kälbern, Geflügel und Schmalz zu belegen;
Viel Klosterbrüder sieht man wallen,
Mit Testamenten in ihren Krallen;
Es sticken die Frauen, statt eitlen Tandes,
Die goldenen Blumen des Meßgewandes,
Und niemand gebraucht mehr ohne Verhör
Einen unbußfertigen Decrotteur [1]).

Seit 1815 bestand das Königreich Bayern zu einem guten Drittel aus Protestanten, und diese machten das Recht eignen Lebens geltend. Wie sie 1817 das Reformationsjubiläum begehen wollten, kam die Erlaubnis aus München zwar spät, aber doch kam sie, und vom Bodensee bis zum Fichtelgebirge wurde das Andenken an den Mann, der vor 300 Jahren dem Geist Freiheit und Licht zurückgegeben hatte, enthusiastisch gefeiert. Als das Konkordat mit Papst Pius VII. Bayern unter Roms Oberhoheit stellen will, flammt eine mächtige Bewegung auf, welche das Religionsedikt durchsetzt, die Universität Erlangen rettet und den Protestanten das Oberkonsistorium in München mit den von den Regierungen unabhängigen Provinzialkonsistorien in Ansbach und Bayreuth verschafft.

Die 1818 erteilte Verfassung näherte nicht nur die Franken und Pfälzer den Altbayern, sie wurde auch von diesen selbst als Entlassung aus der Vormundschaft der Hierarchie empfunden. Rings um München regte sich eine über alles Erwarten lebendige Teilnahme an den Verhandlungen der Stände, und die Landbevölkerung forderte, so bald sie ihr eigenes Leben fühlte, Befreiung von der schlechten und verhaßten Landgerichtswillkür, eine öffentliche Gerechtigkeitspflege nach deutschen Begriffen. Die Lüfte wehen frisch, hörte man 1819, die Sümpfe sind bewegt und die Nachteulen fliehen in die Finsternis. Es that sich wieder ein Gemeinschafts-

[1]) Platen 3, 6. 12. Der Maire von Lyon ließ (1817) keinen Schuhputzerjungen ohne Vorzeigung eines Beichtzettels funktionieren.

leben auf, in dem nicht bloß von Bier, Knödeln und anderem Grobsinnlichen die Rede war, nicht bloß von den Spiritualien Meß und Beicht, Wallfahrt und Rosenkranz, Hölle und Fegfeuer, sondern auch von anderen menschlichen Dingen und den Angelegenheiten des Staatsbürgers.

Mehr noch als das Erwachen des politischen Bewußtseins bewirkten die Unternehmungen der folgenden Regierung auf dem Kunstgebiet, daß sich München, unbeschadet des starken bajuwarischen Selbstgefühls, als deutsche Stadt fühlte. Gleich im ersten Jahrzehnt seiner Regierung begann König Ludwig den Bau der Residenz, der Ludwigsstraße und des Odeons, der Pinakotheken, der Glyptothek und des Kunstausstellungsgebäudes, der Hof- und Ludwigs-, der Auer- und Bonifaciuskirche. Eine unübersehbare Fülle von Kräften wurde durch diese Bauthätigkeit in Bewegung gesetzt, die zuwandernden Künstler und Handwerker bildeten eine ansehnliche Kolonie, die auch numerisch ins Gewicht fiel, die gewerkliche Thätigkeit dehnte sich weiter und weiter aus. Wie lebendig das deutsche Bewußtsein sich regte, sahen wir an den Kunstjüngern der Schwanthalerstraße (S. 295); ebenso, daß der König selbst von deutschen Gedanken bewegt wurde (S. 197).

Und man begnügte sich nicht, durch die Prachtentfaltung der Kunst die bayrische Residenz an die Spitze von Deutschland zu stellen, die Verlegung der Universität von Landshut (1826) hatte den offenbaren Zweck, München zum Centralpunkt auch der Wissenschaft in Deutschland zu machen, einer vorzugsweise katholischen Wissenschaft. Und die römische Kirche, welche noch vor zwei Menschenaltern Bayern ängstlich von der Berührung mit dem ketzerischen Deutschland abgesperrt hatte, ging jetzt bereitwillig auf die Pläne des romantischen Königs ein. Er diente ihr bereits durch Restaurierung von Kirchen, durch Stiftung von Klöstern und andere geistliche Werke; ihr sollte jetzt auch sein Eifer für die Wissenschaft dienen. Den Protestanten gegenüber befolgte ihre Taktik bis gegen 1840 hin die Form des Wohlwollens. Man sprach von einem gemeinsamen Gegner beider Kirchen, nannte ihn Rationalismus und

21*

meinte den protestantischen deutschen Geist. Wollten die lutherischen Kirchenmänner das eigene sittliche Urteil einem autoritativen Kirchenglauben unterwerfen, so eröffnete man ihnen die Aussicht, als eine niedere christliche Species, als Proselyten des Thors, anerkannt zu werden — vorläufig. Denn noch waren innerhalb der katholischen Kirche selbst bis zu einem Sailer hinauf Reste von Rationalismus vorhanden und in den gebildeten Klassen eine nicht zu unterschätzende Abneigung gegen die curialistische Theorie, gegen Obskurantismus und Pfaffentum. Wenn nun ein Herbst nach München kam und aus der Kirchengeschichte Erinnerungen mitbrachte, etwa an Herzog Wilhelm, der gegen die Wiedertäufer den Befehl erließ: „Wer widerruft, wird geköpft; wer nicht widerruft, wird verbrannt" — wie muß der über die Toleranz und Mildigkeit der katholischen Männer und Frauen erstaunen? Er konnte bei Schubert, Schelling und andern protestantischen Familien hören, daß die einheimischen Katholiken sie mit der größten Liebenswürdigkeit aufgenommen, beim Mieten der Wohnung und bei der häuslichen Einrichtung mit Rat und That ihnen geholfen hätten und jede Herzlichkeit und Gastlichkeit erwiesen. Und am liebenswürdigsten zeigten sich die als exclusiv katholisch verschrieenen Münchner. Man kann es jetzt in Ringseis' Leben nachlesen.[1]) Dort liest man aber auch, wie häufig die Unterhaltung auf das religiöse Gebiet hinübergespielt wird und in welcher Weise die Katholiken das ihnen Eigene betonen. Man sucht Schubert für den Glauben an den Reinigungsort zu gewinnen, K. v. Raumer für den Glauben an die Totenerweckungen des heiligen Xaver. Es wird gut aufgenommen, wenn auch der Protestant entgegenkommt und z. B. der durchreisende A. Knapp die Oden des Jesuiten Balde den horazischen an die Seite setzt. Schwierigkeiten macht immer wieder Schellings christlicher Offenbarungsglaube, und über Schubert fällt Clem. Brentano das Endurteil, er habe „den Schlüssel zur Kirchenthür zerrieben und bringe ihn nicht mehr vor- noch rückwärts."

[1]) Emilie Ringseis, Erinnerungen an Dr. Nepomuk Ringseis. Regensburg 1886. 2, 242—292.

Ob man sich um Herbsts Uebertritt sonderliche Mühe gegeben hat, weiß ich nicht. Ihn hatte Schelling nach München gelockt, der damals seine Theorie von der petrinischen, paulinischen und johanneischen Kirche entwickelte und der katholischen Kirche jede mögliche Anerkennung spendete. Görres aber war der rechte Mann, einem Herbst zu zeigen, daß in der katholischen Kirche vorhanden sei, was er in der protestantischen vermißte: frommer Religionseifer, ein das religiöse Gemüt erwärmender Kultus, eine von den Idealen der religiösen Schönheit bewegte Kunst[1]). Auch die Ehre des germanischen Staates wurde in diesem Kreis verherrlicht, der den germanischen Stämmen angeborene Trieb eigner Verwaltung im Gegensatz zu einer alles bevormundenden Polizeigewalt,[2]) freilich auch die innige Verbindung dieses germanischen Geistes mit der „oft verkannten, in ihrer wunderbaren Organisation unübertroffenen katholischen Kirche, die innerhalb der von Gott selbst gegebenen Schranken ihren zahllosen Korporationen die größte Breite der freien Bewegung und Erörterung gestatte." Wie die katholische Kirche die wahre Freiheit, so verbürge sie auch die wahre, gerade jetzt in München zu restaurierende Wissenschaft, deren Licht weder Kirche noch Monarchie zu scheuen hätten. „Denn sie zeige und erläutere diese Institutionen in ihrer objektiven Wahrheit, Würde und göttlichen Einsetzung." „Religion und Wissenschaft lehren, selbst der Obrigkeit, die uns Unrecht thut, zu gehorchen; denn die Welt regieret ein allmächtiger alleliebender Gott; der Gott der Könige ist auch der Gott der Unterthanen, der den pflichtgetreuen Gehorsamen zu seinem (ihrem?) Rechte sicherer verhilft als jede gewaltsame Selbsthülfe."

Eine Restauration des deutschen Wesens in christlichem Sinn beschäftigte in diesen Jahren auch Herbsts Feder. Er eröffnete eine „Bibliothek christlicher Denker" mit einer Anthologie und Charakteristik Hamanns und F. H. Jacobi's; es sollten andere Männer des 18. Jahrhunderts folgen, die der seichten Aufklärung Opposition

[1]) Herbst, Ideale 163.

[2]) Ringseis, Rektoratsrede am 18. Dez. 1833.

gemacht hatten, zunächst Lavater. Die Aufnahme des 1. Bandes (1830) war katholischerseits anerkennend und ermunternd, die protestantische Kritik absprechend. Den Druck des 2. Bandes lehnte der Leipziger Verleger ab: für dergleichen sei vielleicht derzeit mehr Interesse im katholischen Süden.

Der Mißerfolg der schriftstellerischen Thätigkeit legte ihm den Eintritt in das geistliche Amt nahe. Aber noch hatte er kein Examen gemacht. Sollte er sich nun dahin wenden, wo „lutherisch-orthodoxe oder wegscheiderisch-rationalistische oder waisenhäusisch-pietistische" Fragen vorgelegt wurden? Er fühlte dieselbe Verlegenheit, wie einst ein kluges Volk: Cum consulerent Athenienses Apollinem Pythium, quas potissimum religiones tenerent, oraclum editum est eas quae essent in more maiorum. Quo cum iterum venissent maiorumque morem dixissent saepe esse mutatum quaesissentque, quem morem potissimum sequerentur e variis, respondit optumum [1]). Herbst wandte sich an das Orakel des Altenburger Superintendenten, dieses aber beobachtete hartnäckig vieldeutiges Stillschweigen. Das hatte den gleichen Erfolg wie bei einem berühmteren Kandidaten der lutherischen Kirche das Reden des Geistlichen. Als Winckelmann nach mehrfachem Schwanken sich (1754) entschlossen hatte nicht katholisch zu werden und dies durch Teilnahme an der Kommunion dokumentieren wollte, traf er Abrede mit seinem Beichtvater in Leubnitz. Dieser aber empfahl am Ende der Predigt der Gemeinde zu besonderer Fürbitte „ein verirrtes Schaf, das zur katholischen Kirche übergehen wolle, nun aber zur wahren Kirche zurückkehre und seine Rückkehr öffentlich beim Heil. Abendmahl zu bezeugen gesonnen sei [2])." Empört ging Winckelmann zur Kirche hinaus — für ein- und alle Mal.

Von Herbst sagt Freund Hase, die Ueberschwänglichkeit des Glaubens habe ihn zur katholischen Kirche geführt. In der etwas langweiligen Legende seiner Bekehrung wird der verhängnisvolle Entschluß durch eine Bäuerin im Gebirg vermittelt. Er hat sie

[1]) Cicero, De legibus II, 40.

[2]) C. Justi, Winckelmann, Leipzig. 1866. 1, 328.

nach dem Weg gefragt und sie ihm als Hauptmerkzeichen eine Waldkapelle genannt. Als er weiter gegangen ist, eilt sie ihm nach und vertraut ihm an: „Wenn Du zur Kapelle kommst, darfst schon ein Vaterunser beten; 's ist eine gar schöne Mutter Gottes drin.“ Dort betet er und wird von da weiter und weiter geleitet.

Ein schwerflüssiges Talent von geringer Kraft, wohlmeinend, immer anschlußbedürftig und nach einem festen System tappend, glaubte er in der katholischen Kirche das ihm Gemäße zu finden. Im gewöhnlichen Umgang, sagt sein Biograph, sei er trocken und wortkarg gewesen; nachdem er sich katholisch gemacht hatte, hörte er auf, ein Tagebuch zu führen; seine Confessionen sind sehr arm an individuellen Zügen. Am Sarg wurde gerühmt, die Kirche habe mit ihm einen würdigen Priester, der Stadtklerus ein vorzügliches Mitglied, die Pfarrgemeinde einen eifrigen Seelsorger, die Schule einen Freund, die Armenwelt aber einen Vater verloren [1]).

---

**Wilhelm Redenbacher** (1800—1876), lutherischer Pfarrer und fruchtbarer Volksschriftsteller. Seine Heimat ist Pappenheim. Früh verwaist und mittellos, besaß er die Energie, sich privatim für das Abiturientenexamen vorzubereiten. In Erlangen studierte er von 1819—23 Theologie und gehörte der Burschenschaft an, wo wir ihm (S. 120) als dem Reichsbeistand mit den Leben im Mond begegnet sind.

Ins Amt getreten, beteiligt er sich, durch Augsburger Kreise angeregt, an der Bekämpfung des Rationalismus im Sinn des liturgisch-homiletischen Correspondenzblattes (S. 210). 1844 des Amtes entsetzt, sucht er sich den Wirkungskreis eines Schriftstellers nach dem Vorbild seines Landsmannes Karl Stöber, der ehedem sein Privatstudium geleitet hatte. Redenbachers Jugend- und Volksschriften waren zeitgemäß und fanden weite Verbreitung, Cooks

1) S. Knoll. Dr. F. J. Herbst. München 1863.

Reisen z. B. und die Salzburgerin; von seiner in Calw verlegten Reformationsgeschichte erschien 1884 das 185. Tausend. Man hat ihm eine „entschiedene, aber nicht engherzige, christliche Ueberzeugung" nachgerühmt, ich weiß nicht, ob mit Recht. Eingangs seiner Reformationsschrift liest man: „Die Kirche Christi . . war 4—500 Jahre lang der Lehre nach im ganzen rein geblieben . . im Mittelalter, vom Jahr 900—1500, wurde das Verderben unsäglich groß." Ich gehe auf diese Geschichtsauffassung nicht näher ein, sondern erzähle den Fall seiner Amtsentsetzung.

Ludwigs I. innere Politik hatte sich schon unter dem Ministerium Schenk dem österreichischen System genähert (S. 199). Nachdem General Wrede in der Pfalz Ruhe und Ordnung hergestellt hatte, war Wallerstein geschäftig, durch polizeiliche und gerichtliche Mittel eigner Erfindung das Uebermaß der Freiheit auch im diesseitigen Bayern einzuschränken, wiewohl er sich nachträglich entschuldigte, er sei nur der Handlanger der königlichen Launen gewesen. Den Ultramontanen lag daran, das Land nicht nur von den Freiheitsäußerungen zu reinigen, sondern den Geist des Widerspruchs in der Wurzel zu treffen. Als nun die preußische Regierung gegen die Umtriebe des Kölner Erzbischofs einschritt (1837), schien die Zeit gekommen, die Maske abzuwerfen und an der Isar den Geist des Kurfürsten Maximilian I. zu beleben, der den Drachen der Ketzerei gefällt hatte. Wie Görres in seinem Athanasius[1]) die Kriegserklärung an Preußen erließ, vermaß man sich in München hoher Dinge. „Bayern sollte der Mittelpunkt einer katholischen Propaganda von universalem Umfang werden, in München sollten sich die Katholiken der preußischen Rheinprovinz und die Jesuiten der Urkantone, die Liguorianer von Oestreich und Tirol und die Ultramontanen von Schlesien die Hände reichen und sich zu einer gewaltigen, unwiderstehlichen Macht organisieren, um die freieren protestantischen Grundsätze, zunächst der preußischen Regierung, zu untergraben und zu brechen, den

[1]) Leos Erwiderung (Halle 1838) S. 103 erinnert an das der etablierten Hierarchie in Frankreich, Spanien, Portugal und Italien folgende Chaos.

Katholicismus zum unbedingt herrschenden Princip in Europa zu machen und den Zeiger an der europäischen Weltuhr hinter den dreißigjährigen Krieg und wo möglich hinter die Reformation zurückzuschieben"[1]). Als geeignetes Werkzeug, den modern-katholischen Staat ins Leben zu rufen, erschien K. v. Abel, dessen Ministerium (1837—47) noch heute in Bayern bittre Empfindungen wachruft. Dem König empfahl ihn seine rücksichtslose Energie und geistige Gewandtheit. Er kam den allerhöchsten Wünschen, namentlich in der Frage der Erübrigungen aus dem Staatshaushalt (20 Mill. Gulden), entgegen, griff wohl auch einmal nach den Einkünften eines Klosters. Den Ständen sprach er ebenso das Recht der Prüfung jener Staatsgelder ab, wie den repräsentativen Charakter überhaupt. Von Haus aus reiner Büreaukrat, Lebemann und Voltärianer, wurde er nach seiner Verheiratung mehr und mehr von den Klerikalen abhängig, die ihm zum Ministerposten verholfen hatten. Unter ihm nimmt das trauliche Verhältnis der römischen und lutherischen Kirchenpartei ein Ende.

Das deutlichste Zeichen ist die Kniebeugungsverordnung. Durch Kgl. Erlaß vom 14. August 1838 wird für die bayrische Armee bestimmt, daß in der Kirche bei der Wandlung, auf der Wache beim Vorübertragen der Monstranz und bei der Fronleichnamsprocession auf das Kommando Aufs Knie! auch die protestantischen Soldaten niederzufallen haben. Dies war denn doch den Evangelischen zu viel. Die lutherischen Synoden und die protestantischen Landtagsabgeordneten forderten die Aufhebung der Ordre von Jahr zu Jahr dringlicher. Im Jahr 1843 hielt auch Redenbacher, damals Dekanatsverweser von Pyrbaum, einen Synodalvortrag, in dem er den Pfarrern zur Pflicht machte, die protestantischen Soldaten über das Unzulässige der Kniebeugung zu belehren. Im Dezember 1844 verurteilte ihn das Stadtgericht Nürnberg zu einem Jahr Festung „wegen Verbrechens der Störung der öffentlichen Ruhe durch Mißbrauch der Religion."

---

[1]) G. Diezel, Bayern. Zürich 1849. S. 49.

Dem Erkenntnis war die Kgl. Begnadigung beigefügt, doch blieb Redenbacher seines Amtes entsetzt. Den romantischen König hatte der feierliche Moment gepackt, als die französische Armee bei der Einweihung der Kirche in Bona, der Heimat des h. Augustin, im Augenblicke der Consecration auf die Kniee gesunken war. Das protestantische Bewußtsein aber hatte sich auf eine seit zwei Jahrhunderten unerhörte Weise verletzt und im Gewissen beschwert gefühlt. Allein man trotzte, nachdem der Wind gesät war, sechs Jahre lang dem Sturm. Erst im Dezember 1845 wurde endgültig die den Protestanten unverfängliche Salutationsform wiederhergestellt. Abel stürzte zwei Jahre später durch den Fuß einer spanischen Tänzerin.

Redenbacher fand in Preußen Aufnahme; man gab ihm 1846 die Pfarrei Sachsenburg an der Unstrut. 1852 konnte er nach Bayern zurückkehren und wurde Pfarrer in Großhaslach, dann in Dornhausen. Die Freude an seiner schriftstellerischen Thätigkeit und deren Erfolg verschönte auch seinen Lebensabend.

---

**Wilhelm Dittmar**[1]) (1801—1877), der alte Matschko, ein praktischer Geistlicher. In Pappenheim geboren, besuchte er das Münchener Gymnasium, wo J. Kopp, nachmals in Erlangen Rückerts treuer Freund, in ihm den Sinn für die klassische Litteratur erweckte, die ihm durchs ganze Leben eine liebe Gefährtin blieb. Ostern 1820 wird er in Würzburg als Mediziner immatrikuliert, hört aber nur den Philosophen, der auch Platen begeisterte. J. J. Wagner las morgens von 6—7, wurde aber fleißig besucht. Vom nächsten Semester an studierte D. in Erlangen Theologie. Aus dieser Zeit erzählt er selbst: „Unser burschenschaftliches Leben war dazu angethan, Sinn fürs Vaterland und alles Edle zu erwecken. Unsere

[1]) Th. Renaud im Sammler, der Beil. zur Augsb. Abendzeitung, 3. März 1877, Nr. 27. — Dittmars eigene Aufzeichnungen im Bayreuther Kirchenbuch 1867.

Jugendfreundschaft haben wir alle bis zur Stunde warm und wach erhalten. Die vom Staate verhängte Verfolgung entfernte 38 von uns auf ein Semester von der Universität, und ich insbesondere geriet 1824 ins Verhör bezüglich einer Teilnahme an einem engeren politischen Verein. Ich wußte mich jedoch so ziemlich von dem Verdacht zu reinigen, namentlich da es mir gelang, durch den Nachweis eines Alibi zu bestätigen, daß nicht ich, sondern ein preußischer Hauptmann Dittmar einer besonders berüchtigt gewesenen Versammlung zu Chur in der Schweiz beigewohnt habe. Indes wurde ich jedoch in omnem eventum gleich mehreren meiner Freunde auf ein Jahr in die Verbannung nach — Kitzingen geschickt. Wir hatten nämlich die Wahl eines Aufenthaltsortes, der wenigstens vier Stunden von jeder Universitätsstadt entfernt sein sollte."

Von 1825—48 war er Landpfarrer. Er nahm sich der Gemeinden mit herzlichem Eifer an und fand für sich eine treue Genossin, mit der ein auf schlichte Sitte und ernste Thätigkeit gestelltes Hauswesen begründet wurde. Edle und heitere Geselligkeit versüßte die Mühen des Alltagslebens. Bald stellte sich eine neue Generation hoffnungsvoller Kinder ein. Der arbeitslustige Mann fand zunächst manches Versäumte nachzuholen; bald wuchs die Kraft zu selbständigen Studien, und wie diese sich ausdehnten, fand sich die Lust zu litterarischer Produktion. Auch der Erfolg fehlte nicht. Die Teilnahme an der Zeitschrift für Protestantismus und Kirche brachte ihm den Erlanger Ehrendoktor, politische Schriftstellerei führte ihn für einige Monate in die letzte Münchner Ständeversammlung.

Von 1848 bis zu seinem Ende wirkte er in Bayreuth, erst als Pfarrer, dann als Dekan und Kirchenrat. Hier gewann der Mensch und Geistliche, der allen alles sein konnte und doch immer er selber blieb, aufrichtig, wahr und frei vom pfäffischen Wesen war, bald und dauernd die Herzen von hoch und niedrig. — Auch die litterarische Thätigkeit wurde fortgesetzt, und 1861 krönte die Münchener Akademie seinen Aventin. „Wir scheiden" so schloß Dittmar in Wendungen des bayrischen Historikers diese Monographie, „mit dem Wunsch, daß Bayern unter dem eltest Geschlecht, dem Borne anderer großer Geschlecht, fort und fort blühe, daß die Sachen der heiligen Christenheit aus dem Grund geheilt werden und daß das Teutschland sich wieder aufricht in Ehren und Größe."

Im Jahre 1866 finden wir ihn nicht wie die Mehrzahl seiner Landsleute im großdeutschen Lager; daß die deutsche Einheit nicht von Oesterreich geschaffen werde, sagte ihm sein praktischer Sinn, den weder die Wärme des Gefühls noch die Lebhaftigkeit seiner Phantasie trübte. Den Militärarzt, der bei ihm einquartiert wurde, betitelte er stets tiefsinnig heiter als den „verehrtesten Herrn Feind."

Wie 1870 die Träume seiner Jugend sich zu verwirklichen begannen, folgte der alte Burschenschafter den großen Ereignissen mit der Teilnahme eines Jünglings; täglich werde er freier, hörte man ihn sagen. Als ihn die Nachricht vom Sieg bei Wörth so überwältigt hatte, daß ihm die Freude einen Ohnmachtsanfall zuzog, sagte er einem teilnehmenden Besucher: „Schau, wenn mich so der Schlag getroffen hätte, ich wär's zufrieden gewesen." — Während der Kriegszeit kamen auch nach Bayreuth französische Gefangene, die Besatzung von Diedenhofen. Darunter befanden sich einige Protestanten. Dittmar gewann bald auch diese Herzen, besonders ein junger Offizier kam oft zu dem alten Herrn, der, so gut es ging, mit dem liebenswürdigen Schwerenöther radebrechte. — Als die Kunde von der „großen Wendung durch Gottes Fügung," vom Siege bei Sedan, eintraf, eilte er in die Harmonie und brachte unter der Gesellschaft gemischten politischen Glaubensbekenntnisses einen Toast aus in Blüchers Stil: „Meine Herren, unser Herrgott soll leben!" Und die alten Herren stießen an und versöhnten sich mit dem Himmel und dem neuaufsteigenden jungen deutschen Reich.

Frei von Chauvinismus, war er tolerant im edelsten Sinn, weil er die relative Wahrheit auch an fremden, ihm einseitig scheinenden Standpunkten anerkannte. Nur die Leisetreterei und Duckmäuserei konnte er nicht leiden.

Die edle, und scharfgeprägte Persönlichkeit spricht sich nach Ton und Inhalt aus: „Frischen und guten Mut allezeit auf dem Untergrund zu haben ist das eigentliche Universalmittel, das durchs zausende und zerzauste Leben hilft. Der alte Goethe hat dasselbe gemeint, wenn er das Glück in etwas setzt, was nicht um unsere Füße herum ist, sondern in das, was wir in uns tragen. Und unser Herr und Meister behauptet in göttlicher Liebenswürdigkeit, das Reich Gottes sei inwendig in uns. Und nun streiten die Esel noch um seine Göttlichkeit! .. Der Gedanke an das Große der Zeit und an die Macht des vaterländischen Lebens bereitet mir immer den vigor animi, der mich alles hinnehmen und hell sehen läßt. Ich bin viel angefochten mit amtlichen Dingen, über die ich nicht klagen darf, weil sie das Reich und seine neue Gestaltung in Münze, Ehe und Matrikelwesen betreffen. Und mein Herz und seine letzte Kraft und Liebe gehört dem Reiche!" Tantum sumus quantum prosumus war einer seiner Leibsprüche.

---

**Valentin Strebel** (1801—83), ein musikliebender Mainfranke, hochgeschätzt als Erzieher und Pfarrer in Württemberg.

Geboren im freireichsstädtischen Dorf Oberndorf als sechster Sohn des Lehrers, der zugleich Landwirtschaft betrieb, Gerichtsschreiber und Direktor des Kirchenchors war, lernte er vom Vater die Anfänge des Wissens und der Musik, die Rudimente des Lateinischen auf dem Progymnasium des benachbarten Schweinfurt. Den Zwölfjährigen nahm ein älterer, als Lehrer angestellter Bruder nach Ansbach, wo er auf der Realschule jenen Ernst Bandel zum Schulkameraden hatte, der 1875 das Hermannsdenkmal errichtete. Einen soliden Grund humanistischer Kenntnisse legte er auf dem Gymnasium unter Schäfer und Bomhard, Direktor Scherzer förderte die musikalische Ausbildung. Unter den nachhaltigen Jugendeindrücken war für ihn das 1814 in Ansbach gefeierte Gedenkfest der Schlacht bei Leipzig; es weckte im Knaben das Bewußtsein, auch er habe ein deutsches Vaterland.

Er hat sein Leben selbst beschrieben [1]), anziehend und anspruchslos, so, daß er in den Mittelpunkt das stellt, was ihm die Musik gewesen ist. Sie dient ihm zur Veredlung, Verschönerung und Erhebung des Lebens, bei kirchlichen und vaterländischen Festen, im Freundeskreis, in Haus und Gemeinde.

1819 wird er Student in Würzburg. War er in Ansbach ein guter Altist gewesen, dann bis zur Mutation ein ausgezeichneter Sopran und fertig auf der Geige, so nahm er in Würzburg mit andern Studenten an den Orchesterübungen im Lehrerseminar teil und spielte in Fröhlichs Symphoniekonzerten die erste Violine. Vor befreundeten Häusern wurden Serenaden aufgeführt, wo bei einem Trio für Flöte, Guitarre und Bratsche er als Fuchs mit letzterer anstehen mußte. Gewöhnlich wurde man dann ins Haus gerufen, um noch weiteres hören zu lassen.

Herbst 1820 ging es nach Erlangen. Nachdem Strebel in Würzburg der Burschenschaft angehört hatte, trat er derselben natürlich auch hier bei. An einem der ersten Sonntagsnachmittage blieb man des schlechten Wetters halber auf dem Burschenhause zu einer sog. Assemblee. Während sich die meisten zu einem gemütlichen Laubober zusammenthun, vergesellschaftet er sich mit Hans v. Aufseß, dem schwarzen Schubarth aus Regensburg und dem feinen, schlanken Hoffstadt zu einem Streichquartett. Auf diesem Grunde baut sich nach und nach auch ein Singquartett auf, in dem er den zweiten Baß und die Leitung übernimmt, den Tenor Breiting aus Augsburg, der später vom Theater verschlungen wurde, eine Stimme „so mild und naturfrisch, daß die Töne wie klares Wasser aus lebendiger Quelle hervorquollen, und doch wieder so klangvoll, daß man sie aus hundert Burschenstimmen heraushörte.“ Für dieses Quartett komponierte Strebel das Feuerbachsche „Schalle hoch in heilger Frühe“ zum Gedächtnistag der Erlanger Burschenschaft, der am 1. Dez. (1821?) in Bubenreuth gefeiert wurde. Ein andermal leitete er ein Wohlthätigkeitskonzert, das

[1] J. V. Strebel, Ein musikalisches Pfarrhaus. Basel, Detloff. (Stuttgart, Steinkopf) 1886.

die Burschenschaft im Walfisch gab: es begann mit der Jupitersymphonie, J. Stahl ließ sich auf der Violine hören, die „Kapelle" trug ihre vierstimmigen Lieder vor.

Seine Stellung in der Burschenschaft ist oben gezeichnet (S. 133). Die Vita charakterisiert die ihm näher Stehenden mit gelegentlichen Strichen: Ad. Clöter, Redenbacher, Koch, J. Stahl; Nägelsbach's Geistesfrische, Hase's tiefes, treues Gemüt, seine Geistesbildung, schlagfertige Rede und gewinnende Freundlichkeit; den scharfsinnigen und streitbaren Höfling, den gemütlichen, kenntnisreichen F. Herbst; W. Donner, den stillen, aber tiefgründenden Pürkhauer. Als Mitglied des Vorstandes wird Strebel 1823 mit Carcer bestraft (S. 137), durch das Erkenntnis vom April 1824, vorläufig auf drei Jahre, vom Kirchen- und Lehramt ausgeschlossen (S. 152). Trotzdem läßt man ihn die Abgangsprüfung in Ansbach machen und darauf das Kandidatenexamen. Beim letzteren glänzen im „Siebengestirn" außer Clöter, Redenbacher, Höfling, Strebel — der fleißige und feurige Mezger, früher Rentamtsschreiber, aber durch die Liebe zur Tochter seines Prinzipals noch zum Studieren veranlaßt; der stille, kräftige Gebhard aus dem Fichtelgebirge; Mayer, der ehemalige Jude, den der Vater im Zorn über seinen Uebertritt zum Christentum enterbt hatte, später aber doch, als der Sohn Vikarius geworden, mit einem Kirchenrock beschenkte.

Nach dem Examen fand Strebel in Nürnberg Beschäftigung, zuerst an Raumers Realinstitut, von da als Demagoge vertrieben, als Hofmeister und als Gesanglehrer am Gymnasium. Wie ihn selbst der mächtige Roth hier nicht schützen kann, folgt er 1825 einem Ruf als Instruktor zweier Prinzen von Hohenlohe-Oehringen. Diese begleitet er schließlich auf das Tübinger Lyceum und erhält dann eine Pfarrei ihres Patronats. Dahin holt er 1830 die Frau aus Nürnberg, seine frühere Gesangschülerin, eine der Schwestern von Ad. Harleß. Eine Station der Hochzeitsreise ist das Ritterschloß in der fränkischen Schweiz, auf das Hans v. Aufseß auch den Freund Clöter geladen hat. Hier Wasserfahrt unter Gesang auf dem See, abends Quartett mit dem Hausherrn, dem seinen, wohlgeschulten Geiger, in behaglicher Rückerinnerung an das schöne Zusammenstreichen in Erlangen.

1835 vertauschte er das Pfarramt mit der Leitung der Erziehungsanstalt Stetten im Remsthal, dann war er wieder sechs Jahre lang Pfarrer zu Weil im Schönbuch. 1850 übernahm er das christliche Privatgymnasium in Stuttgart. Seine erzieherische Methode hat ein ehemaliger Zögling so geschildert: Spaß durfte man nicht mit ihm treiben, sein ernster Blick, sein mahnendes Wort, seine schnelle Hand traf jeden, der auf falschen Wegen ging. Aber mit kalter Strenge regierte er nicht; wie er selbst liebte, wurde er wieder geliebt. Sein kindlicher Geist und turnerisch frischer Sinn zog die Jugend an, die warme Teilnahme an ihrem Gesamtleben wie an den Leiden und Freuden des Einzelnen hielt sie fest. Er wurde verehrt als ein Vorbild, mit dem geheimen Gedanken: Wenn ich doch auch ein solcher Mann werden könnte!

1858—83 Pfarrer in Roßwaag an der Enz oberhalb Vaihingen, wirkte er in unermüdlicher Treue für Kirche und Schule; die musikalische Bildung förderte er, wo er weilte, auf die mannigfachste Weise, auch durch Herausgabe von Melodien, von denen er selbst manche erfand. Diese freudige und segensreiche Thätigkeit hat er, sowie sein glückliches Familienleben mit der lebendigsten Anschaulichkeit selbst geschildert (S. 334[1]). Ich greife zwei Momente heraus. 1870 war er Vater von neun Kindern; von den acht Söhnen zogen drei ins Feld, einer als Soldat, zwei als freiwillige Krankenpfleger; jener brachte das eiserne Kreuz zurück, von diesen wurde der eine das Opfer des Liebesdienstes. — Als im September 1876 die Manöver des württembergischen Kontingents beendet waren, sang die Schule von Mühlacker dem Kaiser Wilhelm ein von Strebel gedichtetes und komponiertes Lied, Die Kaiserlinde. Der hohe Herr erkundigte sich nach dem Autor und sandte dem einst als Demagogen nach Württemberg Verschlagenen seinen kaiserlichen Gruß.

---

**Julius Stahl** (1802—61), Rechtsphilosoph, einflußreicher Universitätslehrer, Vorkämpfer der kirchlichen und politischen Reaktion in Preußen.[1])

Den glänzend begabten Sohn ließ der Vater, ein jüdischer Viehhändler in München, das Gymnasium besuchen. 19jährig hatte er nicht nur dieses absolviert, sondern auch den Lycealkurs, dessen Abschluß der bestandenen Lehramtsprüfung gleichkam. Hatten ihm Kopp und Thiersch einen Reichtum gelehrter Kenntnisse vermittelt, so gab das deutsche Rom im zweiten Jahrzehnt unseres Jahrhunderts auch dazu Gelegenheit, die Kniffe der Kasuistik wie alle Schliche und Intriguen des Parteiwesens kennen zu lernen. Zur lutherischen Kirche übergetreten (6. Nov. 1819 in Erlangen), studierte er Jus, zunächst in Würzburg. Hier gewann, wie es scheint, J. J. Wagner[2]) Einfluß auf ihn. Dieser hatte die Bemühungen der Philosophen in Folio, Quart und Oktav sowie die Werke der Dichter vieler Zeiten und Völker auf kulturhistorische Kartenblätter abgezogen und gab nun Produktionen im Mischen, Abheben und Volteschlagen, im Patiencelegen und den raschen hohen Spielen; spielwidriges Erscheinen einer Karte wurde bald mit feierlichem Ernst als ein Wunder erklärt, bald mit heiterer Dreistigkeit als Verdienst der Geschwindigkeit nachgewiesen. Schwerfällige Naturen wie Platen grübelten Wagners prophetischen Offenbarungen nach, anders geartete Ingenien sahen ihm die Manipulationen

[1]) A. D. B. 335, 392. — Zur Charakteristik Neupreußischer Politik. Weimar, Böhlau 1854. — Briefe von A. v. Humboldt an Bunsen und C. Schwarz, Zur Geschichte der neuesten Theologie, Leipzig Brockhaus 1869. W. Beyschlag, C. J. Nitzsch. Berlin 1872.

[2]) Vgl. 303[1]. W. hatte schon in Heidelberg viele Verehrer. Kopp, der ihn da hörte, nennt ihn ein kleines Feuerrad von philosophischen Witzesfunken, die wohl amüsieren können, aber der Belehrung gar zu wenig geben. Wagner Kl. Schr. 2, 402: „Die Produktion der Weltgeschichte kann allein aus einem Gemüte hervorgehen, das sich in die religiöse Freiheit gesetzt hat und einer Nation angehört, deren Eigentümlichkeit die geringste Eigentümlichkeit ist . . welche dann den Kreis ihrer Bildungen schließt, glücklich, wenn sich noch einmal ihre ideelle Kraft in wenigen Individuen zusammendrängt."

ab und merkten sich die Wirkung der Escamotage auf ein hohes Publikum.

Oktober 1821 finden wir Stahl neben Rotenhan als Würzburger Deputierten auf dem Streitberger Burschentag, wo seine scharfsinnige Beredsamkeit ihre Macht übte. In welcher Richtung, verrät Hase nicht [1]). Th. v. Bernhardi [2]) hörte später einen mit dem Studenten Stahl eng befreundeten Heidelberger Burschenschafter erzählen, dieser habe immer einen Dolch im Busen getragen, auf dessen Klinge stand: Tod den Tyrannen! Mag man letzteres als Thatsache annehmen oder nicht — ich habe Wahrscheinlichkeitsgründe für und wider — beweisen läßt sich, daß Stahl zu den deutschen Dingen eine ganz andere Stellung hatte als seine Erlanger Umgebung. Hier studierte er nämlich seit Michaelis 1822. Nun hat Herbst [3]) einen Vortrag aufbewahrt, den Stahl um jene Zeit im Freundeskreis hielt. Aus diesem geht hervor, daß er sich nicht als ein Deutscher fühlt, dem Volk und Vaterland ein Brennpunkt des Lebens ist, sondern als Weltbürger, und daß er als Individualpolitiker kalkuliert, welche Form des Staates seiner persönlichen Kraft den weitesten Spielraum geben wird. Er behandelt das Thema Ueber Ehre als Triebfeder der neuern Monarchie. Ich lege die Hauptpunkte vor. Welche Richtung eine Zeit nehmen könne und solle, welches das ihr eigene Urbild sei, muß sich jeder, der in ihr lebt und wirken will, klar bewußt sein. In unserem Leben sucht sich der Geist des stolzen Rom und der romantische Schwung des Mittelalters zu vereinigen. Der Geist hat den über alle Erscheinungen erhabenen Gedanken erkannt, die Phantasie umfaßt in kühnerem Schwunge das Unendliche. Damit kann das Verschwinden des Einzelnen im Ganzen, wie es dem Altertum eigen war, nicht bestehen. Das Christentum hat ein Reich der Menschheit gegründet und so den Menschen mit dem Streben nach dem Höchsten über den Staat gestellt; es wollte zwar die Individualitäten einem höheren und auch strengeren Gesetze unterwerfen, dem

[1]) 118. [2]) Aus seinem Leben 2, 359. [3]) 226—237 (oben S. 133).

göttlichen Willen, aber wie selten ist christliche Demut! So wird die Tugend der Religion bei Seite gerückt, um über sie und die Tugend des Staates, die in der Liebe zum Vaterland ihre Quelle hat, die Ehre zu erheben, den Stolz des Mannes auf seine Persönlichkeit. Nicht daß jedes Glied in dem Ganzen und für dasselbe lebt, ist anzustreben, sondern das stolze Aufsichberuhen des Einzelnen, der im Gefühl seiner Größe Ruhm und Glanz eher auf den Staat überzutragen als von ihm zu empfangen scheint, und dieses Vorherrschen des eigenen sittlichen Strebens vor dem vom Staat vorgeschriebenen rechtlichen wird erreicht in der Monarchie, wofür Montesquieu Zeuge. An dem Selbstgefühl des Monarchen nimmt aber der erbliche (in der Ferne ein durch Geisteskraft erworbener) Adel teil, denn auch sein Dasein beruht auf der Größe der Geburt. Als das Staatsideal erscheint Abgeschlossenheit und Rechtsungleichheit der Stände. Hier entfalten sich größere Anforderungen des höheren Standes an seine Glieder; gegeben ist damit aber auch die geringere Meinung von der niederen Klasse, Gleichgültigkeit gegen alles das, was mit dieser gemeinschaftlich ist, mithin auch gegen das alle gleich treffende Gesetz. So erscheint uns der Adel des Mittelalters als ein Stand voll lebendigen Gefühles für alles Große und Heilige; aber verbunden damit finden wir auch eine Nachsicht, beinahe Hochachtung gegen solche Pflichtwidrigkeiten, deren Begehung einen hohen Grad von Kraft voraussetzt, während dem gemeinen Mann die Unterlassung solcher Vergehen nicht als moralische Enthaltung, sondern als Mangel an Thatkraft und Geistesbildung anzurechnen ist; seine Achtung vor der bestehenden Ordnung zeigt mehr Wohlwollen und Herzensgüte, als moralische Kraft, mehr Duldung gegen das Gesetz, als Liebe für dasselbe.

Es ist ein fremdartiger Geist, der durch diese krausen Blätter weht. Die Schwärmerei für den Adel könnte Herm. v. Rotenhan erzeugt haben, an den sich Stahl seit dem Vorabend seines Uebertritts eng angeschlossen hatte. Aber woher stammt die Nichtachtung des gemeinen Rechts und der Volksempfindung? Diese läßt sich

22*

kaum anders erklären als aus Stahls Jugendeindrücken. Aus welchen Leitungen voll von bitterem Haß und Rachekeimen der jüdische Knabe in München sein Teil Volksbewußtsein trinken mußte, darüber mag sich, wem keine unmittelbare Analogie nahe liegt, durch J. Raabe orientieren lassen. Im Hungerpastor (5. Kap.) ermahnt ein jüdischer Vater den Sohn:

Lerne. Wenn du was kannst, kannst dich wehren, brauchst dich nicht lassen zu treten, kannst werden ein großer Mann und brauchst dich nicht zu fürchten vor keinem.

Der Sohn öffnete bei solchen Ermahnungen die funkelnden Augen sehr weit und fragte wohl: Wenn ich lern, brauch ich mich nicht lassen zu schimpfen und schlagen in der Gass'? Ich kanns ihnen heimzahlen, was sie mir thun? Brauch mich nicht zu verkriechen vor ihnen?

Der Vater: Wenn Du jetzt sitzest im Winkel, kannst Du denken, Du bist die Katz und die Mäus' tanzen vor Dir und pfeifen Dir zum Hohn. Laß sie pfeifen und lern; wenn der jungen Katz sind gewachsen die Krallen, kann sie spielen mit der Maus und die Maus hat das Schlimmste davon.

Der Sohn: So will ich sitzen im Dunkeln und lernen alles, was es giebt und wills ihnen vergelten in der Gasse, was sie mir thun.

Wird nicht hier auf die jugendliche Lucubration über die „Ehre in der Monarchie" zu viel Gewicht gelegt? Wohl gestattet die susceptibilitas contrariorum eines Studenten und seine perdita sagacitas einen eigenen Maßstab, unklare und turbulente Kraftäußerungen können wie die Entwicklung des gärenden Weines betrachtet werden; allein die Entstehungsgeschichte der volksfeindlichen Junkertheorie Stahls ist nicht nur von psychologischem Interesse, sondern bei dem Charakter der Gemeinschädlichkeit, den sie später angenommen hat, auch von politischem. In Preußen, wo dem gesetzlichen Sinn eine besondere geschichtliche Bedeutung zukommt, hat diese frivole Staatslehre unberechenbares Unheil gestiftet, vor allem dadurch, daß durch sie die Bildung einer ehrlichen und vernünftigen konservativen Partei, wie sie z. B. das Preußische Wochenblatt[1]) anbahnte, hintertrieben worden ist.

In Erlangen wurden Stahls Spekulationen der Art als Wunderlichkeiten eben dieses vielseitigen[2]) Individuums hingenommen. In der Burschenschaft machte er diese abweichenden Meinungen nicht geltend, er war immer anregend, von sprudelnder Heiterkeit, aufopfernd, lebte und ließ leben. Noch in Berlin hat er sich den Erlanger Freunden und der jüngeren Generation gegenüber anhänglich und gastlich bewiesen, wie auch die Nachrufe für Puchta (S. 281[1]) und Rotenhan (S. 298[1]) bekunden. Die Erlanger aber bewahrten ihm das entsprechende Andenken: Strebel bringt es fertig, in einem Atem den scharfen Judenverstand und das tiefe Christengemüt zu rühmen, Hase[3]) deponiert: „die Jugenderinnerung ehrend, haben wir beide allezeit vermieden in der allgemeinen Geisterschlacht unmittelbar aufeinander zu treffen." Als hervorragendes Mitglied der Burschenschaft wurde er 1824 auf zwei Jahre relegiert (S. 152).

1827 habilitierte er sich als Jurist in München, fand aber dort nicht recht Eingang: das Hauptinteresse Ludwigs I. lag ihm ferne; anderen scheint er zu fein und gelehrt, wieder anderen zu schlau gewesen zu sein. Schelling lernte er ein gefährliches Ding ab, „von Ueberzeugungen, die man als in ein eigenes Gebiet gehörig im Innersten zu verschließen und nur gegen feindliche Angriffe zu schützen pflegt, auch positiv den vollständigsten wissenschaftlichen Gebrauch zu machen," d. h. die Meinungen über Religion zur Polemik, litterarisch und politisch, zu verwerten.

Von diesem Fund macht er gleich Anwendung in der 1829 erschienenen Rechtsphilosophie. Die Erzeugnisse der vorangegangenen Gedankenarbeit werden kurz abgethan; alle bisherigen Systeme seien in der Praxis in dürren Rationalismus oder in wüsten Pantheismus ausgelaufen. Im Gegensatz zu bloß notwendiger Konsequenz will seine Philosophie schöpferische Freiheit, ge-

[1]) Beyschlag, Nitzsch S. 359.
[2]) Auch ein guter Violinspieler war er, Schüler Rovelli's. (S. 335).
[3]) 118.

schichtliche That in den Mittelpunkt stellen. Dieser Inhalt wird dadurch gewonnen, daß hier der persönliche Gott herrscht und sein irdisches Ebenbild, der Mensch. Letzterer aber ist schlecht und sündig, von Natur zum Bösen geneigt. Darum tritt nicht er in den Mittelpunkt, sondern objektive Mächte, Sachen, die aber nicht um der Menschen und der Menschheit willen bestehen, sondern — als göttliche Institutionen. Die eine derselben ist der Staat.

1832 wurde er ordentlicher Professor in Würzburg, 1834 in Erlangen. Von hieraus fand er Gelegenheit, sein parlamentarisches Talent zu erproben, denn die Universität sandte ihn (1837) in die Münchener Ständeversammlung. Hier forderte er gemeinsam mit den Abgeordneten der Universitäten Würzburg und München eine reichlichere Ausstattung dieser Institute, „daß von dem großen Aufwande, welcher der Kunst und ihrer prachtvollen Begleitung zugewendet werde, doch auch ein geringer Teil der Wissenschaft und ihren Anstalten zugewendet werden möchte.“ Dafür nahm ihm Abel, sobald er an Wallersteins Stelle getreten war, die Professur des Staatsrechts. Stahl hatte eben ein neues Buch fertig, die Kirchenverfassung nach Lehre und Recht der Protestanten. In diesem Werk ist die äußere Kirchenanstalt als göttliche Institution ebenso hingestellt, wie in der Rechtsphilosophie der Staat, und in Uebereinstimmung mit einer der Liebhabereien Friedrich Wilhelms IV. wird die Sehnsucht nach episkopaler Ausbildung des Kirchenregimentes laut. Hier vollendete sich der Freiheitsbegriff: der Mensch gelangt zur wahren Freiheit, indem er das Joch dieser höheren, äußerlich erziehenden Ordnungen trägt.

Mit dieser schöpferischen Freiheit stellt er sich ebenbürtig neben den Hallenser Restaurationsjuristen Pernice, seinen nachmaligen politischen Freund, der vom Jahr 1826 an seine großen publizistischen Kenntnisse und Fähigkeiten vorzugsweise den Rechtsverhältnissen der seit 1806 mediatisierten Fürsten und Grafen widmete und als die einzige Staatsweisheit für die innere Politik den Grundsatz proklamierte, „Recht zu thun vom Throne bis zur Hütte.“ Der Punkt aber, wo dies Recht gefunden wird, liegt für Pernice in der Zeitepoche, wo es neben den Rechten des Fürsten und des Adels überhaupt keine Rechte gab. Stahls Theokratismus führt auf die Zeit des Priesters Samuel zurück und nimmt zum Anker der Auslegung die Augustana.

Ein dritter, in gleicher Richtung wirkender Zeitgenosse — ein Wegweiser für Stahl — ist der Theologe Hengstenberg, der sich 1825 in Berlin mit der Promotionsthese eingeführt hat: Ratio humana coeca est in rebus divinis. Is tantum ad eam, quae homini concessa est, Dei cognitionem pervenit, qui Christi crucem tollit eumque sequitur. Dieser gab, von Ludwig v. Gerlach berufen, seit 1827 die Evangelische Kirchenzeitung heraus, deren Abominationen gegen Goethe wir kennen (S. 183). Für die Politik forderte dieses sich christlich nennende deutsche Blatt die innigste Verbindung von Kirche und Staat auf dem Boden der alttestamentlichen Grundanschauungen. Damit verglichen, mochten sich die Verehrer des Mittelalters in München, als wesentlich fortgeschritten betrachten; auch Stahl scheint zuweilen so gefühlt zu haben, wenn er als gelehriger Schüler der Görres und Ringseis (S. 325) argumentierte.

Von Abel gemaßregelt, folgte er 1840 einem Ruf nach Berlin, wo er der Nachfolger von Ed. Gans wurde. Fünfzehn Jahre später war hier der Oberkirchenrat Stahl eine nach A. v. Humboldts Ausdruck bei Hof angebetete Persönlichkeit. Friedrich Wilhelm IV. erschien den nächsten und urteilsfähigsten Männern seiner Umgebung als ein Herr von edelstem Gemüt und Wollen, geistig begabt wie keiner, das Erhabene und Schöne fühlend in Kunstwerken wie in menschlichen Großthaten recht ferner Geschichten. Denn von der nüchtern erkältenden Gegenwart wandte er sich ab bis auf den Punkt der Popularität, die ihm Gemütsbedürfnis war; die Thatsachen haßte er, die ihrer Natur nach grob sind, weil man sie nicht leugnen kann, und unbequem, da sie die Spiele der Einbildungskraft stören. Dem überlieferten Geschäftsgang fügte er sich und brachte aus Pflichtgefühl täglich sechs Stunden in Vortrag und Gespräch mit Kabinetsräten über oft kleinliche Gegenstände hin. Die mittelmäßigen Menschen, die ihn umgaben, engten ihn ein; 1847 urteilt Humboldt [1]): „Es ist ein trauriger Zustand, wenn ein ganzes Volk in seiner geistigen Bildung hoch über der des Ministeriums steht.“ Schlimmere Elemente strebten, den Monarchen vollkommen zu isolieren. — Auch weibliche Einflüsse machten sich geltend; die in Berlin, Dresden und Wien verheirateten Schwestern waren Schülerinnen von Thiersch, der auch Stahls Lehrer gewesen, „Frauen von frommer, gläubiger Herzensenergie, denen Eingreifen in große Geschicke religiöses Bedürfnis war.“

Wenn die Atmosphäre des Hofes als ein Zauberkreis erscheint, in dem Wahrhaftigkeit und Freiwüchsigkeit nicht recht gedeihen wollten, so waren auch die übrigen Kreise der Residenz voll von Luftbildern. Deutsche Naturen vermißten, was das Eigentümliche unserer Art ausmacht, Wahrheit und Innigkeit in der Beschäftigung des Geistes und Herzens und die Klarheit, welche die Aufgaben beider Sphären auseinanderhält. Berlin ist eine wundersame Geburtsstätte, heißt es im März 1840 bei Perthes [2]), aber auch ein offenes Grab. Mehr und mehr geht alles auf Repräsentation hinaus. „Hofverbindungen zu haben, in einer Unsumme von Verhältnissen zu stehen, das ist das höchste Ziel; alles in der Welt, Religion und Politik, Wissenschaft und Kunst scheint eigentliche Bedeutung nur zu haben, insofern es einen glänzenden Gegenstand der Salonunterhaltung abgiebt; der Ernst des Mannes, die Tiefe des Geistes geht verloren, Zeit und Kräfte werden zersplittert und der Charakter verschwindet.“

So war die Welt beschaffen, in die Julius Stahl 1840 eintrat. Aufgewachsen unter irgendwelchen Jugendeindrücken, jedenfalls in einer undeutschen Familie und ohne Wurzeln im vaterländischen Boden, hatte er sich einer Religionsgemeinschaft angeschlossen, in der er nunmehr lieben und verehren sollte, was er bis dahin gründlich hassen gelernt; als Student war er vielleicht

[1]) S. 97.

[2]) F. Perthes Leben. Gotha 1855. 3, 489.

insgeheim[1]) in den politischen Radikalismus verstrickt, jedenfalls war ihm die Macht des Volksgefühls in Sitte und Recht ein unverständliches Ding geblieben. Indes hatte sein elastischer Geist und zäher Fleiß ihm das Fremde rasch zugeeignet, Scharfsinn und Kombinationsgabe, Phantasie und Sprachtalent ließen die Summe des Aufgerafften als ein Ganzes erscheinen. Hochstrebend und empfänglich für die entgegengesetztesten Eindrücke, hatte er seine Fähigkeiten gleich auf das Höchste und Tiefste gerichtet, worin das Fühlen und Wollen eines Volkes in die Erscheinung tritt, auf Kirche und Staat. Wenn er hierüber Klarheit suchte, wohlan. Es giebt kaum einen erfreulicheren Anblick als ein aufstrebendes Talent lebendig mit solchen Aufgaben beschäftigt; wenn z. B. der Erlanger Student L. von Vincke[2]) das Volk bei der Arbeit aufsucht, hinter dem Pflug und beim Ambos, in der Beratung der Dorfgemeinde und auch im Gefängnis; oder — von einem Justus Möser zu schweigen — wenn J. Grimm in der Geschichte unseres Volkes allem Herrlichen und Großen nachspürt, um an diesem Schatz sich zu erfreuen und zu beraten, um dort Trost und Ermutigung und ein Beispiel zu holen.

Das Eigentümliche unseres Volkes und den Stand seiner Bildung zu erkennen, bot die Zeit dem redlich Strebenden die reichsten Hülfsmittel. Mit Wahrhaftigkeit konnte beim Regierungsjubiläum[3]) des württembergischen Königs (31. Okt. 1841) dem kritischen Geist des Jahrhunderts nachgerühmt werden, er habe die geschichtlichen Ereignisse auf dem gegebenen festen Boden in ihrem innern, in der Natur der Sache selbst begründeten Zusammenhang, die handelnden Personen in ihrer wahren Gestalt erscheinen lassen: das ferne Alter-

---

[1]) Der Zeitgenosse Nägelsbach im N. Nekrol. 1840, XVIII, 628: „Die Besten waren durchaus den burschenschaftlichen d. i. den vaterländischen Interessen ergeben, mit entschiedener Ablehnung aller Demagogie, welche damals, nur von Einzelnen und nicht von den Besseren vertreten, nie sichtlich hervortrat und kaum im Stillen zu verführen vermochte.“

[2]) v. Bodelschwingh. Leben des Ob. Präs. v. Vincke. Berlin 1853.

[3]) F. Chr. Bauer. Tüb. Gymn. Pr. 1877.

tum in der ewigen Schönheit seiner einfach edeln Formen, die mittlere Zeit mit dem wundervoll ineinander verschlungenen Bau ihrer Werke und Schöpfungen, das ganze Leben der Völker und Staaten in seinem Thun und Leiden, seinem Denken und Dichten, in seinen Sprachen und Religionen, seinen Rechten und Gesetzen, allen Zuständen des Kriegs und Friedens. Wenn also Stahl versprach, er werde entgegen der luftigen Spekulation schöpferische Freiheit und geschichtliche That zur Darstellung bringen, es kam diesem Unternehmen und einer aufrichtigen Durchführung die Sehnsucht der Besten auch jener Zeit entgegen. Im Recht, in Staat und Kirche waren neue Formen ein dringendes Bedürfnis für die zumal seit den Freiheitskriegen unendlich gesteigerten Kräfte. Auf kommerciellem und politischem Gebiet sah man sich von den Nachbarvölkern überholt, das patrimoniale Regiment und die Kleinstaaterei lähmten die Bewegung im Innern und jede Kraftentfaltung nach außen. Dagegen hatten wir auf geistigem Gebiet bereits im 18. Jahrhundert durch Aufklärung und Vertiefung der Begriffe, sowie durch große Dichter die Kraft unseres Volkstums würdig bethätigt; die Not vor den Freiheitskriegen und die Erhebung hatten Veredlung der Empfindungsweise und Vervollkommnung des sittlichen Lebens gebracht, und dieses fromme Freiheitsgefühl — Bewußtsein des menschlichen Adels und Demut vor Gott vereinend — lebte fort als Sehnsucht nach einer kirchlichen Form, in der, im Gegensatz zum erstarrten Dogmatismus, die Gemütswahrheit eine Stätte suchte. Aber vorwärts liege das Ziel, dahin zeigten alle guten Triebe der Vergangenheit und Gegenwart. Nur die zur Leitung Bestimmten ließen durch ihre Lohnschreiber versichern, das Ziel liege rückwärts. Ihnen fehlte die Staatsweisheit, die Not zu erkennen und ihr abzuhelfen — das geistige Uebergewicht war beim Volke. Die konstitutionelle Idee z. B., die Regierungsmaßregeln vor der Oeffentlichkeit zu rechtfertigen und dem Volk sein Recht auf Teilnahme an der Gesetzgebung zurückzugeben, war im Volksbewußtsein lebendig geworden. Der Prinzregent von Preußen[1]) hat im Gespräch mit

[1]) 20. Juni 1860. Sybel, die Begründung des D. Reichs II, 284.

Max von Bayern die dadurch entstandene Aufgabe verglichen mit der Regulierung eines Flußbettes: „man müsse die Ufer sichern, die Dämme nicht zu eng und nicht zu weit machen, vor allem nicht quer in den Fluß hineinbauen." Die Baumeister der Restaurationszeit aber bauten an solchen Querdämmen, ohne Sinn und Verstand. Wenn dann der gehemmte Strom unruhig wurde und über die Ufer brauste, schmähten sie das Volk, und feile Federn eiferten gegen infernale Einflüsse. — Auch in Hinsicht auf die moralische und religiöse Natur des Menschen mangelte die dem Bildungsstand entsprechende und praktisch fruchtbare Erkenntnis, die einst dem mittelalterlichen Klerus die Herrschaft über die Gemüter gewonnen hatte. Das Unvermögen der Leitenden barg den tiefsten und umfassendsten Grund der unheimlichen Spannung vor 1848. Da suchten die Advokaten des Absolutismus in den Wolken den Ursprung des revolutionären Geistes. Die Jesuiten hatten ihn längst entdeckt, in der Reformation, in der Abwendung von der heiligen Kirche. Diesen hinkten die märkischen Ultras nach und fanden ihn in der Sünde überhaupt und in der Aufklärung des 18. Jahrhunderts insbesondere. Bismarck hat, als er diesen Anschauungen entwachsen war, den General v. Gerlach[1]) aufmerksam gemacht, der Absolutismus sei, wenn nicht der Vater der Revolution, doch ein fruchtbares Feld für die Saat derselben.

Half eine wissenschaftliche Arbeit durch leidenschaftslose Betrachtung des Wirklichen den Egoismus des Bestehenden überwinden und durch Ausscheiden des Ungesunden das Freiheitsgefühl läutern und auf würdige und mögliche Ziele richten, dann bereitete sie die schöpferische That vor. Stahl hatte die Empfindungen unseres Volkes, sein Fürchten und Hoffen, seinen Zorn und seine Liebe im eigenen Herzen nicht miterlebt, und so mußte seine nicht im Volksbewußtsein wurzelnde Staatsweisheit unfruchtbar bleiben. Er freilich führte sich, als er in unsern Staat und in unsere Kirche eindrang, ein als der Seher und Weise, dessen Lehre über mensch-

[1]) 30. Mai 1857. Briefwechsel S. 350.

liches Denken und Wollen erhaben sei; die menschlichen Kräfte seien irrend und sündig, er hingegen, Stahl, war von Gott gelehrt. Salbungsvoll verkündete der Magier die ihm geoffenbarten göttlichen Institutionen, denen alles Volk rückhaltolos sich hingeben sollte, um die wahre Freiheit zu erlangen. Die Herrschenden sprach er heilig, die Vertreter der großen Interessen, auf ihnen ruhe die jenseitige Autorität; das Volk in seinen tiefsten und edelsten Regungen denuncierte er als satanisch, hier sei das Diesseits, die unzufriedene Majorität. Der heilige Mann ergriff die Posaune des Weltgerichts und blies zum Kampf der Regierenden gegen die Regierten, zum gottgewollten Streit gegen Vernunft und Freiheit. Wenn nun Eigennutz und Borniertheit, froh des heiligen Berufs, den nützlichen und interessanten Sophisten als den wahren Propheten gelten ließen, wen trifft die größere Schuld, den Meister oder die Schüler? Zu bezahlen hatte sie das Volk nach der Rechtsregel Quidquid delirant. Wenn der eben 27jährige kommandierte, die deutsche Wissenschaft müsse umkehren, um der Rechtsauffassung angeblich Stahlscher Erfindung zu folgen, wenn der Neophyt den Protestanten ein Gesetzbuch ihres kirchlichen Lebens zu bieten wagte, so war das zunächst seine Sache. Ich kann aber das Gefühl der Empörung nicht unterdrücken, wenn ich sehe, daß deutschgeborne Menschen sich von den undeutschen Gedanken des Eindringlings unterjochen lassen. Als charakteristisch für deutsche Art aber gilt mir das von Fichte aufgestellte Unterscheidungsmerkmal, ob einer an ein Ursprüngliches im Menschen selber, an unendliche Verbesserlichkeit unseres Geschlechts glaubt, also die Freiheit ahnt und liebt, oder ob er vor der Freiheit erschrickt und sie haßt.

Stahls angebliches System darzustellen, wird dadurch erschwert, daß es aus toten Worten besteht, deren Scheinleben geborgt ist von den lebendigen Gedanken, die seine Deklamation für gottlos erklärt; Politik, Religion und Metaphysik sind in einen kaum entwirrbaren Knäuel verschlungen; und die Entwirrung durch logische Arbeit ist dadurch gehemmt, daß fortwährend individuelle Anlässe begegnen, die das Abreißen und Abfärben des Fadens oder das Schlingen neuer Knoten veranlassen, restierende Eindrücke aus dem väterlichen Betrieb oder der Synagoge, politische und diplomatische Rücksichten, zumal auf das poetisch Geistreiche in Sanssouci. Stahl selbst erklärt, er habe bis 1846 seine ganze Thätigkeit gegen Rationalismus und Pantheismus, Liberalismus und Demokratismus gewendet; später hat er die Formel vereinfacht: für die Autorität gegen die Majorität. Was liegt diesen Worten zu Grund? Die Menschenwelt und speciell das Fragment derselben, deutsches Volk genannt, erscheint als eine wertlose Masse niedriger Erfahrungen und Begriffe im Gegensatz zu einem abstrakten Schema göttlicher Wahrheit, es ist nur da wie Wachs, um sich die Siegel der göttlichen Autorität eindrücken zu lassen. Letztere aber gewinnt sofort eine sehr konkrete und massive Gestalt, wenn das Göttliche seinen Sitz nimmt in Königen und Patrimonialherren, in Pastoren und womöglich in Bischöfen. Daß das Volk, daß der Einzelne Selbstzweck sei und mitschaffe an den Ordnungen des Staates und der Kirche, das nennt Stahl den Grundirrtum auf geistigem Gebiet, die Todsünde im kirchlichen, kurz die Revolution. Das Volk und die Einzelseele sind nur Objekte der Herrschaft; die Gemeinde ist nur dazu da, um sich den vom Lehrstand bestimmten Glaubensinhalt anzueignen. Der Herrenstand fungirt neben dem König als gottgewollte Obrigkeit. Der restierende Teil, die widerwärtige Majorität, die Unterthanen — sind nur da, um dieses Göttliche zu verehren und ihm zu gehorchen in blindem, passivem Gehorsam. Damit ist die misera plebs contribuens abgefunden.

Ein Teil dieser Anschauung ist uns unter Katholiken Aufgewachsenen nicht fremd, die Unterscheidung nämlich zwischen Priester- und Laienwelt; Stahl aber demonstriert, daß diese gottgeordnete Unmündigkeit des Volkes nicht nur in Sachen der Religion statt habe, sondern auch im Staat, ein Verhältnis, das die Katholiken, Klerus wie Laienwelt, als eine Verschlechterung ihres Zustandes mit Hohn und Verachtung zurückgewiesen hätten.

Und wie wird diese Knechtung des Volkes erschlichen? Der römische Klerus begründet seine Herrschaftsansprüche dadurch, daß er der Kirche die Sufficienz beilegt, Inhalt und Umfang der christlichen Religionswahrheiten zu bestimmen. Er ist im Besitz der Offenbarung und bestreitet von hier aus den Begriff der Entwicklung, die nicht von der Kirche ausgeht. Diese Negation wird zumeist dem Protestantismus gegenüber geltend gemacht, von dessen geistiger Arbeit man lebt, weil der Ertrag innerhalb der katholischen Weltanschauung gar zu dürftig ausfällt. Was Julius Stahl den Deutschen des 19. Jahrhunderts als angeblich neue Grundlage des bürgerlichen und religiösen Lebens offeriert, ist eine sehr verschlechterte Kopie dieser pfäffischen Doktrin. Er lehrt, daß sich Gott nur in drei Epochen offenbart habe, grundlegend bei den Juden; dann durch Christus; wie und wozu, wird durch die Aussprüche des alternden Luther reguliert, nach der Auffassung der geistlichen Interpreten. Den anderen Völkern und Zeitaltern fehlt Gottes Offenbarung, sie sind gottverlassene, und zwar in dem Maße, in dem die Menschen von der Vernunft Gebrauch gemacht haben; die verwerflichste aller Zeiten ist die Gegenwart, die apokalyptische, revolutionäre. „Was ist Revolution?“ fragt Stahl und antwortet:[1]) Nicht eine vorübergehende Empörung, Vertreibung der Dynastie, Umsturz der Verfassung, sondern die — „Gründung des ganzen öffentlichen Zustandes auf den Willen des Menschen statt auf Gottes Ordnung und Fügung.“ Unter den entsetzlichen Forderungen der Revolution figuriert die Freiheit und die Nationalität, auch letztere ist im Widerspruch gegen „Gottes Weltplan.“ — Wer immer Gott den Schöpfer in der Natur sucht oder Gott den Geist in der Vernunft oder den heiligen Gott im sittlichen Gewissen, der ist Pantheist, Rationalist — anathema sit. Für die Revolution macht die römische Kirche den Protestantismus verantwortlich; er habe dem Staat die Grundlagen entzogen, aus denen sie die wahre Völkerfreiheit würde entwickelt haben. Auch diesen Fund hat sich Stahl nicht entgehen lassen; der lutherische Oberkirchenrat nimmt „keinen Anstand, mit den Katholiken zu sagen: ja! die Reformation allein

[1]) Vortrag im Ev. Verein. 8. März 1852.

ist die Ursache des Rationalismus und der Revolution! Unleugbar; denn das Licht allein ist die Ursache des Schattens. Die protestantische Erkenntnis von der Rechtfertigung des Menschen allein aus dem Glauben durch das Verdienst Christi ist die Fülle des göttlichen Lichts. Erst nachdem durch die Reformation diese Fülle des göttlichen Lichtes im Geiste des Menschen aufgegangen war, warf das Fleisch des Menschen den nachtfinstern Schlagschatten des Rationalismus und der Revolution. Damit dürfte sich aber ein noch tieferer Blick in Plan und Haushalt des Reiches Gottes aufthun. Jene vorher geoffenbarte Zeit beginnt damit, daß in der Reformation die höchste Steigerung des religiösen Princips, in Rationalismus und Revolution die höchste Steigerung des antireligiösen Princips sich herausbilden, und damit der letzte Kampf vorbereitet wird [1])."

Auf Grund solcher Phrasen war die Partei geschäftig, in Staat und Kirche, im Gebiet der strengen wie der heitern Wissenschaften die gottgeschenkte Blüte unseres Volkslebens mit ihrem Meltau zu schwärzen und die Entwicklung gesunden Volkslebens in seinem edelsten Bestand zu bedrohen. Der Haß der Römlinge gegen den freien deutschen und protestantischen Geist hat zur Unterlage den Gegenglauben an die Kirche und mag bei den Romanen durch nationale Instinkte, bei anderen, wie bei den Basken Loyola und Xaver durch das Nichtvorhandensein irgendwelcher nationaler Empfindung mitbedingt sein, auf die Deutschgeborenen werden Haß und Argwohn durch Impfung übertragen. Bei Stahl stammte, wohl ihm selber unbewußt, die Abneigung gegen das deutsche Wesen aus der Synagoge und daher, daß er in sich nur die zerstörende, nicht aber die schöpferische Wirkung des Freiheitsgefühls erfahren hatte.

Die den Wünschen Friedrich Wilhelms IV. begegnende Empfehlung des Episkopalsystems ist oben erwähnt. 19. Aug. 1842 berichtet Humboldt an Bunsen über den Stand der Parteien, die

[1]) Ev. Kirchenzeitung 1852. No. 27.

Aufregung der großen Masse des Publikums wie der Theologen über die Gewaltmittel, durch die der König den apostolischen Magnetismus der anglikanischen Kirche einführen werde, sei im Zunehmen. Seit 1846 wird Stahls Anteil an der Kirchenpolitik öffentlich. Die Berliner Generalsynode dieses Jahres schien konfessionellen Frieden und lebendigeren Anteil der Gemeinden am religiösen Leben zu fördern. Allein die exaggerierte Kirchenpartei, die dort der Zahl nach nicht viel bedeutete, läutete Sturm gegen die „Räuber-Synode," und das Kirchenregiment ließ alle ihre Beschlüsse unbeachtet. So geschah es, daß 1847 der religiöse Unfriede tiefer gärte als der politische. Als 1849 die Reaktion ihr Haupt erhob, machte der Konfessionalismus einen Vorstoß[1]). Durch die Kabinetsordre vom 6. März 1852 sollte die Union in der Landeskirche rechtlos gemacht werden. Da zeigte sich, daß man den König wider sein eigenes Wohlmeinen zu jener Fassung vermocht hatte, und als der arglistige Ratgeber galt Stahl.

Wie er verführte und hetzte, dafür liegen Dokumente vor. Am 21. Sept. 1853 präsidierte er dem evangelischen Kirchentag in Berlin. Man hatte über den Separatismus verhandelt und sich geeinigt, die Kirche könne keinen Zwang üben, es sei dem Staat zu überlassen, ob er, wo es seine Ordnungen und Gesetze erheischten, Zwang üben wolle. Da insinuiert der Oberkirchenrat Stahl, es sei ein Drittes übersehen: Wie, wenn die „christliche Obrigkeit sich an die evangelische Kirche wendet und sagt: Ich verlange von dir ein Gutachten, du mußt dies aus deiner tieferen religiösen Kenntnis entscheiden: Soll ich gar nichts thun zu deinem Schutze?"[2]) — Den übel berüchtigten Vortrag über die Revolution überbietet der Ueber christliche Toleranz (1855). Hier heißt es eingangs: „Der Gott der heil. Schrift ist nicht tolerant, er ist ein eifersüchtiger Gott. Das oberste der Gebote ist: ‚Du sollst nicht andere Götter haben neben mir.' Die nachdrücklichste Einschärfung an das Volk des alten Bundes war es, jedwede andere Religion im Lande

[1]) Beyschlag, Nitzsch S. 273. 382.

[2]) Bunsen, Zeichen der Zeit. 2, 294.

auszurotten. Der vornehmste Prophet schlachtete die Baals-Pfaffen. „Das Christentum ist als die Religion der Intoleranz in die Weltgeschichte eingetreten. Seiner eigenen göttlichen Wahrheit gewiß, wie könnte es duldsam sein gegen den Irrtum, der Gott die Ehre und den Menschen das Heil entzieht?" Zweideutig klingt das Finale aus: „Die Erwartung des zukünftigen Heils . . macht vorzugsweise tolerant. Aber sie macht tolerant in der Treue gegen die göttliche Wahrheit, in der Treue gegen die Kirche".[1]) — Humboldt hatte wohl Recht, im September des Jahres Bunsen dafür zu danken, daß er „den Abschen ausgesprochen, den ihm der Vortrag des sophistischen, talmudistischen, am Hofe angebeteten Oberkirchenrats Stahl über lutherische Intoleranz gemacht." Aber in Stahls Antwort[2]) auf Bunsens Zeichen der Zeit war eine so edle Haltung, eine so feine Rücksicht auf den Freund des Königs, das Gift so süß bereitet, daß jeden, der über den Inhalt hinwegsehen kann, die Glätte der Form und die Geschicklichkeit der Selbstbeherrschung in Erstaunen setzen wird.

Den öffentlichen Abschied erhielt die Stahl-Hengstenbergsche Kirchenpolitik durch die Ansprache des Regenten (des nachmaligen Kaisers Wilhelm I.) an das neue Staatsministerium (8. Nov. 1858): „In der evangelischen Kirche ist eine Orthodoxie eingekehrt, die mit ihrer Grundanschauung nicht verträglich ist, und die sofort in ihrem Gefolge Heuchler hat. Diese Orthodoxie ist dem segensreichen Wirken der evangelischen Union hinderlich in den Weg getreten. Die Organe (zur Aufrechthaltung derselben) müssen sorgfältig gewählt und teilweise gewechselt werden. Alle Heuchelei, Scheinheiligkeit, kurzum alles Kirchenwesen als Mittel zu egoistischen Zwecken ist zu entlarven, wo es nur möglich ist."

Hatte der talmudistische Romantiker seit den vierziger Jahren in Pastorenkonferenzen und Synoden durch juristische und theologische Beredsamkeit geglänzt, mit der Reaktion von 1849 war er

[1]) Beide sind gehalten auf Veranstaltung des Ev. Vereins für kirchliche Zwecke. Berlin 1852 und 1855.

[2]) Wider Bunsen, von Stahl. Berlin 1856.

auch als Politiker hervorgetreten. Er hat das wiederaufflackernde Junkertum staatsfähig und parlamentsfähig gemacht und ist dessen bewunderter Führer und Sprecher gewesen. Wie ihm die Evangelische Kirchenzeitung den theologischen Boden bereitet hatte, so den politischen das seit 1831 erscheinende Berliner politische Wochenblatt, in dem die Jarcke, Philipps, Leo, W. v. Gerlach frech die Lehren der Knechtschaft vertraten unter der Affiche, „die falsche Freiheit der Revolution zu bekämpfen durch die wahre Freiheit des Rechts, nie aber durch Absolutismus, in welche Gestalt er sich auch kleide." Solche wahre Freiheit meinte auch Stahls Staats- und Rechtslehre; sie wies geheime Wege, unter dem Titel des Rechts um das Mein und Dein, um Interessen zu kämpfen. Stahl lehrte, was für ein Ding es sei um das Recht des Besitzes und namentlich um die Interessen der großen Besitzer, wie erst diese Interessen zu dem „heiligen Beruf" werden und wie aus diesem Beruf sich der Rechtsbau des echten Staates erhebt. Da er auf dem Fundament des Christentums und des Hasses gegen die Revolution ruht, sind die großen Grundbesitzer am geeignetsten, ihn zu verteidigen, da sie „den neuen Lehren und Principien am allerwenigsten zugänglich waren," „gleichviel ob aus Eigennutz oder Patriotismus, aus Engherzigkeit oder aus Tiefe." „Wir bedürfen noch der stärksten reaktionären Kräfte, bis wir das Gift der Revolution, das in den Säften des Landes cirkuliert, ganz herausgearbeitet haben." Man hört den Vater der Kreuzzeitung als deren Merkmale Humboldt angiebt: heimlich, eiskalt, einflüsternd.

Das Facit dieser Politik hat der Abgeordnete Wehrenpfennig in der Sitzung des preußischen Abgeordnetenhauses vom 20. Jan. 1877 gezogen, als er den letzten der Freunde Stahls, Ludwig v. Gerlach, damals Hospitanten des Centrums, verabschiedete: Gerlach und seine Freunde hätten während des traurigsten Jahrzehnts der preußischen Geschichte daran gearbeitet, die Tyrannei der Hierarchie über die Rechte der freien Bürger und über die Rechte des Staates in einer Weise aufzurichten, wie noch niemals in einem europäischen Staate geschehen, keine dieser Ideen aber habe irgend einen Boden mehr. Und unserm Stahl hatten 1860 die Times zugestanden, er sei der größte politische Redner unter allen Zeitgenossen. So steht es um die Macht der politischen Hypokrisie und deren Dauer.

Stahl besaß die Advokatenkunst, für jede Sache eine blendende Rede und ein scheinbares Argument zu finden. Für die Demütigung von Olmütz erstattet er der Regierung Dank und Glückwunsch; durch die Pacificierung Schleswig-Holsteins ist kaum „die Haut des Rechtsgefühls geritzt"; bei der Exekution in Kur-Hessen findet er der preußischen Ehre kein Titelchen vergeben. Auch wo er das politisch Richtige treffen mag, sind doch die Erwägungen, durch welche er dahin gelangt, oft ehrenrührig für die deutsche Empfindung; so, wenn er zur Zeit des Krimkrieges das Deutschtum durch die „Balance Rußlands gegen Frankreich" sichern will und enthusiastisch russische Sympathieen und dankbare Verehrung für Nikolaus, den Zaren, fordert. Bei allen seinen antirevolutionären Operationen verwundet er gerade die Stellen des nationalen Körpers, wo die feinsten und reizbarsten Nerven liegen. Und je tiefer das Ansehen des Staates durch seine Partei sinkt, um so lauter rühmt er von dieser, sie mache aus Preußen und Deutschland „ein Reich der sittlichen Grundlagen und der verbürgten Rechte der echten Freiheit." Ich beschließe den politischen Abschnitt mit einer Kritik aus Bismarcks Feder. Als ihm gegenüber 1860 Leop. v. Gerlach[1]) belehrenden Gebrauch von Stahls Theorie gemacht hat, erwidert er: „Wie Sie den Unterschied stellen zwischen Recht und Revolution, Christentum und Unglauben, Gott und Teufel, so kann ich nicht mit Ihnen discutieren, sondern einfach sagen, ich bin nicht Ihrer Meinung, und Sie richten in mir, was nicht Ihres Gerichts ist." Der Einfluß der Stahlschen Partei hatte es dahin gebracht, daß sich vor der Seele desselben Bismarck eine Zukunft aufthat, in der „Rechberg und andere ungläubige Jesuiten über die altsächsische Mark Salzwedel mit römisch-slavischem Bonapartismus und blühender Corruption absolut herrschen könnten.

[1]) Briefw. des Gen. Leop. v. Gerlach mit O. v. Bismarck. Berlin 1893, S. 353.

23*

Es lohnt sich, den merkwürdigen Mann noch einmal in seinen menschlichen Beziehungen zu betrachten. In Erlangen stand seit 1834 Professor Olshausen mit ihm in näherem Verkehr, und die Frau, eine geborene v. Prittwitz, auch später in Berlin. Diese hat auf Grund scharfer Beobachtung Stahl und die Seinen eingehend geschildert [1]. Von der äußeren Erscheinung des etwa Dreißigjährigen entwirft sie folgendes Bild: Die Figur war unter mittlerer Größe, schmächtig, fein gegliedert, von sehr guten Verhältnissen; die Gesichtsbildung auffallend jüdisch, blaßgelb; dunkelschwarzes Haar; die stark gebogene Nase durch einen Hieb, den er als Student im Duell erhalten, etwas entstellt; der Mund gut geformt, doch schon damals fast zahnlos; die Stirn frei; wahrhaft schön aber waren seine Augen, sie strahlten in wunderbar dunkler Glut, tief und feurig zugleich.

Der Theologe Olshausen und Stahl unterhielten mancherlei Gedankenaustausch. Den Holsteiner setzte die Versatilität des Kollegen in Erstaunen, mit der z. B. in Würzburg das lutherische Christentum nach der mystischen Seite des Katholicismus gewendet worden war; er fand sich angeregt, meinte aber doch, Stahl habe kuriose Ansichten; wenn er darauf fortbaue, werde er zu wunderbaren Resultaten kommen. Am Samstag war bei Olshausens Empfangsabend und Stahl ein gern gesehener Gast. Seine Unterhaltung war nie leer, aber auch nie gesucht gehaltvoll. Wo er bekannt war, ließ er gern sich ganz frei gehen, war dann auch an den kleinsten Interessen teilnehmend, gern neckend, ein Witzwort hinwerfend oder ein solches von andern gehörtes gern auffassend und wiedergebend; dabei verlor er aber nie seine ruhige und feine Haltung, namentlich Frauen gegenüber. Im äußeren Erscheinen liebte er eine gewisse Eleganz, in seinen materiellen Genüssen war er sehr einfach. Seinen kleinen Haushalt führt zunächst die Schwester Jenny; nicht eigentlich schön, sehr jüdisch, aber eine durch und durch edle Erscheinung. „So denke ich mir die Königin Esther." Nach der Verheiratung des Bruders richtet sie eine kleine

[1] Allg. Konf. Monatsschr. Juni 1888, 583—88.

Schule ein, wird 1837 die Frau des verwitweten Buchhändlers Bläsing und stirbt 1841.

Frühling 1835 machte Stahl seine Verlobung bekannt. Die Wahl überraschte. Julie Kindler war die Tochter eines Handschuhfabrikanten. K. Hase [1]) hat die ältere Schwester geschildert, „die zarte Gestalt, das holde Gesicht mit den frommen Augen, die freundliche Hand.“ Ueber die jüngere Schwester und das bürgerliche Erlangen ist von Frau Professor Olshausen ausführlicher berichtet. In einer kleinen Stadt, in engen Verhältnissen tritt oft der Kastengeist am meisten hervor. In Erlangen war die Universität die Aristokratin und hatte mit dem „Bürgerstand“ gar keine Gemeinschaft. Julie Kindler hatte also auch nie mit zur Gesellschaft gehört und wurde, als sie nun Stahl in diese einführte, durchaus nicht als ebenbürtig betrachtet. Sie hatte viel Verstand, traf in ihrem Urteil immer den Nagel auf den Kopf, beging aber aus Mangel an gesellschaftlicher Bildung manche Taktlosigkeit. Bald zog sie sich zurück, Stahl selbst aber setzte den Umgang mit den früheren Freunden ganz in alter Weise fort. In seinem eigenen Hause blieb er harmlos. Dort herrschte jetzt in allem ein ganz bürgerlicher, fast möchte man sagen handwerksmäßiger Zuschnitt, und wider Erwarten schien Stahl nichts zu vermissen. — Auch in Berlin zeigte sich die Frau wie sie war, ohne innere Bildung, ohne äußere Politur; aber hier passierte dies als „süddeutsch“, man ließ ihre praktischen Gaben gelten und ihren sehr richtigen Instinkt auch für geistige Dinge. Ueber den Instinkt gings nicht hinaus, Gründe für ihr Urteil wußte sie niemals anzugeben: „Das gefällt mir“ oder „Das gefällt mir nicht.“ Aber mit diesem leicht hingeworfnen Wort traf sie immer den rechten Punkt, es war selbst für Stahl oft entscheidend.; zu seinem Vortrag über die Toleranz schüttelte sie den Kopf. Als Stahls Sonne am politischen Himmel hoch stand, ging sie ruhig ihren gewohnten Paß fort. Als Stahls Sonne sank, blieb er sich gleich — kein unedles Wort über Personen entfiel ihm — sie wurde bitter.

[1]) 121.

Ueber den Gesamtcharakter des Mannes fällt Frau O. dieses Urteil: Im Privatleben war er demütig und treu, wahrhaftig und ohne alle Phrase, hilfreich den Freunden, ausrichtsam, schlicht und recht; im geistlichen Leben nüchtern: von der Schrift hatte ihm nur Bedeutung, was er im zeitlichen Leben verwerten konnte, die Gestaltung des Jenseits war ihm reine Vertrauenssache. In seinem öffentlichen Auftreten wollte man die entgegengesetzten Eigenschaften finden. Und er hat sich wohl aus Naivität oder Selbstüberschätzung zu manchem brauchen lassen, was er hinterher nicht billigte. Der Freundin löst sich der Widerspruch so: Im Privatleben zeigte sich vorherrschend Stahls neue Natur; hier ging er streng mit sich selbst zu Rate, sein Wandel vor Gott erlitt nur geringe Störungen und Anstöße von außen. Das war nun im öffentlichen Leben anders; da übereilte ihn, wenn ihm entgegengetreten wurde, noch oft seine alte Natur, und das reiche Maß seiner geistigen Kraft kam ungeheiligt zum Durchbruch; da zeigte sich Anmaßung, Zwiespältigkeit, Sophistik. Solche Ueberrumpelung des alten Menschen schuf den Schatten, der auf Stahls öffentliches Leben fiel.

So legte es sich Frau Helene Olshausen zurecht. Mir wurde das Problem klarer durch eine Belehrung, die ich Goethe[1]) verdanke. Es giebt, irrtümlich nach außen, wahrhaft nach innen, Eigenheiten, die das Individuum constituieren und in dem Allerwunderlichsten noch etwas Verstand, Vernunft und Wohlwollen durchblicken lassen, das uns anzieht und fesselt. Gefährlich als Influenzen werden sie, wenn sie sich von dem Individuum über eine Masse, ein Volk verbreiten; wo der Krankheitsstoff günstige Bedingungen der Incubation findet, wirken sie nach der Natur von Contagien in den ersten Momenten der Mitteilung viel heftiger und schädlicher als in der Folge.

---

[1]) 29, 749—751.

J. S. J. **Dietz** (1808—78), ein Nürnberger, praktischer Arzt in seiner Vaterstadt[1]). Er straft das Sprüchwort Lügen, daß kein Prophet im Vaterland gelte; denn den Nürnbergern, deren bestes Wesen er repräsentiert, galt er fünf Jahrzehnte hindurch als ihr Doctor und ihr Professor; der Hofrat wurde der älteren Generation nicht mundgerecht.

Dietz verlebte eine glückliche Jugend. Auf das Gymnasium wurde er in dem Dittmarschen Privatinstitut vorbereitet. Der Vater, ein angesehener Kaufmann und ehrenfester Reichsbürger, überließ die vom Lernen freie Zeit dem wohlgearteten und rührigen Sohn. Dieser verwendete sie zu botanischen Excursionen, zur Anlegung von Käfer- und Schmetterlingssammlungen, strickte sich mit eigener kunstfertiger Hand große Netze zum Vogelfang und war bei seinen Spielkameraden in der Wissenschaft der Tauben- und Hühnerzucht eine anerkannte Autorität.

Als er im Herbst 1820 die Universität bezog, wurde er natürlich Mediciner. In Erlangen fand er für sein Studium zwar keine großartigen, aber doch ausreichende Anstalten und — treffliche Lehrer. Ein solcher war Kastner, der Physik und Chemie vortrug und bei den Studenten als Mitkämpfer in den Freiheitskriegen besondere Verehrung genoß. — Schreger galt für einen der ersten Chirurgen Deutschlands. Er hatte 1815 die chirurgische Klinik errichtet, mit einem Fonds von 200 Gulden, der allmählich auf 500 erhöht wurde. Auch als praktischer Arzt und Geburtshelfer war er viel begehrt, und hochgeschätzt als edler, aufopfernder Mensch; Freund der schönen Litteratur, fand er dabei noch Zeit, gelegentlich ein Gedicht zu machen. — Schuberts botanischer Unterricht bedeutete nicht viel; aber sein gastliches Haus, sein heiteres Gemüt, seine unbefangene Frömmigkeit und vielseitige Bildung übten beispiellose Anziehungskraft. — Eine liebenswürdige Persönlichkeit war auch der Professor der normalen und pathologischen Anatomie Gottfried Fleischmann, der ebenfalls nebenbei ärztliche Praxis betrieb.

[1]) Theodor Dietz. Aerztl. Intell. Blatt. München 1878. Nr. 37. S. 386—390. — Th. Renaud A. A. Z. Okt. 1878. S. 1235.

Seine anatomische Anstalt, die in dem früheren Orangeriegebäude untergebracht war, nennt Stromeyer[1]) ein Muster von Ordnung und Reinlichkeit; er habe „nirgends ihres Gleichen" gesehen.

Für Dietz waren diese Vorbilder und Muster von nachhaltigem Einfluß. Lebensgewinn anderer Art gewährte ihm der Eintritt in die Burschenschaft, deren große Zeit er miterlebte und mitgestalten half. In dem engeren Bund, den gemeinsame Studieninteressen knüpften, standen ihm die Brüder Ad. und Rud. Wagner und Karl Vogel am nächsten. In dem großen Kreis machte ihn bald seine schlichte gerade Natur und gute gesellige Art heimisch und geliebt; Festigkeit des Charakters, rasche Unterscheidungsgabe, ein sicheres Auge und ein starker Arm führten ihn nach einigen Semestern in die erste Reihe. Auch die äußere Erscheinung empfahl ihn; auf der Kaiserfahrt nach Bubenreuth erregte die schlanke, elastische Gestalt des Landjägermeisters Kurt von Bärenklau im kaiserlichen Gefolge besonderes Wohlgefallen[2]). — Als Carl Hase von Erlangen scheidet, schreibt der Kaiser in das Stammbuch des Viersemestrigen: „Wir werden siegen, denn wir müssen siegen![3]) Mit solchem Freundesworte will ich kräftig von Dir scheiden, Du frischer Kämpfer. Du wirst treulich zum Sieg helfen. Ich habe Dich heranwachsen sehen und mich daran gefreut. Wenn wir Alten nun einer nach dem anderen unsere Straße ziehen, stehe Du wacker an unserem Platze und führ es hinaus, magst siegen oder fallen. Das Gute siegt immer!" — Sein Verhältnis zu den Jüngeren lehrt das Stammbuchblatt des Philologen Nägelsbach: „Gleich bei meinem Eintritt in das akademische Leben bist Du mir liebevoll entgegen gekommen. An Dir hatte ich stets eine sichere Stütze. Allgemein von der Burschenschaft geachtet, ohne Partei zu nehmen, in ihr stets das Beste verfolgend, bist Du mir ein edles Vorbild geworden."

Von Erlangen geht er nach Göttingen, wo ihn Blumenbach, Himly, Langenbeck drei Semester halten. — Michaelis 1824 wendet er sich nach Würzburg, das in Schönlein, Textor,

---

[1]) 2, 124. [2]) oben S. 119[9]. [3]) Herbst 20. 180.

d'Outrepont und Jäger ganz vortreffliche Lehrer besaß. Er ist im Begriff, hier zu promovieren, da wird ihm im August 1825 eröffnet, daß er wegen demagogischer Umtriebe nicht zur Staatsprüfung zugelassen werden kann, sondern auf ein Jahr an einem Ort leben muß, 2 Meilen von jeder Universitätsstadt entfernt. Also auch nicht in Nürnberg. Jetzt wird der Vater bei König Max vorstellig, ob man wirklich seinem Sohn verwehren wolle, im Elternhaus Aufenthalt zu nehmen, und verwahrt seine „konstitutionellen Rechte." Wie keine Antwort erfolgt, macht er eine zweite Eingabe und nimmt in Aussicht, den Protest wegen Verletzung der Verfassung bei den Ständen anhängig zu machen. Der Sohn aber, den das Stadtkommissariat aus Nürnberg verdrängen will, repliciert gehorsamst: „Ich erkläre, daß ich in meiner Vaterstadt Nürnberg und in dem Hause meines Vaters zu bleiben vorhabe unter des letzteren besonderer, bereits ausgesprochener Garantie. Ich verwahre mich hiermit auch feierlichst gegen alle etwa suspicierte Intention von Widerspenstigkeit, wenn ich gleich noch beifügen muß, wie ich nur durch Gewalt von meinem erklärten Entschlusse werde abgebracht werden, so lange nicht das gegen mich gehandhabte Recht andere Formen angenommen hat."

Am 2. September 1825 wird allergnädigst gestattet, daß der p. p. Dietz zum Zweck seiner Doktorpromotion einen Monat lang auf der hohen Schule zu Würzburg verweile und sich mit Eintritt des nächsten Sommersemesters an die medicinische praktische Lehranstalt in München begebe.

Nach geschehener Promotion unternimmt der junge Doktor eine zweijährige Studienreise: nach Wien, von da über Oberitalien nach Paris, über Belgien nach London. Er besucht die klinischen Anstalten und hospitiert bei den Autoritäten; vor Lauson in Paris führt er einige Exarticulationen und eine Jägersche Starextraktion aus. Persönlich überall wohl empfangen, findet er bei den englischen Aerzten für die wissenschaftlichen Leistungen der Deutschen die offnere Anerkennung. Zu weiterer wissenschaftlicher Ausbeute besucht er Schottland und Irland, auf dem Rückweg Holland, Hamburg und Berlin. Ueberall werden klinische Institute, Spitaleinrichtungen, neue Methoden genau beobachtet und die Erfahrungen im Tagebuch niedergelegt, wobei immer der Gedanke an die Vaterstadt mitspielt, deren medicinische Anstalten einer Neuordnung bedürfen.

Bemerkenswert ist die Elasticität, die ihm gestattet, bei dem gespanntesten Fachinteresse mannigfache andere Eindrücke zu verarbeiten. Die Pariser Akademiker findet er für seine wissenschaftlich praktischen Zwecke sehr förderlich, persönlich liebenswürdig; aber „niemals kann man mit der Nation vertraut werden; ihr politischer Charakter hat ihren Privatcharakter ganz aufgezehrt, sie sind nichts als leere Egoisten, keines edlen, uneigennützigen Gefühles fähig." — Die Engländer für unvergleichlich zu halten, lehnt er ab; ihr Schulwesen in allen seinen Zweigen, ihre Kunst wird von Deutschland weit übertroffen, aber Handel und Schiffahrt, ihr Wohlthätigkeitssinn, ihre Pflege für Kranke, die britische Gastfreundschaft übersteigen weit seine Erwartungen.

Nach den Mühen einer durchwachten Nacht zeichnet er auf: „Wie schwer ist es, den Körper durch den Geist zu besiegen! Bleiern liegt das Bedürfnis der Ruhe auf mir. Aber ist geistige Ruhe nicht eine Frucht des Gleichgewichtes der Kräfte? Und wo diese noch nicht harmonisch stimmen, wie ist da Ruhe möglich? Der entfaltete Sommer, der über der Erde brütet, ist solch ein Bild der Ruhe durch Thätigkeit." Ob der Entschluß, in eine kritische Operation zu willigen, nicht größer scheint als er ist? „Den Tod müssen wir verachten lernen; denn er droht aus so vielen Ecken, daß wir sterben würden, wollten wir ihn fürchten. Die Möglichkeit der Heilung ist ein so strahlender Lichtpunkt, daß er die Schatten des Todes hier und dort zerstreut."

Charakteristiich für ihn und für die Zeit, hospitiert er auf der Durchreise durch Berlin mehrmals in Neanders und Schleiermachers Vorlesungen.

Nach der Rückkehr legt er in München das Staatsexamen ab und läßt sich jetzt in Nürnberg nieder. Von 1828—78 gehört seine Thätigkeit fast ohne Unterbrechung der Vaterstadt. Wie auch die Lehr- und Wanderjahre seinen Horizont erweiterten und ihn an Berufs-, Welt- und Menschenkenntnis bereicherten, der Weitgereiste brachte sein nürnbergisches Herz und Wesen in lauterer Ursprünglichkeit zurück und hat zeitlebens trotz einem Pfahlbürger im Gespräch genürnbergert. Ob das unverbesserliche Schwäche war? Was den Alten zufolge den großen Staatsmann macht, daß er das Gleiche mit seinem Volk will und empfindet, sein Lieben und Hassen mitfühlt, ist auch eines der Geheimnisse ärztlicher Wirkung. Aus diesem Volksgefühl heraus verkehrte Dietz mit hoch und niedrig und gewann die Herzen, wenn er mit einem armen Weiblein sanft, geduldig und unermüdlich war, aber auch nicht minder, wenn er eine dreiste Person so urkräftig zurückwies, daß sie die Höflichkeit und Geduld von selbst wurde und schließlich doch auch den starken Helfer verehrte. Siegmund Günther, dessen zarte Jugend er als Hausfreund beschirmte, erinnert sich noch heute mit gemischten Gefühlen der mit soviel Liebe und Herzlichkeit verbundenen geradezu idealen Grobheit des Herrn Professors, die er als Kind zum öfteren verspüren durfte.

Neben der Anhänglichkeit der Patienten genoß sein ärztliches Wissen und Können die höchste Achtung der Fachgenossen. Mit den Erlanger Klinikern stand er auf dem Fuß wechselseitiger Hülfe bei schwierigen Operationen, Stromeyer[1]) nennt die ihm eigene Ruhe und Geschicklichkeit bewundernswürdig. — Unter den Nürnberger Aerzten wurde sein Auftreten epochemachend. Als der erste wissenschaftlich gebildete Chirurg entwand er die Ausübung dieser Kunst den Händen banausischer Empiriker; er beteiligte sich mit Hingabe und seltener Sachkenntnis an den Entwürfen des städtischen Krankenhauses, wurde 1845 dessen chirurgischer Leiter und bald darauf auch Vorstand der Augenklinik. Im Wandel der diagnostischen Methoden blieb er der geniale Künstler und wurde als solcher nicht uneben mit dem alten Heim verglichen. Bei der

[1]) 2, 153.

genossenschaftlichen Organisation der Aerzte, erst in Nürnberg, dann in ganz Bayern, erschien er durch sein persönlich anspruchsloses und sachlich durchgreifendes Wesen als der rechte Mann und geborene Leiter.

Trotz der angestrengtesten Tagesarbeit hatte er immer noch Zeit für verdienstliche Unternehmungen seiner Vaterstadt; auch das Germanische Museum hat er mitbegründet und verwalten helfen. Dieses Reservekapital an Kraft verdankte er seinem, dem Genie verwandten Fleiß; er gehörte zu denen, die immer fertig sind, weil sie vorgearbeitet haben. Die höchsten Anforderungen an seine Leistungsfähigkeit stellte der Einbruch der Cholera i. J. 1854; aber auch dieser rasche Feind traf ihn nicht unvorbereitet, er hatte die Kampfmittel 1836 in München studiert.

Nach Ehren und Auszeichnungen hat er niemals getrachtet, aber auch diese sind ihm, zumal 1875 beim 50jährigen Doktorjubiläum, in reichem Maß geworden, und er wußte sie mit Würde zu tragen. Das höchste Glück aber fand er im Frieden des Hauses, wo eine ihm an Charakter und Gesinnung ähnliche Frau 45 Jahre lang waltete und sich um die Alternden eine zahlreiche Schar von Kindern und Enkeln in Liebe sammelte. Als ihn in den siebziger Jahren das Asthma bedrängte, äußerte er wohl: „Ich will nicht mehr leben, wenn ich nicht mehr thätig sein soll." Auch dieser Wunsch wurde ihm erfüllt: ehe die Kräfte hinschwanden, machte eine Lungenentzündung seiner Thätigkeit ein Ende. Und ein seltenes Geschick rief gleichzeitig seine Lebensgefährtin ab — unter der Teilnahme von ganz Nürnberg wurden an einem Tage die beiden Gatten begraben. Die Alten, sagt der Neffe Renaud, würden sie um dieses Endes willen Lieblinge der Götter genannt haben, und als solche seien sie den Nächststehenden auch im Leben erschienen. Mir fiel das Ovidsche Qui coluere, coluntur ein, womit die Erzählung von Philemon und Baucis schließt.

Nachtrag. Unerwähnt ist geblieben, daß Dietz vorübergehend (1833—35) die chirurgische Klinik in Erlangen geleitet hat. Für sein Leben hat dieses Intermezzo weniger Bedeutung, als für Erkenntnis der damaligen bayrischen Politik. Als nach der Julirevolution nicht nur die Pfalz, sondern auch Franken unruhig wurde, zeigte sich das Ministerium Schenk sehr energisch; in Würzburg wurde nicht nur gegen Behr und Eisenmann vorgegangen, sondern auch die medicinische Fakultät zerstört. Lukas Schönlein, ein Bamberger, dem auch Dietz viel verdankte, weil seine Kollegien und klinischen Anleitungen gleich trefflich waren, wurde — ein Biograph sagt: „wegen einer ganz geringen Beteiligung an der politischen Bewegung" — plötzlich seiner Aemter enthoben und sollte nach Passau geschickt werden. Er zog es vor, Bayern zu verlassen, und war 1839—59 Professor in Berlin. — 1832 wurde Cajetan Textor, ein Oberbayer, ebenfalls als Operateur und akademischer Lehrer ausgezeichnet, wegen angeblicher demagogischer Umtriebe nach Landshut verschickt. — Dafür mußte Jäger das ihm liebgewordene Erlangen verlassen und nach Würzburg ziehen.

Die Jägersche Stelle in Erlangen wurde Dietz übertragen — als außerordentlichem Professor mit einem Gehalt von 550 Gulden nebst 2 Scheffel Weizen und 4 Scheffel Korn. Er hatte eben die Aufgabe mit großer Gewissenhaftigkeit und bestem Erfolg angegriffen, da setzten einflußreiche Leute durch, daß Textor nach Würzburg, Jäger nach Erlangen zurückversetzt wurde. Dietz sollte nach Landshut. Er dankte für die „Baderschule" und kehrte, mit dem Professortitel, nach Nürnberg zurück.

**Karl Friedrich Nägelsbach** (1806—59), in 16jähriger Wirksamkeit am Nürnberger Gymnasium und gleich lange Zeit als Professor der Philologie in Erlangen einer der anerkannt ausgezeichneten Jugendlehrer Deutschlands.

Als Sohn eines Justizamtmanns in Nürnberg geboren, empfing er dort von der Schmach und von der Erhebung des Vaterlandes Jugendeindrücke, die nie in seiner Seele erloschen. In Bayreuth durch Held in den Elementen der alten Sprachen gründlich vorgebildet, von Gabler für philosophische Betrachtungen angeregt, in Ansbach von Rektor Schäfer zur Kunst des Lateinschreibens, von Bomhard zu einer lebensvollen Auffassung der Geschichte und von Lehmus zum antirationalistischen Christentum geführt, bezog er 1822 die Universität Erlangen; „fast zu jung, aber reich an Kenntnissen wie wenige, glühend von jugendlicher Begeisterung für die Wissenschaft, aufgeschlossen für alles Höhere und Ideale, für alle die großen Impulse, an denen jene keimende triebkräftige Zeit eines frühlingsartigen Erwachens so reich war“ [1]).

„Als Mitglied jener Burschenschaft“ — sagt L. Döderlein in der Gedächtnisrede — „die vor Jahrzehnten ebensoviel Achtung genoß als Verfolgung erfuhr, hat er alle Freuden der akademischen Freiheit, unbeschadet seines inneren Ernstes und seines rastlosen Fleißes, fröhlich mitgenossen.“ Nägelsbach selbst nennt die Freunde jener Semester in dem Lebewohl, das er ihnen am Grabe zu sagen bestellt hat, „teils berühmt gewordene, teils rechtschaffen gebliebene Ehrenmänner.“

Ich verfolge weder seinen Studiengang, noch seine — übrigens heute noch wirksamen — litterarischen Arbeiten, um eine Seite seiner Wirksamkeit hervorzuheben, an der sein Studentenleben Anteil hat. Wie er 1842 die Erlanger Professur antritt, ist hier die Hyperorthodoxie und das konfessionalistische Kirchentum obenauf. Auch Nägelsbach segelt im theologischen Fahrwasser, und einige seiner wissenschaftlichen Arbeiten haben davon einen recht starken

---

[1]) Thomasius, Grabrede, Erlangen 24. April 1859. S. 6.

Geschmack. Allein der Christ in ihm zehrte weder den Menschen auf, noch den Deutschen; wollte er Gott über der Welt finden, so vergaß er doch keineswegs die Aufgabe, den in der Natur und Geschichte Waltenden zu suchen und das Göttliche in seinem Ebenbild zu ehren. Während die Lehre von der Erbsünde damals wieder der Engherzigkeit von Schultyrannen, Kirchenmännern und reaktionären Juristen Vorschub leistete, hat sich Nägelsbach in diesen unheimlichen Sumpf nicht verfahren, sondern nahm einen Seitenkurs dahin, wo eine humane und volkstümliche Strömung die Fahrt nach wirklicheren und bewohnbaren Gegenden gestattete. So ist er trotz seiner theologisierenden Richtung für weite Kreise ein Befreier von pfäffischem Druck geworden, und wenn es in einem Bubenreuther Gedicht von 1844 heißt:

Ein Geist wie in den zwanziger Jahren
Ist wieder in die Studenten gefahren,

so hat Nägelsbach hieran einen vorzüglichen Anteil.

Seine Pietät gegen das Individuum und gegen das Volk belege ich mit wenigen Sätzen aus seiner Schul- und Staatspädagogik. Ueber die Behandlung der Schülernatur giebt er dem künftigen Lehrer folgende Anweisung: »Quilibet sumitur pro bono, donec probetur contrarium.« Das gegenteilige Verfahren hat die schlimmsten Folgen für den Charakter Einzelner sowohl als ganzer Klassen. Wenn aber der Vorgänger üble Erfahrungen gemacht hat? Gerade dazu sind die verschiedenen Klassen da, daß der Schüler in ihnen gleichsam ein neues Leben anfangen kann, so daß der Lehrer nicht nötig hat, merken zu lassen, er wisse alles, was vorgekommen sei; sondern er behandle ihn als einen reinen und rechtschaffenen.

Ueber die Pflege idealer Gesinnung in den Studentenjahren und den Einfluß derselben so wie ihres Gegenteils auf das Volksleben hat er sich ungefähr so geäußert:[1]) Die Vaterlandsliebe wird dadurch bethätigt, daß wir dem Volk mit unseren allerbesten

---

[1]) Prorektoratsrede. Erlangen 5. Nov. 1849.

Kräften dienen. Der Bauer sieht Staat und Kirche in seinem Amtmann, in seinem Pfarrer. Sind die höheren Geisteskräfte des studierten Mannes ausgebildet und wirkt er mit Begeisterung in seinem Beruf, so wird auch dem wissenschaftlich nicht Gebildeten fühlbar, daß das Gesetz und die Lehre nicht Mittel sind zur Knechtung des Volks, sondern Teile einer Einheit und Ordnung, ohne die das Ganze nicht zu bestehen vermag. Selbst Opfer, die dem Staate zu bringen sind, werden von den Einzelnen minder schmerzlich empfunden, wenn sie von einer edeln Hand aufgelegt werden und in einem Sinne, von dem das Volk auch ohne sich Rechenschaft geben zu können spürt, daß es etwas Höheres ist als Büreaukratismus. Daß es Ideen, daß es Errungenschaften der Menschheit giebt, eine Herrlichkeit der Wissenschaft, die zwar keinen reich, dafür aber die Seele licht, weit und groß macht, die Anschauung oder Ahnung hievon rückt das Volk in höhere geistige Sphären empor und ist eine gesunde Bildungsschule.

Wer berufen, das Volk zu leiten, diesem nur mit den niederen Kräften seines Geistes dient, damit zufrieden, den Hausbedarf der Kenntnisse prüfungsmäßig nachgewiesen zu haben und eine weitere Entwicklung seines Innern als ideologischen Luxus ablehnend, der, meint Nägelsbach, verstümmle sich und vergewaltige sein Volk; es mißtraue solchen, selbst wenn sie zufällig das Rechte wollen. Dies sei die Geistesart, die der Dichter mit den Worten treffe: Dein Sinn ist zu, dein Herz ist tot. Dem Theologen dieses Schlages schrumpfen die heiligsten und teuersten Wahrheiten zu dürren Formeln zusammen, in denen kein Leben mehr webt; er predigt hergebrachte Wahrheiten, ohne den Reichtum der göttlichen Wahrheit entwickeln und in Beziehung setzen zu können mit dem, was sonst auf Erden ist; die Gemeinde wird nicht angeregt, der Schulunterricht nicht belebt. Aus dem Rechtsleben flieht die erhebende Empfindung der Gerechtigkeitsliebe; aus der Verwaltung wird ein handwerksmäßiges Erledigen von Nummern, das weder durch ein warmes Herz für das Wohl der Untergebenen geadelt wird, noch durch einen Gedanken an das allgemeine

Princip, welches der einzelnen Thätigkeit zu Grunde liegt. Auch in der ärztlichen Wirksamkeit macht sich der Unterschied geltend zwischen Technikern, die sich kalten Herzens durch viele oder interessante Fälle Geld oder Ehre erwerben, und anderen, deren Geist von der Anschauung des wunderbaren Zusammenhangs der Naturkräfte bewegt wird und die von ihren Patienten nicht nur als von Nummern wissen, sondern als von seelischen Wesen ihresgleichen.

Es muß so kommen, daß, soweit der Einfluß der Volksleiter reicht, hier Gleichgültigkeit oder Erbitterung, Abneigung und Haß emporwächst, dort Vertrauen und edler Gemeinsinn sich regt und ein Aufstreben zu höheren Lebensformen stattfindet. —

Von Erlangen hat sich Nägelsbach nie getrennt. Die Aufforderung hiezu trat öfter an ihn heran: in den vierziger Jahren wurden ihm Gymnasialdirektorate in Elberfeld, Weimar und Meißen angetragen, zweimal die Professur seines Faches in Halle, 1851 lud ihn die Universität Kiel zu sich und noch 1857 Tübingen. Ihn hielt die Liebe zur fränkischen Heimat und die Hochachtung und begeisterte Anhänglichkeit seiner Landsleute. Ebenso bestimmte ihn eine gewisse Bescheidenheit, die ihm zugedachte Wahl ins Frankfurter Parlament abzulehnen. Indessen ängstlicher Gelehrter ist er nicht gewesen; eine männlich, kräftige Erscheinung, bethätigte er als Prorektor, als Prüfungskommissär und in ähnlichen Stellungen Pünktlichkeit und Gewandtheit, Raschheit und Entschiedenheit. Sein ganzes Wesen forderte zur Ehrfurcht auf; wo er gegen Ungebühr sich erhob, erschien er furchtgebietend.

Das Andenken des Lehrers, des Gelehrten und des Menschen gewährt den einheitlichen Eindruck einer geistig vornehmen Natur, einer edeln sittlichen Persönlichkeit[1]).

Ueber die Bayreuther Schulzeit und die Erlanger Semester macht er selbst Angaben in dem Nekrolog, den er „dem besten von allen, seinem unvergleichlichen Schwager", dem früh verstorbenen K. Vogel, geschrieben hat.

[1]) Döderlein, Oeff. Reden. Erlangen. 1860. S. 239—260.

24

**Karl Vogel**[1]) (1804—40), von 1830 an praktischer Arzt in seiner Vaterstadt Bayreuth.

Eine von den Naturen, ohne Eitelkeit und Ehrgeiz, die keinerlei Bedürfnis haben, eine Rolle zu spielen und doch von merkwürdigem Einfluß auf ihre Umgebung sind durch die Klarheit, Reinheit und Sicherheit ihres Innern. Ich lasse seinen Schul- und Universitätsfreund Nägelsbach erzählen.

Als Schüler unter dem Einfluß von Wagner, Held und Gabler, im Kreis von Freunden, die mannigfache Interessen naturwissenschaftlicher und litterarischer Art verfolgten, bethätigt er das glückliche und solide Lerntalent, das lebendig aufnimmt, treu verarbeitet und dadurch innerlich aneignet. Sein Privatfleiß gehört der Geschichte und Geographie, die mit den Freunden gemeinsam betriebene Lektüre wagt sich bis ans Kommentieren des Faust. „Es war für seine ruhige, still beobachtende, aber das Halbe und Schiefe oder phantastisch Erträumte stets ablehnende Natur höchst charakteristisch, daß er zwar nie die Seele der Debatten war, daß aber ohne seine Zustimmung nicht leicht ein Ergebnis der Besprechungen für ausgemacht angenommen wurde."

Im Herbst 1822 bezog er die Universität Erlangen und trat in die Burschenschaft. „Wir lebten damals ein im Ganzen sehr schönes, sehr heiteres Leben, dessen Lust vor allem dadurch erhalten wurde, daß der Fröhlichkeit stets ein sehr entschiedener Ernst zu Grunde lag. Denn abgesehen von den Studentenverhältnissen, welche aber gleichfalls durch einzelne bedeutende Persönlichkeiten und sittlich merkwürdige Verwickelungen einen tieferen, mehr als bloß burschikosen Charakter bekamen, bildeten den Mittelpunkt der Geselligkeit lebendige, lang andauernde Gespräche über vaterländische Poesie, über historische, philosophische und theologische Gegenstände, an welchen Gesprächen Studierende sämtlicher Fakultäten teilnahmen, so daß sich der Sinn für allgemeines, nicht bloß auf handwerksmäßiges Brotstudium beschränktes Lernen und Wissen so schön ausbildete als irgendwo. Von den Dichtern waren Uh-

[1]) Nägelsbach im N. Nekr. XVIII. 1840, 626—638.

land, Tieck, besonders auch Jean Paul beliebt; Goethe wurde mehr verehrt als erkannt; vor allem hätte aber kein Tadler Schillers unter uns aufkommen dürfen."

Auch die Hegelsche Philosophie fand damals sehr eifrige Verehrer. An allen Gesprächen solcher Art nahm Vogel aufs lebhafteste, dabei ruhig und besonnen, teil; seine Persönlichkeit, eine merkwürdige Mischung jugendlicher Anmut mit reifer, fast männlicher Festigkeit der Einsicht und des Charakters, übte eine herzgewinnende Anziehungskraft. Im Umgang mit Einzelnen etwas neckend und aus Scheu vor Sentimentalität selten warm, nie überwallend, war er gleichwohl außerordentlich geliebt als grundtüchtig, edel und treu. Ihn selbst hatte sein Talent für ruhige, feine Beobachtung, sein scharfer Blick für das Eigentümliche bald orientiert; von vielen gleichsam umworben, gab er sich keinem ganz hin.

Aus Erlangen wegen Teilnahme an der Burschenschaft entfernt, brachte er den Sommer 1824 in Bayreuth zu und ging darauf nach Würzburg, wo er 1827 promovierte, endlich zum Abschluß seiner Studien nach München und Wien.

1830 läßt er sich in Bayreuth als praktischer Arzt nieder und gewinnt nach nicht zu langer Zeit ein bedeutendes Publikum und das Zutrauen und die Liebe seiner Patienten in seltenem Grade, so daß z. B., als er einst schwer erkrankt, die Israeliten in ihrer Synagoge für seine Genesung beten[1]). Der vis naturae medicatrix gewärtig, ist er sparsam mit Mitteln, bis der rechte Augenblick gekommen, dann aber auch sehr energisch und durchgreifend.

Nägelsbach verweilt bei Schilderung seiner vielseitigen geistigen Interessen. Mit seinem Bruder und dem Physiologen Rudolf Wagner verbindet ihn eine Arbeitsgemeinschaft der Art, daß die drei Freunde fast alles für einander und in Gedanken an ein-

[1]) Auch für die Erhaltung von Vogels Freund Schauer (er lebte von 1793—1827 und war wohl in Erlangen Mitglied der Burschenschaft), den Bezirksarzt von Buchloe, wurden, wie er 1825 erkrankt war, in mehreren Orten öffentliche Andachten und Fürbitten von den Einwohnern aus eigener Bewegung angeordnet und abgehalten. N. Nekr. V. 1827, 906.

24*

ander treiben. Neben gründlichen und umfassenden Fachstudien verfolgt er die politischen Tagesfragen als ein entschiedener und einsichtsvoller Gegner sowohl der despotischen Tendenzen als auch des wüsten Radikalismus; er freut sich an den Stielerschen und Sprunerschen Karten und studiert Ranke's Geschichte der Reformation. Unter den Dichtern ist Shakespeare sein Liebling, den er wie die Ilias im Grundtext liest, ohne indes die ihm unsympathischen Tagesdichter unbeachtet zu lassen. Ueberall auf Einheit und Zusammenhang der Erkenntnis gerichtet, gewinnt er in ernstem Studium seinen Standpunkt auch gegenüber den philosophischen und theologischen Bewegungen der Zeit. Auf religiösem Gebiet lehnt er den Mysticismus ab, fühlt sich aber als evangelischer Christ und entschiedener Lutheraner.

Und damit ist nicht einmal alles erschöpft. Wir heute Lebenden können uns nicht recht vorstellen, woher der von Morgen bis Abend beschäftigte Arzt die Zeit genommen hat. An der Thatsache aber läßt die durchaus glaubwürdige Bürgschaft Nägelsbachs keinen Zweifel. Jede Viertelstunde, sagt dieser erklärend, trug bei Vogels trefflichem, höchst ausgebildetem Gedächtnis bleibenden Gewinn; das nächtliche Ausgehen liebte er nicht. Die Erholungsstunden in vertraulichem Gespräche mit ihm hinzubringen, war erquickend; da entfaltete er den Reichtum seiner umfassenden Kenntnisse auf die anmutigste und belehrendste Weise, da trat der Adel seiner sittlichen Natur und die Tiefe seines Geistes in wahrhaft kindlicher Gutmütigkeit und Herzlichkeit hervor. — Sollte uns Nachgeborenen diese Leistungsfähigkeit auch darum fast unmöglich scheinen, weil wir auf Schulen und Universitäten nicht recht dazu kommen, unsere innere Welt zu entwickeln, die Masse des dargebotenen Stoffes zu verarbeiten und in ernstem Ideenaustausch zu gestalten?

Den blühenden Mann griff 1839 eine Luftröhrenschwindsucht an und stürzte ihn nach Jahresfrist ins frühe Grab.

**Christian Frisch**[1]) (1807—81), hervorragender württembergischer Realschulmann, der Herausgeber von Kepplers Werken.

Durch Abstammung, Erziehung und Berufsleben gehört er Stuttgart an. Der Vater[2]), aus einer Theologenfamilie stammend, hatte, früh verwaist und arm, als einfacher Schreiber beginnen müssen, war aber durch intelligenten Fleiß zum Vorsitzenden der Stuttgarter Rechnungskammer emporgestiegen und bearbeitete von 1822 an das württembergische Staatsbudget. Der Sohn sollte nach dem Wunsche des Vaters Theologie studieren, die eigne Neigung zog ihn zur Mathematik. Da giebt der Schwager, Professor Kopp in Erlangen, am 1. Januar 1830 Rat: „Ein gründliches Studium der Theologie wird für jeden Zweck einen reichen Lohn geben. Welche Teile ich rate? Zunächst die Dogmatik, teils in ihrer mystischen Gestalt (sich Zwang anthun und sich bewältigen können, muß man auch in den Studien), teils in ihrer philosophischen Ausbildung; unter der philosophischen meine ich die speculative, wie bei den Aelteren, und die bis zu Leibniz, den ich ihm riete. Die ernste speculativ-philosophische Ansicht kann ihm nicht nur Theologie und Philosophie verknüpfen, sondern würde auch dem Naturstudium einen festen sichern Boden geben."

1830 wurde er in Erlangen immatrikuliert und schloß sich den Germanen an. Schwager Kopp, bei dem er wohnte, berichtet Ende Juli 1831 nach Stuttgart: „Ich bin bei dem beruhigt, was er jetzt thut, und denke: Vielleicht kommt ihm mal eigener unermüdbarer Eifer und Lust zur Wissenschaft. An etwas Neues habe ich ihn doch gebracht; er liest Krause's Geschichte der europäischen Staaten, und wie ich merke, mit Interesse; und die Geschichte hat ihn von selbst zur Geographie getrieben. In Mathematik und Physik kann ich ihn unbedenklich loben, nicht nur auf das Zeugnis hin von Rothe, Kastner und Pfaff, sondern viel zuverlässiger aus dem Grund, daß er Interesse und Neigung zur Sache hat, und

[1]) Worte am Grabe des Oberstudienrats v. Frisch, Stuttgart. Metzler 1881. — Korr. Bl. für die Gel. und Realschulen, Tüb. 1882, H. 7 u. 8.

[2]) N. Nekr. XIV. 1836, 102—107.

diese giebt auch das dazu nötige Talent; die Wahrnehmung des Erfolgs und der eigenen Fortschritte lehrt ihn dann fürder Ausdauer und Anstrengung, und diese fördern am meisten."

Der nahe befreundete Rückert hat den Gedanken in die Verse umgesetzt:

Gieb — der Dienst ist ja nicht so groß —
Dem jungen Freunde — das will er bloß —
Gieb ihm zum Lauf nur den ersten Stoß!
Darüber ist er betroffen,
Daß so viel Wege sind offen,
Auf deren jeden zu rennen
Er Mark sich fühlt und Sennen,
Wenn er sich erst nur zu einem entschloß [1]).

Frischs litterarische Lebensarbeit ist die Herausgabe von Kepplers Werken; die gedruckten waren so selten geworden, daß sie sich kaum in den größten Bibliotheken fanden; die Manuskripte hatte man nach Petersburg geschleppt. Vergebens hatte sich 1808 K. v. Raumer [2]) bemüht, die Herausgabe in Fluß zu bringen. 1839 treffen wir Frisch bei der Arbeit: Schelling [3]) will Kepplerhandschriften aus Petersburg verschaffen; er verspricht sich von der Arbeit großen Gewinn, „besonders, wenn Anmerkungen und Erläuterungen, wie sie sich von Ihrem H. Schwager und Ihnen erwarten lassen, hinzukommen." Der Brief ist an Kopp gerichtet, dessen lebendige Teilnahme an dem Werk hier ersichtlich wird. Einem späteren Brief zufolge will Schelling in Wien suchen helfen. Frisch mußte sich auch nach Prag, Berlin, München u. a. Orten wenden; unter unsäglichen Opfern an Arbeitskraft, Zeit und Geld lag nach 17 Jahren der 1. Band druckfertig vor. Jetzt drohte das Unternehmen am Kostenpunkt zu scheitern; da trat König Max von Bayern hülfreich ein, und 1858 ist der 1. Band erschienen, 1871, nach dreizehn weiteren mühevollen Jahren, der 8. und letzte.

---

[1]) E. 5, 323. 32. F. 7, 31.
[2]) Kreuzzüge, Stuttg. 1864. 2, 46.
[3]) (Plitt,) Aus Schellings Leben. 3, 146. 151.

Es war ein in der Entwicklungsgeschichte menschlicher Wissenschaft bedeutsames Werk gelungen, Schwaben und Deutschland zur Ehre.

Als Lehrer 1833 in die Stuttgarter Realschule eingetreten, war er seit 1861 ihr Leiter. Es galt, für diese Schulart ein eigenartiges Merkmal aufzustellen, die Elementarmathematik als wesentlichen Punkt. Dem stand das Vorurteil entgegen, nur von der Natur hierzu eigens ausgestattete Köpfe, nur wenige könnten sich die Mathematik aneignen. Den Gegenbeweis, daß die Geistesanlage für Mathematik die allgemeinste sei, lieferte Frisch nicht nur durch seine anregende, zugleich gewinnende und beherrschende Persönlichkeit, sondern auch durch die methodische Auswahl des Unterrichtsstoffes und die stufenweise Anpassung an das Anschauungs- und Denkvermögen der Schüler. — Wie durch Lehrtalent, übte er durch seinen Charakter mächtigen Einfluß auf williges und freudiges Leben, auf Wahrhaftigkeit und Ehrenhaftigkeit. Auch auf Wehrhaftigkeit, denn in trüber Zeit, als derlei noch verdächtig machte, nahm er sich des Turnens an und führte es kräftig durch. — Die natürliche Folge war, daß die Fachgenossen einen solchen Vorkämpfer als Haupt und Führer verehrten.

Unverheiratet und durch seine gelehrte Thätigkeit neben der Leitung einer Schule von 1000 Köpfen stark in Anspruch genommen, wurde er doch nicht zum Sonderling. Zugänglich, nicht für jedermann, zeigte er sich in Gesellschaft gemütlich und offenherzig, war ein biederer und grundehrlicher Freund, ein herzguter und prunkloser Wohlthäter im Stillen. Der Körper hoch und kräftig, von Jugend an durch reine strenge Sitte geschont und durch anstrengende Uebungen gestählt, blieb ungebrochen bis ins Alter. Eindrucksvoll wie die Stimme, waren die Gesichtszüge, in denen sich freundliches Wohlwollen und beherrschende Kraft den Vorrang streitig machten.

Den geraden und unbeugsamen Charakter bewährte er auch im Wechsel der politischen Zeitströmungen, zu keiner Zeit ließ ihn die Liebe zur Heimat das Vaterland vergessen.

---

**Konrad Hofmann** (1810—77), der berühmte Erlanger Theologe [1]).

Er ist in **Nürnberg** geboren, wo seine Eltern, wenn ich nicht irre, Hans Sachsens Gewerbe trieben. Schon auf dem Gymnasium bethätigte er eine seltene geistige Selbständigkeit und das Talent, energisch die Zeit auszukaufen, die er mit Vorliebe auf historische Werke verwandte. Der Neigung für Geschichte folgte er auch auf der Universität. Den Mut, der Theologie sein Leben zu widmen, gab ihm die Hoffnung, daß, wenn kräftiger Glaube mit Freiheit und Freudigkeit des Geistes sich verbinde, unserm Volke beschieden sein werde, durch die Wirren der Zeit hindurch den vor vierthalb Jahrhunderten durch den deutschesten aller deutschen Männer vorgezeichneten Weg wiederzufinden. Nachdem er von 1827—29 in **Erlangen** studiert hatte, trat er in **Berlin** in das Haus der Gräfin Bülow ein, der Witwe des Siegers von Dennewitz, in dem Musik sowie deutsche, englische und französische Litteratur ernstlich gepflegt wurden. Der Hauslehrer war nur um ein Jahr älter als der gräfliche Zögling, aber der festgeschlossene Charakter, die Sicherheit und Gründlichkeit des Wissens, rasche Auffassung und Aneignung waren hinreichend zu durchgreifender Autorität, und nach kurzer Zeit konnte Hofmann an einer englisch oder französisch geführten Unterhaltung teilnehmen. Die studentischen Genossen — in Erlangen war er Mitglied der Arminia — sahen in ihm den künftigen Diplomaten und nannten ihn Talleyrand. Fanden die Freunde Grund und Anlaß zu dem Vergleich mit dem Vielgewandten in der Kenntnis der Diplome, dem schlagfertigen Geschichtswissen, einem beredten Schweigen und einer entdeckten physiognomischen Aehnlichkeit, dem Charakter nach bildete er den entschiedensten Gegensatz gegen den verschmitzten Franzosen: wiewohl er weder zum Träumen Anlage hatte, noch weichen Stimmungen sich hingab,

[1]) A. D. B. XII, 631. — Hr. Konf. Rat Nutz bin ich dankbar für Ueberlassung eines Sammelbandes, der einzelne politische Flugblätter enthält und Nekrologe, deren gehaltvollster, in der A. Ev. Luth. K. Z. Okt. 1878 No. 40 f., von L. Stählin.

bewahrte er in allen Lebenslagen ein kindlich reines Gemüt und fand sich wenigstens noch 1866 aufs gründlichste von dem abgestoßen, was ihm in Bismarcks Politik machiavellistisch erschien.

Nachdem er in Berlin ebenso gewissenhaft Theologie studiert, als bei Ranke und Raumer mit Eifer geschichtliche Studien betrieben hatte, kehrte er 1832 nach Bayern zurück und lebte fortan mit Unterbrechung der Rostocker Jahre (1842–45) — in Erlangen, wo ein Menschenalter hindurch vor allen sein Name den Ruf der Universität erhöhte. Im Privatleben bethätigte er schlichte Würde. Auch seine unermüdliche Arbeit nahm nichts an von dem Gehetzten und Aengstlichen mühseligen Gelehrtentums und hatte einen großen freien Zug; Lust und Kraft hielten sich das Gleichgewicht, er vermochte den größten Teil auch der Ferien den Studien zu widmen. Mit einer Bremerin, Großtochter seines Kollegen Köppen, verheiratet, lebte er in glücklicher, aber kinderloser Ehe. In seinem stillgelegenen Hause, das ein anmutiger Garten umschloß, herrschte herzliche Leib und Seele erfrischende Gastlichkeit.

Was er Eigentümliches und Bahnbrechendes für die Theologie geleistet hat, muß ich beiseite lassen. Ich versuche den politischen Charakter, den deutschen Mann, den Freund der Wahrheit zu zeichnen. Hofmann ist in die politische Bahn nicht durch Zufall geraten, vielmehr war eine seiner Grundanschauungen, daß der wissenschaftlich Gebildete in geistigem Einfluß auf das Volksleben sich zu bethätigen bestimmt sei. Demgemäß gab er sich neben seiner eminenten gelehrten Arbeit und Lehrthätigkeit nicht nur zur Teilnahme an vielen kirchlichen Vereinen her, sondern beteiligte sich auch eifrig an der Gemeindevertretung der Universitätsstadt und vertrat von 1863–69 den Wahlkreis Erlangen-Fürth im bayrischen Landtag. Anfangs befremdete in minder weitherzigen Kreisen, daß er sich der Fortschrittspartei anschloß, die den kirchlichen Interessen fern zu stehen schien und allen Nachdruck auf die Erringung und Begründung der bürgerlichen Freiheiten legte. Aber die Ueberlegenheit seines Urteils und seine immerbereite Arbeitskraft, wie die Sicherheit, mit der er, auch hier sich treu, die Ganzheit und Reinheit seines Wollens bewahrte, steigerten innerhalb der Partei wie bei den Gegnern nur die hohe Achtung vor seiner Persönlichkeit.

Gleich nach dem Tode des Dänenkönigs Friedrichs VII. (15. Nov. 1863) entstand in Erlangen eine lebhafte politische Bewegung, von der Professoren, Bürger und Studenten ergriffen wurden. Neben den Schleswig-Holsteinern Marquardsen und Stintzing stand Hofmann an der Spitze des schleswigholsteinischen Vereins. Vielleicht wurde kein Redner mit gespannterer Erwartung empfangen. Er sprach nicht wie im Kolleg in lang sich windenden Perioden und Monodieen; seine Worte im Redoutensaal waren voll Kraft der Anschauung, zeigten Schwung der Phantasie und die Bewegung eines starken Herzens; den kurzen und treffenden Sätzen fehlte auch nicht der trockene Humor und die scharfe Invektive; die Gedanken waren straff gespannt, in sicherer Bewegung zum Ziel, die Gesamtwirkung immer gewaltig. Gab er geschichtliche Entwicklungen einer ferner liegenden Vergangenheit, die zunächst wenigen der Hörer gegenwärtig sein mochte, sein klarer und durchsichtiger Vortrag machte die Thatsachen beweiskräftig. Und er war überall zu Hause, in den englischen und französischen, schwedischen und dänischen, wie in den schleswig-holsteinischen und bayrischen Verhältnissen. Wenn er politische Intentionen auseinandersetzte, so geschah es mit einer Lebendigkeit, als hätte er eben mit Louis Napoleon oder Bismarck, Rechberg oder v. d. Pfordten persönlich verhandelt.

Der Erlanger Verein vertrat die Rechte des Augustenburgers. Gegen Bismarck zeigte er bis 1866 das entschiedenste Mißtrauen; man versah sich von ihm, er werde fortsetzen, was die Kreuzzeitungspartei seit 15 Jahren betrieben hatte; daß er eben Schleswigholstein vor der Scheelsucht der Fremden für Deutschland rettete, erkannte man hier nicht. Und doch kam, was hier immer als das Wesentliche betont wurde, die Wahrung der nationalen Ehre, die Zurückweisung der nichtdeutschen Mächte von dieser deutschen Angelegenheit, Bismarcks diplomatischer Thätigkeit zu statten. Der Refrain der Erlanger Versammlungen war: Der Herzog gilt uns viel, aber das Volk von Schleswigholstein, die Deutschen dort, noch mehr; das letzte Fundament des Rechtes für ihn liegt in dem Willen und der Rechtsüberzeugung seines Volkes. Vor allen Hofmann stellte das dynastische Interesse zurück hinter das nationale. Von einer Ferienreise durch Norddeutschland heimgekehrt, klagt er am 6. Okt. 1864: „Soll es dazu kommen, daß man mit diesem edeln Volksstamme, welchem die Ehre Deutschlands verpfändet war und noch verpfändet ist und welcher für die künftige Machtstellung Deutschlands so schwer ins Gewicht fällt, wie mit einem Warenballen umgeht, den einer dem andern aus der Hand reißt, um ihn einem Dritten zuzuwerfen oder auch für sich zu behalten? Man spricht ja freilich von Schleswigholstein, aber nicht viel anders, als wie die lieben Deutschen an allem teilnehmen, was in der Welt vorgeht. Von einer Aufregung der Gemüter, wie man sie finden müßte, wo es sich um die innere und äußere Zukunft des deutschen Volkes handelt, von dem Zorn, den das beharrliche Unrecht, von dem Eifer, den das mißhandelte Recht fort und fort steigend erwecken müßte, von einer Gewissensnot um das, was man geschehen lassen muß, oder um Mittel und Wege, wie man ihm steure, habe ich so gut wie garnichts gefunden. — Es ist eine Schmach für die Deutschen, wenn sie sich durch Gedanken der Trägheit oder Mutlosigkeit oder gar einer gewissenlosen Klugheit um den schweren sittlichen Ernst dieser großen nationalen Angelegenheit betrügen lassen, dessen Bewußtsein die Weihe der durch sie hervorgerufenen Bewegung gewesen ist." Am 26. Mai 1865 fordert er als Abgeordneter, „daß ein staatlicher Rechtszustand in den Herzogtümern wiederhergestellt und ihnen der volle Genuß ihrer Unabhängigkeit und Selbständigkeit wiedergegeben werde. Schleswigholsteins Volk ist kein herrenloses Gut, es ist sein eigen und hat über sich selbst und seine Zukunft zu sagen und zu entscheiden."

Am 16. April 1866 setzt er sich in einer gewaltigen Rede mit den bayrischen Partikularisten aus einander. Er wendet sich gegen ein Triasprojekt, durch das Bayern die Führung des südwestlichen Deutschlands bekommen sollte: „das deutsche Volk um sein Verlangen nach Einigung durch Hingabe an ein solches

Projekt zu betrügen, wäre das schlimmste Verbrechen und die äußerste Thorheit zugleich. Ohnmächtig den beiden Bundesgroßmächten gegenüber wäre das bayrische Drittel Deutschlands darauf angewiesen, entweder auf ihre Uneinigkeit oder auf die Hülfe Frankreichs zu rechnen, und der glücklichste Ausgang einer solchen Einrichtung Deutschlands wäre die Umwandlung der bayrischen Hegemonie in ein preußisches Vasallentum. — Wir versehen uns dessen zu unserer Regierung, daß sie keinen Weg betritt, der anstatt zur Einigung vielmehr zur Zerklüftung Deutschlands führt. Geeinigt aber ist es in Wahrheit nur und erst dann, wenn eine Centralgewalt vorhanden ist, welche alle deutschen Staaten und Stämme gleichermaßen überwaltet und von einem aus dem ganzen deutschen Volke hervorgehenden Parlamente getragen wird." Auf die Frage, wann diese Hoffnung sich erfüllen werde, antwortet er 1866: „Es dauert lang, bis sich ein Volk versteht und sich verständigt." 1876 als er den Kaisertoast ausbringen durfte, bekannte er: „Wenn das deutsche Volk zurückdenkt, wie es heute vor zehn Jahren in die Zukunft sah und nun um sich schaut, welche Gegenwart es sein nennt, ein Jahrhundert scheint dazwischen zu liegen."

Er selbst hat auch 1870 für die nationale Sache gekämpft. Während die ultramontane Kammermehrheit, die Patriotenpartei der Herren v. Hafenbrädl und Pfahler, das bayrische Staatsleben zum Stillstand gebracht hatten, drängte die Fortschrittspartei zum Zusammenschluß mit dem norddeutschen Bund. Am 3. März 1870 setzte Hofmann in einer Erlanger Rede die Notwendigkeit und die Schwierigkeiten aus einander, die bayrische Regierung und die altbayrische Bevölkerung für die Einigung mit dem Norden zu gewinnen. Vor allem müßten die Nationalgesinnten selbst von dem, was erstrebt werden könne und müsse, sich eine klare gemeinsame Ueberzeugung bilden, um der Regierung den Weg zu zeigen, „den ins Stocken geratenen Lastwagen des bayrischen Staats auf die große Straße des deutschen Bundesstaats hinüberzulenken." „Die Erfahrung, die wir eben jetzt machen, lehrt uns, wie sehr diejenigen Recht hatten, welche immer und immer wieder betonten, daß alle

Errungenschaften, die wir innerhalb unseres eng begrenzten Staatswesens erzielen, so lange ungesichert sind, als unser Land nicht in das mächtige Leben der einheitlichen deutschen Nation, deren Glieder unsere Stämme sind, hineinverflochten und hineinverschlungen ist. — Die Zusammensetzung des bayrischen Staates ist derart, daß bei allen tiefer greifenden Fragen ein Zwiespalt der Sinnesweise zu Tage treten muß, der die eine Hälfte der Bevölkerung der andern feindlich entgegenstellt und alle zu einer förderlichen Lebensbewegung erforderliche Gemeinsamkeit aufhebt. — Hiegegen giebt es nur eine Hülfe. Wir müssen thun, was wir vermögen, um unser Staatsleben in den mächtigen Lebensstrom der großen deutschen Nation hineinzustellen, in welchem der Gegensatz, der die Bevölkerung Bayerns halbiert, vor dem gewaltigen Zuge verschwindet, mit welchem das Gesamtleben eines solchen Volks einherflutet. — Je lebendiger wir das Verlangen nach einem einheitlichen Zusammenleben in uns selber entzünden, desto mehr dürfen wir hoffen, daß dieses Feuer auch diejenigen ergreift, die man mit dem leeren Stroh abgedroschener Phrasen von bayrischer Stammeseigentümlichkeit und süddeutschen Interessen und preußischem Luthertum und Militarismus umschichtet, um sie gegen jeden Anhauch vernünftiger Belehrung abzusperren. Der große nationale Gedanke, wo er von kleinlichen Quängeleien um dies und das frei gehalten wird, hat Feuer genug, um all dies dürre Stroh zu verzehren und bis an die Felsenwände unserer Alpen zu leuchten." — Man hat es verstanden, den Unwillen gegen Preußen zu einer religiösen Pflicht zu machen; diese durch ihre Unklarheit mächtigen Gefühle können nicht durch Erwägungen der Volkswohlfahrt, sondern nur durch ein in seiner Art nicht minder mächtiges Gefühl bezwungen werden: „Wenn es nicht gelingt, ein deutsches Nationalgefühl in dem Teile der Bevölkerung wach zu rufen, welcher die Selbständigkeit Bayerns hüten zu müssen meint, so wird sich der Widerstand der uns dort begegnet, kirchlich dermaßen verfestigen, daß Altbayern eher in Tirol aufgeht, als daß es uns die Hand reicht und sein Angesicht nach Norden kehrt. Das ist es, was die Gefahr so groß macht. Sollte sie uns nicht alle Engbrüstigkeit vertreiben und das Herz weit machen für den großen Gedanken, vor dessen Macht einst die Gewaltherrschaft des größten Eroberers in Trümmer ging? Sollte es uns nicht gelingen, wenn wir uns selbst kräftig genug mit ihm erfüllen, so weit ihn zu verbreiten, daß nur diejenigen ihm verschlossen bleiben, deren Heimat Rom ist?"

Als Kaiser und Reich erstanden sind,[1]) beschäftigt ihn die Sorge, das von politischer, socialer und kirchlicher Seite gefährdete Gut staatlicher Volkseinheit zu sichern. Die geringeren Bedenken verursacht ihm, daß man den Einheitsstaat gewaltsam durchsetzen oder daß der Partikularismus das zur Vervollständigung des Ganzen Notwendige vorenthalten könnte. Auch die von einem schwindelhaften Liberalismus und versteiften Conservatismus drohenden Gefahren werde das in der Gesamtvertretung unsres geeinigten Volkstums lebendige Bewußtsein der unantastbaren Rechtsgrundlagen des Staates zu überwinden wissen. — Bedrohlicher für unser nationales Gemeinleben erscheinen die internationalen Gemeinschaften. Der Socialismus setzt es sich zur Aufgabe, den Teil der menschlichen Gesellschaft, der mit geflissentlicher Sinnlosigkeit für den allein arbeitenden ausgegeben wird, zum alleinherrschenden zu machen. Trotzdem darf nicht geleugnet werden, daß da, wo die Industrie den Gegensatz zwischen Arbeitern und Arbeitgebern geschaffen hat, das menschliche Recht einer großen Menge Menschen nur ausnahmsweise zu der Geltung gelangt, die ihm gebührt. Es ist nicht genug, daß den auf täglichen Lohnerwerb Angewiesenen der gute Wille und die verständige Einsicht Einzelner zu Hülfe kommen und daß zu ihren Gunsten gesetzgeberische Maßregeln getroffen werden: über das, was hier menschlich Rechtens und volkswirtschaftlich möglich ist, muß sich eine öffentliche Meinung bilden, eine Macht, der „sich der Einzelne nicht entziehen kann, ohne sich mit der Gesellschaft um ihn her in einen ihm allerwege empfindlichen Widerstreit zu bringen." Mit dem gefährlichsten Zwiespalt aber ist die

[1]) Prorektoratsrede vom 4. Nov. 1875.

Einheitlichkeit unseres Volkslebens von Rom aus bedroht. Indem die römische Kirche nach der jesuitischen Ausgestaltung ihre Einheit in den alle Lebensverhältnisse umschließenden unbedingten Gehorsam gegen die Person des Papstes setzt, tritt sie mit der auf dem selbständigen Recht unseres Volkstums beruhenden Ordnung der Dinge in beharrlichen Gegensatz. Es ist ein Mangel an Wahrheit und der Anspruch, göttliche Wahrheit zu sein, was bei jedem Schritt zur Ueberhebung über das treibt, was menschlich Rechtens ist. Dieser Widerstreit zwischen dem selbständig berechtigten Volkstum und dem römischen Kirchentum hat ein für die Lösung viel zu wenig vorbereitetes Geschlecht überrascht. Jetzt gilt es, ebenso unbeirrt von dem oberflächlichen Gerede der Unwissenheit in kirchlichen Dingen wie von dem verwirrenden Geschrei eines falsch kirchlichen Fanatismus dem deutschen Volk die christliche Wahrheit, die keinem menschlichen Gesetz weicht, und die berechtigte Selbständigkeit seines staatlichen Lebens gleichermaßen zu wahren.

---

Nach Betrachtung dieser politischen Dinge versuche ich zu zeigen, in welche Beziehung er die Universitäten zum Volksleben setzt, für dessen Gedeihen in deutschen Landen ihm die rechte Anwendung der akademischen Freiheit von hohem Werte erscheint.

Es giebt kein größeres Gut als die Freiheit, volles Bewußtsein unserer Verantwortung. Wessen Thun und Lassen durch fremden Befehl gebunden und geregelt ist verfällt leicht einer schlaffen Gleichgültigkeit, in welcher er sich begnügt, dem Befehlenden anstatt dem Berufe genug zu thun.

Vom akademischen Lernen.

War des Schülers Beruf und Freude auf Fertigkeiten und Kenntnisse gerichtet, das Ziel des Studenten liegt höher: seine Ehre ist das Erkennen, seine Freude das Erkannte, nicht das bloße Wissen und Gewußte; ins Herz schauen will er den Dingen und dort ihren eigentlichen Wert ergründen. Je mehr ihm auf diesem Weg der Selbstausbildung die von der vorangegangenen Kulturarbeit beschafften Erkenntnismittel vertraut werden, desto geneigter wird er sein zur Pietät für das, was er andern verdankt und dadurch den Impuls empfangen, das anvertraute Gut nicht eigennützig für sich zu behalten. Je selbständiger sich sein eigenes Forschen gestaltet, je tiefer ihn die Fragen nach dem Woher und Wozu berühren, desto mehr wird ihn auf der einen Seite die Einsicht in das erheben,was die geistige Ausstattung des menschlichen Geschlechtes zu lösen vermocht hat, auf der andern Seite aber die Betrachtung dessen demütigen, was unserer Bedürftigkeit mangelt. Gründliches, auf Allseitigkeit und Einheitlichkeit gerichtetes Studium erzeugt das Streben nach immer vollkommenerer Erkenntnis sowie den Trieb, den Anteil an diesem Gut der Menschengemeinschaft zu gewähren, durch welche wir es genießen; es prägt den humanen Charakter aus, der sich in beharrlicher Liebe zur Wahrheit und in der Pflege des Gemeinlebens offenbart. Quellpunkt dieser Humanität ist das Gefühl gemeinsamer Freiheit darum, weil nur dieses den ganzes Menschen fordert und seinen ganzen Beruf ihm vorhält. Nur Selbstverantwortlichkeit hält das Gewissen wach; sie gebietet Halt, wenn das sittliche und wissenschaftliche Gewissen des Einzelnen in Widerspruch gerät, sie warnt, wo Vergewaltigung fremden Rechtes droht; sie allein schützt die Einheit der Einzelpersönlichkeit wie der Gemeinschaften.

Während Hofmann so der universitas litterarum gegenüber an die Neigung zur Ehrfurcht im natürlichen Menschen sich wendet und das Walten sittlicher Mächte auch außerhalb des christlichen Heilswegs anerkennt, folgt er für seine Person tieferen, theologischen Voraussetzungen. Das Christentum ist ihm der Thatbestand derjenigen Gemeinschaft mit Gott, für welche die Menschheit geschaffen und welche in der Person Jesu verwirklicht ist, um sich durch ihn, den nicht bloß innerweltlich gewesenen, sondern auch überweltlich gegenwärtigen, in der Menschheit zu verwirklichen. In der Bibel findet er nicht nur Vergangenheit und Gegenwart des Reiches Gottes, sondern (in der Offenbarung Johannis) auch dessen Zukunft geschichtlich dargestellt. Wahr sein heißt ihm Gott in sich und seine Gegenwart in den Dingen fühlen, ihn lieben, glauben zu hoffender

Dinge gewiß und unsichtbarer Thatsachen überführt sein (Hebr. 11,1), sich in den Zusammenhang der Geschichte versetzen, in der sich Gottes Ratschluß einer heiligen und seligen Menschheit vollbringt, als Glied der Gemeinde deren Güter und Pflichten, Leiden und Hoffnungen teilen.

Diese seine Ueberzeugungen drängt er nicht auf, aber er verschleiert sie auch nicht, so dringend er Verständigung mit denen sucht, die von der Selbsterkenntnis des menschlichen Geistes ausgehen.[1]) Jener Naturwissenschaft gegenüber, deren erster und letzter Satz lautet, daß der Mensch von Gott nichts weiß, sondern nur von der Welt, macht er (1853) geltend: „Gott hat dem Menschen die Ewigkeit ins Herz gegeben. Wer sie ihm nimmt, was will er ihm dafür geben? Wer sie sich nehmen läßt, womit will er sein Herz stillen?“ Und (1875) als Fragen des religiösen und kirchlichen Lebens die gesetzgebenden Versammlungen beschäftigen, ruft er aus: „Es hat sich die Religion, die man vorlängst aus der Breite des öffentlichen Lebens in die Enge verödender Kirchenräume verdrängt wähnte, von neuem als die völkerbewegende Macht erwiesen, deren innersten Grund man verstehen, deren Tragweite man bemessen, deren Berechtigung man abwägen muß, wenn man nicht das Steuer verlieren will, welches den Kiel regiert, auf dem der schwanke Bau unserer gesellschaftlichen Ordnung ruht. Wir sehen die Zukunft ganzer Völker davon abhängig, ob statt des erhellenden und erwärmenden Sonnenlichts christlicher Heilswahrheit das sinnverwirrende, geistverzehrende Feuer eines Fanatismus ihren Weg beleuchtet, welchem eine der Religion entfrembete Bildung mit ohnmächtiger Verwunderung zusieht.“

Die Gleichgültigkeit, welche erst erschütternder Begebenheiten bedarf, um auf die bedeutsamsten Dinge ihrer Umgebung aufmerksam zu werden, hat Hofmann während seiner ganzen akademischen Thätigkeit auf den Mangel wahrer wissenschaftlicher Bildung zurückgeführt und längst vorhergesagt, daß das Zeitalter, je unbedachter es sich in seiner materiellen und praktischen Richtung verfestige,

[1]) Prorektoratsreden von 1848, 1853, 1856 und 1875.

desto rat- und hülfloser in dem Entscheidungskampfe dastehen werde, zu welchem die feindseligen, den Bestand der menschlichen Gemeinschaft bedrohenden, Gegensätze drängen. Als diese kulturfeindlichen Prinzipien erscheinen ihm natürlich nicht Glauben und Wissen, wohl aber der Fanatismus des Wissens, welcher sich der Ahnung eines Höheren, Göttlichen in der Menschennatur verschließt, und der Fanatismus des Glaubens, der im Wahn oder Vorwand vollen Wahrheitsbesitzes das Streben nach Erkenntnis ausschließt. Er protestiert gegen die legitimistische Doktrin, die in Staat und Kirche das verkörperte sittliche Gewissen zu finden vorgiebt, ebenso wie gegen den bodenlosen Radikalismus, der in ihnen bloß Zwangsanstalten sieht und sie darum hassen lehrt.[1]) Beide sind ihm sittliche Ordnungen, in denen sich das Volksleben so fortbewegt, daß neben sittlich berechtigten Gedanken eine Strömung sittlichen Verderbens flutet. Das Irrtümliche auszuscheiden, das Wahre durchzusetzen, ist der Menschheit aufgegeben.

Den Regierenden, denen die äußere Leitung anvertraut ist, wohnt immer die Neigung bei, den augenblicklichen Bestand des staatlichen und kirchlichen Lebens für den allein berechtigten gelten zu lassen. Darum bedürfen wir, um das Kranke auszuscheiden, das Gesunde zu kräftigen, einer geistigen Macht, welche die Gesetze der Bewegung erkennt und rechten Gemütsanteil am Volksleben nimmt. Eine solche Macht besitzt das deutsche Volk in seinen Universitäten, wenn da recht gelehrt, gelernt und gelebt wird. Nicht das Abstraktum Wissenschaft vermag die Geister und Gemüter zu versöhnen, wohl aber das Wirken lebendiger Persönlichkeiten, denen die Liebe zur Erkenntnis und zu den Menschen Einheit verleiht. Daß Hofmann selbst ein einheitlicher Charakter dieser Art war und wie er seine Theorie einer Aufgabe des wirklichen Lebens gegenüber zu bewähren vermochte, wird ein Beispiel lehren.

---

[1]) Als Beispiel mag die Follensche Theorie gelten (S. 50) und die Stahlsche, „jenes selbstsüchtige Beharren in einer Gedankenfolge, welche auf jedem Schritte das Zeugnis innerer oder äußerer Thatsachen wider sich hat, ohne sich von der Willkürlichkeit ihres Ausgangspunkts überführen zu lassen."

Er hatte 1847—48 das Prorektorat bekleidet, und dem sturmfesten Mann war, gegen den Brauch, auch für das folgende Amtsjahr das Steuer übertragen worden. Am 4. Nov. 1848 hat er die erste öffentliche Rede eines Erlanger Prorektors gehalten. Die Umwandlungen dieser Tage sind ihm ein großes Werk Gottes; ein Werk gemeinsamen Heils zu vollbringen, müssen jetzt alle Sehnen unsers Volks sich straffer spannen. Das Gewicht des staatlichen und kirchlichen Gemeinwesens ist von der amtlichen Gewalt hinweg auf die Gemeinde gerückt. Die Oeffentlichkeit und Mündlichkeit der Rechtspflege, eine staatsmännischere Behandlung der Verwaltung, die Selbstregierung der kirchlichen Gemeinde stellt an den Juristen und an den Geistlichen neue Anforderungen. Der Buchstabe des Gesetzes oder der Verordnung, das Herkommen einer amtlich gedeckten und amtlich beschränkten Stellung reicht für die Erfüllung der Berufspflicht nicht mehr aus. Jene Staatsklugheit, welche auch den Universitäten fremde Zwecke aufgedrängt hat, ist, ehe sie nur nach den Mitteln ihrer Selbsterhaltung greifen konnte, alles Gewinns vieljähriger Anstrengung verlustig gegangen; jetzt ist es Sache der Staatsweisheit, die verderblichen Erfindungen einer gleichmachenden Ueberallregierung aufzugeben, den Zwang, wie man lernen, die Bevormundung, wie man lehren soll. „Das ablaufende Jahr hat große Aufgaben gebracht, möge das beginnende glückliche Lösungen derselben bringen! Wie es aber werden mag, jedenfalls wollen wir, ein jeder an seinem Teile, der uns gestellten Aufgabe eingedenk bleiben, damit in keinem Wege durch unsere Schuld das uns anvertraute Gut entwertet auf eine uns fremd gewordene Nachwelt komme. Wenn wir den Namen der deutschen Universitäten nennen, so freuen wir uns, daß Deutsch einen mächtigern Klang hat als vordem und Deutschland uns zum Ruhme eine neue Größe geworden ist. Sorgen wir nun auch dafür, daß Deutschlands Universitäten hinter dieser neuen Größe nicht zurückstehen, sondern nun erst recht Wohnort und Pflegestätte deutschen Ruhmes werden!"

So unbedenklich der Sturz der Reaktion und das Mitschaffen der Bevölkerung an den Bewegungen des öffentlichen Lebens als

25*

geschichtlich berechtigt anerkannt wird, so unzweideutig weist Hofmann jede faule Concession an den Freiheitstaumel der Zeit zurück, die Thaten der Wiener Aula bezeichnet er als Umstürzung des natürlichen Standes der Dinge. „Gelehrt will hier sein und gelernt“, ist der Refrain, der den Kollegen und Kommilitonen entgegentönt. Zweck des Studiums ist Vorbildung für künftigen Beruf durch wissenschaftliche Selbstausbildung.

Es wird eine Kategorieentafel der auf der Universität Lernenden aufgestellt. Was sine studio[1]) sich auf den Universitäten umhertreibt, wird, als ausgeschlossen durch den Begriff, von Hofmann nicht beachtet. Wessen Absehen lediglich auf den Broterwerb gerichtet ist, so daß er die Wissenschaft zum Handwerksgerät seines Eigennutzes entwürdigt, bekundet die Gemeinheit seiner Sinnesart. Wer nur um seines künftigen Sonderberufs willen und eben darum nur das lernt, was er für diesen bedarf, beweist Pflichtbewußtsein, aber ein illiberales, das des Fröners. Liebt aber einer die Wissenschaft um ihrer selbst willen, auf die Dinge gerichtet und die Menschen vergessend, dieser erfüllt wohl den eigentlichen Zweck des Universitätslebens? Auch er nicht. Denn die thatunkräftige und thatunlustige Wissensliebhaberei offenbart sich nach den großen Umwandlungen unserer Tage, die alle Anstrengungen für die Neugestaltung des Gemeinlebens fordern, als Selbstsucht des wissenschaftlichen Lebens, wenn auch als eine edlere Selbstsucht. Vielmehr so soll gelernt werden, daß das Studium nicht durch ein Verlangen nach fertigen Kenntnissen bestimmt ist, sondern durch die Richtung des Willens auf Erkenntnisthätigkeit; wissenschaftlich gebildet sein heißt nicht, eine Summe von Kenntnissen besitzen, sei sie noch so groß und mannigfaltig, sondern einen durch die Liebe zum Erkennen gestalteten Geist. Und dazu soll gelernt sein, daß die für den künftigen Beruf erworbene geistige Befähigung auf das Leben des Volkes gerichtet ist, das im weitern oder engern Kreise zu leiten dem wissenschaftlich Gebildeten obliegt. „Denn diejenige Liebe,

[1]) Haupt's Bonmot: Quid est studiosus sine studio?

welche als das Widerspiel der Selbstsucht unser Thun sittlich adelt, hat nicht Dinge zu ihrem Gegenstande, wie schön und groß auch ihr Name sei, sondern den Menschen. Liebe zur Wissenschaft also, welche nicht Liebe zur Menschheit ist, hat keinen sittlichen Wert. Was sie schafft, mag der Menschheit zu gute kommen, aber nicht sie selbst ist es, welche bewußt und frei der Menschheit dient. Sie erwirbt, um zu besitzen, nicht um darzureichen; sie arbeitet, um selbst zu genießen, nicht um andere zu fördern: sie hat nicht die Art der Liebe, denn sie sucht das ihre und nicht, was des andern ist."

### Vom akademischen Lehren.

Mir ist diese Prorektoratsrede von 1848 lehrreich für die Realität des von der gemeinsamen Freiheit ausgehenden Systems geworden. Erweisen sich in dieser kritischen Epoche der Absolutismus und die Demagogie gleich unfähig zum Regiment: die geistige Macht, welche in Staat und Kirche Mittel für die sittliche Lebensgestaltung des Volkes erkennt und furchtlos dem höhern Zweck dient, zeigt sich der Lage gewachsen. Der Führer der Erlanger Universität bringt in dem Orkan nicht nur notdürftig sein Schiff durch die Klippen, ihm müssen Sturm und Wellen dienen, Größeres zu unternehmen als vorher und eine kostbarere Ladung zu gewinnen. Und wie Hofmann in dieser Gefahr die Augen der seiner Sorge Anvertrauten für die Erkenntnis der wesenhaften Lebensgüter schärfte, um höhere Antriebe sittlichen Handelns zu entwickeln, so wußte er auch in ruhigen Zeiten in jede Vortragsstunde ein Etwas zu legen, das den Beruf des sittlichen Erkennens zur Herrschaft über die Dinge und zur Leitung menschlichen Thuns ahnen ließ. Diese Wirkung lag in der Einheit der sittlichen und wissenschaftlichen Ueberzeugung, der Selbstlosigkeit und Willensstärke, der rastlosen Liebe zu wahrem Wissen und der geduldigen Liebe des Mitteilens. Er ließ die Geistesarbeit sehen, durch welche er zum Erkennen gelangt war, er reichte nicht bloß Kenntnisse dar, sondern gab sich selbst, seine eigene sittliche Persönlichkeit in ihrer wissenschaftlichen Gestaltung. Wo gegen den augenblicklichen Stand der Wissenschaft oder gegen das Ergebnis der eigenen bisherigen Forschung sein Gewissen Einspruch that, bekannte er den schmerzlich empfundenen Widerstreit und hielt es nicht für eine Schande, die unzureichende Beherrschung der Erkenntnismittel einzugestehn. Die Zuhörer zu Freunden der Wahrheit zu machen und sie dadurch mit Ehrfurcht gegen die sittlichen Güter zu erfüllen, schien ihm das wahre Ziel akademischer Lehrthätigkeit. Denn diese wahrhaft menschliche Weise des Lehrens betrachtete er als die Vorschule der Weisheit wahrhaft menschlichen Handelns.

Dem hierarchischen und buralistischen Wesen ist dieser humane Sinn fremd. Von den Anhängern dieser Richtung giebt Hofmann nicht ein ausführliches Gemälde, sie werden mit wenigen scharfen Strichen gezeichnet: „die einen, welche um des Brotes willen amtieren, wie sie um des Brotes willen studiert haben, die andern, deren träge Gedankenlosigkeit von der sittlichen Natur des staatlichen und kirchlichen Gemeinwesens unberührt bleibt", „die Geistlichen, welche durch ihr ganzes Thun und Lassen den Eindruck machen, daß sie eben nur das Lied der Kirche singen, weil sie das Brot der Kirche essen, die Beamten, welche sichs genug sein lassen, sich mit den unausweislichsten Anforderungen ihrer Oberen taglöhnermäßig abzufinden." Nicht ohne Herzensanteil verweilt er dagegen bei den unfreiwilligen Opfern des Mechanismus, bei dem „Beamteten, der oft nur wie ein Bestandteil einer Maschine erscheint, wie gebannt in einen Kreis, den sein Amt um ihn zieht, wie verfallen an eine Macht, der er seine Zeit abdient." Es giebt redliche und verständige Männer, die aber nur in ihr Fach eingeschult sind; sie sehen alle Dinge und Verhältnisse, die ihnen amtlich unterhanden kommen, nur so, wie sie zwischen den Gesichtslinien ihres Sonderberufs liegen. Wenn ein Geistlicher der Art von der kirchlichen Berechtigung dessen, was er seiner Gemeinde von Amts wegen ansinnt, aufrichtig überzeugt ist, nimmt er durch die trockene Unbedingtheit und steife Schroffheit, womit er es thut, alle diejenigen Gemüter dawider ein, die nicht schon selbst dem innerlich verwandt sind, was er an sie bringt. „Er thut seine

Pflicht nach bestem Wissen und Gewissen und mag damit vor Gott bestehn; aber sein Wirken kommt nur den Wenigen zu gute, welche mehr der Pflege dessen bedürfen, was sie schon sind, als der Erziehung für das, was sie werden sollten; und die Vielen, welche solche Erziehung nicht von sich weisen würden, wenn er ihnen menschlich nahe brächte, was er von Amts wegen sagt und thut, werden beim nächsten Anlasse eine Beute derer, welche das kirchliche Gemeinwesen selbst und überhaupt verneinen."

Mit den drängenden Forderungen des Tags beschäftigt, liebt die gegebene kirchliche und staatliche Ordnung Werkzeuge, die mehr oder minder mechanisch arbeiten. Damit werden die laufenden Bedürfnisse gedeckt. Für den dauernden Bestand des Gemeinwesens sind aber selbständiger entwickelte Organe vonnöten, die nicht bloß fremde Gedanken und Befehle ausführen, sondern aus innerm Trieb die Grundlagen des sittlichen Gemeinlebens erforscht haben und für dessen Gestaltung ihre Person einzusetzen bereit sind. Ganze Menschen auszubilden, ist Sache der Universitäten. Wir haben diese Institute von den Vätern ererbt, damit sie den Kern des nationalen Lebens erhalten helfen. Wenn ein jeweiliges Regiment Augenblickszwecken hingegeben ist, neigt es dahin, die unbequeme Vernunft zu verkennen oder zu unterdrücken, die auf den Universitäten gepflegt wird. Hat eine Regierung höhere und unvergängliche Ziele im Auge, so fühlt sie als ihr eigenstes Interesse, den Wert des sich bildenden Neuen von denen sich deuten zu lassen, die mit der Erkenntnis des Wesenhaften beschäftigt sind. Ist es wahrscheinlich, daß es eine Behörde geben könne, die besser als eine, ihrer Selbstverantwortlichkeit bewußte, Universitätskorporation zu beurteilen vermöchte oder gewissenhafter bestimmen würde, welche Lösung der wissenschaftlichen Aufgaben für das Gedeihen von Staat und Kirche erforderlich sei? Denn Staat und Kirche sind nicht identisch mit der jeweiligen Regierung, sondern mit der sittlichen Ordnung.

Nach einem Wort Goethes[1]) ist der Handelnde immer gewissenlos, Gewissen hat nur der Betrachtende. Der nämliche Welt-

[1]) 19, 45 (Sprüche N. 162).

und Menschenkenner weiß aber auch von einer alles umfassenden „Neigung zur Ehrfurcht, die, indem ihr die Welt gehört, ihr Letztes, Bestes dem Himmel zuwendet; sie allein hält der Egoisterei das Gegengewicht, sie würde, wenn sie durch ein Wunder augenblicklich in allen Menschen hervorträte, die Welt von all den Uebeln heilen, an denen sie gegenwärtig und vielleicht unheilbar krank liegt [1].“ Hofmann will nicht müßig auf dies Wunder warten, ihm gelten die wissenschaftlich Gebildeten für berufen, der Welt freundlich mitzuteilen, was ihr so not thut [2]). Pflegestätten der Pietät sind ihm die Universitäten. Wenn hier die Herzen für ein höheres Lebensprincip gewonnen sind, dann werden dem öffentlichen Dienst Persönlichkeiten zugeführt, deren Behandlungsart der Dinge und Menschen verhindert, daß Staat und Kirche als Zwangsmittel der Herrschsucht und des Eigennutzes erscheinen und als solche erbittern; von deren Dienern angenommen wird: sie thun dies und sagen so, nur weil sie selbst unter dem unwahren Bann ihres Amtes stehen. Wessen Geist gewöhnt ist, das Besondere und Jeweilige im Zusammenhang des Ganzen und in seinem wahren Wesen zu erfassen, tritt auch dem Untergebenen als Mensch gegenüber und läßt das von Amts wegen zu Fordernde nicht als ein Ding des Beliebens und der Willkür erscheinen, sondern weiß es verständlich zu machen. Gelingen wird dies in dem Maß, als Studien und lebendige Vorbilder die sittliche Natur des Menschen und der menschlichen Gemeinschaft aufgeschlossen haben. Wem der Staat nur als eine Erfindung gilt zu möglichster Beschränkung der Selbstsucht des Einzelnen oder zu möglichster Steigerung des äußeren Wohlergehens aller, dessen staatliche Berufsthätigkeit wird auch keinem höheren Zwecke gelten als diesem; wer vom Menschen nicht höher denkt, als daß er ein bevorzugtes Tier sei, wird ihn als eine abzunützende Sache behandeln.

Der Gegensatz beider Weltanschauungen wird unter die Begriffe Klugheit und Weisheit gestellt. Jene „wendet sich an die

[1]) 29, 721. [2]) 36, 96.

Schwäche des Menschen und bestimmt ihn dadurch auf eine Weise, die ihn verdrießt, wenn er sie inne wird; diese dagegen wendet sich an die Wahrheit in ihm und stimmt ihn dankbar, wenn er sie verstehen lernt. Die Klugheit nimmt ihren Standpunkt unterhalb der Sache, für welche sie wirkt, und entwertet sie dadurch; die Weisheit dagegen nimmt ihn innerhalb derselben, aber in ihrer Tiefe, und offenbart dadurch ihren eigentlichen Wert. Die Klugheit benutzt eine Außenseite der Sache, um sie scheinbar zu machen, blendet damit aber auch nur den äußeren Menschen; die Weisheit dagegen versteht das Inwendige desselben hervorzukehren und bringt sie eben dadurch dem Inwendigen des Menschen nahe."

Und nunmehr ist ersichtlich, daß um des Ganzen willen der betrachtende Teil, der das Gewissen des Volksorganismus darstellt, sein Recht gegen die Eingriffe des handelnden Teils verwahren muß. Das einzelne Individuum würde verrohen, wollte es den Gewissenserwägungen, die im Drang des Handelns verstummen, auch vor und nach der That Schweigen gebieten. Würde ein Staat oder eine Kirche vorschreiben, zu welchem Ergebnisse die wissenschaftliche Forschung kommen soll oder nicht kommen darf, der Zwang würde ebenso unsittlich als thöricht sein: mit Unwahrheit gründet man die sittlichen Ordnungen nicht, sondern untergräbt sie vielmehr. „Wo Staat und Kirche Unfreiheit des wissenschaftlichen Urteils für eine bessere Eigenschaft ihrer Amtsinhaber achten als eine auf selbständige Erkenntnis gegründete Liebe ihrer wesentlichen Güter, da beweisen sie hiemit nur, daß sie einer Verständigung über sich selbst bedürfen, welche darzureichen gerade die Universitäten recht eigentlich den Beruf haben." Rechtfertigen freilich muß diesen Anspruch die sittliche Erkenntnis und Verantwortlichkeit einer Körperschaft, die sich die Tochter der freigeborenen Wissenschaft zu sein rühmt durch „Eintracht nach innen und Unterordnung des Einzelnen unter das Gedeihen des Ganzen, Würde nach außen und eine, von knechtischer Feigheit wie von Trotz und Hoffart gleich weit entfernte, Mannhaftigkeit."

Daß die Universität ihren wahren Zweck für das Gedeihen

des Volkes erfülle, dafür kommt außer der Art des akademischen Lehrens und Lernens als dritter Faktor in Betracht:

Das akademische Leben.

Was Hofmann hier fordert, sahen wir durch die Reformen der alten Burschenschaft teils angebahnt, teils verwirklicht. Seine Wünsche enthalten eine Rechtfertigung jener Bestrebungen, seine Klagen eine Kritik der volksfeindlichen Mächte, welche die Richtung der Studentenschaft auf geistige und sittliche Selbstausbildung zum Dienst des Vaterlandes als staatsfeindlich verfolgt haben. Mir bieten diese Gedanken ungesucht den Epilog zu meiner geschichtlichen Darstellung.

Wie Hofmann Freiheit und Vaterland in ihrem unschätzbaren Wert entfaltet hat und die Ehre des akademischen Bürgers, sich durch sein wissenschaftliches und vaterländisches Streben zu einem Hüter echt menschlichen und treuen deutschen Wesens auszubilden, so warnt er 1848 vor dem Fortschleppen jener Formen des Studentenlebens, deren Abschaffung nach den Freiheitskriegen begann: „Hinweg mit dem wüsten oder gedankenlosen Genießen, welches dem Ernste dieser Zeit gegenüber gerechte Entrüstung, hinweg mit dem schalen Prunke inhaltlos gewordener, ja wohl von je inhaltlos gewesener Formen, welcher der Größe dieser Zeit gegenüber eben so gerechten Spott hervorruft!“ Er warnt aber auch vor leerem Politisieren: sittlich zweckvolles und geistig freies Studium sei der Weg, um einst die Mannesaufgabe zu lösen, nicht das Spielen und Tändeln mit den großen Fragen der Gegenwart.

1853 wendet er sich gegen den politischen Indifferentismus der faulen Zeit: „Wenn Sie den hohen Beruf ins Herz fassen, welcher Ihrer wartet, und Ihr genossenschaftliches Leben der Verantwortlichkeit desselben im Voraus unterstellen, werden Sie einen Geist der Kraft und der Zucht und der Liebe erwecken, welcher den schnöden Müßiggang beschämt, alles unordentliche Wesen verbannt und jene nichtswürdige Gleichgültigkeit gegen die Zukunft unsers Volks überwindet.“

Eingehender weist er 1856 nach, inwiefern die parteimäßige Geschlossenheit und kastenartige Absonderung der studentischen Kreise die menschliche Gemeinschaft schädigt. Haben sich vor 1815 die territorialen Partikelchen gegen einander abgeschlossen und dadurch das Gefühl nationaler Zusammengehörigkeit erstickt, jetzt zieht auf der Universität der künftige Beruf die Scheidewand. Aus der Verschiedenheit der wissenschaftlichen Thätigkeiten erwächst eine verhängnisvolle Verschiedenheit der Anschauungen, die das sittliche Leben bestimmen. Bis in die letzten Gründe reichend, scheinen die Gegensätze unversöhnlich. Ihre Extreme haben wir oben kennen gelernt, den herrschsüchtigen, eigennützigen Vernunfthaß und den herzlosen Verstandesfanatismus. „Ihr unaufgehaltener Zusammenstoß wird Erkenntnis und Glauben gleicherweise unter die Füße eines blinden Haufens werfen, welcher der einen ebenso bar und ledig ist wie des andern."

Wie läßt sich der Ausbruch dieser Feindschaft aufhalten? Im akademischen Leben dadurch, daß die Genossen der verschiedenen Fakultäten sich als Menschen verstehen lernen und so die Trennung mildern, die in den Theoremen herrscht. Wo dies nicht geschieht, wie kann da die Einheit unseres Volkstums bestehen? Wie der Sonderberuf, so sind wir selbst eingeschlossen in die menschliche Gemeinschaft. Im bürgerlichen Leben sollen wir aufeinander und zusammenwirken — wie wird es werden, wenn wir in den Jahren der Bildungsfähigkeit es ablehnen, uns zu verstehen, oder auch nur zu verständigen?

Das bestehende Wesen wird in seiner ganzen Unnatur hingestellt. Zwischen dem Theologen und den Angehörigen anderer Fakultäten ist eine Verschiedenheit der Anschauungsweise, „als hätten sie in verschiedenen Jahrhunderten oder in entgegengesetzten Weltteilen gelebt". Gegen diesen Uebelstand wird vorgeschlagen: „Bist du nicht etwa des Sinnes, jedwede Denkweise, welche nicht die deine ist, von aller Einwirkung auf das menschliche Gemeinleben ausschließen zu wollen, so schließe dich auch nicht ab gegen sie, als ob sie schlechthin verstandlos oder schlechthin gottlos wäre, sondern sieh ihr ins Angesicht, ob dir nicht etwas darin entgegenblickt, was dir verwandt ist! Wer sein Leben den Rechtsordnungen des staatlichen Lebens widmet, achte es nicht für Thorheit, auf den zu hören, dessen Denken sich in den Ordnungen jenes so ganz anders gearteten Gemeinschaftsgebietes bewegt, wo die Liebe zu einem gekreuzigten und auferstandenen Herrn Größeres zu thun, als das zwingende Gesetz zu fordern vermag! Sollte er nicht von diesem Gebiete, ob es ihn auch selbst fremd ansieht, durch den dort heimischen Geist solcher gesetzerfüllenden Liebe den Eindruck empfangen, daß es mehr als ein Traum und die Nachricht von ihm wie eine Antwort auf die Frage ist, welche die Unzulänglichkeit der staatlichen Ordnung ihm selber abdringt? Oder, da sich der Theologe so leicht gewöhnt, den sittlichen Ernst eines Menschen nach dem Umfange seiner Anerkennung der Thatsachen zu bemessen, deren Verkündigung sein Beruf ist, wie zuträglich wird es ihm sein, wenn er im Juristen den Eifer für staatliches Gemeinwohl und richtiges Recht, im künftigen Arzte die im Erbarmen wurzelnde Hingebung an seinen aufopferungsvollen Beruf, im angehenden Naturforscher die Freude an dem, was der Mensch nur bewundern, nicht schaffen kann, wenn er all dies wahrnimmt und daran inne wird, daß es sittliche Mächte giebt, deren Walten nicht eingeschlossen ist in den einst von ihm zu verkündigenden Heilsweg und doch dazu mithilft, daß die menschliche Gemeinschaft eine Stätte für die christlichen Heilswirkungen bleibe! Hinwieder sollten sich diejenigen, welche ihr Berufsstudium auf das sinnlich Wahrnehmbare anweist, worin Leben und Tod wie gleichberechtigte Gewalten erscheinen, der Gegenwirkung eines Verkehrs nicht entziehen, wo sie an ein Leben erinnert werden, für welches der Tod nicht mehr ist . . . Ich rede nicht von derjenigen Wirkung des einen auf den andern, durch welche eine neue Sinnesweise erzeugt wird, sondern nur von einem Austausche der Anschauungen, welcher dazu führt, daß jeder in der des andern das Menschliche achtet und ehrt.

„So groß ist die Aufgabe, so schwer die Verantwortung der Universitäten. — Man nennt uns Deutsche Ideologen. Lassen

Sie uns beweisen, daß eben die Herrschaft des Idealen im deutschen Volke, von der es kommt, daß seine Universitäten einen so tiefgreifenden Beruf haben, eine Bewahrung der sittlichen Ordnungen des Staates und der Kirche wie der menschlichen Gemeinschaft überhaupt ermöglicht, welche nachhaltiger ist als die trügerische Sicherung derselben durch die bloße Gewalt oder die Täuschungen des Eigennutzes! Die Zeit geht einen schnellen Gang: wer von ihrem Stundenschlage nicht überrascht sein will, der achte auf ihren Zeiger! So lange der Sturm noch schläft, lassen Sie uns des Schiffes wahrnehmen, das uns trägt! Es wäre zu spät, nach dem Steuer zu greifen, wenn uns die brechenden Masten aus dem Traume weckten."

Wem die Wahrheit dieser Gedanken einleuchtet, den wird das Urteil nicht überraschen, das Hofmann in der Prorektoratsrede von 1871 gefällt hat, als das deutsche Studentenleben nach den großen Siegen und der Gründung des deutschen Reiches eine neue Wendung nahm. Grämlich war er nicht geworden, aber der Mann, der sich in den edelsten Anstrengungen für das Vaterland verzehrte und nicht geringe Hoffnungen auf die akademische Jugend gesetzt hatte, fand sich durch die dem großen Zeitpunkt folgende Haltung der Studentenschaft den volkstümlichen Aufgaben gegenüber bitter enttäuscht. Eine Begeisterung, klagt er, für den allgemeinen Beruf, dessen man sich entschlagen kann, ohne darum sein Brot zu verlieren, wo findet man sie? Ich höre sagen, Charakterbildung sei das Wesentliche. „Aber wäre das Charakterbildung, wenn nur immer einer den andern anleitete, die edle Zeit mit Nichtsthun oder mit dem Thun von solchem, das nichts oder weniger als nichts ist, umzubringen? ‚Saure Wochen, frohe Feste', dieses Wort unsers großen Dichters, welcher wahrlich gearbeitet hat wie einer, gilt nicht bloß dem Mannesalter, sondern auch der Jugend und auch der akademischen Jugend. Wer das Verhältnis umkehrt und höchstens nur die Feste sich sauer werden läßt, wie soll dem die Universität Vorschule für die Mannesarbeit sein, ohne welche auch das begünstigtste Leben verächtlich ist? . . Wenn der Donnergang welterschütternder Ereignisse den Ohren verhallt, die er noch eben betäubt hatte, was wird die Rede des einzelnen Mannes vermögen? Sie hat ihre Stunde ausgefüllt: was will sie mehr? Aus einem bittern Herzeleid, das mir in der Seele brennt, ist sie geboren: möchte sie nicht auch darin begraben sein!"

## Schlußwort.

Im Vorwort ist das Hindernis erwähnt, das sich der Abrundung der hier vorliegenden Arbeit entgegensetzte. Es hat auch den biographischen Teil erheblich geschädigt. Unter anderem war beabsichtigt, Leipziger und Jenaer Zustände in einem Lebensbild K. Hase's zur Sprache zu bringen, durch Chr. Frisch Stuttgart und Schwaben, durch Briegleb und Wagner Göttingen und Hannover kennen zu lernen; auch eine Excursion in die Schweiz war geplant. Doch es sollte nicht sein.

Indem ich auf Paulsens Auseinandersetzungen (S. 259) verweise, berühre ich nochmals das Verhältnis der Burschenschaft zu Staat und Volk. Anscheinend ist kein Zweifel, daß jetzt die Studentenschaft dem Staat gegenüber eine löblichere Haltung bewahrt als in den Tagen unserer Großväter. Im Zeitalter der allgemeinen Wehrpflicht gelten Disciplin und Gehorsam als selbstverständlich für die Erhaltung und Sicherung des Reiches; für ein Frankfurter Attentat würden sich heute keine Teilnehmer finden. Und doch wäre es verkehrt, von jenen Alten ohne weiteres auszusagen, daß sie geringere Empfänglichkeit und Aufopferung für das Gut staatlichen Lebens zeigten. Geächtet freilich von der obersten Behörde in Deutschland war die alte Burschenschaft, und von den richterlichen, durch die höchste Gewalt eingesetzten Kommissionen wurden ihre Mitglieder gehetzt wie wilde Tiere. Allein den Grund zur Verfolgung gab das Streben nach dem, was jetzt die Grundlage des deutschen Reiches bildet, die Zusammenfassung der Volkskraft. Wenn jene nach einem unzersplitterten Deutschland und nach gesetzlicher Freiheit des Landes verlangten, in dem einer geboren war, so hieß dies zu ihrer Zeit Hochverrat. Der krankhafte Zustand der öffentlichen Ordnung machte unmöglich, zugleich der Sache des Vaterlandes und dem Gesetz des Landes treu zu sein. Wenn jene sich entschieden, das zum Fortleben der Nation als notwendig Erkannte nicht zu verleugnen und es, wenn nicht für sich, doch für die Nachkommen, zu erringen, so verfielen sie den jeweiligen, Deutschland feindseligen oder in dynastischen Sonderinteressen befangenen Gewalten und mußten, wie wir sahen, dem Richter die Wette büßen. Aber ist es nicht seltsam, wenn nunmehr die, welche auf Kaiser und Reich und auf das Leben in einem Rechtsstaat stolz sind, sich fortgesetzt die Urteile derer aneignen, gegen welche die Vorfahren aufopfernd und ausdauernd gekämpft haben? Mag Gleichgültigkeit die Quelle sein oder Widerwille gegen den Dank: wenn die Beurteilung der alten Burschenschaft im Sinn der Metternich und Genossen geübt wird, so beweist dies einen Mangel an tieferem Volksgefühl oder, wenn man will, an ernstem Nationalbewußtsein. Es ist recht und billig, sich des Vorhandenen zu freuen, der Fortschritte, welche unser Staatsleben seit den Restaurationsjahren im Innern und nach außen gemacht hat; aber keine Generation besitzt, was sie nicht selbst erwirbt. Die deutsche Art ist auch jetzt von allen Seiten bedrängt, aus Osten durch ein Volk von roher Naturkraft und unersättlichem Ehrgeiz, im Westen durch einen Gegner, dessen Vorbild gefährlicher ist als seine Heeresmassen; und wie sollten wir draußen auf den Meeren einen Bundesgenossen finden, wenn wir uns nicht selbst treu sind? Im Innern sind so viele Dämonen der Zwietracht entfesselt, der schlimmste von allen die Heimatlosigkeit in vielerlei Bedeutung, daß alle Kräfte aufgeboten werden müssen, wenn das Schiff unseres Staates im Sturm bestehen soll. Da ist die Disciplin ein wertvoller Kitt der Einheit, kraftvoll gehandhabt unter allen äußeren Mitteln das wirksamste. Aber sie allein rettet nicht in der Stunde der höchsten Gefahr. Nur das Gemeine im Menschen wird von der Furcht regiert, es hält nicht Stand in der Volksnot. Da muß eine Kraft wirksam sein, die höher ist als Herrschaft und Zwang des Gesetzes, mächtiger als die Alltagsgewöhnung: die Vaterlandsliebe, die in der sittlichen Persönlichkeit wurzelt. Diese auszubilden haben wir als das Letzte und Höchste erkannt, was unsere Vorgänger anstrebten, Darstellung des deutschen Wesens im Verein mit den edelsten humanen Kräften, deren wir Gebildete uns im geschichtlichen Leben der besten und weisesten Völker bewußt werden, Energie des Geistes und Herzens, ohne daß der eine Teil in das dem andern zuständige Gebiet übergreift, Herrschaft der Wahrheit und Innigkeit des Gefühls über den Hang zu dem in die Augen fallenden Glanz und zu leidenschaftlicher Heftigkeit. Dieser Trieb richtet sich nicht auf Konvenienz und Standesehre, sondern auf die Menschenwürde und Volksehre: die Scheu und Achtung des Menschen und Volksgenossen vor seinesgleichen ist das zuverlässigste Schutzmittel des Gemeinwesens, edler, wirksamer und dauernder als die Furcht. Ich wiederhole ein Wort von Schelling: „Das Medium, wodurch Geister sich verstehen, ist nicht die umgebende Luft, sondern die gemeinschaftliche Freiheit, deren Erschütterungen bis ins Innerste der Seele sich fortpflanzen." Dazu die Gegenprobe: „Wo der Geist eines Menschen nicht vom Bewußtsein der Freiheit erfüllt ist, ist alle geistige Verbindung unterbrochen, nicht nur mit anderen, sondern sogar mit ihm selbst. Kein Wunder, daß er sich selbst ebenso als anderen unverständlich bleibt und in seiner fürchterlichen Einöde nur mit eiteln Worten sich ermüdet, denen kein freundlicher Widerhall aus eigner oder fremder Brust antwortet."

Doch ich ende lieber mit einem Klang Goethescher Poesie, einem Vermächtniswort, das die Erhaltung edeln Volkstums ans Herz legt:

Halte fest, was Dir von allem übrig blieb!
Laß es nicht los! Da zupfen schon
Dämonen an den Zipfeln, möchten gern
Zur Unterwelt es reißen. Halte fest!
Bediene Dich der hohen,
Unschätzbar'n Gunst und hebe Dich empor!
Es trägt Dich über alles Gemeine rasch
Am Aether hin, so lange Du dauern kannst.

# Anhang und Register.

## Die Erlanger Professoren des Zeitraums 1816—1833.

### Theologen.

v. Ammon 1821.
Bertholdt 1808—22.
Engelhardt 1821—55.
Harleß 1833—45.
Höfling 1833—52.
Kaiser 1816.
Krafft 1818—45.
Lippert 1803—19.
Rust 1830—33.
Vogel 1808—34.
Winer 1823—32.

### Juristen.

Borst 1817—18.
Bucher 1818—54.
Feuerbach, Ed. 1829—43.
Glück 1784—1831.
Gros 1804—17.
Gründler 1796—43.
Hunger 1833—37.
Posse 1804—25.
Puchta 1823—28.
Schunck 1821—34.
Stahl 1832 und 1834—40.
v. Wendt 1819—34.
Zenger 1821—31.

### Mediciner.

Bayer 1826—32.
Dietz 1833—35.
Fleischmann 1818—50.
Harles 1796—1818.
Hildebrandt 1793—1816.
Henke 1804—43.
Hoffmann 1821—24.
Jäger 1826—31 u. 1834—38.
Koch 1824—49.
Leupoldt 1821—74.
Loschge 1784—1840.
Nees von Esenbeck 1818.
Roßhirt 1833—72.
Schreger 1797—1825.
Trott 1833.
Wagner, Rud. 1832—40.

### Philosophen.

Böttiger 1821—62.
Breyer 1770—1824.
Döderlein 1819—63.
Drechsler 1833—48.
Erhard 1817.
Fabri, E. 1817.
Fabri, J. E. 1805—25.
Fick 1818—21.
Harl 1805—42.
Heller 1817—26.
Kanne 1817—24.
Kapp 1824—32.
Kastner 1820—57.
Kopp 1827—42.
Köppen 1826—45.
Lips 1809—21.
Mehmel 1792—1840.
Meusel 1797—1820.
Pfaff 1818—35.
Pfeiffer 1776—1817.
Rau 1818—22.
v. Raumer 1827—65.
Rothe 1804—42.
Rückert 1826—41.
Schubert 1818—27.
Schweigger 1817—19.

## Zu Seite 18.

### Aus dem Berliner Edikt vom 20. Oktober 1798.

Wir Friedrich Wilhelm (III.) . . . bestimmen hiermit die strengen, aber gerechten Strafen derjenigen, welche auf dem Wege geheimer Verbindungen Verführer zum Verderben Unserer Unterthanen zu werden trachten.

§ 1.

In Unserm allgemeinen Landrechte haben Wir bereits verordnet, daß die Mitglieder aller in Unsern Staaten bestehenden Gesellschaften verpflichtet sind, sich über den Gegenstand und die Absicht ihrer Zusammenkünfte gegen die Obrigkeit auf Erfordern auszuweisen, und daß solche Gesellschaften und Verbindungen nicht geduldet werden sollen, deren Zweck und Geschäfte mit dem gemeinen Wohl nicht bestehen, oder der Ruhe, Sicherheit und Ordnung nachteilig werden können. Jetzt finden Wir nötig, genauer zu bestimmen, welche Arten von Gesellschaften oder Verbindungen für unerlaubt geachtet werden sollen.

§ 2.

Wir erklären daher für unzulässig, und verbieten hierdurch Gesellschaften und Verbindungen

1) deren Zweck, Haupt- oder Nebengeschäft darin besteht, über gewünschte oder zu bewirkende Veränderungen in der Verfassung oder der Verwaltung des Staates, oder über die Mittel, wie solche Veränderungen bewirkt werden könnten, oder über die zu diesem Zweck zu ergreifenden Maßregeln, Beratschlagungen, in welcher Absicht es sei, anzustellen;
2) worin unbekannten Obern, es sei eidlich, an Eides statt, durch Handschlag, mündlich, schriftlich, oder wie es sei, Gehorsam versprochen wird;
3) worin bekannten Obern auf eine dieser Arten ein so unbedingter Gehorsam angelobt wird, daß man dabei nicht

ausdrücklich alles dasjenige ausnimmt, was sich auf den Staat, auf dessen Verfassung und Verwaltung oder auf den vom Staate bestimmten Religionszustand beziehen, oder was für die guten Sitten nachteilige Folgen haben könnte;

4) welche Verschwiegenheit in Ansehung der den Mitgliedern zu offenbarenden Geheimnisse fordern, oder sich angeloben lassen;

5) welche eine geheim gehaltene Absicht haben, oder vorgeben, oder zur Erreichung einer namhaft gemachten Absicht sich geheim gehaltener Mittel oder verborgener mystischer, hieroglyphischer Formen bedienen.

Wenn eines der Nr. 1. 2. 3. angegebenen Kennzeichen unerlaubter Gesellschaften und Verbindungen stattfindet, können solche in Unsern gesammten Staaten nicht geduldet werden. Ein Gleiches soll auch in Ansehung der Nr. 4. und 5. bezeichneten Gesellschaften und Verbindungen, jedoch mit der im nächstfolgenden § gemachten Ausnahme (für die drei Freimaurer-Mutterlogen und deren Töchterlogen), stattfinden.

## § 5.

Ein jeder Versuch, verbotene Verbindungen oder Gesellschaften zu stiften, soll, sowie die Teilnehmung an einer solchen bereits gestifteten Verbindung oder Gesellschaft, wie nicht minder deren Fortsetzung nach der Zeit des gegenwärtigen Verbots, für diejenigen, welche in einer öffentlichen Bedienung als Militair- und Civilbeamte oder sonst in Unserm Dienste stehen, unausbleibliche Kassation bewirken. Außerdem sollen diejenigen, welche eine verbotene Gesellschaft stiften, oder deren Fortdauer nach dem jetzigen Verbot veranlassen, zehn Jahre Festungsarrest oder Zuchthausstrafe, die wirklichen Mitglieder und Teilnehmer aber sechs Jahre Festungsarrest oder Zuchhausstrafe verwirkt haben.

Sollte der Fall eintreten, daß die verbotene Gesellschaft einen landesverderblichen Zweck gehabt, oder Hochverrat und Majestätsverbrechen beabsichtigt, so muß gegen die Stifter, Fortsetzer, Mitglieder und Teilnehmer auf die im Landrecht auf Verbrechen dieser Art geordnete Strafe des Todes oder der lebenswierigen Einsperrung erkannt werden[1]).

## Zu Seite 43.

Verzeichnis der Universitäten und Abgeordneten, die 1818 an der Beratung (29. März — 3. April) und Feststellung (10. — 19. Okt.) der Verfassungsurkunde der allgemeinen deutschen Burschenschaft teilgenommen haben.

| Universitäten[2]) | Abgeordnete: | |
|---|---|---|
| | im April: | im Oktober: |
| Berlin | A. Barkow, A. v. Borke. | Christ, Jonas, Sachse, Wechau (?) |
| Breslau | | |
| Erlangen | | Fleischmann, Turkowitz, Puchta. |
| Gießen | | (Die Schwarzen.) |
| Halle | Fr. Scholber, Fr. Drewes. | Drewes, Gagern, Schweder. |
| Heidelberg | J. v. Kobbe. | Wenzel (?) |
| Jena | Riemann (Sprecher), Keller. | R. Wesselhöfft (Sprecher), A. Haupt (Schreiber), H. v. Gagern. |
| Kiel | Lorusen, Reiche, Olshausen. | Förster, Hornbostel (?) |
| Königsberg | Dieffenbach, C. Lucas. | |
| Leipzig | C. F. Lange, D. Elster. | Haupt. |
| Marburg | C. Bernhardi. | |
| Rostock | Wenzel (Schreiber), W. Wallenius. | |
| Tübingen | | |
| Würzburg | | Balkel, Gengler (?) |

---

[1]) Koch, Die Preuß. Universitäten. Berlin 1840. II, 1, 98.

[2]) Gesperrt sind die im April und Oktober vertretenen Universitäten. In den Verhandlungen treten auch Göttinger auf.

# Register.

* bezeichnet die Mitglieder der alten Erlanger Burschenschaft.

Druck von Gebr. Gimmerthal, Hamburg.